香港回歸大事記

1979-1997

袁求實————編著

目　錄

1984 年

1 月　中英舉行解決香港問題第二階段第八至十一輪會談，談判以中國政府關於解決香港問題的基本方針政策為基礎進行討論

3 月　英資怡和宣佈遷冊

4 月　中英舉行解決香港問題第二階段第十二至二十二輪會談，最後雙方就全部問題達成協議

6 月　鄧小平會見訪京的香港知名人士，提出要相信香港的中國人能治理好香港並提出愛國者的三條標準

7 月　鄧小平會見英國外相傑弗里·豪，希望香港在過渡時期內不要出現五種情況

11 月　港英政府發表《代議政制白皮書 —— 代議政制在香港的進一步發展》，強調要建立"更能直接向港人負責而又穩固地立根於香港"的代議政制

12 月　中英兩國政府領導人簽署中英聯合聲明

12 月　鄧小平會見英國首相撒切爾夫人，重申中國是信守諾言的

1985 年

4 月　英女皇簽署將香港歸還中國的《香港法案》

5 月　中英政府公佈中英聯合聯絡小組人員名單

5 月　中英政府公佈中英土地委員會代表名單

5 月　中英兩國代表互換中英聯合聲明及其三個附件的批准書，並簽署互換批准書的證書。中英聯合聲明正式生效

6 月　六屆全國人大常委會第十一次會議通過由 59 人組成的基本法起草委員會名單

6 月　港英立法局通過《1985 年立法局（權力及特權）條例》

7 月　基本法起草委員會正式成立，並舉行第一次會議

12 月　基本法諮詢委員會舉行成立大會

1986 年

5 月　英國議會通過《1986 年香港（英國國籍）令草案》

8 月　"香港特別行政區政府土地基金信託"正式成立

10 月　七屆全國人大常委會第十次會議決定不再讓司徒華和李柱銘參加基本法起草工作

12 月　英國宣佈 "港人居英權方案"，決定改變部分香港居民的國籍

1990 年

1 月　中英兩國外長就香港政制銜接問題以交換書面信息方式進行磋商，在立法局直選議席數目和選舉委員會的組成問題上達成了諒解

2 月　基本法起草委員會通過基本法（草案）和香港特別行政區區旗、區徽圖案（草案）

2 月　鄧小平會見基本法起草委員會委員，稱讚基本法具有歷史意義和國際意義

3 月　港府公佈《1990 年香港人權宣言條例草案》

4 月　七屆全國人大第三次會議通過基本法及四項與香港有關的決定

4 月　英國外交部發表聲明，指基本法為香港將來作為中國特別行政區奠定了基礎，是香港前途的重要里程碑

4 月　英國國會通過《1990 年英國國籍（香港）法案》（即居英權法案）

10 月　英國國會通過《1990 年英國國籍法（香港）（甄選計劃）草擬令》

11 月　美國通過《1990 年移民法案》

1991 年

6 月　港英立法局通過《1991 年香港人權法案條例》

9 月　李鵬總理和梅傑首相簽署《關於香港新機場建設及有關問題的諒解備忘錄》

9 月　中英宣佈成立機場委員會

9 月　港英立法局首次舉行分區直接選舉

9 月　中英聯合聯絡小組就終審法院問題達成原則協議

1992 年

3 月　港澳辦和新華社香港分社在北京舉行首批港事顧問聘書頒發儀式

3 月　中英就新機場財務安排進行談判

1993 年

5 月　中英就香港 1994/1995 年選舉安排舉行四至九輪會談（5 月-8 月），中方提出了在若干問題上的方案，但英方一直在彭定康政改方案上兜圈子

6 月　港澳辦主任魯平批評英方在中英會談期間不斷"偷步"，搞小動作

7 月　八屆全國人大常委會第二次會議通過決定成立 57 人的預委會

7 月　預委會舉行首次全體會議，通過工作規劃，成立政務、經濟、法律、文化、社會及保安五個專題小組

9 月　中英就香港 1994/1995 年選舉安排舉行十至十三輪會談（9 月-10 月），中方為推進會談前進，不斷調整自己的方案，但英方不願從根本上改變"三違反"立場，致使會談進展緩慢

9 月　北京公開鄧小平 1982 年 9 月 24 日會見英國首相撒切爾夫人時關於香港問題的談話，中方聲稱，鄧小平的講話"有着十分重要的現實指導意義"

10 月　彭定康發表施政報告，聲稱施政目標是要把香港變成在中國管治下，堅持"自由制度"的"優良典範"

10 月　英國前首相撒切爾夫人發表回憶錄《唐寧街歲月》，供認英方關於香港前途談判的目的是以主權換治權，如談判沒有進展，便應在香港發展民主架構，短期內讓香港獨立或自治

10 月　中英就香港 1994/1995 年選舉安排舉行十四至十七輪會談（10 月-11 月），英方同意中方的"徹底分拆"方案，在雙方就 1994 年區議會和兩個市政局選舉安排幾乎達成協議的情況下，英方節外生枝，提出要一併解決立法局選舉的投票辦法，導致談判終止

12 月　彭定康在中英未能就 1994/1995 年選舉安排達成協議的情況下，單方面把其政改方案第一部分《1993 年選舉規定（雜項修訂）（第二號）條例草案》刊登憲報並提交立法局審議

12 月　港澳辦發表聲明，重申 1997 年後將按基本法的規定，另起爐灶

12 月　前英國大使柯利達撰文指出英國在香港問題上作了錯誤的決定，採取對抗政策，"對香港是個災難性的抉擇"

12 月　預委會舉行第二次全體會議，預委會的工作進入研究各項準備工作的實質性工作階段

1994 年

1 月　港澳辦發言人就新機場問題發表談話，闡述中國政府的原則立場

2 月　立法局通過《1993 年選舉規定（雜項修訂）（第二號）條例草案》

2 月　英國和港府同時發表《香港代議政制》白皮書，摘要公佈中英就香港 1994/1995 年選舉問題談判的內容

2 月　中國外交部公佈《中英關於香港 1994/1995 年選舉安排會談中幾個主要問題的真相》

3 月　港澳辦和新華社香港分社舉行第一批港事顧問續聘儀式

3 月　英國國際戰略研究學會資深研究員發表題為《中國變形記：地方主義和外交政策》的報告，建議西方國家可以同時與北京以及各個日漸獨立的地區打交道，發展新的與中國地區交往的政策

3 月　彭定康政改方案第二部分《1994 年立法局（選舉規定）（修訂）條例草案》提交立法局首讀和二讀

3 月　李鵬總理在八屆全國人大二次會議作政府工作報告，強調無論發生什麼波折，中國政府和人民有決心、有能力，按期恢復對香港行使主權

3 月　港澳辦發言人發表談話，反對港府同意修訂《新界土地（豁免）條例草案》

4 月　英國國會外交事務委員會向英國政府提交《1997 年前後的英中關係》報告書，為英國政府和彭定康的對抗政策張目，供認天安門事件後英國改變了對香港的政策

5 月　中國銀行在港發鈔

5 月　北京舉行預委會增補委員和第三批港事顧問的頒發聘書儀式

6 月　布政司陳方安生公佈一系列加強政府資訊公開的行政措施

6 月　立法局通過《新界土地（豁免）條例草案》

6 月　香港國際司法組織宣佈籌款成立香港人權監察組，獨立監察香港人權問題

6 月　中英聯合聯絡小組舉行第二十九次會議，就軍事用地達成協議

6 月　立法局通過《1994 年立法局（選舉規定）（修訂）條例草案》

7 月　預委會舉行第三次全體會議

8 月　港澳辦主任魯平批評英方在新機場財務安排的債務問題上節外生枝

8 月　八屆全國人大常委會第九次會議通過鄭耀棠等 32 名代表所提議案，決定授權籌委會負責籌備成立香港特別行政區的有關事宜，規定特區第一屆立法會的產生辦法，組建特區第一屆立法會

9 月　港英最後一屆區議會選舉

9 月　中英兩國外長在紐約會晤，未能達成任何共識或協議

10 月　彭定康發表施政報告

10 月　布政司陳方安生就公務員與預委會接觸問題向所有司級官員和政府部門首長發出指引

11 月　中英聯合聯絡小組雙方首席代表簽署關於香港機場及機場鐵路整體財務安排的會議紀要

11 月　新華社香港分社周南社長發表題為《保持香港經濟體制的重要性》的演講

11 月　中國外交部發言人發表談話，要求英方在 1995 年底以前解決滯港越南船民問題

12 月　預委會舉行第四次全體會議

12 月　歐洲議會批准撥款 180 萬美元在香港設立人權中心

12 月　"中國政府對香港恢復行使主權倒計時牌"揭幕儀式在天安門廣場東側的中國革命歷史博物館前隆重舉行

12 月　錢其琛副總理談中國在香港問題上的三個基本原則

1995 年

1 月　怡和常務董事發表演講對怡和近年來的"某些行動曾經引起中國的誤會"表示"十分遺憾"

2 月　港府在政府部門推行公開資訊守則計劃

3 月　港英最後一屆兩個市政局選舉

3 月　李瑞環同港澳政協委員座談時說，看待香港回歸及回歸後的穩定繁榮要有三個重要的觀點

3 月　美國國務院向國會提交《美國－香港政策法報告》

4 月　港英立法局通過《個人資料（私隱）條例草案》

4 月　江澤民表示，中國從來沒有將維持香港繁榮和平穩過渡的希望寄託在別人身上

4 月　北京舉行第四批港事顧問聘書頒發儀式

5 月　李鵬總理會見英國副首相赫塞爾廷，赫塞爾廷轉達英國重視改善和發展對華關係的信息

5 月　預委會政務小組通過《關於組建香港特別行政區終審法院的原則性建議》

5 月　港府發表聲明同意根據預委會政務小組提出的組建特區終審法院的大部分建議修改終審法院條例草案

1月　英國外相里夫金德訪問北京，中英在香港五項問題上取得共識

1月　中英聯合聯絡小組就關於簽發香港特區護照準備工作的會議紀要舉行草簽儀式

1月　特區籌委會在北京成立並舉行第一次全體會議

1月　國務院和中央軍委發表公告宣告解放軍駐港部隊組建完成

1月　李鵬總理談香港問題

2月　江澤民主席關懷駐港部隊建設

3月　籌委會舉行第二次全體會議通過設立臨時立法會等多項決定

4月　籌委會秘書處香港辦事處負責人就港府與籌委會合作事宜與港府聯絡處負責人進行首次
　　　會晤

4月　彭定康宣佈港府與籌委會合作要符合三項原則

4月　港澳辦主任魯平訪港闡述籌委會通過的關於中國國籍法在香港實施以及香港居民居留權
　　　的建議

4月　籌委會推選委員會小組在香港舉行諮詢活動

4月　中英兩國外長在海牙會晤

4月　布政司陳方安生訪問北京發表十點聲明

4月　港府就與籌委會合作事宜書面回覆籌委會秘書處香港辦事處，正式拒絕與臨時立法會合
　　　作

5月　彭定康訪問美國對香港形勢進行大量負面宣傳並對中國政府肆意攻擊

5月　港府向立法局提交給中方的說帖副本，闡述港府反對臨時立法會的立場

5月　彭定康攻擊香港工商界自私，協助中方出賣香港的民主發展，引起工商界的強烈不滿

5月　八屆全國人大常委會第十九次會議通過關於中國國籍法在香港特區實施的幾個問題的解
　　　釋

5月　英國副首相赫塞爾廷率 270 人的英國經貿代表團訪華

5月　籌委會舉行第三次全體會議通過了推選委員會產生辦法的原則設想等多項決議

5月　中英聯合聯絡小組雙方首席代表就興建新機場第二條跑道及有關設施簽署會議紀要

6月 中英聯合聯絡小組就港府繼續簽發跨越"九七"的身份證明書和簽證身份書達成共識

6月 新華社香港分社周南社長接受美國《時代周刊》記者訪問

6月 彭定康承認在提出政改方案前未有看過中英外長就香港政制銜接問題交換的七封函件

7月 解放軍駐港部隊司令員劉鎮武應邀首次訪港

8月 籌委會舉行第四次全體會議通過特區第一屆政府推選委員會的具體產生辦法等多項決定

8月 英國駐港三軍司令公佈英軍撤出香港的四期計劃

9月 中英聯合聯絡小組舉行第三十七次會議,雙方首席代表簽署關於九號貨櫃碼頭問題共識的會議紀要

9月 中英聯合聯絡小組雙方首席代表簽署關於香港政權交接儀式會議紀要

10月 彭定康發表在任最後一份施政報告企圖延續英國在"九七"後對香港的影響力

10月 籌委會舉行第五次全體會議通過特區第一任行政長官人選的產生辦法和臨時立法會的產生辦法等多項決定

10月 錢其琛副總理接受《亞洲華爾街日報》記者訪問談"九七"後內地與香港關係等問題

11月 籌委會舉行第六次全體會議選舉產生特區第一屆政府推選委員會

11月 中英聯合聯絡小組雙方首席代表就香港外匯基金交接安排簽署會議紀要

11月 特區第一屆政府推選委員會舉行首次全體會議選出董建華、楊鐵樑和吳光正為特區首任行政長官候選人

11月 港府單方面宣佈修訂現行《刑事罪行條例》

12月 特區第一屆政府推選委員會舉行第三次全體會議,董建華當選特區首任行政長官

12月 籌委會舉行第七次全體會議,通過報請國務院任命董建華為特區首任行政長官的報告的決定以及關於基本法第二十三條立法問題的決定

12月 江澤民主席會見董建華,李鵬總理向董建華頒發國務院任命令

12月 特區第一屆政府推選委員會舉行第四次全體會議選出臨時立法會60名議員

12月 候任特區行政長官董建華與布政司陳方安生會晤,陳方安生接受邀請"九七"後留任

12月 八屆全國人大常委會第二十三次會議通過香港駐軍法

1 月　籌委會法律小組建議廢除或修訂 25 條按人權法案修訂的香港原有法例

1 月　董建華公佈特區第一屆行政會議成員名單

1 月　臨時立法會舉行第一次全體會議選舉范徐麗泰為臨立會主席

1 月　港澳辦舉行新聞發佈會就籌委會法律小組關於香港原有法律的處理建議中的幾個問題作出解釋

1 月　籌委會秘書長工作會議和主任委員會議對法律小組關於廢除或修訂香港原有法例的建議作出調整

1 月　李鵬總理強調香港回歸祖國有五大意義

1 月　籌委會舉行第八次全體會議通過《關於香港特別行政區第一任行政長官、臨時立法會在 1997 年 6 月 30 日前開展工作的決定》和《關於處理香港原有法律問題的建議》等三項決定

2 月　英國修訂移民條例給予 8000 名香港少數族裔人士登記入籍取得英國公民權

2 月　香港同胞深切哀悼鄧小平逝世

2 月　李鵬總理會見董建華表示中央人民政府會全力支持董建華工作

2 月　國務院根據董建華的提名任命了香港特別行政區第一屆政府的 23 名主要官員

2 月　臨時立法會舉行第二次全體會議通過成立行政事宜和議事程序兩個工作小組

2 月　全國人大常委會第二十四次會議通過了關於根據基本法第一百六十條處理香港原有法律的決定

2 月　籌委會第一屆立法會產生辦法小組決定就第一屆立法會產生辦法在香港開展諮詢活動

3 月　中英聯合聯絡小組就香港政權交接儀式傳媒安排問題達成協議

3 月　全國人大常委會秘書長就香港特區選舉第九屆全國人大代表的辦法作說明

3 月　錢其琛副總理向全國人大會議提交籌委會工作報告強調籌委會獲人大授權設立臨立會

3 月　美國眾議院通過《香港回歸法案》

3 月　李鵬總理強調 7 月 1 日之後英國要監督中英聯合聲明執行情況不現實

3 月　台灣“立法院”通過《香港澳門關係條例》

3 月　中英聯合聯絡小組舉行第三十九次會議在邀請國際嘉賓參加香港政權交接儀式的名單上

5月	臨時立法會通過特區首條法例《假日（1997 年及 1998 年）條例草案》
5月	董建華就土地基金將來的管理安排作出決定
5月	中英聯合聯絡小組就解放軍第二批和第三批先遣人員進駐香港的安排達成協議
5月	行政長官辦公室正式公佈《公安條例》和《社團條例》修訂草案最後版本並提交臨時立法會審議
5月	中國外交部發表公告宣佈目前免簽證進入香港的外國人原則上繼續給予免簽證進入香港特區的待遇
5月	董建華接納司法人員推薦委員會推薦李國能律師為特區終審法院首席法官
5月	中華人民共和國外交部駐香港特別行政區特派員公署組建完成，中央人民政府任命馬毓真為特派員
5月	籌委會舉行第九次會議通過特區第一屆立法會具體產生辦法等三項建議和決定
5月	《港台海運商談紀要》簽署 7 月 1 日起生效
5月	中英聯合聯絡小組舉行第四十次會議
6月	特區行政長官辦公室公佈慶祝香港回歸祖國以及特區成立的官方慶祝活動安排
6月	港府交接儀式統籌處公佈交接儀式及有關活動的詳情
6月	國務院通過關於在香港特別行政區同時升掛使用國旗和區旗的規定
6月	中國向聯合國遞交外交照會和 7 月 1 日起首批適用於香港特區的 24 項國際多邊條約的清單
6月	臨時立法會通過有關區域組織等四條條例草案並通過 1997 至 1998 年度過渡期預算案的動議
6月	中國向聯合國再次遞交外交照會和 7 月 1 日起第二批適用於香港特區的 16 項國際多邊條約的清單
6月	臨時立法會通過對委任終審法院常任法官和高等法院首席法官建議的動議案並通過國旗國徽、區旗區徽條例草案和公安、社團兩條修訂條例草案
6月	江澤民主席為人民大會堂香港廳題詞
6月	董建華公佈臨時區域組織議員名單
6月	江澤民主席率領的來港出席政權交接儀式的中國政府代表團名單公佈

7月　李鵬總理簽發國務院第二百二十一號令公佈《中華人民共和國香港特別行政區行政區域圖》

7月　八屆全國人大常委會第二十六次會議舉行全體會議，喬石委員長向基本法委員會成員頒發任命書，會議通過《關於〈中華人民共和國香港特別行政區基本法〉附件三所列全國性法律增減的決定》

7月　中國外交部駐港特派員公署舉行開署儀式

7月　7月2日香港特別行政區政府舉行隆重的大紫荊勳章頒授儀式

7月　港澳辦和新華社香港分社舉行港事顧問任期屆滿儀式

後記

3月24日

◆ 應中國外貿部長李強的邀請，港督麥理浩到廣州、北京、西安、蘭州等地訪問。29日，鄧小平會見了麥理浩。談話是從新界土地契約開始的。麥理浩説，由於香港政府批出的"新界"土地契約的年期不能超過1997年，到現在只剩18年，人們開始為此擔心。鄧小平表示，香港是中國的一部分，這個問題本身不能討論。但到解決這個問題時，我們會尊重香港的特殊地位。他説，"我們把香港作為一個特殊地區，特殊問題來處理。到1997年，無論香港問題如何解決，它的特殊地位都可以得到保證。説清楚一點，就是在本世紀和下世紀初相當長的時間內，香港還可以搞它的資本主義，我們

搞我們的社會主義。因此，請投資者放心。"4月2日，麥理浩返港後舉行記者會介紹此行情況。他首先強調，"中國領導人重視香港的價值與香港對現代化計劃所能作出的貢獻，重視維持在本港的投資及信心，和香港已增加在中國的投資的重要性。"他還引述鄧小平"叫香港的投資者放心"的談話，並且説，大家"可從這裡聯想到一項令人非常鼓舞的訊息。"香港社會對鄧小平的談話反應強烈。《南華早報》社論認為，這番話"必須被看作是任何能預期會作出的官方發言中最積極的説話"，這"對尋求短期保障和甚至尋求中期保障的投資者來説必定是一項重大的鼓舞"。

7月

◆ 英國駐華大使柯利達向中國遞交了一份關於香港新界土地契約問題的備忘錄。備忘錄不僅要取消"新界"土地租約不能超過 1997 年的限制，還提出要取消"九七"後總督在法律上不能再管理新界的限制。為此，英方打算通過一項香港土地租約的法律，並將發佈一項樞密院敕令。英方解釋說，這些步驟純粹是為了解決本地法律上的問題，它們不會侵害中國對香港的立場。柯利達在遞交備忘錄時還表示，中方對這個備忘錄可以不答覆。當有人問起時，英方準備回答，他們已將此事知會了中方。中方認為，英方準備採取的步驟是完全不能接受的，因此答覆英方說："中國政府奉勸英方不要採取所建議的行動，否則勢將引起對中英雙方都不利的反應。"

1979 年 3 月 29 日，鄧小平在北京會見港督麥理浩時鄭重指出：香港主權屬於中華人民共和國，但我們將把香港作為一個特殊地區來處理。

1980年 ·············

◆ 前英國首相、工黨領袖卡拉漢應邀到中國訪問。5 月 12 日，鄧小平會見了卡拉漢，重申了請投資者放心的話。22 日，卡拉漢在香港的記者會上透露，他曾向中國領導人提出香港地位問題。他發現中國對此並不着急，並未列入迫切或優先問題考慮。中國領導人重申請投資者放心，將來會顧及投資者的利益。他認為，中國終於明瞭香港的價值，而香港的問題，將來一定要解決，時機一到，相信一定可以獲得一個協議。他認為時間大概要等兩三年。

1981 年

…………

1 月 24 日

◆ 港英政府公佈《香港地方行政白皮書》。香港評論指出，港府推行地方行政新制度，是與英國政府已明確知道中國將於 1997 年收回香港主權，因而需要發展一套具有代議政制性質的管治體制有關。白皮書主要內容有：(1) 1981 年底前在港九市區和新界地區成立 18 個地區管理委員會，由港府各部門官員組成，負責協調和監督政府各部門的工作；(2) 在港九新界成立 18 個區議會，由港府官員、委任議員和民選議員等組成，負責就區內事務向當局提供意見、利用有限的撥款推行區內小規模的康樂文娛活動，但"着重諮詢"性質。新界區議會於 1982 年 3 月首次選舉，市區區議會的首次選舉定於 1982 年 9 月舉行。區議會主席開始由民政署或新界民政署官員出任，以後將由區議會成員選舉產生；(3) 關於選民和候選人資格，白皮書規定"凡通常居港達七年以上滿 21 周歲人士"，"不論國籍，均享有選舉權。"在港居住十年以上的已登記選民，在過去十年未被法庭判處三個月以上徒刑或判決犯有貪污、賄賂、舞弊、非法行為的人士，可參加競選；(4) 採取劃分選區的方法選舉，即將每個地區再劃分若干選區各自選出區議員。市區按目前民政區的分區委員會劃為 80 個選區，各選出 1 名區議員；新界則把 8 個行政區劃為 50 個選區，選出 60 名區議員；(5) 市政局選舉改變過去把港九新界合併為一個選區的辦法，規定只許市區居民參加。

將目前市區 10 個民政區按大約居住 25 萬人的比例劃為 15 個選區，各自選出一名民選議員。白皮書強調，實行地方行政新制度的目的在於 "使地區施政發揮更大的效力"，並可 "鼓勵更多居民積極參與當地事務"。由於香港 "環境特殊，需要一個穩定的局面"，因此行政、立法兩局作為 "中央政府的組織無須改變"，政府的主要計劃仍由 "中央統籌"。布政司姬達強調，該計劃 "只許成功，不許失敗"。

◆ 鄧小平會見英國外相卡林頓。卡林頓説，英國毫不懷疑鄧小平就香港問題所作的保證。但 1997 年這個日子仍使香港人不安。由於 1997 年日益臨近，人們簽訂房地產契約和抵押契約時，必然要考慮期限問題，這方面將會碰到困難。鄧小平表示，對這個問題現在不能説太多的話。但可以鄭重地説，他在 1979 年同麥理浩談話時所作的保證，是中國政府的立場，是可以信賴的。鄧小平請卡林頓研究一下中國對台灣的立場，也可以研究一下中國對西藏問題的解決辦法。

1982 年

....

3 月 4 日

◆ 施行地方行政新制度的第一次新界區議會選舉。全新界共分為元朗、屯門、荃灣、大埔、沙田、北區、西貢、離島等八個地區。登記選民近 20 萬人，投票人數近 10 萬人，投票率 50%。174 位候選人角逐 56 個民選議席。選舉後新界區議會議員共 203 人，其中官守議員 62 人，委任議員 58 人，民選議員 56 人，保留給各鄉事委員會主席的當然議員 27 人。民選議員所佔比例為 27.6%，議員任期為三年。政務司鍾逸傑對選舉結果表示滿意，説是"香港推行市民參與政治初階中成功的第一步"。

6 月 15 日

◆ 鄧小平會見費彝民、王寬誠、湯秉達、李子誦、李俠文、楊光、梁培、陳復禮、陳絃、徐四民、蘇務滋、吳康民等 12 名港澳知名人士，明確表示要在 1997 年前後，恢復行使香港主權，同時要找出一個妥善辦法，保持香港的安定繁榮。

9 月 22 日

◆ 英國首相撒切爾夫人訪問北京，中英兩國領導人開始就香港問題舉行會談。中國領導人正式通知英方，中國政府決定在 1997 年收回整個香港地區，同時闡明中國收回香港後將採取特殊政策，包括設立香港特別行政區，由香港當地中國人管理，現行的社會、經濟制度和生活方式不變，等等。撒切爾夫人則堅持三個不平等條約仍然有效，提出如果中國同意英國1997年後繼續管治香港，英國可以考慮中國提出的主權要求。並且揚言，沒有英國的管理，香港不可能發展到現在這樣。如果現在對英國的管理實行重大改變，對香港信心所產生的影響將是災難性的。

針對撒切爾夫人的言論，鄧小平24日同她會見時作了重要談話，談了三個問題：（1）關於主權問題，鄧小平強調，中國在主權問題上沒有回旋餘地。主權問題不是一個可以討論的問題。應當明確肯定：1997年中國將收回香港。中國和英國就是在這個前提下進行談判，商討解決香港問題的方式和辦法。不遲於一、兩年的時間，中國就要正式宣佈收回香港這個決策。（2）中國對香港恢復行使主權之後怎樣管理香港。鄧小平指出，保持香港的繁榮，中國希望取得英國的合作，但這並不是說，香港繼續保持繁榮必須在英國的管轄之下才能實現。香港繼續保持繁榮，根本上取決於中國收回香港後，在中國的管轄之下，實行適合於香港的政策。香港現行的政治、經濟制度，甚至大部分法律都可以保留，當然，有些要加以改革。香港仍將實行資本主義，現行的許多適合制度要保持。（3）15年過渡期間的安排問題。中英兩國政府要妥善商談如何使香港從現在起到1997年的15年中不出現大的波動。鄧小平認為，小波動不可避免，如果中英兩國抱着合作的態度來解決問題，就能避免大的波動。他警告說，如果在15年的過渡期內香港發生嚴重的波動，中國政府將被迫不得不對收回的時間和方式另作考慮。

通過這次談話，雙方同意通過外交途徑就解決香港問題進行商談。此後的半年裡，由於英方在香港主權問題上的立場不變，磋商沒有進展。1983年3月10日，撒切爾夫人寫信給趙紫陽總理，作出了她準備在某個階段向英國議會建議使整個香港主權回歸中國的保證。她說，只要英國政府和中國政府之間能夠就香港的行政管理安排達成協議，而這些安排能保證香港今後的繁榮和穩定，又能既為中國政府、也為英國議會和香港人民所接受，她就準備向議會建議，使整個香港的主權回歸中國。4月28日，趙紫陽總理覆信表示，中國政府同意儘快舉行正式談判。從5月下旬開始，雙方就會談的具體安排交換意見，6月底就香港問題下一階段實質性會談達成協議：雙方同意在會談過程中，與香港未來有關的各項問題均應討論。特別是中國總理和英國首相信中提

1982 年 9 月，鄧小平與英國首相撒切爾
夫人深入討論香港問題。

到的所有問題，包括：1997 年後為維持香港的穩定和繁榮而作的安排，從現在到 1997 年期間香港的安排和有關政權移交的事項。討論按此順序進行。這是中英關於解決香港問題談判的第一階段。

9 月 23 日

◆ 首屆港九十個區議會選舉。登記選民 70.6 萬人，投票人數 24.4 萬人，投票率 34.64%。共有 229 名候選人角逐 76 個議席。首屆十個區議員人數共 238 人，其中官守議員 86 人，委任議員 76 人，民選議員 76 人。民選議員所佔比例不到三分之一。議員任期為兩年半。

12 月 4 日

◆ 中華人民共和國第五屆全國人民代表大會第五次會議主席團發表公告："中華人民共和國憲法已由中華人民共和國第五屆全國人民代表大會第五次會議於 1982 年 12 月 4 日通過。"《憲法》第三十一條規定："國家在必要時得設立特別行政區。在特別行政區內實行的制度按照具體情況由全國人民代表大會以法律規定。"

12 月 10 日

◆ 英國外交部次官貝爾斯特德訪問香港時公開提出需要中、英、港三方解決香港問題的"三腳櫈"理論。他説，"我們想要的是一張三腳台，第一隻腳是可以為北京領導人接納的；第二隻腳是可以為英國國會接受的；第三隻腳是必須為香港人歡迎和接受的。這三隻腳十分重要，拋了一隻台就會倒了！"他強調，英國必須找出一個為香港、中國、英國三方所能接受的解決方案。

1983 年 ··············

3月8日

◆ 市政局第一次分區選舉。登記選民 70.8 萬人，投票人數 12.6 萬人，投票率 22.4%（扣除三個選區自動當選）。共有 41 人角逐。15 名民選議員與 15 名委任議員組成新一屆市政局，任期為三年。

7月1日

◆ 中英兩國政府同時宣佈："中英關於香港未來的第二階段會談，將於 1983 年 7 月 12 日在北京召開。"5 日，中國外交部新聞司司長宣佈，中英兩國政府代表團已經組成。中國政府代表團團長是外交部副部長姚廣；英國代表團團長是英國駐中國大使柯利達。英國駐香港總督尤德將作為英國代表團成員參加會談。雙方商定，談判內容保密。1984 年 1 月 25 日第八輪會談前，中英雙方代表團團長同時易人，中國外交部副部長周南接替姚廣，英國新任駐華大使伊文思取代柯利達。

7月7日

◆ 港督尤德自倫敦返港在記者會上聲稱，他以總督身份代表香港市民參加中英第二階段會談。香港輿論指出，"英國人現在玩的花樣可以稱之為'三腳櫈'，也就是在中英雙方會談中擠進一個代表香港的席位，這樣在談判中就可以以香港民意為藉口，來進行討價還價。""有跡象表明，英國人正在玩弄一個陰謀。如果中國政府落入圈套，那就會面對與自己的同胞 —— 香港人作戰的尷尬處境。如果香港人落入圈套，就會為英國人盡義務，把辛辛苦苦從大陸掙來的好處全都讓給躲在後邊的英國人。"8日，中國外交部發言人發表談話說，"中英關於香港問題的會談是中英兩國政府之間的雙邊會談。尤德先生是作為英國政府代表團的一個成員參加會談的。因此，他在會談中只代表英國政府。"9日，中國外交部通知港英政府，拒絕以"港督私人新聞主任"身份赴京的曹廣榮（港英政府新聞處長）入境申請，因為曹廣榮不在英國政府代表團成員名單之列。

7月12日－7月13日

◆ 中英關於解決香港問題第二階段第一輪會談在北京舉行。其後分別於7月25-26日舉行第二輪會談，8月2-3日舉行第三輪會談和9月22-23日舉行第四輪會談。在這四輪會談中，英方提出的立場是"以主權換治權"。英方反覆列舉香港繁榮的各種因素，如政治穩定、政策一貫性、完善的法律、自由兌換的港幣等，來論證"香港必須同英國聯繫，而不能同中國聯繫"。"為保持香港的繁榮，就必須繼續保持英國在香港的管理作用，並使社會主義的大陸同資本主義的香港隔離和絕緣。""要使這一點為中國接受，英國

就得接受中國對整個香港的主權。這後一點是作為英國議會和香港人民能夠接受的一攬子解決的一部分。"中方代表在會談中明確指出，中國不接受任何"以主權換治權"的主張，中國政府決定1997年收回整個香港地區，並將在一、兩年內公佈對香港的方針政策。中方代表還指出，到了二十世紀八十年代，英國還打算採用十九世紀的帝國主義態度來對待已經站起來的十億中國人民，説得客氣一點，至少是缺乏起碼的時代感和現實感，希望英方有自知之明。

由於英方仍然堅持1997年後英國繼續管治香港，談判毫無進展，香港出現經濟和人心動盪。從8月到10月，香港股市的恆生指數從全年的最高點1102點64，跌至全年的最低點690點6。由於香港外圍美元冒升，香港一些投機者乘機炒賣美元，導致港元大幅下跌。8月31日1美元兌7.4955港元，9月8日跌至1美元兌7.6675港元，其後繼續下跌。港府為了拿這張"經濟牌"向中方施加壓力，以達到迫使中方讓步的目的，不僅沒有採取措施穩定港元，9月16日，港府財政司彭勵治發表香港中期經濟報告，還公開宣稱除非北京對談判進展"作出積極的姿態，否則港元仍會繼續受到壓力"，

結果使炒賣美元的投機活動更為猖獗。9 月 23 日，中英第四輪會談結束後，市面傳出談判破裂的謠傳，港元跌勢更為凌厲，港元匯價跌至 1 美元兌 8.68 港元，24 日更跌至 1 美元兌 9.505 港元，港匯指數跌至 57 點 2，黃金每盎司則升至 4705 港元。市面上出現了商品加價，許多港人湧到銀行購買美元，到超級市場搶購大米等日用品的混亂局面，香港報紙把 9 月 24 日這一天稱為 "黑色星期六"，把 9 月份的經濟動盪稱為 "九月風暴"。在輿論和各種壓力下，港府發言人和港督尤德 25 日先後發表聲明，表示港府將採取措施穩定港元，以打擊投機活動。10 月 15 日，港府宣佈兩項措施穩定港元，一是固定港元和美元的聯繫匯率，1 美元兌 7.8 港元；二是取消港元存款利息稅。

9 月 10 日

◆ 鄧小平會見訪華的英國前首相希思。鄧小平說，英國想用主權來換治權是行不通的，勸告英方改變態度，以免出現到 1984 年 9 月中國不得不單方面公佈解決香港問題方針政策的局面。他說："我希望撒切爾首相和她的政府採取明智的態度，不要把路走絕了。"

9 月 23 日

◆ 英國首相撒切爾夫人在倫敦接受美國記者訪問時，把這一時期港幣下跌歸咎於 "香港的前途存在財政上和政治上極不穩定的情況"。她說，英方談判是為了香港人的利益，英國未從香港拿走一個便士。如非地位特殊，香港可能已在多年前獨立，成為另一個新加坡。她說，英國 "絕不應該受到殖民地主義的指責，其他有類似情況的國家如新加坡，已獨立了多年，而且表現極之出色，因為那裡的華人極富智慧及能力，在英國建立的制度下，他們已創出可觀的繁榮"。9 月 28 日，英國外交部次官雷斯訪港在記者會上則強調，"英國對尋求一個香港市民、英國國會及中國政府皆能接受的解決方法之承諾，是堅定不移的。" "最重要的是英國政府及香港市民繼續互相信任及懷有信心。" 至於是否香港多數人希望英國人在 1997 年以後繼續留下來，雷斯說，"他們所要求的與我們的目標相符合，就是繼續及延續興建一個穩定及繁榮的國家"（其後他更正說 "國家" 應為地區）。雷斯又說，"中國政府希望會談有一個最後期限" 對談判解決 "並無裨益"。

針對撒切爾夫人和雷斯的言論，中國外交部發言人以及新華社和《人民日

中英關於香港問題第二階段會談第二次會議於 1983 年 7 月 25 日在北京舉行。圖為以中國外交部副部長姚廣為首的中國政府代表團和以英國駐華大使柯利達為首的英國政府代表團舉行會談。

1983 年 9 月，鄧小平在會見來華訪問的英國前首相希思時說，英國想用主權來換治權是行不通的。他勸告英方改變態度，以免出現到 1984 年 9 月中國不得不單方面公佈解決香港問題方針政策的局面。會談後，中英談判的主要障礙開始排除，納入以中國政府關於解決香港問題的基本方針政策為基礎進行討論的軌道。

報》連續發表評論予以駁斥。新華社 9 月 24 日發表評論說，撒切爾夫人的辯詞，是英國試圖在香港繼續自上個世紀開始施行的殖民統治，在 1997 年之後，繼續管治香港。10 月 4 日，外交部發言人說，"最近英國政府負責人接連就香港前途問題發表不恰當的談話，已引起各方的嚴重關切。香港，包括香港島、九龍和新界，是中國領土不可分割的一部分，中國理所當然要收回整個香港地區，這是不容置疑的。恢復行使對香港的主權，保持香港的繁榮和穩定，是中國政府堅定不移的方針。為此，我們制定了一整套政策。目前中英關於香港問題的談判正在進行，我們希望雙方都抱誠意和合作態度，使談判儘快獲得積極結果。英方負責人接連發表不恰當的談話，只能增加談判的困難，而無助於問題的解決。"

撒切爾夫人聲稱英方談判是為了香港人的利益，英國未從香港拿走一個便士。但實際上，香港對英國有巨大的經濟價值。據 1997 年 5 月 2 日《信報》引述港府新聞處二十世紀八十年代末編製的小冊子透露：英國出口香港的貨值每年逾十億英鎊，年增幅達 10%；香港是英國在遠東的第二大市場；英國在香港有龐大的直接投資；超過 20 家英國銀行在香港

經營。除了上述的有形資產外，香港承襲了英國的銀行、法律以及公司法；香港有大批英國留學生，英語亦是香港的第二語言；此外英資大企業如怡和、大東電報、太古集團等，都是與香港經濟命脈息息相關的公司。

10 月 19 日－10 月 20 日

◆ 中英關於解決香港問題第二階段第五輪會談在北京舉行。其後於 11 月 14-15 日舉行了第六輪會談。在第五輪會談之前，10 月 14 日，英國大使帶來撒切爾首相給中國領導人的口信，提出雙方可在中國建議的基礎上探討香港的持久性安排。中方對英方不再堅持以 1997 年後繼續管治香港為先決條件，願意在中方政策基礎上談判表示歡迎。中方向英方強調指出，中方的政策"是以收回香港整個地區為前提的"。在這兩輪談判中，英方確認不再堅持英國管治，也不謀求任何形式的共管。英方表明如下立場：英方理解中國的計劃是建立在 1997 年後整個香港的主權和管治權應該歸還中國這一前提上的。英方不打算就英國和香港的聯繫提出任何與 1997 年時整個香港的主權和管治權應該歸還中國這一前提相衝突的建議，尤其不打算建議 1997 年後香港特別行政區政

府與英國政府之間在任何級別上建立任何權力或匯報聯繫。至此，中英會談的主要障礙開始排除。

12月7日–12月8日

◆ 中英關於解決香港問題第二階段第七輪會談在北京舉行。

1984年

1月25日－1月26日

◆ 中英關於解決香港問題第二階段第八輪會談在北京舉行，其後於 2 月 22-23 日舉行第九輪會談，3 月 16-17 日舉行第十輪會談，3 月 26-27 日舉行第十一輪會談。從第七輪會談起，談判納入了中國政府關於解決香港問題的基本方針政策為基礎進行討論的軌道。根據中國政府的基本方針政策，未來的香港特別行政區直轄於中華人民共和國中央人民政府。除外交和國防事務屬中央人民政府管理外，香港特別行政區享有高度的自治權。中央人民政府將在香港特別行政區派駐部隊，負責其防務。特別行政區政府將由當地人組成，英籍和其他外籍人士可擔任顧問或政府一些部門中最高至副司級的職務。雖然英方

明確承諾過不再提出任何與中國主權原則相衝突的建議，但在討論中仍不時提出許多與其承諾相違背的主張。例如，英方一再以"最大程度的自治"來修改中方主張的"高度自治"的內涵，反對香港特區直轄於中央政府；英方一再要求中方承諾不在香港駐軍，企圖限制中國對香港行使主權，並要求在香港派駐性質不同於其他國家駐港領事的"英國專員"代表機構，試圖將未來香港特區變成一個英聯邦成員或準成員；英方還提出持有香港身份證的海外官員可以擔任"公務員系統中直至最高層官員"，並要中方承諾在 1997 年後原封不動地繼承香港政府的結構以及過渡時期英方可能作出的改變，等等。英方上述主張的實質是要把未來香港變成英國能夠

影響的某種獨立或半獨立的政治實體，直接抵觸中國主權原則。中方堅決反對，未予採納。

在會談中，英方把中方所說的"目前"或"現行"的各種制度不變，說成是"1997年7月1日前夕存在的"各種制度以及組織機構不變，提出，1997年7月1日以後的安排，應以1997年6月30日為"參考點"。香港各種制度以及各種機構的組織、職能、程序、權力和責任等，將取決於1997年7月1日前的這段時期的演變。中方拒絕英方的主張，指出，這實際上是要求中方把1997年7月1日之前的13年中可能出現的許多未知數和英方在此期間可能單方面作出的一切安排，都全部預先承諾下來，要中方開出一張空頭支票。這是中方絕不能同意的。中方聲明，中國政策中所說的"目前"或"現行"的各種制度不變，只能是指協議達成時的狀況，而不是把過渡期中可能為英方作出的改變包括在內。從現在到1997年，對香港現行制度的任何改變，都必須符合基本法，並事先取得中方同意；凡未經中方同意的任何重大改變，中方均不承擔義務。

3月14日

◆ 立法局通過首席非官守議員羅保提出的動議："本局認為任何有關香港前途的建議，在未達成最後協議之前，必須在本局辯論。"港督尤德表示，羅保動議的辯論有意義和有啟發性。同一天，英國外交部發言人聲稱，香港立法局議員有權提出並且辯論任何他們認為是適當的問題。將來達成的協議，不僅要為英國和中國的議會所接受，而且要為香港人民所接受。羅保動議提出後，香港輿論指責是"三腳櫈的翻版"。

3月28日

◆ 怡和有限公司主席西門·凱瑟克宣佈，怡和董事局經審慎考慮後，已決定在百慕大設立新的怡和控股公司，作為怡和集團全球業務和投資的最終控股公司，現在香港的怡和有限公司將成為百慕大控股公司屬下的海外分公司，僅負責怡和的香港和中國業務，其餘的海外資產和業務，將逐步轉移到百慕大控股公司掌理。這個計劃，將於6月28日召開的怡和公司周年股東大會通過後實行，怡和原有的上市地位將由新的怡和控股公司取代，股東和董事局成員不變。

西門·凱瑟克在解釋怡和改變控股

公司註冊地時強調：

（1）怡和希望今後仍能在英國法律制度下經營。他認為，百慕大是實行英國法治傳統的英屬自治地，終審權設於倫敦樞密院。怡和作為一家香港公司，要在國際從事投資經營；"香港前途問題令怡和處於不利的地位"，此舉"主要出於法律上的考慮"。

（2）怡和此舉並不是撤離香港，或減少在香港和中國地區的投資和經營。將來怡和集團的總辦事處仍設在香港，怡和董事局也仍在香港工作。

（3）今後怡和將進一步擴展國際業務，向多元化發展。怡和將調整其投資比重，使香港和中國地區的投資從目前佔72%降為50%，與海外投資比重平衡。怡和重新組合其投資經營，是"不希望把全部雞蛋放在一個籃子裡"。

4月11日–4月12日

◆ 中英關於解決香港問題第二階段第12輪會談在北京舉行。其後於4月27-28日舉行第13輪會談，5月9-10日舉行第14輪會談，5月30-31日舉行第15輪會談，6月12-13日舉行第16輪會談，6月27-28日舉行第17輪會談，7月11-12日舉行第18輪會談，7月

24-25日舉行第19輪會談，8月8-9日舉行第20輪會談，8月21-22日舉行第21輪會談，9月5-6日舉行第22輪會談。

第12輪會談後，雙方轉入討論過渡時期香港的安排和有關政權移交的事項。在香港設立聯合機構問題是談判中遇到的最困難的問題之一。中方提出了關於過渡時期的安排和有關政權交接的基本設想，建議在香港設立常設性中英聯合小組，其任務是協調中英協議的執行、商談有關實現政權順利移交的具體措施。對此英方堅決反對，強調不要正式確定1997年前為"過渡時期"，不應建立任何常設機構，以免造成中英"共管"的印象。1984年4月，英國外相傑弗里·豪訪華，鄧小平會見他時說，在過渡時期內有很多事情要做，沒有一個機構怎麼行？表示可以考慮這個小組設在香港而輪流在香港、北京、倫敦開會。豪表示同意雙方在此基礎上討論。但在此後三個多月的會談中，英方仍反對在香港設立聯合小組，使談判陷入僵局。7月英國外相傑弗里·豪再次訪華，中方表示如果英方同意設立聯合小組並以香港為常駐地，該小組進駐香港的時間以及1997年後是否繼續存在可以商量。最後雙方商定，設立聯合聯絡小組，小組於

1988 年 7 月 1 日進駐香港，2000 年 1 月 1 日撤消。

中英通過談判確定，中國政府收回香港、恢復行使主權，這一點在協議中必須有明確的表述。英方不接受中方對香港恢復行使主權的提法，先後提出的草案都具有三個不平等條約有效的含意，中方堅決不能接受。最後雙方同意用"聯合聲明"的形式，採用以下表述方法，即中國政府聲明："中華人民共和國政府決定於 1997 年 7 月 1 日對香港恢復行使主權。"英國政府聲明："聯合王國政府於 1997 年 7 月 1 日將香港交還給中華人民共和國政府。"這樣就解決了主權歸屬問題的表述。

雙方代表團在最後的三輪會談中，討論了國籍、民航、土地等幾個政策和技術性都比較複雜的具體問題，並對協議的文字措詞進行了反覆磋商。1984 年 9 月 18 日雙方就全部問題達成協議，並於 9 月 26 日草簽了中英聯合聲明和三個附件。至此，為時兩年的中英兩國政府關於香港問題的談判圓滿結束。

4 月 20 日

◆ 英國外相傑弗里·豪在 4 月 15 至 19 日訪問北京，就中英會談中的有關問題與中國領導人交換意見後到香港訪問。他在香港發表聲明説，中英談判已有長足的進展。他承認，"要達成一份能使香港在 1997 年以後仍然繼續由英國管治的協議，是不切實際的設想。"英國政府的目標，"就是要達成一套安排，使香港繼續成為一個興旺和有動力的社會，並且取得一項協議，使這些安排得以記錄在案。"他表示，可以預見一種情況，"就是作為中國一部分的香港，將會享有高度的自治權。""中國政府已公開清楚表示，在 1997 年後，香港的行政將會由港人掌握。這將會是承接着香港在這方面的發展。我樂於告訴大家這個發展已經開始。今後的日子，香港政府將會繼續朝着代議政制的路向發展。"

5 月 9 日

◆ 港英行政、立法兩局非官守議員九人代表團赴英，要在英國國會辯論香港前途問題之前，"先行反映及明確表達香港人的意見與意願"。行前發表了題為《香港的前途》的聲明，聲稱聲明足以反映本港人士一般的意願和憂慮。聲明提出了"六大疑慮和四項建議"，"警告"英國政府不要冒險去和中國簽訂協議。強調"中國政府的政治信仰，和香港現時享有的各種自由和制度比較之下，即使不致於互相敵對，也是互不相容的。""中方日後可能會藉着協議與基本法有所抵觸的理由，單方面不顧協議。"為了保證日後協議得以履行，聲明要求英國應"堅持在 1997 年後仍然保留若干程度上的地位"。新華社 11 日發佈消息批評兩局議員的聲明，中國人大副委員長曾濤 14 日指出，該聲明一不能代表廣大香港同胞的意願；二不利於香港的穩定和繁榮；三是企圖干擾中英會談的進展。

兩局議員代表團 15 日會見英國首相撒切爾夫人時，要求英國在為香港進行談判時，"要以港人的意見和願望為依歸"。該團還列席了 5 月 16 日和 21 日舉行的上、下議院關於香港問題的辯論。5 月 23 日，該團返回香港時聲稱，"我們此行的目的，是在國會辯論香港前途之前，向英國大臣及國會議員反映和説明香港人的意見和願望。就這項目標而言，我們已經達到。"

5 月 16 日

◆ 英國國會下議院辯論香港問題。外相傑弗里·豪在發言中説，香港前途一定要與中國聯繫在一起。期望 1997 年後英國繼續管治香港是不切實際的。要找出一個有約束力、有完整細節註明的協議，但不需要第三者來監督。現在和將來的英國國會都不會贊成香港人移民英國或其他國家，因此英國在談判中會儘量安排香港人可自由進出香港，並努力維持一個環境讓他們在香港居留。他還提到，香港政制的轉變應由香港政府決定。

5 月 25 日

◆ 鄧小平會見出席六屆人大二次會議、六屆政協二次會議的港澳地區人大代表和政協委員時指出，中央政府對香港問題的發言，正式的有鄧小平、趙紫陽，還有姬鵬飛當主任的港澳辦公室，外交部的部長和主管香港問題的官員，除此之外，所有其他的發言都無效，都不是正式的。鄧小平又説，我國在恢復對香港的主權之後，中國政府有權在香港駐軍，這是維護中華人民共和國領土的象徵，是國家主權的象徵，也是香港繁榮穩定的保證。他説，香港是中國領土，為什麼不能駐軍！沒有這個權力，還叫什麼中國領土！他還説，我們解決香港問題的立場是完全合情合理的。他請代表和委員們充分相信，只要按照我國政府的政策辦事，香港問題是會得到完滿解決的，真正愛國的、愛香港的人是不會失望的。

◆ 鄧小平分別會見香港工商界訪京團和香港知名人士鍾士元、鄧蓮如、利國偉等人時指出："'一個國家，兩種制度'的構想是我們根據中國自己的情況提出來的，而現在已經成為國際上注意的問題了。中國有香港、台灣問題，解決這個問題的出路何在呢？是社會主義吞掉台灣，還是台灣宣揚的'三民主義'吞掉大陸？誰也不好吞掉誰。如果不能和平解決，只有用武力解決，這對各方都是不利的。實現國家統一是民族的願望，一百年不統一，一千年也要統一的。怎麼解決這個問題，我看只有實行'一個國家，兩種制度'。世界上一系列爭端都面臨着用和平方式來解決還是用非和平方式來解決的問題。總得找出個辦法來，新問題就得用新辦法來解決。香港問題的成功解決，這個事例可能為國際上許多問題的解決提供一些有益的綫索。從世界歷史來看，有哪個政府制定過我們這麼開明的政策？從資本主義歷史看，從西方國家看，有哪一個國家這麼做過？我們採取'一個國家，兩種制度'的辦法解決香港問題，不是一時的感情衝動，也不是玩弄手法，完全是從實際出發的，是充分照顧到香港的歷史和現實情況的。

"要相信香港的中國人能治理好香港。不相信中國人有能力管好香港，這是老殖民主義遺留下來的思想狀態。鴉片戰爭以來的一個多世紀裡，外國人看不起中國人，侮辱中國人。中華人民共和國建立後，改變了中國的形象。中國今天的形象，不是晚清政府、不是北洋軍閥、也不是蔣氏父子創造出來的。是中華人民共和國改變了中國的形象。凡是中華兒女，不管穿什麼服裝，不管是什麼立場，起碼都有中華民族的自豪感。香港人也是有這種民族自豪感的。香港人是能治理好香港的，要有這個自信心。香港過去的繁榮，主要是以中國人為主體的香港人幹出來的。中國人的智力不比外國人差，中國人不是低能的，不要總以為只有外國人才幹得好。要相信我們中國人自己是能幹得好的。所謂香港人沒有信心，這不是香港人的真正意見。目前中英談判的內容還沒有公佈，很多香港人對中央政府的政策不瞭解，他們一旦真正瞭解了，是會完全有信心的。我們對解決香港問題所採取的政策，是國務院總理在第六屆全國人民代表大會第二次會議的政府工作報告中宣佈的，是經大會通過的，是很嚴肅的事。如果現在還有人談信心問題，對中華人民共和國、對中國政府沒有信任感，那麼，其

1984 年 4 月，英國外相傑弗里‧豪應邀
訪問北京後發表聲明，表示 1997 年後，
英國將完全放棄香港的主權和治權。圖為
鄧小平會見傑弗里‧豪。

1984 年 6 月 23 日，鄧小平在北京人民大
會堂會見香港知名人士鍾士元（左二）、
鄧蓮如（左三）、利國偉（右一）。會見
時，鄧小平一再強調，中國政府解決香港
問題的立場、方針、政策堅定不移，不會
改變。

他一切都談不上了。我們相信香港人能治理好香港，不能繼續讓外國人統治，否則香港人也是決不會答應的。

"港人治港有個界綫和標準，就是必須由以愛國者為主體的港人來治理香港。未來香港特區政府的主要成分是愛國者，當然也要容納別的人，還可以聘請外國人當顧問。什麼叫愛國者？愛國者的標準是，尊重自己民族，誠心誠意擁護祖國恢復行使對香港的主權，不損害香港的繁榮和穩定。只要具備這些條件，不管他們相信資本主義，還是相信封建主義，甚至相信奴隸主義，都是愛國者。我們不要求他們都贊成中國的社會主義制度，只要求他們愛祖國，愛香港。

"到 1997 年還有 13 年，從現在起要逐步解決好過渡時期問題。在過渡時期中，一是不要出現大的波動、大的曲折，保持香港繁榮和穩定；二是要創造條件，使香港人能順利地接管政府。香港各界人士要為此作出努力。"

7 月 31 日

◆ 鄧小平在會見英國外相傑弗里‧豪時指出："坦率地説，在香港問題上，我們非常關注 13 年過渡時期，只要過渡時期安排好了，我們並不擔心 1997 年後的事情。我們希望香港在過渡時期內，不要出現以下幾種情況。

"第一，希望不要出現動搖港幣地位的情況。港幣發行量究竟多少？港幣信譽好是因為儲備金雄厚，多於發行量，不能改變這種狀態。

"第二，我們同意可以批出 1997 年後 50 年內的土地契約，而且同意港英政府可以動用這種賣地收入，但希望用於香港的基本建設和土地開發，而不是用作行政開支。

"第三，希望港英政府不要隨意增加人員和薪金、退休金金額，那將會增加將來特別行政區政府的負擔。

"第四，希望港英政府不要在過渡時期中自搞一套班子，將來強加於香港特別行政區政府。

"第五，希望港英政府勸説有關方面的人不要讓英資帶頭轉走資金。

"我們希望過渡時期不出現問題，但必須準備可能會出現一些不以我們意志為轉移的問題。今後中英兩國要更好地合作。"

9 月 26 日

◆《中華人民共和國政府和大不列顛及北愛爾蘭聯合王國政府關於香港問題的

聯合聲明》在北京草簽。同日，英國政府發表《中英關於香港前途的協議草案的白皮書》。《白皮書》強調，"從協議整體來看，英國政府有信心認為這份協議的確可以提供一個大綱，使香港在 1997 年成為中華人民共和國的一個特別行政區後，能夠繼續保持穩定和繁榮。""英國政府認為這份協議是一份好的協議，極力推薦給香港人和英國國會接受。"

10 月 3 日

◆ 鄧小平會見港澳同胞國慶觀禮團，就香港過渡問題發表了談話，主要是針對香港人的一些顧慮，包括政策是否會變、干預與參與等問題。鄧小平強調，中國政府信守諾言是一貫的，說過香港 50 年不變就不變。他說，有些人擔心干預。不能籠統地擔心干預，有些干預是必要的。要看這些干預是有利於香港人的利益，有利於香港的繁榮和穩定，還是損害香港人的利益，損害香港的繁榮和穩定。關於 13 年過渡時期參與的問題，鄧小平說，中央政府支持香港人參與。在參與過程中，就有機會發現、選擇人才，以便於管理 1997 年以後的香港。參與者的條件只有一個，就是愛國者，也就是愛祖國、愛香港的人。選擇這種人，左翼的當然要有，

儘量少些，也要有點右的人，最好多選些中間的人。這樣，各方面人的心情會舒暢一些。他說，1997 年以後台灣在香港的機構仍然可以存在，他們可以宣傳"三民主義"，包括罵共產黨，但是在行動上要注意不能在香港製造混亂，不能搞"兩個中國"。

10 月 9 日

◆ 市政局會議通過市政局主席張有興提出的歡迎中英聯合聲明並向市民推薦的動議。議員在發言中同意聲明內容已包含了港人的意見，照顧到 1997 年後港人的生活，是可以接受及向港人推薦的協議。

10 月 18 日

◆ 立法局通過首席非官守議員羅保提出的向港人推薦中英聯合聲明的動議。議員認為，聯合聲明較一般人所希望的更好，可稱為一份好協議。

10 月 22 日

◆ 鄧小平在中央顧問委員會第三次全體會議上發表講話，指出："香港問題為什麼能夠談成呢？並不是我們參加談判的人有特殊的本領，主要是我們這個國家這幾年發展起來了，是個興旺發達的國

1984 年 9 月 26 日，中國政府和英國政府
關於香港問題的中英聯合聲明在北京人民
大會堂草簽。

1984 年 10 月 3 日，鄧小平對參加三十五
周年國慶觀禮的香港人士說：過渡期也
好，1997 年後也好，規定的政策不會變，
"港人治港" 不會變，由香港人推選出來
管理香港的人，由中央政府委任，而不是
由北京派出。鄧小平建議要有多些持平的
人參與治港。

家，有力量的國家，而且是個值得信任的國家，我們是講信用的，我們説話是算數的。""當然，香港問題能夠解決好，還是由於'一國兩制'的根本方針或者説戰略搞對了，也是中英雙方共同努力的結果。"

11月6日

◆ 吳學謙外長就提請審議中英關於香港問題文件向全國人大常委會提交報告。14日，全國人大常委會通過《全國人大常委會關於國務院提請審議〈中華人民共和國政府和大不列顛及北愛爾蘭聯合王國政府關於香港問題的聯合聲明〉的議案的決議》。

11月21日

◆ 港英政府發表《代議政制白皮書——代議政制在香港的進一步發展》。白皮書是以1979年7月18日發表的綠皮書為基礎作了若干修改而成。白皮書強調，"推行（代議政制）各項改革的主要目標，是要在政府中央階層逐步建立一個能更直接向港人負責而又穩固地立根於香港的代議政制；而這個政制會儘量以本港現行的政治體制為基礎，使其優點得以保留，日後並且能夠進一步發展。"白皮書

的內容主要集中在1985年立法局選舉部分議員由間接選舉產生方面：（1）1985年立法局由56名議員組成，其中官守議員10人，委任議員22人，由社會功能組別選出的議員12人，由選舉團選出的議員12人。（2）功能組別分9個組別，其中商界、工業界和勞工界各2席，金融界、社會服務界、醫學界、教育界、法律界、工程師及有關專業界各1席。（3）選舉團12席中，10席由區議會議員選出，將現時18個區議會按地區人口組成港島東、港島西、觀塘、黃大仙、九龍城、深水埗、九龍南、新界東、新界西和新界南等10個組，各組佔1席；另外2席由市政局及區域議局（即以後的區域市政局）各佔1席。同綠皮書相比，白皮書提前擴大了民選議員所佔比例。按綠皮書建議，選舉團和功能組別選出的議席1985年時只各有6席，到1988年時才增至各12席。另外，綠皮書提及的關於行政局的改變、未來港督的地位及直接選舉等問題，白皮書一概推遲研究。政務司鍾逸傑説，白皮書會轉送北京參閱。12月5日，中國外交部發言人説，"中國政府對香港英國當局的代議政制白皮書不予置評。1997年以後香港的政治體制將要由中華人民共和國全國人民代表大會制定的《香

港特別行政區基本法》來決定。"

12 月 5 日

◆英國國會就草簽的中英聯合聲明進行辯論。辯論之後，批准了中英草簽的協議。

12 月 18 日

◆英國首相撒切爾夫人應邀到北京進行正式訪問。19 日，中國總理趙紫陽和撒切爾夫人代表兩國政府簽署中英聯合聲明。出席簽字儀式的有鄧小平、中國國家主席李先念、兩國有關官員以及來自香港的 101 人觀禮團。

12 月 19 日

◆鄧小平在會見英國首相撒切爾夫人時指出："如果'一國兩制'的構想是一個對國際上有意義的想法的話，那要歸功於馬克思主義的辯證唯物主義和歷史唯物主義，用毛澤東主席的話來講就是實事求是。這個構想是在中國的實際情況下提出來的。中國面臨的實際問題就是用什麼方式才能解決香港問題，用什麼方式才能解決台灣問題。只能有兩種方式，一種是和平方式，一種是非和平方式。而採用和平方式解決香港問題，就必須既考慮到香港的實際情況，也考慮到中國的實際情況和英國的實際情況，就是說，我們解決問題的辦法要使三方面都能接受。如果用社會主義來統一，就做不到三方面都接受。勉強接受了，也會造成混亂局面。即使不發生武力衝突，香港也將成為一個蕭條的香港，後遺症很多的香港，不是我們所希望的香港。所以，就香港問題而言，三方面都能接受的只能是'一國兩制'，允許香港繼續實行資本主義，保留自由港和金融中心的地位，除此以外沒有其他辦法。'一國兩制'構想的提出還不是從香港問題開始的，是從台灣問題開始的。1981 年國慶前夕葉劍英委員長就台灣問題發表的九條聲明，雖然沒有概括為'一國兩制'，但實際上就是這個意思。兩年前香港問題提出來了，我們就提出'一國兩制'。

"我們提出這個構想時，人們都覺得這是個新語言，是前人未曾說過的。也有人懷疑這個主張能否行得通，這就要拿事實來回答。現在看來是行得通的，至少中國人堅信是行得通的，因為這兩年的談判已經證明了這一點。這個構想在解決香港問題上起了不說是決定性的作用，也是最重要的作用。這是三方面都接受了的構想。再過 13 年，再過 50 年，會更加證

1984 年 12 月 19 日，鄧小平和撒切爾夫
人等步入簽署中英關於香港問題聯合聲明
的會場。

明‘一國兩制’是行得通的。人們擔心中國在簽署這個協議後，是否能始終如一地執行。我們不僅要告訴閣下和在座的英國朋友，也要告訴全世界的人：中國是信守自己的諾言的。

"一位日本朋友問我，你們為什麼還有一個‘50年’，即1997年後還要保持香港現行的資本主義制度50年不變？你們根據的是什麼，是否有個什麼想法？我對他說，有。這也是從中國的實際出發的。中國現在制定了一個宏偉的目標，就是國民生產總值在兩個十年內，即到本世紀末翻兩番，達到小康水平。就是達到了這個目標，中國也不算富，還不是一個發達國家。所以這只能算是我們雄心壯志的第一個目標。中國要真正發達起來，接近而不是說超過發達國家，那還需要30年到50年的時間。如果說在本世紀內我們需要實行開放政策，那麼在下個世紀的前50年內中國要接近發達國家的水平，也不能離開這個政策，離開了這個政策不行。保持香港的繁榮穩定是符合中國的切身利益的。所以我們講‘50年’，不是隨隨便便、感情衝動而講的，是考慮到中國的現實和發展的需要。同樣地，到本世紀末和下一世紀前50年也需要一個穩定的台灣。台灣是中國的一部分，中國可以

在一個國家的前提下實行兩種制度，這就是制定我們國家政策的一個想法。如果懂得了這點，知道我們的基本觀點，知道我們從什麼出發提出這個口號、制定這個政策，就會相信我們不會變。我還對日本朋友說，如果開放政策在下一世紀前50年不變，那麼到了後50年，我們同國際上的經濟交往更加頻繁，更加相互依賴，更不可分，開放政策就更不會變了。"

1985年 ········

3月7日

◆ 全港舉行第二屆區議會選舉，選出 237 名民選區議員。登記選民 142 萬人，投票人數為 47.6 萬人，投票率為 33.5%。22 日，港府公佈 132 名委任議員名單，連同 237 名民選議員、30 名市政局議員、27 名鄉事委員會主席，組成新一屆完全沒有官守議員的區議會。19 個區議會從 4 月開始陸續運作。

4月3日

◆ 吳學謙外長向全國人大六屆三次會議提交《關於提請審議批准中英關於香港問題協議文件的說明》。5 日，全國人大副委員長彭沖向會議提交《關於成立中華人民共和國香港特別行政區基本法起草委

員會的決定（草案）的說明》。10 日，會議通過《第六屆全國人民代表大會第三次會議關於批准〈中華人民共和國政府和大不列顛及北愛爾蘭聯合王國政府關於香港問題的聯合聲明〉的決定》，又通過《第六屆全國人民代表大會第三次會議關於成立基本法起草委員會的決定》。

4月4日

◆ 港府憲報公佈《1985 年英皇制誥》及《皇室訓令 1985 年香港附加訓令》。該兩項法令即時生效。《1985 年英皇制誥》授權港府可為立法局選舉制訂法例及監察有關選舉。法例的內容包括選區之決定，每一選區之議席、選民、候選人及當選人之資格限制及當選者的任期等；還

規定立法局成員共 57 人，包括港督，布政司、財政司和律政司是當然官守議員、委任官守議員不超過 7 人、非官守議員不超過 22 人，選舉議員 22 人。《皇室訓令 1985 年香港附加訓令》的主要內容包括：(1) 授權港督可隨時解散立法局；(2) 港督在有足夠理由的情況下，可停止任何官守及委任議員的職務，並即時向英國政府報告；(3) 在如違反法律、在香港和海外被判罰、破產及負債、以及涉及立法局會議缺席等情況下，任何委任議員可被撤消職務；(4) 立法局解散期間所有選舉議員將卸任職務。解散後及另一次選舉進行之前，港督若因緊急事務而召開立法局會議，因立法局解散而卸任的議員可暫時恢復職務；(5) 除非在較早時已遭解散，否則立法局選舉議員後屆滿三周年的 90 日前，亦須解散。

◆ 英女皇簽署將香港歸還中國的《香港法案》。《香港法案》由上、下議院分別於 3 月 28 日和 2 月 7 日通過。法案規定英國將從 1997 年 7 月 1 日起結束對整個香港地區的統治，還規定英國必須履行中英聯合聲明。

5 月 21 日

◆ 中英政府公佈中英聯合聯絡小組人員名單，聯絡小組將於 1985 年 5 月 27 日中英聯合聲明生效時成立。中英聯合聯絡小組的中方代表是：首席代表：柯在鑠（外交部港澳事務辦公室主任），代表：鄭偉榮（國務院港澳辦公室一司司長）、喬宗淮（新華社香港分社副秘書長）、陳滋英（中國駐英國使館參贊）、葉壽增（外交部港澳辦公室參贊）。英方代表是：首席代表：魏德巍（英國外交部助理次官，即後來的港督衛奕信），代表：何鴻鑾（香港政府工商司）、布義德（香港政府政治顧問）、高德年（英國外交部香港司司長）、唐蓀（英國駐華使館政務參贊）。

在這之前，港府於 5 月 1 日在立法局三讀通過《1985 年特權及豁免權（聯合聯絡小組）法案》，該法案旨在使聯合聯絡小組的五名中方成員在香港開會時能享有外交特權與豁免權。

5 月 25 日

◆ 中英政府公佈中英土地委員會代表名單。土地委員會將於 1985 年 5 月 27 日中英聯合聲明生效時在香港成立。土地委員會的中方代表是：首席代表：孫延珩（國務院港澳辦公室副司長），代表：李偉庭（新華社香港分社研究室主任）、鍾瑞明（新華社香港分社經濟部高級研究員）。英方代表是：首席代表：杜迪（香港政府地政署長），代表：紀禮遜（香港政府註冊署長）、陳祖澤（香港政府副常務司）。

在這之前，港府於 5 月 1 日和 5 月 15 日分別通過了《1985 年公共財政（修訂）法案》、《1985 年核數（修訂）法案》和《1985 年公共財務（修訂）條例》，以配合中英聯合聲明附件三有關賣地收入的安排。

5 月 27 日

◆ 中國外交部副部長周南、英國駐華大使伊文思在北京分別代表本國政府互換中英聯合聲明及其三個附件的批准書，並簽署了互換批准書的證書。雙方在致詞中都強調：將密切合作以保證中英聯合聲明的順利實施。換文儀式舉行後，中英聯合聲明正式生效。而中英聯合聯絡小組亦正式成立。

6 月 8 日

◆ 人大常委會副委員長彭沖向六屆人大常委會第十一次會議提出《關於香港特別行政區基本法起草委員會委員名單草案的說明》。18 日，會議通過了由 59 人組成的起草委員會名單。

6 月 12 日

◆ 中英兩國代表向聯合國法律事務辦事處遞交聯合請求，將中英聯合聲明正式向聯合國註冊備案。

6 月 26 日

◆ 立法局通過《1985 年立法局（權力與特權）條例》，擴大了立法局的權力。兩局議員譚惠珠表示，這一條例是"立法局要從現時的諮詢性機構演變為真正有最高決策權力的機構"的"一個必要的準備"。這是一條受到各方反對，但港府一意孤行予以通過的法案。社會人士認為，法案使立法局的立法權超出殖民地政府的權限；立法局議員所受到的特別保障超過英、美等國議員之上；立法局權力過大，使法院無權干預，失去"制衡"作用。

《1985 年立法局（權力與特權）條例》的主要內容包括：（1）議員在出席會議期間、赴會和離會途中，不因民事案件而被拘留，出席會議期間不受刑事案件而受逮捕；（2）在會議期間，法院不能要求議員出庭作證，也不得向議員發出民事傳訊；（3）立法局及其常設委員會可下令傳召任何人提供證言和說明，並令其交出證據文件；被傳人對所詢事項，必須如實作答。拒絕作答以犯罪論處，如作虛假回答

1985 年 5 月 27 日，中國外交部副部長周南與英國駐華大使伊文思分別代表本國政府在互換批准書的證書上簽字，中英聯合聲明正式生效。

也可論罪。如被傳人拒不出庭作證，立法局主席可下令逮捕，強迫提供證言和有關文件；（4）對正在開會或出入會場的議員進行非禮，或對議員進行威脅利誘使其作出特殊表態或行動的，按犯罪論處；（5）立法局主席有權禁止任何外人進入立法局會場旁聽或命令任何人退出會場；任何人任意闖入會場或立法局場所範圍之內，或抗命而不離去，都以犯罪論處；（6）任何人就立法局或其常設委員會的議事內容進行誹謗或刊登歪曲報道、或透露不公開的內容，都按犯罪論處；（7）立法局本身，包括立法局主席和職員在執行任務中的各項活動，不受任何法院的管轄；（8）賦予立法局主席的權力，可補充《英皇制誥》及《皇室訓令》所賦予權力之不足；（9）即使立法局因任期屆滿而解散或因故被港督提前解散，立法局主席仍可行使本條例所賦予的各項權力。

7月1日－7月5日

◆ 基本法起草委員會在北京舉行首次會議，姬鵬飛主任在會上宣佈基本法起草委員會正式開始工作，闡明了起草委員會的性質和任務，並就起草工作的大體規劃和步驟、起草委員會的工作方法提出了初步意見。委員們同意姬鵬飛主任提出的關於起草工作的大體設想，認為在 1990 年上半年提請全國人民代表大會審議通過並頒佈基本法是適宜的。會議一致認為有必要在香港成立一個民間的、有廣泛代表性的基本法諮詢委員會，並決定委託在香港地區的 25 位委員共同發起籌組。5 日，胡耀邦、鄧小平、李先念、彭真等黨和國家領導人會見了出席會議的全體委員。彭真還向每位委員頒發了委任狀。

7月10日－7月11日

◆ 中英土地委員會舉行第一次會議，雙方就委員會的工作程序達成協議，並就委員會職權範圍的施行細則進行了磋商。會後，中英雙方代表曾進行一次非正式會面，英方將包括土地契約在內的有關香港土地問題的文件交給中方。

7月17日

◆ 基本法諮詢委員會發起人舉行第一次會議，同意由新華社香港分社協助設立諮詢委員會的籌組辦事處，委託由李福善任召集人、毛鈞年、司徒華、李柱銘、廖瑤珠和譚惠珠的六人小組草擬諮委會章程初稿。會議還就諮委會委員的產生和諮委會的經費問題進行商議。之後，發起人一共舉行了四次會議。8 月 20 日的第二次會議，初步通過了諮委會章程草案。9月7日的第三次會議通過了《基本法諮詢委員會章程》。9月28日的第四次會議通過《基本法諮詢委員會成員產生辦法》及《成員界別劃分及所佔比例》附表和說明。根據會議通過的原則，諮委會成員暫定為150人，其中2/3由各界推薦，然後由發起人邀請參加，另外1/3由發起人商定邀請參加。諮委會成員來自八個界別：工商（佔21.3%，32人）、金融地產（佔12%，18人）、法律（佔6.7%，10人）、專業人士（佔20.7%，31人）、傳播媒介（佔7.3%，11人）、勞工及基層團體（佔24.7%，37人）、宗教（佔4%，6人）、外籍人士（佔3.3%，5人）。11月23日的第五次會議通過了180名諮詢委員名單。名單於25日公佈。根據諮委會章程，諮委會成員均以個人身份參加。

7月21日－7月25日

◆ 中英聯合聯絡小組第一次會議在倫敦舉行。會後發表新聞公報稱：雙方商定了小組的工作程序。聯合聯絡小組根據中英聯合聲明附件二第四款的規定，就有關確保香港特別行政區繼續參加關稅和貿易總協定、多種纖維協定及其他國際性安排等香港的對外經濟關係問題廣泛地交換了

意見。小組還就審議與香港有關的國際權利與義務繼續適用問題的工作程序交換了意見。聯合聯絡小組高度重視關貿總協定和多種纖維協定對香港經濟發展，特別是對香港對外貿易活動的作用。雙方表示將密切合作，以保證香港繼續參加上述國際性安排。小組將進行這方面的工作。

7月31日－8月2日

◆ 中英土地委員會舉行第二次會議。會後發表新聞公報稱：會議討論了契約文件，雙方就討論的問題取得了良好的進展。

8月15日－8月16日

◆ 中英土地委員會舉行第三次會議，雙方根據中英聯合聲明的有關規定，就以公開拍賣、公開投標和私人協約方式出售政府土地的法律文件，1997年6月30日前屆滿75年期不可續期土地契約的續期法律文件，修改政府土地契約條件的法律文件達成了協議。雙方同時就本財政年度的批地計劃進行了初步討論，並決定在9月12日舉行的第四次會議上繼續討論。雙方認為恢復賣地有利於地產市場的正常運作和發展，並決定下一次公開拍賣土地將在9月24日舉行。

9月12日－9月13日

◆ 中英土地委員會舉行第四次會議，討論本財政年度的批地計劃。

9月26日

◆ 立法局首次舉行間接選舉。這是根據 1984 年 11 月 21 日發表的《代議政制白皮書 —— 代議政制在香港的進一步發展》以及 1985 年初通過的立法局選舉規定條例而進行的。在 12 個選舉團組別和 9 個功能組別中選出 24 名議員。所選出的議員數目佔新一屆立法局 56 個議席的 43%。

9月30日

◆ 港府常務司衛理欽在倫敦英國皇家國際事務學會午餐會上發表題為《香港：向前邁進》的演講，談香港今後發展路向的"五個重要因素"："首先要做到的是確保英國有效及明顯地履行它管治香港的責任直至 1997 年 6 月"，他認為，構成香港取得成功的因素中，"最重要的是中英政府之間的諒解及彼此的關係"；第二個因素是中國所扮演的角色。"對於中國有意維持一個成功及穩定的香港而言，這一切的意義非常重要"；第三個因素是"香港政府的權力必須保持，它必定不可成為

'跛腳鴨'政府"；第四個因素是"任何新的政府架構，必須不招惹中國，同時，並給予香港人有繼續奉行自治的決心"；第五個因素，"是要獲得國際認可，維持香港的自治地位。"10 月 5 日，衛理欽從英國返抵香港時說，過渡期內，香港政制發展，不會直接諮詢中國的意見。他說，如果中國干預，因而引起不穩定情況，英國方面也早有準備。

10月16日

◆ 港府副常務司施恪說，九十年代初香港應有一套"最終的政制模式"，重申政制改革是港府的事，無須徵詢中國政府意見。說若日後香港實行某種形式的部長制，負責決策的主要官員由立法局選舉產生，也不抵觸中英聯合聲明有關特區主要官員的安排。他說，"將於 1987 年發表的檢討政制改革綠皮書中，肯定會保留去年綠皮書所建議的，逐步建立一個政制，使其權力穩固地立根於香港。""這個目標與香港主權應回歸中國是可以並存的。"

10月17日

◆ 中英土地委員會舉行第五次會議，就本財政年度自 5 月 27 日中英聯合聲明

生效起至 1986 年 3 月 31 日止期間的批地計劃達成協議。雙方同意，上述期間中英聯合聲明附件三關於每年批地 50 公頃的限額相應調整為 42 公頃。根據上述規定，並考慮到香港各項發展的土地需求及維持一個平穩的地產市場的需要，委員會商定上述期間的批地數量為 58 公頃，包括以公開拍賣或投標方式批出 14 公頃及以私人協約方式批出 44 公頃，其中 29 公頃用作興建葵涌六號集裝箱碼頭。雙方同時就鄉村小型屋宇批地文件，私人機構參與居屋計劃投標文件及甲／乙種公函投標文件達成了協議。

10 月 21 日

◆ 布政司鍾逸傑透露，港府保安科保存的有關政治團體及個人的資料，將被帶回英國，不會留給香港特別行政區政府。

11 月 26 日－11 月 29 日

◆ 中英聯合聯絡小組第二次會議在北京舉行。會後發表新聞公報稱：雙方滿意地回顧了聯合聯絡小組成立以來所取得的成果，包括就 1997 年後香港特別行政區繼續參加亞洲開發銀行的安排達成的協議。聯合聯絡小組在確保香港特別行政區繼續參加關稅與貿易總協定和多種纖維協定問題以及在同香港有關的國際權利和義務繼續適用問題的磋商中，進一步取得了進展。聯絡小組將繼續進行這些方面的工作。聯合聯絡小組就香港居民旅行證件等有關事項進行了詳細的討論，並取得了有益的進展。

雙方就最近香港政治制度的變化進行了討論。

12 月 6 日

◆ 基本法諮詢委員會成立執行委員會，選出 19 名執行委員。11 日，執委會舉行第一次會議，選出正、副主席和秘書長。名單如下：主任：安子介＊；副主任楊鐵樑、黃麗松＊、王寬誠、李啟明、郭志權；秘書長：毛鈞年＊；執行委員：羅德丞、嘉道理、鄺廣傑＊、高苕華（女）、查良鏞＊、黃保欣＊、梁振英、張健利、郭元漢、吳康民、阮北耀、江德仁。（註：＊為草委會委員）執委會在諮委會休會期間，全權執行會務，向全體會議負責。會議決定成立三個隸屬於執委會的工作委員會，分別是：（1）財務委員會，臨時召集人王寬誠；（2）工作程序委員會，臨時召集人楊鐵樑；（3）小組策劃委員會，臨時召集人黃麗松。會議還成立秘書處，在執委會領導下處理日常會務，聘請邵善波、馬力為副秘書長。

12 月 12 日 – 12 月 13 日

◆ 中英土地委員會舉行第六次會議，雙方就本財政年度的開發土地平均成本每平方米 1400 元達成協議。

12 月 18 日

◆ 基本法諮詢委員會舉行成立大會。基本法起草委員會主任姬鵬飛在會上講話説，基本法的起草並無先例可循，不能把內地一套搬到香港，也不能照搬外國一套，須從本港的實際出發，全面正確執行"一國兩制"原則，把愛祖國和愛香港統一起來，達到既維護國家統一，又維護香港穩定繁榮。

◆ 英國政府和港府同時發表 1984-1985 年度《香港事務年報》白皮書。這是英國政府向國會提交的首份香港事務年報。年報表示，"聯合聲明對於恢復人們的信心產生很大的作用。聯合聲明公佈後，前景較前明朗得多了。""英國政府仍會履行對香港和香港人的承諾，並會繼續負起責任，維持香港健全的行政制度和維護香港在國際上的利益。英國政府並會努力確保中英聯合聲明得以順利實施，及保持香港經濟繁榮和社會安定。"

香港特別行政區基本法起草委員會於
1985 年 7 月 1 日正式成立。該委員會由
59 人組成，其中香港委員 23 人。圖為起
草委員會召開第一次全體會議。

1985 年 12 月 18 日，由香港各界人士
180 人組成的香港特別行政區基本法諮詢
委員會在香港宣告成立。

1986 年 ......

1 月 16 日 – 1 月 17 日

◆ 中英土地委員會舉行第七次會議，雙方就處理從土地交易所得的地價收入的會計安排達成協議。雙方並滿意地回顧了委員會成立以來首六個月的進展。在這個期間內，雙方本着友好合作的精神，根據中英聯合聲明附件三的規定，就一系列的土地交易法律文件，1985/1986 財政年度的批地計劃，該年度的開發土地平均成本，和處理地價收入的會計安排等各項問題達成協議。這些協議有利於香港地產市場的運作、經濟發展和土地行政。

中方首席代表孫延珩會後表示，在中英聯合聲明生效前，土地交易會有兩種情況，一是已完成法律手續正式成交的，這種情況與土委會沒有關係，二是指聯合聲明生效前一些交易沒有簽署法律文件，從法律上說未算成交，這些交易正式成交和交付地價都是在聯合聲明生效後，經過研究後中方亦決定不攤分其收益。

3 月 1 日

◆ 基本法諮詢委員會舉行第一次全體大會，通過《基本法諮詢委員會全體會議細則》及《成立專責小組的建議》。大會決定成立八個專責小組：(1) 基本法的結構；(2) 政制；(3) 法律；(4) 居民及其他人的權利、自由、福利與義務；(5) 金融、財政、經濟；(6) 文化、科技、教育、宗教；(7) 涉外事務；(8) 中央和特別行政區的關係。會議還宣佈：諮委會執行委員會決定邀請 18 位香港的中外知名人士為第一批諮委會顧問，除鍾士元和鄧蓮如婉拒邀請外，其餘 16 位已接受邀請，他們是：小竹昭人（香港日本人工商會議所主席）、白朗（渣打銀行亞太區總經理）、伍啟才（香港泰農金融投資有限公司董事）、胡百全（九龍汽車公司主席）、紀艾華（美國總商會主席）、唐克誠（摩根銀行副總裁）、馬蒙（學者）、馬可飛（美國總商會前任主席）、馮秉芬（馮秉芬集團機構董事長）、姬達（前廉政公署專員）、梅本章夫（日本東京銀行香港分行董事）、梶原保（日本興業銀行香港分行總經理）、陳紘（中國銀行顧問）、陳有慶（香港商業銀行副董事長）、潘樑偉（法國國家巴黎銀行香港分行總經理）和羅桂祥（香港荳品有限公司董事長）。

另外，諮委會還聘請大律師列顯倫擔任諮委會法律顧問。

3 月 6 日

◆ 市政局及區域市政局選舉，選出 27 名民選議員，其中市政局 15 名（佔市政局 30 個議席的一半）、區域市政局 12 名（佔區域市政局 36 個議席的三分之一）。當選議員的任期為三年，由 1986 年 4 月 1 日至 1989 年 3 月 31 日止。

這次選舉投票人數 36.2 萬，投票率為 27%。

3 月 11 日 - 3 月 14 日

◆ 中英聯合聯絡小組第三次會議在香港舉行。會後發表新聞公報稱：會議滿意地回顧了聯合聯絡小組第一年的工作。雙方繼續本着友好合作的精神，就有關問題進行了深入的討論，並取得了積極的成果。聯合聯絡小組進一步就確保香港特別行政區繼續參加關稅和貿易總協定以及國際紡織品貿易的安排問題進行了討論，並就如何解決這個問題的方法和步驟取得了一致的看法。雙方同意將在這方面採取具體措施。聯合聯絡小組繼續就香港居民的旅行證件及其有關問題進行了詳細的討論，並就一項關於居留權加註的措詞達成了協議。雙方確認，1997 年 7 月 1 日前在香港簽發的居民身份證從該日起將繼續使用，直至由特別行政區政府簽發的居民身份證所取代為止。雙方還原則同意 1997 年 7 月 1 日前香港簽發的身份證明書從該日起，作為過渡性安排，將可繼續使用；並將就有關具體問題繼續交換意見。聯合聯絡小組進一步討論了有關香港的國際權利和義務問題，並決定成立以香港為主要駐地的常設專家小組協助進行有關工作。雙方還就建立香港船舶登記處問題初步交換了意見。

3月21日

◆ 中英土地委員會舉行第八次會議，雙方考慮到香港的發展需求和維持平穩的物業市場的需要，商定 1986 至 87 財政年度的批地計劃為 55 公頃，其中約 21 公頃作商業、住宅和工業用途；約 15 公頃用作居者有其屋和私人機構參與居屋計劃，和約 19 公頃作社區基本設施和其他用途，包括 3.5 公頃作葵涌集裝箱碼頭的後勤用地。

中方首席代表孫延珩會後表示，中方已收到屬於未來特別行政區政府的第一筆地價收入共 4.23 億元。屬於未來特區政府的地價收入，在過渡時期，除了根據聯合聲明的規定，有可能用作香港的土地開發和公共工程外，將全部於 1997 年，轉交給未來的特別行政區政府，用於香港。為了妥善管理這些資金，中方決定設立"香港特別行政區政府土地基金"，並聘請一些銀行作基金管理人或投資顧問，根據"低風險，高效益"的原則進行投資。

4月11日

◆ 中英兩國政府在北京互換備忘錄，確認中英聯合聯絡小組第三次會議就香港居民的旅行證件和有關事項達成的協議。24 日，中英雙方同時發表了備忘錄的全文。

4月18日－4月22日

◆ 基本法起草委員會第二次全體會議在北京舉行。姬鵬飛主任講話說，制訂基本法就是要根據"一國兩制"的指導方針把香港的政策用法律的形式規定下來。要全面、準確地體現"一國兩制"的方針，把"一國"與"兩制"很好地統一起來。副主任安子介作了《基本法諮詢委員會成立經過報告》，副秘書長魯平作了《基本法起草委員會秘書處調查小組赴港工作匯報》。會議通過了《中華人民共和國香港特別行政區基本法結構（草案）》、《中華人民共和國香港特別行政區基本法起草委員會工作規則》和《關於設立中華人民共和國香港特別行政區基本法起草委員會專題小組的決定》。

起草委員會成立的五個專題小組，每一小組分別由內地委員和香港委員各一人擔任召集人；（1）中央與香港特別行政區的關係專題小組：邵天任、黃麗松；（2）香港特別行政區居民的基本權利和義務專題小組：李福善、王叔文；（3）香港特別行政區的政治體制專題小組：查良鏞、蕭蔚雲；（4）香港特別行政區的財政和經濟專題小組：勇龍桂、黃保欣；（5）香港特別行政區的教育、科學和文化專題小組：錢偉長、馬臨。

◆ 關稅及貿易總協定秘書處通知該協定所有締約國成員：由於英國政府 23 日向總協定秘書處提交一份聲明，使香港自 1986 年 4 月 23 日起成為關稅及貿易總協定的一個締約方，是第 91 名締約成員。中國駐聯合國日內瓦辦事處 23 日亦向關貿秘書處呈交中國政府的聲明。聲明說，自 1997 年 7 月 1 日起，香港特別行政區可以"中國香港"的名義繼續被視為該協定的一個締約方。

◆ 英國下議院通過了《1986 年香港（英國國籍）令草案》。16 日，上議院也通過了這一條例草案。《1986 年香港（英國國籍）令草案》是根據《1985 年香港法（1985 年第 15 號）》有關國籍部分的規定，為落實中英聯合聲明及備忘錄中有關條款而制定的，目的是重新安排香港英國屬土公民的國籍。其主要內容包括：擁有英國屬土公民國籍（BDTC）的華裔香港居民和非華裔香港居民，在 1997 年 7 月 1 日後將分別轉為"英國公民（海外）"國籍（BNO）和"英國海外公民"國籍（BOC），兩者均沒有在英國的居留權；英國準備在 1987 年 7 月 1 日起向香港英國屬土公民國籍人士簽發"英國公民（海外）"護照等。

英國政府是在 1985 年 10 月公佈該草案的條文內容，香港對此反響較大，並曾引致英港之間關係一度較為緊張。1986 年 1 月 3 日，立法局首席非官守議員鄧蓮如代表立法局全體非官守議員致函英上下議院議員，就《香港（英國國籍）令草案》向英國政府提出三項要求：（1）准許持有英國公民（海外）護照的香港人士自由前往英國，並在護照上註明此種權利；（2）給予約一萬名香港非華裔英國屬土公民正式的英國公民地位；（3）給予曾保衛香港的退休軍人以英國公民權。但是，英國政府卻一一否定這些要求。香港的不滿情緒進一步發展，行政局和立法局先後發表聲明、去函英首相、上下議院議員，立法局通過動議呼籲英國政府接納所提的要求等。4 月 23 日，英內政大臣赫德在下議院發表書面聲明，對立法局所提要求作出讓步，表示同意在新的英國公民

基本法起草委員會第二次全體會議於
1986 年 4 月 18 日在北京舉行。會議由包
玉剛副主任委員（左）主持，姬鵬飛主任
委員（右）在會上講話。

（右起）譚惠珠、霍英東、李福善、釋覺
光委員在起草委員會第二次會議上。

（海外）護照加註無須簽證赴英旅遊，以及接受香港退伍軍人及其家屬赴英定居，但拒絕對非華裔英國屬土公民給予英國公民地位。香港的不滿情緒因此有所緩和。

5月14日英國下議院對《香港（英國國籍）令草案》進行辯論和表決，英內政大臣赫德在辯論致詞中重申其態度。他表示，英國政府不能答應約一萬名在港的非華裔人士移居英國的要求，因為此舉將引起在世界各地的其他海外公民亦作出同等的要求。16日在上議院辯論《香港（英國國籍）令草案》時，英內政部次官簡雅瑟在總結辯論時作出了新的“承諾”。他表示，如日後任何香港人，不但是少數非華裔居民，若受到壓力被逼離港，英國政府將有“責任”對他們定居英國的申請作“特別同情處理”。

5月30日

◆ 中英土地委員會舉行第九次會議，雙方就新土地契約的形式和內容達成協議，並根據中英《聯合聲明》附件三第二段的規定，就新界土地契約問題初步交換了意見。中方首席代表孫延珩説，中英雙方今次就新土地契約之形式與內容達成協議，在規約、土地年期與租金方面並無基本的問題，只是就地契在法律上的業權與前有別。根據雙方達成的協議，發展商獲得新地契後，在指定年期內不單有使用該幅土地的權利，擁有權亦屬其所有。英方首席代表杜迪表示，雙方還就第二次賣地利益分賬達成協議。港府在賣地收入方面分到 35160 萬元。香港特別行政區政府獲得 34900 萬元，連同首次分得的 42300 多萬元合計為 77200 多萬元。

7月9日

◆ 港府宣佈委任前檔案處檔案審理主任戴雅文為政府檔案審理主任，任期六個月，負責制訂審理政府檔案的指引，以便鑒定哪些檔案應在 1997 年之前運往英國，並研究各部門儲存檔案的程序，以提高政府管理檔案的效率。戴雅文表示，兩類政府檔案會在 1997 年前送往英國：第一類為高度機密文件，如防務、保安、情報、公務員退休記錄和部分行政局會議記錄等，會將原件送往英國，香港不會存有副本，而日後的香港特區政府亦不可以向英國索回；第二類為公開的學術和歷史研究資料，將會把原件複製成微型底片送往英國作學術研究，原件將留在香港政府檔案處內。

7月16日

◆ 英國政府把根據 1985 年香港法案的"1986 年香港（立法權力）法令"呈交國會，法令將於 8 月 6 日起生效。法令將廢除或修訂與香港有關的英國法例的權力賦予香港立法機關。根據此法令，首批本地化的法例將是有關民航、商船及海事裁判權方面的法例。隨後是包括版權、引渡及司法等法例。律政司唐明治表示，根據"1986 年香港（立法權力）法令"，香港有權中斷上述法例與英國的聯繫，重新自行草擬再由立法局通過，使得這些法例在"九七"年後仍可通用。同時，目前香港所制訂的法例，是不可超越香港範圍的，但"香港（立法權力）法令"生效後，香港日後可以自行制定若干在香港範圍以外仍然適用的法例。

7月21日

◆ 中英土地委員會舉行第十次會議，雙方就 1986/1987 財政年度的開發土地平均成本每平方米 1490 港元達成協議。雙方根據中英聯合聲明附件三第二款的規定，就新界土地契約問題進一步交換意見，並決定下一次會議繼續商談。

7月22日－7月25日

◆ 中英聯合聯絡小組第四次會議在倫敦舉行。會後發表新聞公報稱：（1）會議討論了多項議題並取得了積極成果。雙方對聯合聯絡小組第三次會議以來專家們所做的工作表示滿意。（2）聯合聯絡小組肯定了第三次會議後在未來香港船舶登記制度方面所做的工作，並就建立船舶登記處的原則取得了一致意見。（3）聯合聯絡小組繼續討論了香港居民的旅行證件問題。雙方就新的身份證明書加註居留權的措詞達成了協議。聯絡小組憶及第三次會議達成的原則協議，即"1997 年 7 月 1 日前香港簽發的身份證明書從該日起，作為過渡性安排，將可繼續使用，並同意在 1987 年 7 月 1 日至 1997 年 6 月 30 日期間簽發的身份證明書將繼續具有十年有效期。雙方就香港居民身份證的設計取得了一致看法，雙方還就有關居留權加註的立法方面問題交換了意見。（4）聯合聯絡小組就國際權利與義務常設專家小組的工作細則，達成了協議。聯絡小組同意，香港特別行政區應保持單獨的郵政主管部門，其代表應作為中國代表團的成員參加萬國郵政聯盟會議。聯絡小組還同意，香港特別行政區應繼續保持自己的氣象機構並繼續成為世界氣象組織的成員。為此，聯絡小組將對有關具體步驟繼續進行磋商。(5) 聯絡小組根據聯合聲明的有關規定,對包括未來退休金制度在內的公務員事宜,進行了有益的討論。(6) 雙方滿意地回顧聯絡小組上次會議達成協議後香港在關稅與貿易總協定中所取得的新地位。(7) 聯絡小組對民用航空運輸協定問題,進行了有益和建設性的討論,並取得了共同意見。

8月15日

◆ 中英土地委員會中方代表孫延珩、李偉庭和鍾瑞明舉行記者招待會,宣佈"香港特別行政區政府土地基金信託"正式成立,以及公佈基金投資委員會成員名單。孫延珩表示,中英土地委員會中方代表孫延珩、李偉庭和鍾瑞明,獲中華人民共和國政府授權作為受託人,已於8月13日簽署《香港特別行政區政府土地基金信託聲明書》。信託聲明書的主要內容為:(1) 信託聲明書是根據中英聯合聲明附件三及中英土地委員會有關的會議紀要而制定的。(2) 香港特別行政區政府土地基金信託是以收存、持有和以信託方式管理屬於日後香港特別行政區政府地價收入部分。(3) 除可支付為設立和管理信託所需的費用外,受託人只能把基金用作土地

開發和公共工程的開銷。(4) 受託人有權任命一個投資委員會,委員會的職權是為基金制定投資策略,其成員的任期為兩年,可連任。(5) 特區政府成立時,基金必須撥交代表政府接收及保管基金的公職人員、機構或組織。如1998年3月31日以前特區政府仍未按規定指定接收的人員或機構,受託人應將基金的全部資產變賣,得款於付清所有債項後付給特區政府。孫延珩公佈投資委員會五位成員的名單:港府副金融司任志剛、東亞銀行總經理李國寶、中國銀行香港分行總經理張學堯、匯豐銀行總經理雷興悟和中英土地委員會中方代表鍾瑞明。孫延珩表示,各成員均以個人名義參加投資委員會。任志剛的加入,有利於中方與港府的溝通。

8月21日

◆ 基本法諮詢委員會57位工商和專業人士委員,聯名發表《未來香港特別行政區政府架構雛議》。

8月22日

◆ 基本法諮詢委員會19位社工和教育界委員,聯名發表《對政制模式的初步意見》。

◆ 港府《憲報》公佈修訂《英皇制誥》

及《皇室訓令》，內容如下：（1）《1986年香港英皇制誥》修訂現行《英皇制誥》第十三條（一）款，取消了一項技術上的規定，使政府土地契約不必提及英皇的名字。這項修訂使中英土地委員會第九次會議上雙方同意的新的政府土地契約形式可以使用。這項修訂不會改變目前香港土地所有權的法律地位；（2）《皇室訓令1986年香港附加訓令》修訂現有的《皇室訓令》第二十五條，規定可以採用英文或中文制訂條例。

8月30日

◆ 基本法諮詢委員會舉行第二次全體會議，會上，諮委會執行委員會和八個專責小組分別就前階段的工作和進展作出報告；與會委員討論通過了全體會議細則和執委會關於專責小組新階段工作的建議；會議同時通過增補莫家榮為諮委會委員，填補已故諮委陸冬青的空缺。

10月19日

◆ 190位各界人士聯署發表《香港特別行政區政制方案的建議》。

11月4日

◆ 基本法諮詢委員會71名工商專業界委員，向諮委會秘書處提交《工商專業界諮委有關選舉未來香港特別行政區行政長官的建議》。

11月25日－11月28日

◆ 中英聯合聯絡小組第五次會議在北京舉行。會後發表新聞公報稱：會議討論了多項議題，並取得了積極成果。雙方表示，保持香港公務員的穩定與效率對香港是至關重要的。聯絡小組就公務員的新退休金計劃進行了充分討論並取得了完全一致的意見。聯絡小組進一步詳細地討論了居留權加註涉及立法方面的事宜並取得了良好進展。在國際權利和義務專家小組工作的基礎上，聯絡小組就保持香港特別行政區在國際海事組織中的聯繫會員地位和涉及與香港有關的海事公約繼續適用所採取的辦法達成了一致意見。聯絡小組還就保證香港特別行政區繼續以適當方式參加國際電信聯盟的活動取得了一致意見；香港特別行政區將繼續自行管理其電信業務。聯絡小組還就香港在海關合作理事會中的地位有益地交換了意見。

11月29日－12月2日

◆ 基本法起草委員會第三次全體會議在北京舉行。會後發表公報稱：會議聽取了中央與香港特別行政區的關係專題小組、香港居民的基本權利和義務專題小組、政治體制專題小組、經濟專題小組和教育、科學、技術、文化、體育、宗教專題小組的工作報告，討論了中央與香港特別行政區的關係專題小組和香港居民的基本權利和義務專題小組初步擬出的基本法第二章、第三章、第七章、第九章條文的草稿，提出了修改補充意見和建議。會議討論了《關於香港特別行政區區旗、區徽圖案的徵集和審定辦法（草案）》，認為，現在的徵集、審定辦法（草案）尚需進一步充實和完善，決定由教育、科學、技術、文化、體育和宗教專題小組作進一步修改補充後提交起草委員會第四次全體會議通過。會議根據主任委員會議的建議，決定將基本法結構（草案）的《序言》和第一章《總則》交由中央和香港特別行政區的關係專題小組負責研究和起草，將第十章《附則》交由政治體制專題小組負責研究和起草。會議決定，1987 年 4 月中旬召開第四次全體會議，主要議程是：（1）初步討論基本法的《序言》和第一章《總則》條文的草稿；（2）進一步由中央與香港特別行政區的關係和香港居民的基本權利和義務兩個專題小組擬出的基本法有關第二章、第三章、第七章、第九章條文的草稿；（3）討論和通過《關於香港特別行政區區旗、區徽圖案徵集和審定辦法》（草案）的修改稿。

1987年

2月20日

◆ 英國政府向國會提交第二份《香港事務年報》白皮書。白皮書稱,"為使香港得以繼續保持安定繁榮,中英雙方都重申將堅守貫徹實行聯合聲明的承諾。""英國政府仍會堅決承擔對香港和香港市民的義務,繼續使香港有一個健全的政府和照顧香港在國際上的利益,同時亦確保中英聯合聲明得以順利實施,以及維持所有人對香港的信心,使香港的經濟繼續繁榮,社會維持安定。"

2月25日

◆ 中英土地委員會舉行第 11 次會議,雙方商定聯合聲明附件三第二款規定的新界土地契約的續期,將以立法方式進行,特殊用途契約將根據委員會商定的原則,以個案審理。雙方並就有關法律的內容達成一致意見。詳細內容將於稍後時間依正常程序公佈。

3月17日－3月20日

◆ 中英聯合聯絡小組第六次會議在香港舉行。會後發表新聞公報稱:會議回顧了聯合聯絡小組一年來的工作。雙方對在一些重要問題上所達成的協議以及在實施協議方面的進展表示滿意。聯合聯絡小組繼續討論了第五次會議未完成的議題,取得了積極成果,並達成了多項協議。聯合聯絡小組按照類似關稅與貿易總協定所作出的安排就香港在 1997 年後繼續參加海關合作理事會問題達成了協議。聯合聯絡小組審議了國際權利與義務專家小組的工作，就 1997 年後香港繼續參加聯合國貿易和發展會議活動的方式取得了一致看法。雙方並就香港繼續參加國際勞工組織活動和與香港有關的國際勞工公約繼續適用的問題交換了意見。聯合聯絡小組確認了前幾次會議和專家會議討論的關於香港旅行證件加註居留權涉及立法方面的具體原則。雙方就簽證身份書在 1997 年前後的過渡性安排達成了協議。雙方同意，1997 年 7 月 1 日前簽發的有效期為七年的簽證身份書，自該日起可繼續使用，直至有效期滿為止。雙方就如何貫徹聯合聲明中有關香港特別行政區的防務和維持治安的規定以及在這方面進行順利過渡的必要性有益地初步交換了意見。雙方同意就此問題進行專家級討論。

3 月 26 日

◆ 中英土地委員會舉行第 12 次會議，雙方商定 1987/1988 財政年度批地計劃為 61 公頃，其中商業、住宅、工業用途為 27 公頃（包括 5 公頃批給香港房屋協會主要用於興建出租房屋），居者有其屋和私人機構參與居屋計劃 17 公頃，鄉村屋宇、公用事業、教育、福利、宗教、康樂和其他用途 17 公頃。

中英土地委員會於 1985 年 5 月 27 日成立以來，此次是第三次商定批地數量，1985 年同意批地數量為 58 公頃，1986 年為 55 公頃。對於土地委員會連續三次同意批地數量都超過中英聯合聲明規定的 50 公頃，中方首席代表孫延珩表示，雙方在考慮批地數量時，要同時注意兩點：（1）要注意香港的繁榮穩定；（2）要注意香港的經濟發展和社會發展。當年批地數量再增是由於有 5 公頃土地是供房協興建出租房屋之用，同時教育、福利、宗教和康樂等設施的用地需求也較去年有所增加。

3 月 28 日

◆ 基本法諮詢委員會舉行第三次全體會議。議程有：增補祈天順、梁儒盛、王敏剛、吳蔚奇、戴耀廷五名諮委，確認第一及第二次全會的會議記錄、審閱執委會工作報告、通過諮委會 1987 年度工作計劃、討論改進諮委會會務及加強與起草委員會的合作與溝通問題。執委會副主任李啟明在會上總結諮委自 1986 年 9 月至 1987 年 3 月期間的工作時表示，此期間諮委會的各專責小組和工作組共舉行百多次會議，到目前為止已完成了 12 個專題的最後報告，將送交 4 月召開的起草委員會全體會議參考。12 個專題是："基本法的結構"、"居民定義、出入境權、居留權、豁免遞解離境權、選舉權及被選舉權"、"新聞自由"、"社會福利政策"、"參與國際機構／協定的形式與安排"、"駐外機構"、"入境管制、簽證問題"、"新界原居民的權益"、"特區與各省區關係"、"基本法解釋及修改權"、"剩餘權力"及"憲法與基本法的關係"。

3 月 30 日

◆ 28 位基本法諮詢委員會委員及教育界人士聯署發表《特別行政區行政長官與立法機關產生辦法意見書》。

4 月 1 日

◆ 國務院港澳辦副主任李後在北京中外記者會上，重申中國對香港政制改革的態度。他說，我們認為：將來香港特別行政區的政治體制，必須由香港特別行政區基本法來加以規定。現在香港所進行的政制改革應該同基本法相銜接。現在基本法正在制訂，要到 1988 年初拿出初稿，1989 年形成草案，1990 年的第一季度提交人大通過。我們的時間表是這樣排的。我們的意見是：要等到基本法確定了以後，再來進行政制改革也不晚。

4 月 13 日 – 4 月 17 日

◆ 基本法起草委員會第四次全體會議在北京舉行。會議聽取了中央與香港特區關係專題小組和香港特區居民的基本權利和義務專題小組的工作報告，討論了上述報告提出的關於基本法的序言和總則以及基本法第二、三、七、九章的條文草稿。會議還討論並通過《關於中華人民共和國香港特別行政區區旗、區徽圖案的徵集和審定辦法》，決定在內地和香港廣泛徵集區旗、區徽圖案，全國人民，包括港澳同胞、台灣同胞、海外僑胞，以及香港其他居民均可應徵投稿，1988 年 3 月 31 日截稿；區旗、區徽圖案要求能體現香港特別行政區的地位、特點和"一國兩制"的精神，形式莊嚴美觀。並由五名起草委員和六名專家組成"中華人民共和國香港特別行政區區旗、區徽圖案評選委員會"，於 1988 年第二季度對應徵圖案進行初選，初選圖案並在香港和全國各地公佈徵求意見，第四季度進行複選，至 1988 年底，圖案（草案）將連同基本法（草案）一起報人大常委會，最後經全國人民代表大會正式確定。

7 月 10 日，香港特區區旗、區徽圖案評選委員會名單組成公佈，主任是錢偉長和馬臨，九名委員是：雷潔瓊、霍英東、毛鈞年、吳作人、劉開渠、榮高棠、文樓、何弢和韓秉華。

4 月 16 日

◆鄧小平會見出席基本法起草委員會第四次全體會議的全體委員時，談了以下幾個問題：（1）"一國兩制"是中國社會主義特色的一個重要內容。"一國兩制"要講兩個方面，一方面是在社會主義國家裡允許一些特殊地區搞資本主義，不是搞一段時間，而是搞幾十年、成百年。另一方面也要確定整個國家的主體是社會主義。他說："我們的'一國兩制'能不能真正成功，要體現在香港特別行政區基本法裡面。這個基本法還要為澳門、台灣作出一個範例。所以，這個基本法很重要。世界歷史上還沒有這樣一個法，這是一個新的事物。起草工作還有三年時間，要把它搞得非常妥當。"（2）香港在 1997 年回歸祖國以後 50 年政策不變。講不變，應該考慮整個政策的總體、各個方面都不變，其中一個方面變了，都要影響其他方面。只要政策不變，按照"一國兩制"方針解決統一問題後，香港、澳門、台灣 50 年不變，50 年之後還是不變。（3）香港的制度不能完全西化，不能照搬西方的一套。如果完全照搬英、美的議會制度，

以此來判斷是否民主，恐怕不適宜。對香港來說，普選就一定有利？我不相信。普選不一定能全部選出愛祖國、愛香港的人。循序漸進比較適宜。（4）中央確實不會干預特別行政區的具體事務，中央不需要干預。但是，如果香港發生了危害國家根本利益的事，或出現損害香港自己根本利益的事，北京就要過問。比如 1997 年後香港有人罵中國共產黨，罵中國，我們還是允許他罵，但是如果變成行動，要把香港變成一個在"民主"的幌子下反對大陸的基地，那就非干預不可。保持中央的某些權力，對香港有利無害。

5 月 8 日

◆港府公佈《地方行政檢討》報告書，提出 43 項建議，除部分需立法通過外，其餘有關政府行政安排的建議會立即實施。報告書的主要建議如下：（1）應加強區議會有關地區性及全港性問題的諮詢功能，並委任更多區議員出任中央諮詢委員會的成員；（2）有關區議會的組合及其與立法局及兩個市政局的關係，區議會應否擔當更廣泛地區管理角色的問題，將留待代議政制綠皮書討論；（3）當局將制訂罷免區議會主席和議員失去資格的條例；（4）改善地區管理委員會與區議會之間的

溝通;(5)繼續推行分區委員會及互助委員會計劃。

5月18日

◆ 中英兩國政府在北京互換備忘錄,確認中英聯合聯絡小組第六次會議就香港身份證明書(CI)有關安排達成的協議。

5月27日

◆ 立法局三讀通過《1987年人民入境(修訂)(第2號)條例草案》和《1987年人事登記(修訂)條例草案》。兩個條例均在1987年7月1日起生效。

修訂《人事登記條例》的目的,是為了在7月1日開始發出註明持證人在香港有居留權的香港永久居民身份證(PIC),使與在同日開始簽發的英國國民(海外)護照和香港身份證明書內加註居留權的做法相配合。永久居民身份證不適用於非永久居民,那些居港未滿七年的新移民,在換領新身份證時只能換領香港身份證(IC),該證不註有居留權。

修訂《人民入境條例》,主要是為"香港永久居民"和"香港居留權"(Right of Abode in Hong Kong)的定義作出界定。該條例中第二十七條的第一附表(香港永久居民分類表)指明有四類人士屬永久居民:第一類是在港居住七年以上的全部或部分中國血統的人士;第二類是本身為英國屬土公民而又符合1986年香港(英國國籍)令規定而與香港有關係的人士;第三類是英國屬土公民與香港以外的任何其他英國屬土有關係的人士,或與上述的第二類人士成婚的人;第四類是香港本土人士。上述四類人士統稱為永久居民,舊條例中"華籍居民"和"香港本土人士"的定義予以刪除,合併歸入"永久居民"的新定義內。據報道,可成為香港永久居民的約有500萬人,其中325萬是具有英國屬土公民資格的人,174萬是居港七年以上的華裔人士。關於"香港居留權"的定義,即永久居民享有的權利:(1)入境權;(2)免受居留條件限制權;(3)免受當局遞解離境;(4)免受當局遣送離境。

◆ 港府公佈《1987年代議政制發展檢討綠皮書》。《綠皮書》指出:檢討的目的,是考慮應否在1988年進一步發展香港的代議政制,以及如要進一步發展,應採用何種方式。該項檢討將在香港現有憲制架構範圍內進行,亦會充分顧及中英聯合聲明的有關規定。《綠皮書》對改變區議會職務、立法局的組成和各類議員的比例、港督應否繼續出任立法局主席以及包括選舉的先後次序、民選議員的任期、選民和候選人的年齡規定、投票制度等的"選舉的務實問題"，只提出了多項選擇建議，沒有列出港府的各項政策意向。1988年立法局應否直選？《綠皮書》提出四項選擇：（1）官守、委任和民選議員人數和比例維持不變；（2）採用直接選舉選出立法局議員的做法並不可取；（3）採用直接選舉選出一部分立法局議員的做法，原則上可取，但不應在1988年舉行；（4）1988年改變立法局成員組織是可取的做法。在第4項選擇下，再提出六項選擇：（1）略增官守議員人數；（2）減少委任議員人數；（3）增加由功能組別選出的議員人數；（4）增加由選舉團選出的議員人數；（5）在現行選舉制度之外，以全港性選舉或以選民組別選舉方式直接選出部分議員；（6）以直選方式取代選舉團的間接選舉方式。

新華社香港分社發言人重申：關於香港代議政制發展檢討問題，是港英政府的事，我們不予置評。關於中國政府對香港政制發展的態度，一貫認為必須同基本法銜接，這是人所共知的。11月4日，港府民意匯集處發表社會人士對《1987年代議政制發展檢討綠皮書》反應的報告書。民意匯集處共收到意見逾13.4萬

份，67%認為不應於1988年進行直選，多數意見贊成港督續任立法局主席，不贊成降低選民年齡。

5月29日

◆ 港督衛奕信舉行上任首次記者會，強調英國政府及港府到1997年的責任，"是要有效果及有效率地管治香港"，"足以維持香港的安定繁榮"。關於政制發展問題，他說，我們希望能夠循序漸進找出一個香港政制演變的途徑，能與基本法制訂的制度銜接。若我們理解"銜接""為一道橋在某一特定時間接合，任何有理智的人都會認為應在當中接合，而不落空"。香港沒有政黨政治的傳統，對抗性的政治亦非香港的傳統。在發展香港的政制時，應該按照香港本身的經驗去演變，而不應簡單摹仿另外一些地方的制度。

6月19日

◆ 中英土地委員會舉行第13次會議，雙方商定1987/1988財政年度的開發土地平均成本為每平方米1625元。此次商定的開發土地平均成本比上年度的1490元增加了135元，升幅為9%。

6月22日

◆ 香港特別行政區土地基金信託人宣佈,委任標準渣打銀行地區總經理麥健時為香港特區政府土地基金投資委員會委員,任期兩年。至此,土地基金投資委員會成員包括李國寶(召集人)、任志剛、張學堯、鍾瑞明、雷興悟和麥健時。

6月25日

◆ 海關合作理事會在渥太華舉行年會,根據中英兩國政府的聲明,一致通過接納香港為該理事會的單獨成員。中國政府的聲明表示,自 1997 年 7 月 1 日起香港特別行政區可以"中國香港"的名義繼續成為該理事會的單獨成員。

7月7日-7月10日

◆ 中英聯合聯絡小組第七次會議在倫敦舉行。會後發表新聞公報稱:(1)聯絡小組繼續討論了第六次會議提出的一些問題,並取得了積極成果。(2)聯絡小組就香港繼續參加亞洲和太平洋經濟社會委員會問題達成了協議。(3)聯絡小組滿意地注意到海關合作理事會於 6 月 25 日已接受香港為單獨會員。(4)聯絡小組進一步就香港參加國際勞工組織等一些國際組織活動的方式以及有關的國際權利和義務

繼續適用等問題進行了討論。(5)聯絡小組滿意地注意到聯絡小組就旅行證件和身份證問題所商定的安排已於 1987 年 7 月 1 日在香港付諸實施。(6)聯絡小組在 5 月舉行的專家小組會議的基礎上就履行聯合聲明中有關防務和治安的規定進一步交換了意見。雙方同意就此問題繼續進行討論。(7)雙方就英方關於目前香港進行的政制檢討進展情況的介紹交換了意見。

8月22日-8月26日

◆ 基本法起草委員會第五次全體會議在北京舉行。會議聽取了基本法起草委員會五個專題小組的工作報告,繼續討論了基本法的序言和有關章節的條文草稿。委員們對各專題小組的工作表示滿意,並就部分條文提出修改意見。會議要求各專題小組仔細地研究委員們所提的意見,以及基本法諮詢委員會各專責小組最後報告所提出的建議,對基本法有關章節的條文草稿作進一步的修改。在此基礎上,由秘書處按照基本法結構草案的順序把基本法各章條文草稿初步匯編起來,提交起草委員會第六次全體會議討論。

9月4日

◆ 基本法諮詢委員會 76 名工商專業

委員發表《未來香港特別行政區政府架構建議》。

9月19日

◆基本法諮詢委員會舉行第四次全體大會，聽取了有關會務、財務委員會的報告及六個專責小組第三階段的工作計劃，通過了修改全體會議細則，使一些臨時動議，可在大會上提出討論。

10月

◆10月中下旬，香港股票市場受世界主要股票市場大跌的影響，出現繼1973年之後的另一次暴跌風潮。在各方採取救市措施後，股市才止跌回穩。19日，股票市場的恆生指數以3362.39點收市，較上一個交易日（16日）收市指數3783.20點，下跌了420.81點，跌幅為11.1%。恆生指數期貨交易也曾兩度跌至停止交易。20日，由於外圍股市續跌，香港聯合交易所和香港期貨交易所遂運用緊急權力，宣佈停市四天。26日復市後，股市更出現恐懼性拋售，恆生指數以2241.69點收市，一天之內劇跌1120.7點，跌幅達33.33%。恆生指數期貨的交易，10月份結算的期指更劇跌1554點，11月份和12月份期指也各跌600點，並兩度停止交易。在各方努力後，股市才止跌回穩，在較低價位徘徊。在這次股市暴跌中，香港上市公司股票的總市值，由9月30日的7558億多元下跌至10月30日的4181億多元，減縮3377億多元，減幅為44.7%。更嚴重的是恆生指數期貨交易，在20日停市前尚未平倉合約共有87000多份，由於19日和26日股市接連暴跌，因而尚未平倉合約所涉及的款項極為巨大，遠遠超過為恆生指數期貨交易起保證作用的香港期貨保證公司所能負擔的債務，曾使恆生指數期貨結算一度陷入危機。

在股市出現大跌之後，港府於22日宣佈委任英國亨寶銀行為其顧問，研究解決恆生指數期貨的結算問題。行政局先後於23日和27日舉行特別會議，研究恆生指數期貨市場和股票市場所面臨的問題。與此同時，港府採取如下一些穩定股市的措施：（1）兩度調低銀行利率。銀行公會先後宣佈於26日減息0.75厘至1厘以及於28日減息1厘。（2）兩度向期貨交易所提供共40億港元備用信貸。財政司翟克誠於25日宣佈，港府安排20億港元備用信貸予期貨交易所保證公司應用，其中10億元是由期貨市場的主要經紀及香港期貨交易所保證公司股東提供，

1987年

另外 10 億元則由港英政府從外匯基金中提供。27 日港府宣佈將備用信貸額再度增加 20 億元，其中外匯基金再增撥 10 億元，其餘 10 億元由中國銀行、匯豐銀行和渣打銀行聯合提供。(3) 放寬大股東增購公司股權的限制。26 日收購及合併委員會決定，一個月內豁免有關人士遵守香港公司收購及合併守則內有關誘發點及每年增購股權條文的規定，但卻規定購入者必須在 12 個月內將超過規定最高限額的股份售出，並必須每日公佈買入及賣出該等股票的數目及價格。

聯合交易所和期貨交易所作了一些組織上和運作上的調整：(1) 湛佑森和李福兆於 25 日分別辭去期貨交易所正副主席職務，地下鐵路公司主席李敦接任主席。期貨交易所並於 29 日委出新董事會成員，其中港府助理證券專員霍秉義出任執行副主席。(2) 聯合交易所於 28 日委任前銀行監理專員霍禮義出任高級行政總裁，以加強該交易所的行政工作。(3) 期貨交易所於 25 日宣佈，恆生指數期貨按金由 1.5 萬元增至 2.5 萬元，期貨交易附加費由 10 元增至 30 元，除 10 月份合約不設上下限外，其他月份合約買賣的停板制度由 150 點上落要停板改為 300 點。(4) 聯合交易所於 26 日決定，增加由經紀集資的保險基金款額，從 50 萬元增至 200 萬元。

中國政府也密切注意事態發展和採取相應的措施。中銀集團對港府採取拯救股市的措施予以適當的支持，對穩定股票市場作出應有的努力。27 日，代理港督霍德對中國駐港金融機構的支持，特別是中國銀行香港分行對第二次支撐期貨市場所作的貢獻表示深切感謝。

11 月 4 日

◆ 基本法諮詢委員會執行委員會舉行第 15 次會議，一致通過由高苕華為執委會候任副主任和梁振英為候任秘書長，於 1988 年 1 月 15 日上任，以接替原來副主任楊鐵樑和秘書長毛鈞年的職位。執委會主任安子介表示，由於楊鐵樑當選為候任按察司和毛鈞年出任新華社香港分社副社長，兩人因職務繁忙關係請辭諮委會執行委員會職務。高苕華及梁振英原來的委員空缺由鄭耀棠和唐翔千補上。

11 月 10 日 – 11 月 13 日

◆ 中英聯合聯絡小組第八次會議在北京舉行。會後發表新聞公報稱：會議取得了積極成果。雙方滿意地回顧了雙方就有關香港防務與治安問題的討論所取得的良好進展。雙方一致認為,及時做好防務與治安方面的安排,對保證 1997 年政權順利交接和保持香港的穩定和繁榮具有重要意義。雙方同意將繼續就有關的實際安排進行密切的磋商和合作。在國際權利和義務常設專家小組工作的基礎上,聯合聯絡小組就與香港有關的國際勞工公約 1997 年後繼續適用問題以及香港參加國際勞工組織活動的方式取得了一致意見。雙方並就 1997 年後香港特別行政區繼續參加聯合國糧食農業組織亞太區附屬組織的活動問題達成了協議。聯合聯絡小組討論了有關簽訂香港民用航空運輸協定的進展情況並就有關問題取得了共同諒解。聯合聯絡小組就有關法律本地化的一般原則取得了一致意見。雙方同意有關具體問題由專家進行討論。聯合聯絡小組就改善香港司法人員聘用條件的問題交換了意見。英方向中方通報了香港政制檢討的進展情況。

英方首席代表麥若彬表示,中英雙方在會上談到了 1997 年後,解放軍在香港扮演何種角色的問題。英方向中方提出了駐港英軍分期撤離的初步計劃,中方對此表示諒解。雙方在香港警隊的擴展問題上,亦達至共識,警隊在 1997 年以後,會作"適當限度的擴充",以代替現時由英國巡邏邊境的任務,堵截來自中國的非法入境者。

11 月 27 日

◆ 中英土地委員會舉行第 14 次會議,雙方檢討了土地契約文件和地價收入的財政安排,認為運作良好。當年 4 月 1 日至 9 月 30 日期間香港政府和日後的香港特別行政區政府攤分了地價收入約 26 億元。土地委員會亦考慮了本年度批地計劃的進展,同意將 1987 至 1988 年度批地數量增加 13.1 公頃,以便香港政府進一步考慮蜆殼油庫搬遷及有關重建計劃。所增批的大部分土地,將從青衣和鴨脷洲填海獲得。

這次批地數量增加 13.1 公頃,即將原定的批地數量 61 公頃增至 74.1 公頃,這是中英土地委員會成立以來首次在年度中期增加批地數量。

12 月 4 日

◆ 基本法諮詢委員會 80 名工商專業委員發表《對成立首屆香港特別行政區政府的建議》和《有關大選舉團的建議》。

12 月 12 日 – 12 月 16 日

◆ 基本法起草委員會第六次全體會議在廣州舉行。會後發表公報説:全體會議聽取了基本法起草委員會政治體制、經濟和教科文三個專題小組的工作報告，以及和基本法起草委員會秘書處關於《香港特別行政區基本法起草委員會各專題小組擬訂的各章條文草稿匯編》的說明，聽取了安子介副主任關於香港基本法諮詢委員會工作進展情況的介紹。委員們對所討論的有關章節條文草稿提出了修改和調整意見。會議要求有關的專題小組研究委員們提出的意見和香港基本法諮詢委員會及各界的意見，對基本法有關章節的條文作進一步的修改，然後由總體工作小組對基本法各章節條文草稿進行調整和修改，擬出基本法草案（草稿），交下次全體會議討論審議。此外，會議決定 1988 年 4 月 24 日至 28 日在北京召開基本法起草委員會第七次全體會議，審定基本法草案（草稿），並提出徵求意見的具體辦法，並利用五個月時間徵詢各方面特別是香港各界的意見，然後於 1988 年年底或 1989 年年初舉行第八次大會，通過基本法草案，提請全國人大常委會審議。

1988年············

◆ 英國政府向國會提交 1987 年度《香港事務年報》白皮書。白皮書説，"香港在 1987 年繼續穩步前進。""現時人們對香港的前途保持信心。在國際間這點毫無疑問，正好反映出各國愈來愈認識香港是通向中國的門戶，和香港以自己的力量成為國際性的製造業、商業和金融中心。另外一些跡象也表示大部分的香港居民對香港前途繼續保持信心。""英國政府堅定不移地對香港和香港市民的福祉負責，繼續使香港有一個健全的政府和照顧香港在國際上的利益，同時確保中英聯合聲明得以順利實施，維持信心，並保持香港經濟繁榮、社會安定。"

◆ 立法局三讀通過《1987 年新界土地契約（續期）條例草案》。2 月 26 日憲報刊出公告，港督指定 1988 年 2 月 26 日為該條例第一及第四部條例的生效日期，第二及第三部的條款則指定於 1988 年 4 月 25 日起生效。該條例草案的目的是把中英《聯合聲明》附件三第二段的規定付諸實行，使超過 30000 份新界及新九龍的土地契約，可自動續期到不超過 2047 年 6 月 30 日而無須補地價，但每年須繳交相當於該物業當時應課差餉租值約 3% 租金。根據條例草案第六條規定，除短期租約和特殊用途土地契約外，大部分新界的土地契約，不需補地價而自動獲得續期到 2047 年，其生效日期為

華潤（集團）有限公司是中國內地在香港
的最大貿易機構，同時向地產、能源、碼
頭、銀行等多方面拓展。圖為位於香港灣
仔的華潤大廈。

五豐行是內地輸港糧油、鮮活等產品的主要代理公司，為香港的順利回歸和繁榮穩定作出了重要貢獻。

1988 年 4 月 25 日。條例第四條規定，田土註冊處處長必須在指定生效日期之前，就所有特殊用途土地契約在田土註冊處的登記冊內加註。而一份有關所有被鑒定為特殊用途土地契約的重新編訂及最後名冊，將於 1988 年 4 月 25 日公佈。至於遊樂場地官契的續期問題，由於這些官契屬特殊用途土地契約，因此不會由本條例草案規定。

2月10日

◆ 港府發表《代議政制今後的發展》白皮書。同日，英國外相傑弗里·豪在下議院發表聲明表示，"英國有責任維持香港政制的穩定發展，而白皮書的決定是踏出重要的一步。"他又表示，白皮書的內容"對香港人的意見已作出平衡和合理的回應"。新華社香港分社發言人在答覆新聞界有關詢問時表示，"代議政制的發展檢討是英國政府的事，中方對 2 月 10 日發表的白皮書不作評論。"

《代議政制今後的發展》白皮書在"引言"中表示，"在香港的代議政制方面，政府有以下的目標：（甲）政制應繼續演變，以適合香港的情況；（乙）政制的發展應該是審慎和循序漸進的；（丙）任何改革都應獲得儘量廣泛的支持，以求得到社會人士整體的信心；（丁）在 1997 年前存在的制度，應可促成在 1997 年順利過渡，並在其後保持高度的連續性。"

白皮書對香港未來政制發展的主要內容為：（1）關於直接選舉部分立法局議員問題。白皮書的結論為："1997 年以前在立法局內加入若干名由直接選舉產生的議員，將會是香港代議政制發展進程中一個合理和可取的步驟"，鑒於社會人士對實行直接選舉的時間有十分明顯的分歧，"在 1988 年實行這樣重大的憲制改革將不會是正確的做法"，"政府因此決定在 1991 年採用直接選舉選出若干名立法局議員。"（2）關於立法局的成員組織問題。白皮書說，港府決定從 1988 年開始，立法局的成員組織包括如下四部分：（甲）繼續維持現時的 10 位官守議員；（乙）委任議員人數將由現時的 12 位減為 10 位；（丙）由功能組別選出的議員人數由 12 位增至 14 位，現時的"金融界"組別和"醫學界"組別將分別擴展為"金融及會計界"組別和"醫學及衛生界"組別，各增加一個議席；（丁）由選舉團產生的議員人數將保持 12 位不變。白皮書又表示，到 1991 年，將加入 10 位從按地區劃分的選區直接選出的議員，取消現時由地區劃分的選舉團組別選出議員的制度，但保留兩個組別，由市政局及區域市政局各自選出一位立法局議員。（3）關於區議會和兩個市政局。白皮書表示，港府決定在 1989 年 3 月兩個市政局舉行選舉時，市區的 10 個區議會應各自選出一位代表加入市政局，使市政局議員人數從 30 位增至 40 位（包括現有的 15 位委任和 15 位民選議員，及來自區議會的 10 位新議員）。屆時市政局議員將不再出任市區區議會的當然議員。（4）關於立法局主席的職位。白皮書表示，港府決定在短期內不改變立法局主席的職位，總督將繼續擔任主席，當總督不能出席會議時，將委任一位議員或由與會的首席官守議員代他主持。

3月8日－3月11日

◆ 中英聯合聯絡小組在香港舉行第九次會議。會後發表新聞公報稱：會議取得了積極成果。在國際權利和義務常設專家小組工作的基礎上，聯合聯絡小組就香港繼續參加世界衛生組織西太平洋區域委員會、國際海道測量組織和國際原子能機構的活動問題達成了協議。聯合聯絡小組討論了關於未來香港與有關國家移交逃犯的安排問題，並達成了初步諒解。雙方同意，有關問題將由雙方專家繼續討論。雙方討論了簽訂香港民用航空運輸協定所取得的新進展。英方介紹了關於香港設立終審法院問題的建議。聯絡小組決定交專家進行研究。雙方就海員旅行證件的過渡性安排初步交換了看法。聯合聯絡小組回顧了雙方專家討論法律本地化問題所取得的進展，並同意就此問題繼續交換意見。雙方繼續討論了關於香港防務和治安的問題並就進一步工作的實際安排取得了一致意見。為實施中英聯合聲明附件二關於中英聯合聯絡小組自 1988 年 7 月 1 日起以香港為主要駐地的規定，聯合聯絡小組就雙方在香港設立常駐機構等有關安排進行了討論，並取得了一致意見。雙方首席代表將於 7 月 1 日在香港舉行會晤。

3月10日

◆ 第三屆區議會選舉選出 264 名民選區議員，其中 34 人因無人競爭自動當選。投票人數為 42.4 萬人，投票率為 30.3%。25 日，港府公佈 141 名委任議員名單。委任議員與民選議員將同時於 4 月 1 日開始履新，任期三年。

3月21日

◆ 中英土地委員會舉行第 15 次會議，雙方商定 1988/1989 年財政年度批地計劃為 94.5 公頃，其中商業、住宅、工業用途為 22 公頃；居者有其屋、私人機構參與居屋計劃、香港房屋協會出租房屋、鄉村屋宇 22 公頃；公用事業、教育、福利、宗教、康樂和其他用途 19 公頃；及特殊需求之第七號集裝箱碼頭 31.5 公頃。此外，土地委員會也商定年內另可額外批出 5 公頃土地作商業、住宅、工業用途，以應需求。上述規定將以土地申請目錄形式公佈，按季度審議；委員會認為有需要在 1988 至 1989 年度為第三所大學提供土地；並同意在決定該大學的土地需求後，再考慮批地。

4月9日

◆ 港府憲報公佈對《英皇制誥》和《皇室訓令》的修訂內容。修訂涉及立法局運作。英國樞密院 3 月 23 日通過了有關的修訂。

對《英皇制誥》的修訂有兩點：其中一點是將第六條（1）有關設立立法局的條文的 d 段和 e 段作出修改，將 d 段「不超過 22 名人士由總督逐次委任（他們稱為「委任議員」）中的「22」改為「20」；

1988年

將 e 段 24 名依照本殖民地現行法律經由選舉產生的議員（他們稱為"民選議員"）中的"24"改為"26"。港英發言人表示，上述修訂是執行"代議政制今後的發展"白皮書對新一屆立法局議員組成的決定。

《皇室訓令》的修訂主要有兩點：第一點修訂是容許港督選擇一個立法局解散日期，該日期是上一次選舉的三周年屆滿前 30 日至 60 日之間，改變舊有條文對解散立法局的日期不容許作彈性處理的規定。律政司唐明治在 3 月 9 日立法局會議上說，港英現時打算在 8 月 25 日解散立法局，選舉應在 9 月 22 日舉行，而立法局應在 10 月 12 日復會。第二點修訂是，凡未在立法局完成一切立法程序的條例草案，將隨該局解散而失效。而舊有規定，條例草案或其他事務的審議，不因會期終結而受影響。

4 月 26 日

◆ 基本法起草委員會舉行第七次全體大會。會議通過了《香港特別行政區基本法（草案）徵求意見稿》和《關於〈香港特別行政區基本法（草案）徵求意見稿〉的徵詢意見辦法》。《香港特別行政區基本法（草案）徵求意見稿》公佈後，香港特別行政區基本法起草委員會將用五個月的時間在香港和全國其他地區廣泛徵詢意見。

4 月 28 日

◆ 基本法（草案）徵求意見稿在香港公佈。港府發表聲明說，"起草基本法是中國政府的責任"。

6 月 3 日

◆ 鄧小平在會見"'九七'年代的中國與世界"國際會議全體與會者時指出："對香港的政策，我們承諾了 1997 年以後 50 年不變，這個承諾是鄭重的。為什麼說 50 年不變？這是有根據的，不只是為了安定香港的人心，而是考慮到香港的繁榮和穩定同中國的發展戰略有着密切的關聯。中國的發展戰略需要的時間，除了這個世紀的 12 年以外，下個世紀還要 50 年，那麼 50 年怎麼能變呢？現在有一個香港，我們在內地還要造幾個'香港'，就是說，為了實現我們的發展戰略目標，要更加開放。既然這樣，怎麼會改變對香港的政策呢？實際上，50 年只是一個形象的講法，50 年後也不會變。前 50 年是不能變，50 年之後是不需要變。所以，這不是信口開河。香港要穩定。在過渡時期要穩定，中國恢復行使主權以後，香港人執政，香港也應該穩定。這是個關鍵。香港的穩定，除了經濟的發展以外，還要有個穩定的政治制度。我說過，現在香港的政治制度就不是實行英國的制度、美國的制度，今後也不能照搬西方的一套。如果硬要照搬，造成動亂，那是很不利的。這是個非常實際的嚴重問題。"

6月14日

◆ 中國外交部發佈關於在香港設立中英聯合聯絡小組代表處的新聞公報，全文如下：按照中英關於香港問題的聯合聲明附件二關於"聯合聯絡小組自1988年7月1日起以香港為主要駐地"的規定，中英兩國政府將於該日在香港分別設立"中英聯合聯絡小組中方代表處"和"中英聯合聯絡小組英方代表處"，作為聯合聯絡小組雙方的常設機構。雙方首席代表將於7月1日在香港舉行會晤，宣佈各自代表處的成立並開始工作。

7月1日

◆ 中英聯合聯絡小組開始以香港為主要駐地，聯絡小組中方代表處和英方代表處分別在香港成立。當天上午，聯絡小組中英雙方代表在新會議地點——中區金鐘道"高雲樓"舉行會議。會議討論了雙方代表處在港成立後的工作和聯繫方式，同時回顧3月份第九次全體會議以來的工作進展情況；雙方同意聯絡小組今後除按照聯合聲明規定，每年分別在倫敦、北京和香港召開會議外，雙方首席代表將會在每兩次會議之間會晤一次，以加強彼此聯繫，互相溝通情況，提高工作效率。晚上，聯絡小組中英雙方聯合舉行慶祝酒會。中方首席代表柯在鑠和英方首席代表麥若彬在酒會致詞表示，聯絡小組以香港為主要駐地，標誌着聯絡小組工作進入了新階段。他們強調，聯絡小組是兩國政府間的聯絡機構，不是權力機構，因此不會參與和監督香港的行政管理。

8月25日

◆ 中英土地委員會舉行第16次會議，雙方同意增加本年度的批地計劃，由原來的94.5公頃增至156公頃。其中包括為香港科技大學提供60公頃土地和在售地計劃增加1.9公頃土地。中方首席代表孫延珩表示，該1.9公頃的出售土地是在預留作補充售地計劃的5公頃土地中批出。有關補充售地計劃將於本年度較後時間進行檢討。在1988年3月上次土地委員會的會議上決定，1988年至1989年度的批地為94.5公頃，其中主要作為7

號貨櫃碼頭及其他大型發展的批地。今次再增加批地，使本年度的批地總數比原規定每年 50 公頃的數量超出兩倍多。

中英土地委員會當日並就 1988 至 1989 年度的開發土地平均成本作出調整，定為每平方米 2150 港元，比上年度每平方米 1625 元的土地開發成本增加三成以上。孫延珩在解釋土地開發成本作大幅增加的原因時表示，這主要是供應土地的成本在這一年來發生了很大的變化，其中，收地賠償費用比上年增加了 60%。

8 月 29 日

◆ 中英土地委員會中方首席代表孫延珩宣佈，新華社香港分社經濟部高級研究員吳亮星已獲委任為中英土地委員會中方代表，接替鍾瑞明；他同時被任命為香港特別行政區政府土地基金信託投資委員會成員。孫延珩又宣佈，香港特別行政區政府土地基金信託全體受託人，經諮詢該信託投資委員會，聘請鍾瑞明出任該基金信託的行政總裁，任命由 1988 年 9 月 1 日起生效。

9 月 20 日－9 月 23 日

◆ 中英聯合聯絡小組在倫敦舉行第十次會議，會後發表新聞公報稱：聯合聯絡小組討論了多項議題並取得了積極成果。聯合聯絡小組對於 1988 年 7 月 1 日雙方代表處在香港成立後成功的合作表示滿意。在國際權利和義務常設專家小組工作的基礎上，聯合聯絡小組就香港繼續參加亞太地區電信組織問題及繼續參與國際刑警組織和聯合國麻醉品委員會的活動問題達成了協議。聯合聯絡小組繼續討論了海員身份證及海員國籍和身份證明書兩種香港海員旅行證件的過渡性安排，並取得了一致意見。至此，聯合聯絡小組完成了全部香港旅行和身份證件過渡性安排的審議工作。關於法律本地化的工作方面，聯合聯絡小組就有關香港海事管轄權立法本地化的問題取得一致意見；聯合聯絡小組還就有關民航法和商船法本地化問題進行了討論。聯合聯絡小組繼續討論了關於未來香港與有關國家移交逃犯的安排，並就原則問題取得了共同看法，雙方同意有關細節繼續由專家進行討論。聯合聯絡小組確認了就改善香港司法人員聘用條件等未來安排問題所達成的全面協議。聯合聯絡小組繼續討論了香港防務和治安的問題。聯合聯絡小組就香港設立終審法院問題交換了意見。雙方討論了關於簽訂香港民用航空運輸協定方面的進展情況。英方向中方介紹了關於設立香港船舶登記處的準備工作的情況。

9 月 22 日

◆ 立法局舉行間接選舉，分別從 13 個功能組別和 12 個選舉團中投票選出 26 名新一屆立法局民選議員。共有 46 名候選人角逐，其中 13 名因沒有競爭對手而自動當選。這次選舉的投票率，功能組別為 54%，大選舉團為 97%。

11 月 19 日 – 11 月 22 日

◆ 基本法起草委員會五個專題小組在廣州開會。政制專題小組討論了查濟民和查良鏞分別提出的方案，並通過了由這兩個方案合併而成的"主流方案"。"主流方案"主要內容包括：（1）香港特別行政區第一屆立法會議將於 1997 年 7 月 1 日成立，由 55 人組成，任期兩年。原香港立法局議員擁護香港特別行政區基本法，願效忠香港特別行政區並符合香港特別行政區基本法規定而產生者，經香港特別行政區籌備委員會確認後，即可成為第一屆立法會議成員。如有缺額，可由推選委員會推選增補。（2）第二屆立法會議的組成，其中的直選人數增加 10 人；第三屆直選人數增加 15 人，這時，功能團體和地區性的直選人數就各佔一半；第五屆立法會議的產生辦法則由第四屆立法會議擬定一個辦法，用全體選民投票的方式來決定。（3）行政長官的產生辦法是，第一屆行政長官由一個 400 人組成的推選委員會推選，產生後報中央人民政府任命，任期五年；第二屆和第三屆則由一個 800 人組成的選舉委員會選舉產生；第四屆則由第三屆行政長官任期內以全體選民投票的方式來決定用什麼方式產生。

12 月 3 日

◆ 基本法諮詢委員會舉行第六次全體會議，通過了增補謝約翰、白納德、張賢登和黃永恩等四人為諮詢委員，代替前委員梁林開、雷興悟、戴耀廷和吳蔚奇的空缺。此外，會議通過了財務委員會工作報告和總結第一期諮詢工作報告。

12 月 6 日 – 12 月 9 日

◆ 中英聯合聯絡小組在香港舉行第 11 次會議。會後發表新聞公報稱：聯合聯絡小組討論了多項議題並取得了積極成果。聯合聯絡小組對其以香港為主要駐地後雙方代表處之間進一步的密切合作表示高興。雙方一致認為，11 月 9 日雙方首席代表進行的會晤是有益的，今後應繼續進行此類會晤。聯合聯絡小組繼續討論了關於未來香港與有關國家移交逃犯的安排，並就此類安排的基本原則問題達成了協議。雙方同意有關細節繼續由專家進行討論。聯合聯絡小組高興地看到國際權利和義務常設專家小組就香港繼續參與國際貨幣基金組織（IMF）、國際復興開發銀行（IBRD）、國際金融公司（IFC）和國際開發協會（IDA）的活動問題所取得的廣泛一致意見，常設專家小組將繼續進行有關討論。聯合聯絡小組對在法律本地化方面所取得的進展表示滿意。在聯合聯絡小組第十次會議上就有關香港海事管轄權立法本地化的問題達成協議之後，有關立法工作即將進行，這是香港第一項本地化立法。聯合聯絡小組就有關商船法本地化和民航法律本地化的問題繼續交換了意見。聯合聯絡小組討論了在簽訂香港民航運輸協定方面取得的進展情況，並就有關問題取得了共同的諒解。聯合聯絡小組就香港防務和維持社會治安的實際安排問題充分和有益地交換了意見，並同意繼續進行專家級討論。聯合聯絡小組就香港設立終審法院的問題繼續交換了意見。

12月6日－12月8日

◆ 基本法起草委員會召開主任委員擴大會議。會議審議了中央與特區關係、政治體制、居民的基本權利和義務、經濟、教科文等五個專題小組對基本法（草案）徵求意見稿所作的修改，一致同意將修改後的徵求意見稿提交給將於 1989 年 1 月 9 日在廣州舉行的基本法起草委員會第八次全體會議討論。會議期間還收到了香港各界對政制方案提出的各種意見，會議決定把這些意見印發給全體委員參考。

1989 年

1月9日 – 1月15日

◆ 基本法起草委員會在廣州舉行第八次全體會議。會議通過了《中華人民共和國香港特別行政區基本法（草案）》、《關於設立全國人民代表大會常務委員會香港特別行政區基本法委員會的建議》和為全國人民代表大會代擬的《關於香港特別行政區第一屆政府和立法會產生辦法的決定（草案）》。會議決定，將《中華人民共和國香港特別行政區基本法（草案）》提請全國人民代表大會常務委員會審議、決定公佈。會議還對香港特別行政區區旗、區徽圖案進行了評選，由於區旗、區徽圖案均未獲得通過，主任委員會議決定請香港特別行政區區旗、區徽評選委員會再作研究。

2月15日 – 2月21日

◆ 第七屆全國人大常委會第六次會議審議和通過公佈《中華人民共和國香港特別行政區基本法（草案）》及其三個附件：《香港特別行政區行政長官的產生辦法》、《香港特別行政區立法會產生的辦法》和《在香港特別行政區實施的全國性法律》；《中華人民共和國全國人民代表大會關於香港特別行政區第一屆政府和立法會產生辦法的決定（草案代擬稿）》；《香港特別行政區基本法起草委員會關於設立全國人民代表大會常務委員會香港特別行政區基本法委員會的建議》。會議還決定，自公佈日起至 7 月底的五個多月內，在香港和全國其他地區廣泛徵求意見，同時，全國人大常委會委託香港特別行政區基本法起草委員會負責主持徵求意見的工作，並根據香港和全國其他各地區、各方面提出的意見，對基本法草案作進一步修改後，提請 1990 年舉行的第七屆全國人大第三次會議審議。

3月9日

◆ 市政局和區域市政局選舉，選出 27 名議員（市政局 15 名，區域市政局 12 名）。投票人數 21.3 萬，投票率為 17.6%。獲選議員的任期由 1989 年 4 月 1 日至 1991 年 5 月 31 日。

3月14日

◆ 英國政府向國會提交 1988 年度《香港年報》白皮書。白皮書聲稱，港府在 1988 年 2 月發表的《代議政制今後的發展》白皮書，"確認了英國政府和香港政府對香港代議政制發展的承諾，符合社會整體的意願，而發展的步伐亦獲市民普遍的信心和廣泛的支持。白皮書中的各項決定，都是英國政府和香港政府根據它們的判斷，認為最符合香港的情況和香港的利益而作出的。白皮書所設想的循序漸進的制度，將確保 1997 年前代議政制經已確立，並對代議政制未來的發展，提供一個穩固的基礎。"白皮書重申，"英國政府堅定不移對香港和香港市民負責，繼續使香港的管治工作達到完善和照顧香港在國際上的利益，同時確保中英聯合聲明得以順利實施，維持信心，並保持香港經濟繁榮，社會安定。"

3月14日－3月17日

◆ 中英聯合聯絡小組在北京舉行第 12 次會議。會後發表新聞公報稱：會議討論了多項議題並取得了積極成果。在國際權利和義務常設專家小組工作的基礎上，聯合聯絡小組就香港繼續參加國際貨幣基金組織、國際復興開發銀行、國際金融公司和國際開發協會的活動問題達成了完全一致的協議。聯合聯絡小組高興地注意到第一項香港本地化立法，即涉及民事方面的海事管轄權的 1989 年最高法院（修訂）條例，已於 1989 年 2 月 23 日訂立。聯合聯絡小組繼續就有關商船法本地化的一些問題交換了意見，並取得了完全一致的協議。聯合聯絡小組還就有關民航法律本地化問題交換了意見。聯合聯絡小組就香港的防務和維持社會治安的實際安排問題繼續具體地交換了意見。聯合聯絡小組同意，雙方專家應繼續進行關於香港與有關國家之間移交逃犯的未來安排的細節工作，有關該安排的基本原則已在聯合聯絡小組第 11 次會議上達成協議。雙方就在香港的越南難民和船民問題對 1997 年後的影響交換了意見。

◆ 中英土地委員會舉行第 17 次會議，雙方商定於 1989/1990 財政年度的批地計劃為 78.26 公頃，其中商業、住宅、工業用途 28.04 公頃；居者有其屋計劃、私人參與居屋計劃，鄉村屋宇 19.19 公頃；公用事業、教育、福利、宗教、康樂和其他用途 22.11 公頃以及特殊需求用途 8.92 公頃。雙方還商定，另撥出 5 公頃土地作為補充批地計劃，在年內視需求情況決定從中推出土地的數量。土地委員會同意從 1988/1989 年度補充售地計劃中再將 1.6 公頃土地撥入該年度批地計劃。

5 月 31 日 – 6 月 1 日

◆ 立法局辯論基本法（草案）第二稿。立法局首席議員李鵬飛在發言時表示，行政立法兩局議員已就香港特別行政區政制問題達成共識方案，主要內容包括以下三項：（1）行政機關與立法機關的關係。認為現時的基本法（草案）未能明確界定行政會議與立法會議的互相合作又互相制衡的關係。建議基本法（草案）第五十五條應規定"行政會議最少有半數議席應由行政長官委任立法會議員擔任"。認為此規定可確保立法機關在當局制定政策的過程中發揮影響力，獲委出任行政會議員的立法會議員既可協助解釋政策和爭取支持，又可在行政會議制訂政策的過程中起制衡的作用。同時又建議（草案）第六十五條訂明由立法會議員出任主要諮詢委員會成員。（2）立法機關的產生和成員組織。建議 1997 年第一屆立法會有半數議席由直選產生，即在 60 個議席中，直選和功能組別各佔 30 席。1999 年第二屆立法會的直選議席增至 60 個，而功能組別的議席維持不變。換言之，立法會共設有 90 個議席，其中 2/3 由直選產生。到 2003 年第三屆立法會，直選議席再增加 30 個，即由 60 個增至 90 個，等於立法會全部議席由普選產生。（3）行政長官最遲於 2003 年由普選產生。

1990 年 1 月 23 日，行政局首席議員鄧蓮如和立法局首席議員李鵬飛前往倫敦，游説英國政府接納兩局共識方案。英國首相撒切爾夫人會見了兩人，表示會慎重考慮他們的意見。

6月5日

◆ 北京"六四"風波發生後的第二天上午，大批不明真相的市民前往港九新界的中資銀行各分行提款。中國銀行呼籲市民冷靜，不要作太情緒化的提款，以免擾亂香港現行的經濟體系。而港府金融司林定國批評擠提事件是屬不負責任行為。港府立即從外匯基金抽調 1.49 億港元現金支援中資銀行。到下午情況已經穩定。

6月16日

◆ 英國外相傑弗里·豪在下議院外交事務委員會上說，新一輪的中英聯合聯絡小組會議將延期舉行。17 日，中國外交部發言人就此發表談話說，根據中英聯合聲明附件二第九款的規定，聯合聯絡小組每年至少舉行三次會議。1989 年只舉行過一次會議，即第 12 次會議，在這次會議上，雙方共同商定 1989 年 7 月 18 日至 21 日在倫敦舉行第 13 次會議。發言人說，現在英國政府單方面宣佈推遲中英聯合聯絡小組第 13 次會議，中止聯合聯絡小組的正常工作。對英國政府的這一不負責任的舉動，我們深表遺憾。由此可能引起的一切後果，只能由英國政府承擔。我們保留進一步評論的權利。他說，我們希望英國政府能以中英關係的大局為重，從有利於香港的繁榮和穩定出發，認真執行聯合聲明的規定，遵守中英雙方關於聯合聯絡小組工作的協議。

6月19日－6月24日

◆ 行政局首席議員鄧蓮如和立法局首席議員李鵬飛在"六四"風波後前赴倫敦活動，要求英國政府給予港人居英權。鄧蓮如表示，此行帶備一份由兩局議員草擬的"香港是我家"立場書，向英國傳達香港人爭取英國居留權，只是希望獲得一種保障，而實際不願離開香港的訊息。港人有了這種保障，才可安心為香港的未來努力。鄧、李在倫敦期間，曾分別與英首相撒切爾夫人、外相傑弗里·豪、外交部次官簡艾德會面。英首相府發表聲明稱，首相表示瞭解到有加強港人信心的需要，及現時正在尋求實際的解決方案，包括彈性處理港人入境居留權，及加快香港民主政制步伐等。

6月22日

◆ 港澳辦主任姬鵬飛發表談話，代表中國政府鄭重聲明，中國政府按照"一國兩制"的構想所制訂的關於香港、澳門問題的一系列方針政策不會改變。談話內容如下：

對於最近北京平息反革命暴亂的事件，海內外和港澳各界人士非常關心。有些人對於我國政府是否會繼續貫徹執行關於香港、澳門問題的方針政策，是否會繼續遵守中英、中葡聯合聲明，產生了一些疑慮。對此，我代表中國政府鄭重聲明：中國政府按照"一國兩制"構想所制定的關於香港、澳門問題的一系列方針政策是不會改變的。中英關於香港問題的聯合聲明和中葡關於澳門問題的聯合聲明是莊嚴的國際協議，中國政府將始終不渝地信守這兩個聲明，並履行我們在這兩個聲明中所承擔的各項義務。我們希望中英、中葡在香港、澳門問題上早已開始的合作能夠保持和發展。中英聯合聯絡小組、中英土地委員會，以及中葡聯合聯絡小組、中葡土地小組，應該按原定計劃繼續進行工作。關於香港特別行政區基本法（草案）徵求意見的工作，可將時間適當延長。我們希望儘快排除困難使這項工作能夠繼續進行。希望香港、澳門兩地的起草委員、諮詢委員和全體港澳同胞本着對香港、澳門負責，對國家負責的精神，為完成起草基本法這一歷史使命而努力。

北京發生的反革命暴亂是由學潮、動亂逐步發展起來的，在這過程中，港澳同胞以不同的方式表達過各種各樣的看法。由於不瞭解或不完全瞭解整個事件的真實情況，產生了某些誤會，是可以理解的。在這裡，我也要指出，港澳某些人到內地做了一些國家憲法和法律不允許的事，在實際上對內地的動亂起了推波助瀾的作用。無論在過渡時期或在港澳回歸祖國之後，內地與港澳實行的是兩種不同的社會、經濟制度，中央人民政府決不會改變港澳地區的資本主義制度，不會把社會主義的政策推行到港澳地區，港澳地區也不應該干預或企圖改變內地的社會主義制度，更不能允許有人利用港澳作為顛覆中央人民政府的基地；內地的人去港澳必須遵守港澳的法律，港澳同胞回到內地也必須遵守國家的憲法和法律。到內地從事反對共產黨領導、反對社會主義和危害內地安定團結的活動，不僅是內地法律所不容許，違背全國人民的願望和利益，結果也必將損害港澳地區的穩定繁榮，也是違背廣大港澳同胞的願望和利益的。

長期以來，廣大港澳同胞和愛國人士，關心內地的四化建設，為祖國的繁榮富強作出了很多貢獻，我們是不會忘記的。我們衷心希望港澳同胞，不管有過什麼樣的誤解，都能繼續發揚愛祖國、愛香港、愛澳門的優良傳統，密切同內地的交往，關心內地的開放改革，貫徹執行中英、中葡聯合聲明，為祖國的繁榮昌盛，為港澳的穩定繁榮作出更大的貢獻。

6月30日

◆ 英國國會下議院外交事務委員會發表《香港報告》，主要內容有：（1）認為中英《聯合聲明》乃香港前途之最佳保障，故有人因為北京事件而提出重新談判的做法不可取。（2）認為香港特區基本法只應是《聯合聲明》的產物而非中國憲法的"子法"，香港應成立一個對基本法有解釋權的終審法庭。（3）建議香港制訂人權法案。（4）在駐軍問題上，中央不應干預香港維持本身治安的事務。（5）加快代議政制步伐，建議1991年的立法局有一半議席由直接選舉產生，1995年則全部直選；又建議當立法機關與行政長官出現不能和解的糾紛時，行政長官要辭職。（6）否定港人提出取得居英權作為一種"保險"的說法，認為不可能給予300多萬持英國屬土公民護照的香港人居英權，但建議作出兩項"保證"，其一是英國政府儘早透過國際安排，讓歐美國家收留香港人，其二是給予部分香港人有居英權，包括公務員、警務人員及少數非華裔香港居民等。（7）贊同港英實施強迫遣返越南船民的政策。

7月7日

◆ 中共中央總書記江澤民會見參加七屆全國人大常委會第八次會議和七屆全國政協常委會第七次會議的馬萬祺、唐翔千等港澳人士。會見時，江澤民重申中國按照"一國兩制"的原則制定的對香港、澳門和台灣的方針、政策不會改變。

7月8日

◆ 中國外交部發言人在回答記者問時重申，中國政府信守中英聯合聲明，不允許利用香港作為顛覆中央人民政府的基地。有記者問：英國外相傑弗里·豪7月4日在香港表示，中國"鎮壓民主運動"使港人的信心受到極大的損害。你對此有何評論？發言人說：香港有些人對中國政府平息反革命暴亂的真實情況不瞭解，或不完全瞭解，產生了一些誤解，這是可以理解的。在他們瞭解了真實情況後，誤解是會消除的。最近江澤民總書記和姬鵬飛主任重申，中國政府按照"一國兩制"構想所制定的關於香港問題的一系列方針政策是不會改變的，中國政府將始終不渝地信守中英聯合聲明所承擔的各項義務。我們不會把社會主義的政策推行到香港地區，香港地區也不應干預或企圖改變內地的社會主義制度，更不能允許利用香港作為顛覆中央人民政府的基地。必須指出，英國政府對於認真履行中英聯合聲明的各項義務，保持香港過渡時期的繁榮和穩定有着不可推卸的責任。我們還希望英國政府能夠切實採取負責任的態度，創造有利於中英雙方繼續合作的氣氛和環境。

7月11日

◆江澤民總書記會見了基本法起草委員會副主任委員、基本法諮詢委員會主任安子介，基本法諮詢委員會副主任羅德丞，基本法起草委員會委員黃保欣等香港知名人士。江澤民說，在處理港澳和台灣的問題上，我們採取"一國兩制"的方針，我搞我的社會主義，你搞你的資本主義，"井水不犯河水"，我不會在港澳和台灣搞社會主義，你也不要把資本主義的一套搬到內地來。

8月14日

◆港府常務司屈珩在一個午餐會上發表題為《收拾局面》的演講，公然干涉基本法的起草工作。屈珩在其演講中，對基本法提出了一些根本性的看法，主要有：基本法頒佈的時間應當押後，解放軍在平時沒有必要駐港，基本法某些條文"背離了現有制度"，沒有"充分反映聯合聲明

有關條文的規定"等。屈珩的演講引起了香港輿論的關注。一些評論批評屈珩的做法"違反了起碼的外交常識"。《星島日報》說，屈珩"提出了英方近年對基本法最尖銳的質疑，惹來了一場'外交風波'"。19日，中國外交部發言人就此發表談話說，眾所周知，中華人民共和國香港特別行政區基本法的起草和制定，完全是中國主權範圍內的事，不容任何外國進行干預。最近一段時間以來，包括港英政府常務司在內的一些英國政府官員，公然對基本法起草工作橫加指責，粗暴干涉，甚至違背中英聯合聲明的規定，提出中國不要在香港駐軍的荒謬主張。

他指出，英國方面的這種做法完全違背了中英聯合聲明的實質與精神，干預了中國的內政，不利於香港的穩定與繁榮。中國政府希望英方以中英友好合作和香港的長期繁榮穩定為重，認真、嚴格地貫徹執行中英聯合聲明，立即停止上述錯誤做法。

9月19日

◆世界衛生組織西太平洋地區委員會辦事處主任韓湘泰在馬尼拉該會第40屆會議上宣佈：香港在1997年6月30日前將以自己的名義單獨參加地區委員會會

議，此後則以中國香港名義繼續參加。中英兩國政府已經同意了上述決定，並分別向世界衛生組織總幹事提交了政府照會。

9月27日

◆ 英國外相梅傑在聯大會議致詞，宣佈英國政府將採取一些實質措施，以恢復香港人的信心。其中包括制訂一項人權法案，進一步發展代議政制，以及對香港穩定與繁榮有重要作用的香港人給予居英權。梅傑説，"香港繼續保持信心和繼續成功，符合整個國際社會的利益。反過來，香港也需要國際的理解和支持。巴黎首腦會議已承認這點，我希望聯大也承認這點。"

9月27日–9月29日

◆ 中英聯合聯絡小組在倫敦舉行第13次會議。會後發表新聞公報稱：聯合聯絡小組就第12次會議以來香港局勢的發展廣泛和坦率地交換了意見。雙方認為，切實貫徹執行中英關於香港問題的聯合聲明是維護香港長期繁榮和穩定的根本保證，並重申將始終不渝地信守並承擔聯合聲明所規定的各項責任。聯合聯絡小組還就第12次會議以來尚待解決的議題作了一般回顧。這對今後聯合聯絡小組的工

作是有益的。中方首席代表柯在鑠表示，這次會議是聯合聯絡小組被中斷後恢復舉行的首次會議，與上次會議相隔達六個月，而這六個月內，在很多方面都起了很大的變化，所以今次會議"雙方存在着重大的原則分歧"。

9月28日

◆ 錢其琛副總理兼外長在紐約參加聯合國大會期間，與英國外相梅傑會晤，就香港問題交換意見。錢外長説，中國政府"不允許香港被用來作為反對中央人民政府和內地社會主義制度的基地"。錢説，"港英政府允許以推翻中國政府為目的的一些組織在香港登記註冊和進行活動，這勢必要使香港的穩定受到影響。"梅傑則重申英國對中英聯合聲明的承諾。雙方表示兩國將嚴格執行聯合聲明，以確保香港的穩定與繁榮。

10月11日

◆ 港督衛奕信發表施政報告，聲稱5、6月間在中國發生的不幸事件嚴重打擊香港的信心。市民對前途更感惶惑不安。我們已向中國政府表明，"必須採取行動，恢復港人對香港前途安排的信心。我們必須恢復中港之間的互相信任，作為

將於 1997 年展開的政治實驗所必須奠下的基石"。衛奕信宣佈，在 1990 年 7 月向立法局提出人權法案，使公民權利和政治權利國際公約的有關條文在本港法律中生效。在經濟方面，提出興建赤鱲角新機場和發展港口計劃。

10 月 15 日

◆《信報》報道，華盛頓的政治智囊團之一的"傳統基金會"發表了一份政策研究報告指出，在香港僅是一個英國殖民地時，美國對香港採取低調政策是可以接納的。但如此不干涉政策在現時已經不足夠。美國不能再扮演一個被動的旁觀者，必須從現時開始摒棄一貫對香港的低調政策，轉為積極參與。香港已經成為美國在中美關係上的一個重要經濟和政治因素，所以華盛頓必須迅速就香港釐定一套不同的應對政策。報告提出了一系列對香港的政治方面的建議，極力主張布什政府接納。這些建議包括：（1）對北京表明香港前途是中美關係的一個重要因素，並且回應英國要求中國領袖對港人重申其自由和生活方式在 1997 年後會獲得尊重；（2）對倫敦和北京表明華盛頓關注港人因中國採取"政治鎮壓行動"而信心盡毀，而且強調香港保持穩定局面對美國在亞洲的利益十分重要；（3）對倫敦和北京表明華盛頓雖仍對中英聯合聲明給予香港前途的保證存有信心，但中英兩國現時需要做更多事情來向香港市民和國際人士保證其對自由、人權及資本主義的承諾，將於 1997 年後繼續遵守；（4）強調那些承諾給予香港的自由和民主體制，必須在香港回歸中國前設立。華盛頓應當向倫敦和北京施加壓力，要求他們讓香港成為公民權利和政治權利國際公約以及經濟、社會、文化權利國際公約的獨立簽署地區；（5）強調美國並非特意提高香港的移民配額，只是為了那些認為須在 1997 年後離開的大量香港市民提供一個安全庇護地方。這個"安全網"應當由七大工業國安排；（6）支持英國計劃加速在香港舉行直選的步伐和引入人權法；（7）成立一個美、港聯合教育委員會，藉此促進和改善兩地在香港回歸中國後的教育聯繫。報告書直言不諱地指出，提出上述建議，是因為"華盛頓必須清楚地認識到鑒於其在香港的顯著經濟和文化地位，美國勢必取代英國成為在香港的最首要西方國家"。香港輿論指出，這是"美國對香港政治干預的信號"，"英在港位置，美欲取代之"。

10 月 16 日

◆ 英國首相撒切爾夫人在吉隆坡舉行的英聯邦國家首腦會議上致詞說，香港人在“六四”事件後，信心大受打擊。因此中國必須做出一些恢復香港人信心的事情。但中國漠視這個問題的嚴重性。她希望國際認識到香港人信心受損的問題，英聯邦國家亦有需要表明它們對香港的支持，並要求中國的協助，重建港人信心。她強調，英國在 1997 年交還香港前，會盡所能保持香港的繁榮和穩定。此外，撒切爾夫人在與英聯邦國家首腦會晤時，還要求會議發表聲明，表明對香港問題的支持。撒切爾夫人的發言人聲稱：“英國期待繼續進行類似達成中英聯合聲明的會談。”而英國外相梅傑則表示，他在這次會議上，將要求國際協助香港尋求“太平門”保險一事，列為重要議題。

中國外交部發言人 18 日批評英聯邦國家首腦會議非正式討論香港問題，是英國擬將香港問題國際化，中國堅決反對。而撒切爾夫人 19 日反駁說，英聯邦國家有權自由討論任何問題。英國政府發言人說，香港是英國殖民地，英國在 1997 年之前都會承擔對香港的責任，英國在歐洲國家議會、在巴黎的高峰會議也曾將香港問題提出討論。英國繼續在英聯邦國家首腦會議上，尋求它們支持香港，呼籲它們將信心帶給香港。

10 月 21 日

◆ 港督衛奕信訪問美國一周後返港。他說，美國表示願意協助港人重建信心，支持香港的長遠發展計劃和在港繼續投資。他表示希望美國能對香港及香港事務有持續的積極興趣。有記者問這是否希望美國在政治上的參與，他回答說，“這是一個非常易見的事情。（美國）在香港是有政治利益，在香港未來的安排上有政治利益。”

◆ 行政、立法兩局國籍問題特別工作小組召集人王葛鳴等一行三人自吉隆坡返港。他們在吉隆坡期間，曾分別向出席英聯邦國家首腦會議的代表講述香港行政、立法兩局在爭取居英權問題上的立場，促請英國政府儘早宣佈給予港人居英權方案，“以挽留不斷流失的人才”；並要求加拿大、澳大利亞、新加坡和新西蘭政府關注香港問題並支持港人爭取居英權。

10 月 25 日

◆ 中國外交部發言人回答記者提問時明確表示，中國政府反對把香港問題“國際化”。有記者問：你對近一個時期來英國政府領導人和一些政府官員企圖將香港問題"國際化"的言論和行動有何評論？發言人說，他在 10 月 18 日答記者問時已闡明了中國政府的基本立場。他指出，香港自古以來就是中國的領土。中英兩國關於香港問題的聯合聲明中明確規定，英國政府於 1997 年將香港交還給中華人民共和國，中華人民共和國政府將於同時對香港恢復行使主權。在目前的過渡時期內，貫徹執行中英關於香港問題的聯合聲明，完全是中英兩國政府之間的事，其他任何國家或國際組織都無權插手干預。任何把香港問題"國際化"的圖謀都有悖於中英聯合聲明的規定和精神，也是違反國際法準則的。這當然是中國政府所斷然不能接受的。

他說，為了維護香港的繁榮穩定並保證政權的順利交接，英方必須拿出誠意來，嚴格地按照中英關於香港問題的聯合聲明辦事，使用打"信心牌"、"民意牌"以至"國際牌"等手法，重新提出在中英談判過程中已被否定的各種不合理要求，是絕對行不通的。

10 月 31 日

◆ 第七屆全國人大常委會第十次會議作出決定，不再讓司徒華和李柱銘參加基本法起草工作。這項決定說："鑒於司徒華、李柱銘近期的言行同起草委員會委員的身份極不相符，在他們未放棄敵視中國政府和企圖否定中英聯合聲明的立場之前，不能再參加起草委員會的工作。"此項決定是根據香港特別行政區基本法起草委員會主任委員姬鵬飛關於部分起草委員變動情況的報告而作出的。

11 月 14 日

◆ 美國眾議院亞太外交事務委員會亞太小組通過一項決議，呼籲英國政府帶頭擬定一項國際性計劃，準備收容香港移民。決議由小組主席、民主黨眾議員索拉茲和民主黨眾議員波特提出的。決議說，"中國政府今年 6 月對中國民主運動的鎮壓，嚴重損害了香港前途的信心"，"及早向有資格的香港居民提出保證，讓他們可以在香港以外享有居留權，並延至 1997 年後繼續有效的話，將可鼓勵他們留在香港。"決議提出四點內容：（1）歡迎英國政府率領一項國際行動，訂出多邊安排，為香港居民提供香港以外的居留權；（2）要求美國總統同英國政府合作，與歐洲共同體成員、加拿大、澳大利亞、日本及其他願意的國家商討，擬定和實施這項多邊計劃；（3）要求美國總統與英國首相商討召開有關香港問題多邊會議，以保證國際間的合作與理解，實施這計劃；（4）促請美國國務卿支持採取措施加強香港作為國際金融中心的地位，並努力在香港設立主要的國際性機構和公共機構。

12月5日－12月8日

◆ 中英聯合聯絡小組在香港舉行第14次會議。會後發表新聞公報稱：聯合聯絡小組就有關香港局勢的一些重要問題坦率和深入地交換了意見。會議期間雙方專家進行了會晤。聯合聯絡小組還就有關法律本地化的一些問題以及國際權利和義務等議題進行了有益的討論。聯合聯絡小組就有關商船法本地化的某些事項取得了一致意見。聯合聯絡小組滿意地注意到雙方就香港海員旅行證件過渡性安排的備忘錄文本達成的協議。

12月20日

◆ 中英土地委員會舉行第18次會議，雙方商定1989/1990財政年度的開發土地平均成本每平方米2390元。此外，雙方回顧1989/1990年度的批地計劃後，商定在現階段不擬從補充批地計劃撥出土地。

◆ 英國外相赫德在國會宣佈"港人居英權方案"，決定改變部分香港居民的國籍。"居英權方案"主要內容有五點：（1）給予香港五萬個家庭，約22.5萬人英國護照，取得全面公民權，而無須離開香港。這個計劃由目前至1997年為期；（2）獲發居英權的人士包括：專業人士、工商界人士、從事教育及衛生服務人士、有特殊工藝及管理技術人士、公務員、紀律人士以及1997年地位敏感而受威脅的人士；（3）居英權計劃只適用於香港，目的是鼓勵人才留下來，為香港安定繁榮繼續作出貢獻，而不是希望他們去英國；（4）有部分護照押後才發出，使一些稍後會晉升高位的人士取得；（5）不會修改1981年英國國籍法案。赫德在聲明中還聲稱，香港是一個國際中心，有很多國際方面投資，最重要貿易夥伴亦希望香港能夠繼續保持安定繁榮。英國政府推行這項計劃，"也希望貿易夥伴會跟從英國作榜樣"。

12月30日

◆ 中國外交部發言人就英國宣佈"居英權計劃"，決定改變部分港人國籍問題發表談話，全文如下：

12月20日英國政府單方面宣佈決定給予五萬戶（計22.5萬人）香港居民以包括在聯合王國居留權在內的完全英國

公民地位。中國政府對英國政府的這一行動感到十分驚訝。

英方的這一作法，嚴重違反了它自己的莊嚴承諾。五年前，在香港問題談判中，有關香港居民的國籍問題，原已取得協議，雙方並在此基礎上交換了備忘錄。英方的備忘錄明確規定："凡根據聯合王國實行的法律，在 1997 年 6 月 30 日由於同香港的關係為英國屬土公民者，從 1997 年 7 月 1 日起，不再是英國屬土公民，但將有資格保留某種適當地位，使其可繼續使用聯合王國政府簽發的護照，而不賦予在聯合王國的居留權。"英方的上述備忘錄的內容和措詞，同中方的備忘錄一樣，都是經過雙方商定的。

最近幾周以來，英方一再聲稱要繼續信守中英聯合聲明，恢復中英合作關係，但現在卻出爾反爾，不顧中英雙方有關協議，單方面決定給予部分香港居民以完的英國公民地位。英方還宣稱，他們將在上述五萬戶中保留相當數額，以便在臨近 1997 年的"稍後的年代中"給"那些可能在香港進入關鍵崗位的人以機會"，並號召英國的"夥伴和盟國"追隨英國之後，依法炮製，公然企圖將香港的中國居民"國際化"。

英國政府的決定，勢必在香港居民中製造矛盾，導致分化和對立。事實上，自決定公佈之後，已經在香港居民中引起相當的混亂。這一切顯然不利於香港的穩定和繁榮。任何關心香港前途的人，都不能對之熟視無睹。

中國政府要求英方以大局為重，改變上述做法，否則必須承擔由此而產生的一系列後果。中方保留對此採取相應措施的權利。

12月31日

◆ 英國外交部發言人對中國的指責作出回應說："居英權計劃""目的在於鼓勵香港重要人士留港，以便加強香港的繁榮穩定。英國政府相信這種做法完全與中英聯合聲明及其備忘錄一致，並且，繼續對聯合聲明承擔責任，將之貫徹執行。"而英國副首相傑弗里·豪同一天在英國廣播電台接受訪問時說，中英聯合聲明的主要精神是要在香港實行"一國兩制"，並必須維持香港繁榮安定，而挽留人才在香港發展更為重要。給予一些港人居英權目的是給予他們留港的信心保證，他們並不一定移居英國。"我們的目標是鼓勵他們繼續作為香港具活力的催化劑。"

1990 年

1 月

◆ 中英雙方就香港政制銜接問題開始以交換書面信息的方式進行磋商。在立法局直選議席問題上，英方堅持 1991 年立法局的直選議席不能低於 18 席，並要求 1997 年香港特別行政區第一屆立法會的直選議席為 24 席。中方基於基本法起草委員會達成的共識，即香港的民主發展應循序漸進的原則，提出 1997 年立法局的議席為 20 席，1999 年為 24 席，2003 年達到立法會全部議席的一半，即 30 席。同時，中國外長錢其琛於 1 月 20 日在給英國外相赫德的書面信息中明確表示："為了實現 1997 年前後政制上的衛接和政權轉移的平穩過渡，中方願意考慮英方把 1991 年立法局的直選議席從

15 名增至 18 名的想法。" 2 月 12 日，赫德在給錢外長的書面信息中的第三段寫道："我現在準備就以下文字同中國政府確認一項諒解。如果基本法最後文本中規定香港特別行政區立法機關中的直選議席 1997 年為 20 席，1999 年為 24 席，在 2003 年為 30 席，英國政府準備於 1991 年實行直選時把直選席位限制在 18 席。" 英方向中方傳遞這一信息時還着重強調，外相信息的第三段是對中方提議的明確答覆。至此，中英雙方就直選議席數目達成了諒解。關於選舉委員會的組成，英方於 2 月 6 日向中方提交了三份文件，提出了五項原則和由四部分人（各佔 25%）組成的建議。2 月 8 日中方在給英方的答覆信息中明確表示，同意英方所提的五項原

則，但對選舉委員會組成的成分和比例，中方表示"只能按照基本法（草案）附件一第二項所規定的成分和比例，因為附件一在起草委員會第八次全體會議已獲全體委員 2/3 的多數通過。"2 月 12 日，英國外相赫德在給錢外長的書面信息中確認："我原則同意你提出的成立選舉委員會的安排。這一選舉委員會可於 1995 年成立，這項安排的詳細細節可由雙方在適當時間進行討論，同時，我希望你已同意的五項原則能在基本法中得到反映。"英方在提交上述信息時的說帖中明確表示：雙方在選舉委員會問題上合作已無障礙，並感謝中方在這方面所做的努力。

1 月 16 日

◆ 港澳辦公室主任魯平批評英方的居英權計劃在事前沒有與中方商量，只是在發表前兩個小時才知會中方，令中方毫無準備。他說，最初英國政府談這個問題時不是說給予這些人公民地位。他舉例說，1989 年 6 月英國外交事務委員會給英國政府的報告中也提出，不能給這些人完全的公民權，只能給予入境准許。該報告並引用港督的話說，如果給了他們公民權，就與中英聯合聲明的備忘錄有抵觸。魯平表示，英國給予這些港人有公民地位，抵

觸中國國籍法，中國會採取相應措施。他表示，如果港人成了英籍人士，做香港的永久居民可以，但不能當行政長官和主要官員。

1 月 18 日

◆ 英國政府重申，儘管中國政府決定禁止擁有外國居留權的港人將來擔任特別行政區高層官職，英國政府仍給予五萬個香港家庭居英權。英國外交部發言人說，英國政府並不認為中國的決定會對居英權有何影響，英國政府相信居英權方案會使受惠者有信心留在香港。而英國外相赫德較早前在國會下議院表示，居英權計劃全完正確，"六四"事件帶給香港人的恐慌已見緩和，並逐漸恢復信心。

1 月 20 日

◆ 基本法起草委員會政制專題小組舉行最後一次會議，小組就委員們提出的四個方案進行表決，結果以過半數通過由許崇德提出的"三五二"方案為主流方案；立法會全部議案都需經分組計票的表決程序；在基本法內加入新規定，外籍議員和在外國有居留權的議員在立法會所佔比例不能超過 15%。上述決定和會議上的少數意見，將一併提交基本法起草委員會

主任委員擴大會議及 2 月中舉行的大會討論。

小組通過的"三五二"方案建議，立法會由 60 人組成，第一屆立法會經直選、功能團體、選舉委員會選舉產生的議員分別為 18、30 和 12 人；第二屆立法會分別為 24、30 和 6 人；第三屆立法會取消選舉委員會議席，功能議席和直選議席各為 30 人。

2 月 13 日–2 月 17 日

◆ 基本法起草委員會舉行第九次全體會議（最後一次會議）。會議期間，委員們對基本法（草案）進行了最後的修改和完善。經過反覆討論，並採取無記名投票表決的方式，有 24 個修改提案獲得全體委員 2/3 以上多數通過，取代了第八次全體會議通過的相應條文、附件和附錄。委員們還評選出了香港特別行政區區旗和區徽圖案（草案）。會議決定將經過修改並通過的《中華人民共和國香港特別行政區基本法（草案）》（包括三個附件），香港特別行政區區旗、區徽圖案（草案），以及為全國人民代表大會代擬的《關於香港特別行政區第一屆政府和立法會產生辦法的決定（草案）》和起草委員會《關於設立全國人民代表大會常務委員會香港特別行政區基本法委員會的建議》，提交全國人大常委會，並建議經人大常委會審議後，提交第七屆全國人民代表大會第三次會議審議。

會議通過的基本法（草案），除了對香港特別行政區立法會的產生辦法和表決程序作了修改外，還有幾項條文作了重大修改：（1）草案第十九條（關於香港特別行政區享有獨立的司法權和終審權）是起草委員會第八次全體會議未能通過的唯一條文。這次全體會議把該條文關於司法管轄的權限修改得更加明確，獲得了全體委員 2/3 以上多數的通過。（2）在草案第二十三條中"香港特別行政區應自行立法禁止任何叛國、分裂國家、煽動叛亂"之後，增加了禁止顛覆中央人民政府的行為、以及禁止外國的政治性組織或團體在香港特別行政區進行政治活動，禁止香港特別行政區政治性組織或團體與外國的政治性組織或團體建立聯繫等內容。（3）在有關香港特別行政區行政長官、行政會議成員、立法會主席、政府主要官員、終審法院和高等法院首席法官以及基本法委員會香港委員的資格規定的條款中加上了"在外國無居留權"的限制。同時把入境事務處處長和海關關長列為主要官員，其資格也須受上述限制。（4）限定非中國籍

1990 年 2 月 17 日，鄧小平、江澤民、李鵬等黨和國家領導人在人民大會堂會見出席香港特別行政區基本法起草委員會第九次全體會議的委員。圖為鄧小平在會見時向委員們講話。

的永久性居民和在外國有居留權的永久性居民中的中國公民在香港特別行政區立法會中的人數不得超過議員總數的 20%。

2月16日

◆ 港府就基本法起草委員會提出的政制模式發表聲明說，"英國與中國政府本着為香港取得較快的民主發展和在 1997 年後政制連貫性這兩個目標，進行了廣泛的討論。"基本法起草委員會"建議在 1997 年有 20 個直選議席，和持續穩步發展至 2003 年"，並"將在 2007 年前決定是否在該年進行全部直選"。"香港政府現計劃增加立法機關在 1991 年的直選議席至 18 席，而到 1995 年最少有 20 席。1991 年 18 席這個數目，較 1988 年宣佈的 10 席有顯著的增加。此舉大致與香港人要加快政制改革的意願相符。"

2月17日

◆ 鄧小平會見參加基本法起草委員會第九次全體會議的起草委員時發表了即席講話。鄧小平說："你們經過將近五年的辛勤勞動，寫出了一部具有歷史意義和國際意義的法律。說它具有歷史意義，不只對過去、現在，而且包括將來；說國際意義，不只對第三世界，而且對全人類都

具有長遠意義。這是一個具有創造性的傑作。我對你們的勞動表示感謝！對文件的形成表示祝賀！"

3月1日

◆ 中國外交部發言人再次指出，英方的居英權措施，嚴重違反了它自己在中英聯合聲明所作的莊嚴承諾和中英雙方的有關協議。我們再次希望英方能以大局為重，改變這一錯誤作法，中方保留採取相應措施的權利。發言人指出，在簽訂中英聯合聲明時中方備忘錄載明：所有香港中國同胞，不論其是否持有"英國屬土公民護照"，都是中國公民。上述中國公民在香港特別行政區和中國的其他地區，不得因持有英國護照而享受英國的領事保護權利。按照中華人民共和國國籍法，定居在中國領土上的中國公民，如要取得外國國籍，首先需申請並經批准退出中國國籍。

3月16日

◆ 港府公佈《1990 年香港人權宣言條例草案》。憲制事務司孫明揚表示，該條例草案旨在實施在香港適用的《公民權利和政治權利國際公約》，使公約所承認的權利成為本港法律一部分。為了進一步強調該法案的重要性，港府會在人權宣

言內加入一條釋義條款，要求法官儘可能按照人權宣言的原則解釋現行和將來的法例。條例草案公佈後，將有兩個月的諮詢期，預計於 7 月提交立法局審議，在獲得通過後，將有兩年的"凍結期"，藉以修改現行所有與法案有所抵觸的條例。孫明揚承認，港府從未就草擬人權法案事宜徵詢過中國政府的意見。

3 月 21 日

◆ 港府公佈 1991 年立法局新的組合，屆時立法局議席將由現時的 56 個增至 60 個，包括：（1）新設 18 個直選議席；（2）除 3 名當然官守議員（布政司、財政司和律政司）外，所有官守議員退出立法局；（3）委任議員議席由 20 個減至 17 個；（4）增設市政局、區域市政局、鄉議局、旅遊業、建造業及地產業、金融服務業、工程界共 7 個功能組別，使功能組別議席由 14 個增加至 21 個；（5）委任 1 名非官方議員為立法局副主席。至於直接選舉方面，將設立 9 個選區，每個選區有 2 個議席。

3 月 22 日

◆ 中英土地委員會舉行第 19 次會議，雙方商定 1990/1991 年度的批地計劃為 128.27 公頃，較上年度的 78.26 公頃增加六成以上。其中商業、住宅、工業用途 24 公頃；居者有其屋計劃、私人機構參建居屋計劃、香港房屋協會發展用地、鄉村屋宇 21.26 公頃；公用事業、教育、福利、宗教、康樂和其他用途 17.89 公頃；特殊需求用途 65.12 公頃（其中 50 公頃土地用作興建第八號貨櫃碼頭）。此外，雙方同意另撥出 5 公頃土地作為補充批地計劃。中英土地委員會中方首席代表孫延珩透露，目前土地基金已累積至 174.5 億元。

3 月 29 日

◆ 中國外長錢其琛在記者會上說，英國方面多次向中國解釋，英國給五萬戶香港居民居英權，是為了保證香港的繁榮和穩定。我想請大家仔細讀一下即將通過的基本法。這是按照"一國兩制"構想制定的一部法典，它是以保證香港穩定繁榮為目的的。香港只要穩定繁榮，能賺到錢，人才資金就不會外流，即使外流了也會回來。所以，我們對香港穩定繁榮充滿信心。錢其琛說，如果說有了居英權以後才能保持穩定繁榮，那麼，他的看法正好相反，這個問題可能使得香港內部造成分裂，引起不穩定。

3月31日

◆ 港澳辦公室副主任李後重申，中國不承認英國給予香港五萬個家庭居英權的護照，即使英國國會通過，中國的立場也不會變。中國不承認這種英國護照，持護照人士將不能在中國領土上得到外國領事保護權，也不可能用這種護照作為進出內地的旅遊證件。

4月4日

◆ 第七屆全國人民代表大會第三次會議在北京閉幕。會議通過了《中華人民共和國香港特別行政區基本法》及三個附件；以及四個與香港有關的決定：《全國人民代表大會關於〈中華人民共和國香港特別行政區基本法〉的決定》、《全國人民代表大會關於設立香港特別行政區的決定》、《全國人民代表大會關於香港特別行政區第一屆政府和立法會產生辦法的決定》，以及《全國人民代表大會關於批准香港特別行政區基本法起草委員會關於設立全國人民代表大會常務委員會香港特別行政區基本法委員會的建議的決定》；會議還通過了香港特別行政區區旗、區徽圖案。

◆ 英國政府向國會提交《1990英國國籍（香港）法案》（草案）（即居英權計劃）。該法案將賦予五萬戶獲甄選的香港家庭（最多225000人）以英國公民地位，甄選方法如下：居英權名額將按四組類別、分兩期分配，首期將分配五萬個家庭名額的大部分，約13%名額將留待較接近1997年時分配。四組類別包括：香港20個人才流失情況較嚴重的職業組別，將獲分配36200個名額，佔總名額70%以上。港府八支紀律部隊可獲分配7000個名額，佔總名額14%。屬於上述兩組類別的申請人，當局將根據申請人的七項因素（年齡、工作經驗、教育或訓練、特別情況、英文程度、與英國的聯繫、社會服務）予以評分，作為甄選準則，最高可獲800分。香港的重要企業家及從事敏感工作的人士，將獲邀請遞交申請書，這兩類人士將分別獲分配500個及6300個名額。有資格申請居英權的人士是在香港定居的香港英國屬土公民、英國國民（海外）、英國海外公民、受英國保護人士和其他英籍人士，以及在法案通過前已申請英國屬土公民身份的其他在港定居的人士；具有其他國籍（中國籍除外）的人士亦有資格申請，但他們的分數將減少200分。

◆ 立法局以20票贊成、16票棄權、6票反對，通過了李柱銘提出並經黃宏發

1990 年 4 月 4 日，七屆全國人大三次會議審議通過香港特別行政區基本法。鄧小平稱讚基本法是“一部具有歷史意義和國際意義的法律”，“是一個具有創造性的傑作”。

“一國兩制”的偉大創造者鄧小平非常關心香港的平穩過渡。這是鄧小平 1990 年 6 月在北京釣魚台國賓館，聽取新華社香港分社社長周南對此問題的匯報並作重要指示。

修訂的動議："有鑒於全國人民代表大會就香港特別行政區基本法的頒佈，本局現促請中英兩國政府以港人利益為重，透過雙方的衷誠合作，協助香港解決過渡前後面對的困難並且在適當時候，參照兩局《基本法（草案）意見書》的討論結果，修訂基本法的有關條文，以進一步維持本港安定繁榮。"李柱銘在發言中提出要求修訂基本法包括第 23 條禁止香港成為顛覆中央政府基地等條文。

4月5日

◆ 英國外交部發表聲明説，基本法為香港將來作為中華人民共和國特別行政區奠定了基礎，是香港前途的一個重要里程碑。聲明説，基本法是中國當局與香港人一道，用了五年時間，經過廣泛諮詢的產物。基本法的制定過程關注了香港的各項問題。在草擬期間，英國政府與中國當局進行了細緻而保密的討論，修改了其中許多條文。英國政府總的認為，基本法依照了中英聯合聲明的規定，納入了聯合聲明的內容，雖然其中某項條文無可避免地不能與英國政府意見一致，但該項憲法已經反映了聯合聲明的精神。聲明説，英國外相已經明確表示過，希望香港的立法局直選步伐加快，而不是僅限於目前所定

1997 年的 20 個直選議席。英國政府會繼續為此作出努力，希望中國政府能夠接受此意見。同一天，港府也發表聲明説，香港政府希望基本法在 1997 年會有更多直選議席。待中國政府看到在 1991 年實施的各種安排的實踐情況後，我們會繼續致力游説他們這是合乎理想的。同時，我們希望 1991 年的選舉能夠成功，亦深信在 1991 年 10 月召開的立法局會提供穩固的基礎，作為我們進一步發展民主政制的根據。基本法內詳細列明 1997 年後最少 50 年內香港特別行政區的運作情況。香港市民應小心閱讀基本法。而香港政府亦會仔細考慮須採取哪些步驟，確保在 1997 年能夠順利過渡。

4月11日

◆ 正在香港訪問的英國外交部次官麥浩德發表聲明説，英國政府在過去數月曾與 20 個國家作高層接觸，解釋居英權方案，並希望這些國家傚做英國的做法，給予港人居留保險，有八個國家的反應令人鼓舞。聲明説，美國正對移民法案作出修訂，香港的移民配額增至兩萬名。"現時還建議進一步修訂移民法案，旨在使申請人能夠延遲行使進入美國的權利達 12 年。這項建議與我們的國籍方案有類似的

效果。"麥浩德還聲稱，英國無意把應由中英共同解決的香港問題國際化。

4 月 12 日

◆ 中國外交部發言人表示，關於英國單方面決定改變部分香港中國公民的國籍問題，中國政府已多次表明了嚴正立場。但是，英方竟置中國方面的正當要求於不顧，仍執意在議會提出《1990 年英國國籍（香港）法》。對於英方如此嚴重違反自己的莊嚴承諾和中英雙方的有關協議，中國政府當然不能置之不理。他説，英方不僅置中方的正當要求於不顧，而且公然宣稱動員其他國家如法炮製，企圖改變更多香港中國公民的國籍，這是中國政府不能接受的。

發言人説，中國政府再次重申，所有香港中國同胞，不論是否持有"英國屬土公民護照"，都是中國公民。香港中國同胞的國籍身份只能依據中國國籍法來確定，這是中國主權範圍內的事情。英國政府無權單方面處理香港中國公民的國籍身份。"對於英方的上述錯誤做法，我們將保留採取相應措施的權利。我們仍然希望英國方面能以兩國關係的大局為重，不要損害正在逐漸改善之中的中英兩國關係。"

同一天，英國外交部發言人回應中國外交部發言人的談話辯稱，英國完全有權給予在香港的英國屬土公民英國公民身份，其中並不存在改變中國公民國籍問題。因為根據中英聯合聲明，這些人要到 1997 年 7 月 1 日才正式成為中國公民。在這日子之前，英國是香港的主權國，完全有權處理香港英籍人士的國籍問題。他不明白中方為何認為居英權方案改變了香港中國公民的國籍。他重申，英國政府對居英權方案的立場不會因為中方的聲明而改變。

4 月 18 日

◆ 英國政府向國會提交 1989 年度《香港事務年報》白皮書。英國外相赫德在白皮書的前言中説："1989 年是困難的一年。對 6 月天安門廣場發生的悲劇，香港的感受更深於任何地方。我們現正努力重建對聯合聲明中關於香港前途安排的信心。這是我們堅決承擔的任務。"他説，他自接任外相以來，已作了三項影響香港的重要決定。第一是在 1989 年 12 月間遣返 51 名非難民身份越南船民的決定。英國將繼續努力解決這個極為困難和敏感的問題。第二是建議把英國公民身份給予五萬個香港的關鍵人士和他們的家屬的居英權計劃。"中國發生的事情令我們要採取措施以遏止香港穩定繁榮所賴的公私機構關鍵人士的外流。"已在 4 月初提交國會的國籍法案，"是我們對香港政策不可少的一部分"。第三是有關香港的民主發展。香港立法局會在 1991 年引入 18 個直選議席。基本法亦規定在 1997 年會進一步將直選議席增加至 20 席，其後在 1999 年及 2003 年將再分別增加至 24 和 30 席。我希望中國政府日後會同意加速民主步伐。無論如何，香港都應該對結果感到相當滿意，這些結果可確保我們設立的制度會順利延續，並在 1997 年後繼續發展，因而可以消除有關前途的一項主要憂慮。

4 月 19 日

◆ 基本法諮詢委員會舉行第八次全體大會（最後一次大會），會議確認第七次全體大會會議記錄、會務報告、財務報告；通過了自 1990 年 4 月 30 日正式解散諮委會的動議；同時委託諮委會主任委員、副主任委員及秘書長，負責處理解散前後各項有關事務。

諮委會在全體大會後舉行晚宴。新華社香港分社社長周南在晚宴上發表講話，並宣讀了國務院港澳辦公室主任姬鵬飛致諮委會全體委員和顧問的賀信。周南在講話中表示，基本法的誕生，標誌着香港過渡期進入了一個新的階段。期望各諮詢委員一如既往，本着愛祖國、愛香港的精神，積極宣傳基本法，認真關注過渡期政治、經濟等各方面的發展，協助港人積極參與香港社會生活各方面的管理工作，為"港人治港"作出必要的準備。

4 月 20 日

◆ 英國國會下議院以 313 票對 216 票二讀通過《1990 英國國籍（香港）法案》。法案其後於 6 月 14 日和 7 月 23 日獲英國上、下議院三讀通過，7 月 26 日經英女皇簽署批准正式生效。

4 月 20 日，新華社香港分社發言人在下議院二讀通過《1990 英國國籍（香港）法案》時發表談話，重申中國政府的立場，並且指出，英方未同中方磋商，單方面炮製的《1990 英國國籍（香港）法案》，實際上是企圖將中英聯合聲明中所規定的"港人治港"變成"英人治港"，它只能在港人中間製造分化，並加速人才的外流。21 日，中國外交部發言人說，"關於英國政府單方面決定改變部分香港中國公民的國籍問題，中國政府已經多次闡明了自己的嚴正立場。對此，我們決不會置之不理。"

英國議會通過法案後，中國外交部發言人7月28日發表談話説：

眾所周知，關於香港中國同胞的國籍問題，無論從國際法還是根據中國國籍法的規定，都只能是中國主權範圍內的事情。中英雙方在香港問題的談判中，早已就這一問題達成了共識，並在此基礎上交換了備忘錄。中方的備忘錄鄭重指出，根據中華人民共和國國籍法，所有香港中國同胞，不論其是否持有"英國屬土公民護照"，都是中國公民。英方在它的備忘錄中明確承諾，對這些原來的"英國屬土公民"，"不賦予在聯合王國的居留權"。嗣後，英國為了履行這一承諾，還由英國議會制訂了"1985年香港法"，並頒佈了"1986年香港（英國國籍）樞密院令"。但時隔幾年之後，英方竟公開違背自己的莊嚴承諾，通過制訂"1990年英國國籍（香港）法"，試圖使部分香港中國公民取得包括在英國居留權在內的完全英國公民地位。英方的這種做法，違反中英上述有關協議和中英聯合聲明的精神與實質，損害了中國主權。這是中國政府不能接受的。

中方鄭重聲明，英方按照"1990年英國國籍（香港）法"給予部分香港中國公民的"英國公民"身份，不會得到中方的承認。香港於1997年7月1日回歸祖國後，英國不能在香港特別行政區和中國其他地區向這些中國公民提供領事保護，這些中國公民也不得使用"英國公民護照"進出香港特別行政區和中國其他地區。

英方在香港中國公民國籍問題上的錯誤做法，勢必在香港社會中造成混亂，不利於香港的順利過渡和穩定繁榮。英方執意要在香港的關鍵位置上物色"1990年英國國籍（香港）法"的"受惠人"，從而為實現中英聯合聲明關於"香港特別行政區政府由當地人組成"的規定設置了障礙。在此，中方嚴正指出，英方必須承擔它這一行動所產生的一切後果。中國政府保留在適當時候對英方的錯誤做法採取進一步措施的權利。

4月24日－4月27日

◆ 中英聯合聯絡小組在北京舉行第15次會議，會後發表新聞公報稱：聯合聯絡小組雙方就《聯合聲明》涉及國籍問題的規定以及有關公民權利的法律1997年前後的銜接問題坦率地交換了意見；在國際權利和義務常設專家小組工作的基礎上，聯絡小組就香港1997年後繼續參加國際通信衛星組織和國際海事衛星組織的活動的問題達成了原則協議；雙方就香港設立終審法院的問題進一步交換了看法，並同意在第 16 次聯絡小組會議之前，雙方專家就此問題的有關細節進行討論；雙方就有關海事管轄權（刑事部分）法律本地化的問題進行了討論，並在許多方面取得了一致意見；雙方還就香港與有關國家之間移交逃犯的未來安排的細節問題進一步交換了意見。

會後，中方首席代表郭豐民舉行記者會，就香港目前一些問題闡明中國政府的立場。郭豐民説，中國政府認為，港英政府在人權法案問題上的做法問題很多，港英當局提出的人權法案必須考慮與基本法銜接的問題。現在港英當局提出的草案給予它凌駕於香港其他法律之上的地位。大家知道，一些有關國際公約的參與者都是主權國家，香港不是主權國家，港英當局簡單地照抄這些公約，形成主體不清，把香港變成主權國家。港英當局還提出要修改香港一系列法律，香港許多人士認為這種做法會對香港的繁榮和穩定產生不利的影響。港英當局這個草案提出來只有兩個月的諮詢期就要通過，中國政府不同意採取這一匆匆忙忙的做法。中國政府要求英國方面同我們進行磋商，中國政府對英方迄今為止仍未同意與我們磋商感到遺憾。

6月11日

◆ 全國人大常委會舉行頒發香港特別行政區基本法起草工作紀念牌儀式，由人大委員長萬里向草委們頒發紀念牌。基本法起草委員會主任姬鵬飛在講話中指出，全國人大常委會向全體委員頒發起草工作紀念牌，是對草委們五年辛苦工作的肯定。基本法起草委員會副主任安子介代表全體委員向萬里委員長和姬鵬飛主任表示感謝。安子介説，香港部分草委已決定成立一個名為"香草社"的聯誼會，讓大家在方便的情況下，能面向世界，內外交流。

6月28日

◆ 七屆全國人大常委會第十四次會議通過《關於〈中華人民共和國香港特別行政區基本法〉英文本的決定》。

7月18日

◆ 港府公佈將當年 3 月提出的《1990年香港人權宣言條例草案》改稱為《1990年香港人權法案條例草案》，並修訂其中部分條文：（1）將原定法案通過後的兩年“凍結期”，修改為第一期一年“凍結期”，第二期“凍結期”的長短由立法局決定，藉以修改現行所有與人權法案有抵觸的條例；（2）延遲實施草案第十四條有關對私營部門的約束的條文，直至港府另外訂立有關保障私生活的法例；（3）刪除有關違反人權法案事件可作侵權行為提出訴訟的條文。港府稍後將人權法案條例草案提交立法局審議。

7月19日

◆ 中英土地委員會舉行第 20 次會議，雙方商定 1990/1991 財政年度的開發土地平均成本為每平方米 2770 元。土委會並同意調整 1990/1991 年度的批地計劃，以便提供 6.06 公頃土地，作為興建職業訓練局工業專門學院之用。

9月25日－9月28日

◆ 中英聯合聯絡小組第 16 次會議在倫敦舉行，會後發表新聞公報稱：雙方就聯合聲明涉及國籍問題的規定進一步交換了意見。雙方就公民權利的法律 1997 年前後的銜接問題進一步交換了意見。聯合聯絡小組回顧了專家就香港防務與維持社會治安的實際安排問題所進行的討論，並同意雙方專家繼續進行這方面的工作。關

於法律本地化的工作，雙方確認在有關海事管轄權刑事部分的法律本地化問題方面雙方取得了共同的看法；在有關商船法本地化的另一些問題上達成了協議。聯合聯絡小組回顧了雙方專家在香港設立終審法院方面的工作，聯合聯絡小組注意到在很多方面已取得的共同看法。雙方同意雙方專家將繼續討論尚未解決的細節問題。聯合聯絡小組就跨越 1997 年大型工程對香港特別行政區可能帶來的責任問題初步交換了意見。聯合聯絡小組對於中國專家將開始在香港與香港政府專家就新機場及有關工程進行討論表示歡迎。雙方就香港和有關國家移交逃犯未來安排的細節問題達成了原則協議。聯合聯絡小組期待早日舉行有關協定的談判。聯合聯絡小組同意，國際權利和義務常設專家小組現在應進一步討論與香港有關的國際多邊條約。聯合聯絡小組就有關香港法律適應化問題初步交換了意見。

10月12日

◆ 港府憲報公佈，英國樞密院已批准修訂《英皇制誥》及《皇室訓令》，使香港 1991 年立法局的“憲制改革”能夠生效。有關修訂主要內容包括：1991 年新一屆立法局組成包括 18 名直選議員、21

名由功能組別選出的議員、17 名委任議員、3 名當然議員及 1 名由港督委任的副主席。新一屆立法局的任期延長至四年，直至 1995 年。

10 月 15 日

◆ 港府公佈《1990 年英國國籍法（香港）（甄選計劃）草擬令》。草擬令內容包括港督甄選五萬名香港戶主給予英國國籍的四類申請人的職業標準，一般職業類別的計分方法，紀律部隊的計分方法及敏感工作類別和企業家類別的一般準則，甄選資歷相同的申請人的權利問題。根據草擬令，獲甄選的五萬名香港戶主中，一般職業類別佔 36200 名，紀律部隊佔 7000 名，敏感工作類別佔 6300 名，企業家類別佔 500 名。87% 的名額將會在第一期分配。英國上、下議院於 10 月 23 日和 31 日通過《1990 年英國國籍法（香港）（甄選計劃）令》後，英國樞密院於 11 月 20 日頒佈該令，載列五萬名香港戶主根據英國國籍甄選計劃登記為英國公民的甄選方法。該法令將於 1990 年 12 月 1 日起生效。港英發言人表示，港英將於 1990 年 12 月 1 日至 1991 年 2 月 28 日期間，公開接受市民登記為英國公民的申請。

10 月 15 日－10 月 25 日

◆ 由勇龍桂率領的中國專家小組一行八人應港府邀請來港，與以港英經濟司陳方安生為首的專家小組舉行會議，磋商香港新機場及港口發展計劃。會議結束後雙方各自發表聲明表示，會談的氣氛是友好的，磋商是坦率和有用的；雙方同意專家小組今後需要繼續會談，具體的時間和地點將通過中英兩國外交途徑另行商定。中國專家小組在港期間，曾分別與港督衛奕信及本港各界人士會面。中國專家小組發言人羅嘉驊在 28 日離港返回內地時表示，香港許多人士對新機場的選址、規模和財務安排等問題，有很多不同的具有建設性的意見，希望港府認真考慮這些不同的意見和積極的建議，不要倉促地作出決定。

11 月 29 日

◆ 美國通過《1990 年移民法案》，法案中包括一項為香港而設的特別簽證計劃。根據新法案，在未來三年，移民美國的總額將由目前每年的 54 萬個增至 70 萬個，隨後將穩定在每年 67.5 萬個的水平。其中，香港獲分配的名額包括：首三年每年由 5000 個增至 1 萬個，隨後逐漸提高至每年 2.5 萬個左右；在 1992-1994

年間，將給予香港美國公司高級僱員及家屬特別移民配額 3.6 萬個，移民簽證有效期至 2002 年；從 1991 年 10 月開始，每年將有 1 萬個投資移民配額，給予那些在美國投資 100 萬美元以及最少提供 10 個就業機會的港人。

12 月 5 日

◆中英土地委員會舉行第 21 次會議，雙方回顧 1990/1991 年度批地計劃，對計劃的執行情況表示滿意，共商定在現階段不擬從補充批地計劃中撥出土地。根據中英聯合聲明規定，每年批地數量為 50 公頃，但在 1990/1991 年度共批地 128 公頃，較原來規定多出一倍半。

12 月 11 日 - 12 月 14 日

◆中英聯合聯絡小組在香港舉行第 17 次會議。會後發表新聞公報稱：雙方就公民權利的法律 1997 年前後的銜接問題進一步交換了意見。聯合聯絡小組回顧了雙方專家就香港防務與維持社會治安的實際安排問題所進行的討論，並進一步交換了意見。在國際權利和義務常設專家小組工作的基礎上，聯合聯絡小組就有關適用於香港的海關條約問題初步交換了意見。聯合聯絡小組同意，常設專家小組將

就適用於香港的有關貿易、資源保護和衛生方面的多邊條約着手做準備工作。聯合聯絡小組就香港民航協定問題有益地交換了意見，並取得了新的進展。關於法律本地化的工作、雙方在有關商船安全規例本地化問題上取得了共同的看法。雙方就香港與有關國家之間保護和促進投資問題交換看法，並取得了進展。雙方就香港與有關國家間的刑事方面的司法協助安排初步交換了意見。在專家工作的基礎上，聯合聯絡小組討論了有關香港設立終審法院方面的問題，並取得了良好的進展。聯合聯絡小組就有關香港法律適應化問題進一步交換意見，並就在此領域的磋商程序取得了協議。雙方還就跨越 1997 年的主要專營權問題進行討論，並就此類專營權通報中方的機制取得了一致意見。

1月10日 - 1月20日

◆ 香港大型基建專家小組在北京舉行第二輪會議。會後中英雙方表示同意在日後透過各種渠道繼續討論。港澳辦主任魯平在會議結束後曾會見英方專家組成員。中方代理組長羅嘉驩在記者會上表示,大型基建費用龐大,必須精打細算,港英政府要有對香港人和香港未來高度負責的態度,如果港英政府一意孤行,將會在它負責管治香港的最後幾年內留下不光彩的紀錄。

2月21日 - 2月23日

◆ 香港大型基建專家小組在北京舉行第三輪會議。

中英雙方就關於財務安排、機場管理局、設立"關於香港大型工程港人諮詢委員會"等三個問題進行了磋商。會後雙方表示會談氣氛友好,雙方同意今後繼續就大型基建問題進行磋商。

3月3日

◆ 第四屆區議會選舉,選出 274 名區議員。投票率為 32.47%。港府於 28 日委任 133 人為區議會委任議員,任期由 1991 年 4 月 1 日生效。

3月12日 - 3月14日

◆ 中英聯合聯絡小組在北京舉行第 18 次會議。會後發表新聞公報稱:雙方就香港防務與維持社會治安的實際安排問題繼續進行了討論。在專家工作的基礎上，聯合聯絡小組進一步討論了有關香港設立終審法院方面的問題。雙方就香港與有關國家之間保護和促進投資問題進一步交換了意見。在專家工作的基礎上，雙方就同國際權利和義務有關的問題繼續進行了討論。

3月20日

◆中英土地委員會舉行第22次會議，雙方商定1991/1992財政年度的批地計劃為81公頃。其中商業、住宅、工業用途22公頃，居者有其屋計劃、私人機構參建居屋計劃、香港房屋協會發展用地、鄉村屋宇19公頃，公用事業、教育、福利、宗教、康樂及其他用途17公頃，特殊需求用途23公頃。雙方還商定，另撥出5公頃土地作為補充批地計劃。據中英土地委員會中方首席代表孫延珩透露，目前土地基金已累積至204億元。

4月3日－4月8日

◆應錢其琛外長的邀請，英國外相赫德對中國進行正式訪問。錢外長同赫德進行了會談。赫德表示，英方的目標是將英中關係全面恢復到1989年前的水平。兩國總理不久前互換了信件，這說明這一目標是雙方共同的意願。錢外長強調，保持香港穩定繁榮，是中英雙方共同的利益所在。中國無意干涉在過渡期內香港的日常行政管理事務，因而不存在所謂的"共管"、"控制"和"否決權"的問題。關於興建新機場，錢外長說，"我已對此闡明了中方的立場，我們希望既把香港機場建起來，又對香港600萬居民和香港未來的穩定和繁榮負責。"訪問期間，江澤民總書記、李鵬總理和萬里委員長分別會見了赫德。江總書記對赫德強調指出，無論在1997年之前還是1997年之後，保持香港的長期繁榮與穩定，符合中英雙方共同的利益。在香港過渡時期內，中英兩國是在一條船上，我們要"同舟共濟"。只要本着這個精神，就沒有解決不了的問題。赫德對"同舟共濟"的提法表示贊成。6日，赫德離開北京前在記者會上說，雙方都表示要遵守聯合聲明，雖然在這方面沒有取得"完全的一致"和"突破"，但"消除了一些相當嚴重的誤解"，"縮小了分歧"，"取得了進展"。他表示，雖然在1997年之前英方要保持對香港事務的"全面而有效的控制"，但將就有關跨越1997年的重大問題向中國提供充分的信息，歡迎並會考慮中國的看法。

4月26日

◆英國政府向國會提交 1990 年度《香港事務年報》白皮書。白皮書在談到居英權計劃時聲稱，"這項計劃已經對社會產生穩定作用，並有助於恢復港人信心。國籍計劃更發揮催化作用，鼓勵其他國家實施各種特別為港人而設的保險計劃。英國政府繼續鼓勵世界各國盡所能支持香港，包括進行讓香港人無須離開香港而獲得居留權的計劃。"白皮書在"結論"中指出，"經過 1989 年的困難時期後，香港在 1990 年內緩慢但穩步回復正常。從憲制和政治的角度來看，這也是意義重大的一年，因為基本法於年內頒佈，而香港亦開始籌備立法局的第一次直接選舉。在此關鍵時期，英國政府繼續全面承擔根據聯合聲明規定英國對香港的義務，同時會繼續竭盡所能，確保香港以及香港人能夠有一個繁榮而安定的未來。"

5月5日

◆市政局及區域市政局舉行選舉，選出 27 名議員（市政局 15 人，區域市政局 12 人）。投票率為 23.1%。新一屆議員任期由 1991 年 6 月 1 日至 1995 年 3 月 31 日。

6月5日

◆立法局三讀通過《1991 年香港人權法案條例》。條例將於 1991 年 6 月 8 日起生效。7 日，港府憲報公佈，《英皇制誥》將增加一項條款，"規定《公民權利和政治權利國際公約》內適用於香港的規定須透過香港法律實施"；同時在這項修訂生效後，"香港新制訂的法律均不可違反《公民權利和政治權利國際公約》內適用於香港的規定、剝奪在香港可享有的權利和自由。"

6 日，中國外交部發言人說，英方不顧中國政府多次申明的原則立場，執意要在香港制定一個將對香港特別行政區基本法的貫徹執行產生不利影響的"人權法案"，對此，中方表示遺憾。中方保留在 1997 年後適當時候按基本法的有關規定，對香港的現行法律包括"人權法案"進行審查的權利。中方重申，保障香港居民的權利和自由是中國對香港基本方針政策的重要組成部分。這一內容已寫進中英聯合聲明，並莊嚴地載入香港特別行政區基本法，相信通過基本法的實施，香港居民的權利和自由一定會得到充分而有效的保障。

6月11日－6月13日

◆中英聯合聯絡小組在香港舉行第19次會議。會後發表新聞公報稱：雙方在專家工作的基礎上，就香港與有關國家之間的鼓勵和保護投資協定問題進一步交換了意見，並就協定範本在原則上達成了一致意見。聯合聯絡小組就香港民航協定問題有益地交換了意見，並取得了新的進展。雙方進一步討論了跨越1997年的主要專營權問題。雙方就公務員長俸問題的某些方面進行了討論。雙方就香港防務與維持社會治安的實際安排問題繼續進行了討論，並同意雙方專家將舉行會晤以繼續此項工作。聯合聯絡小組進一步討論了在香港設立終審法院問題，並同意雙方專家將舉行會晤以繼續此項工作。雙方繼續就與國際權利和義務有關的問題進行了討論，並同意在近期舉行國際權利和義務專家小組會議，討論海關條約的繼續適用問題。雙方就香港與有關國家之間在刑事方面的司法互助安排進一步交換了意見。

6月27日－6月30日

◆中英兩國政府代表在北京就建設香港新機場進行會談。這個會談曾歷時九個月。30日草簽了《關於香港新機場建設及有關問題的諒解備忘錄》。7月4日，中英兩國同時公佈了諒解備忘錄。在這之前，中英兩國政府工作小組分別於4月5-13日和5月18-22日就新機場問題舉行了兩輪會談。

7月31日

◆中英土地委員會舉行第23次會議，雙方同意修訂1991/1992年度批地計劃，額外提供5.53公頃土地用作推行房屋委員會有關出售公屋予住戶的計劃；同時雙方還商定1991/1992財政年度的開發土地平均成本為每平方米3330港元，較1900年提高兩成。中方首席代表孫延珩在會後表示，由於房委會出售公屋並沒有計算地價在內，因此出售公屋的全部收益將歸房委會所有，中英土地委員會不會從中獲益。

9月2日－9月4日

◆應李鵬總理的邀請，英國首相梅傑對中國進行了正式訪問。訪問期間，李鵬總理和梅傑首相進行了會談，江澤民總書記和國家主席楊尚昆分別會見了梅傑。錢其琛外長與赫德外相舉行了對口會談，港澳辦主任魯平和隨訪的港督衛奕信進行了會晤。3日，李鵬總理與梅傑簽署了《關於香港新機場建設及有關問題的諒解備忘

1991 年 9 月 3 日，李鵬與英國首相梅傑
在北京簽署《中英兩國政府關於香港新機
場建設及有關問題的諒解備忘錄》。

錄》。3 日發表的中英聯合新聞公報稱：雙方認為，《關於香港新機場建設及有關問題的諒解備忘錄》的簽署生效，將使適應香港日益增長需要的新機場建設工作得以儘快進行，並使香港作為國際和地區航空中心的地位得到保持和提高。諒解備忘錄的簽署體現了中英兩國政府隨着 1997 年 6 月 30 日的臨近在香港問題上加強合作和發展中英雙邊關係的願望。雙方將密切合作以實施諒解備忘錄的各項規定。在會談中，雙方領導人表示了對香港在中英聯合聲明規定的基礎上保持其國際經濟、金融、貿易中心地位的信心。雙方重申決心不折不扣地貫徹執行聯合聲明，強調兩國政府在香港問題上合作的重要性，並重申，在今後的六年中，雙方將按照聯合聲明，密切磋商和合作，以實現香港 1997 年政權的順利交接和保證香港的長期繁榮穩定。

9 月 13 日

◆ 中英宣佈成立香港機場委員會。委員會由中英聯合聯絡小組雙方的首席代表郭豐民和高德年擔任主席，同時還包括其他十名成員。中方成員是：中英聯合聯絡小組中方代表鄭偉榮、新華社香港分社外事部長陳榮春、國務院港澳辦公室司長胡厚誠、中英土地委員會中方首席代表孫延珩及新華社香港分社經濟部長陳克強。英方成員是：中英聯合聯絡小組英方代表包雅倫、香港政府庫務司楊啟彥、香港政府經濟司陳方安生、香港政府政治顧問歐威廉及香港政府新機場工程統籌處處長許仕仁。

機場委員會的主要工作是，就跨越 1997 年與機場有關的重要事項，包括專營權、合約及債務擔保，進行磋商。

9 月 15 日

◆ 立法局舉行首次分區直選，全港分為 9 個選區共選出 18 名議員。此次直選有 75 萬人投票，投票率為 39.15%。連同 12 日舉行的功能組別選舉選出的 21 名議員，本屆立法局共有 39 名民選議員。名單如下：

分區直選 18 名：李柱銘、文世昌（港島東）；楊森、黃震遐（港島西）；司徒華、李華明（九龍東）；劉千石、林鉅成（九龍中）；馮檢基、涂謹申（九龍西）；劉慧卿（女）、黃宏發（新界東）；李永達、陳偉業（新界南）；吳明欽、戴展華（新界西）；馮智活、狄志遠（新界北）；功能組別 21 名：麥理覺（香港總商會）；黃宜弘（中華總商會）；張鑒泉

（工業總會）；倪少傑（中華廠商會）；李國寶（金融界）；詹培忠（金融服務界）；許賢發（社會服務界）；譚耀宗、彭震海（勞工界）；楊孝華（旅遊界）；夏佳理（地產及建造界）；梁智鴻（醫學界）；何敏嘉（衛生界）；張文光（教學界）；葉錫安（法律界）；黃秉槐（工程界）；何承天（建築、測量及都市規劃界）；黃匡源（會計界）；杜葉錫恩（女）（市政局）；梁錦濠（區域市政局）；劉皇發（鄉事）。

21 日，港府委任 17 人為立法局議員，其中 10 人首次獲得委任。新一屆立法局議員任期為四年。委任議員名單如下：李鵬飛、周梁淑怡（女）、范徐麗泰（女）、鮑磊、劉健儀（女）、劉華森、林貝聿嘉（女）、陳坤耀、鄭慕智、鄭海泉、張健東、夏永豪、林鉅津、李家祥、麥列菲菲（女）、潘國濂、唐英年。

9 月 24 日 – 9 月 26 日

◆ 中英聯合聯絡小組在倫敦舉行第 20 次會議。會後發表新聞公報稱：聯合聯絡小組確認雙方專家對早日在香港設立終審法院問題所達成的原則協議，包括在終審法院組成問題上所取得的一致意見，雙方同意着手進行制定和修改法律以及其他的有關準備工作。聯合聯絡小組確認上次會議就香港同有關國家之間的投資保護協定範本草案所達成的原則協議。雙方對目前在香港用於軍事目的的土地的前途問題進一步交換了意見，並在縮小雙方的分歧方面取得了進展。雙方同意不久將舉行專家會晤以繼續此項工作。聯合聯絡小組進一步討論了香港同其他國家的刑事司法互助問題，並同意由雙方專家先就範本草案及有關問題進行討論。聯合聯絡小組就船東責任法律本地化問題達成了協議。聯合聯絡小組討論了與香港有關的國際權利與義務問題，並就十項海關公約 1997 年後繼續適用於香港問題達成了協議。雙方同意國際權利和義務常設專家組下次會議討論同香港有關的資源保護、衛生和貿易（一般性）方面的多邊條約。聯合聯絡小組就更新和改善公務員的某些長俸安排，包括“遺屬恩俸”進行的一些修改達成了協議。雙方繼續討論了跨越 1997 年的主要專營權問題。聯合聯絡小組就聯合聲明有關 1997 年後在香港居留權的條款的實施問題進一步交換了意見。聯合聯絡小組就香港 1997 年後使用國際無綫電呼號的過渡性安排達成了協議。

10 月 9 日

◆ 中英土地委員會舉行第 24 次會

議，雙方覆檢了今年的批地計劃後，商定在 1991/1992 年度批地計劃中增加 5.9 公頃住宅用地。雙方商定進一步修訂 1991/1992 年度批地計劃，以便提供 0.65 公頃土地，作興建日後的英國駐港總領事館之用。

◆ 港督衛奕信發表施政報告。報告分"引言"、"憲制發展"、"與中國的關係"、"進度檢討和立法計劃"及"結論：共同承擔責任，維持良好管治"五個部分。在談到政制問題時報告強調，"行政局無論現在或將來，都是本港釐定政策的主要機構。"立法局與港府在工作上將建立夥伴關係。1995 年立法局議員將全部由選舉產生，議員將自行選出主席，還考慮應否就 1995 年立法局直選議席的比例問題與中國磋商。在與內地關係問題上，報告認為，港府"必須重視在各個層面與對等的中國官員建立融洽和有效的夥伴關係"，要加強香港與內地的雙邊貿易和投資關係，這將有助於本港經濟的增長和促進華南地區的整體發展。報告還說，中英不久前簽署了香港新機場諒解備忘錄，為本港今後十年的經濟發展掃除了障礙，並預期來年的香港經濟將有 4% 的增長。

11月1日

◆ 新機場及有關工程諮詢委員會成立，成員 50 人。主席黃保欣表示，諮委會的主要目標是反映香港人對機場工程的意見；諮委會的立場是從香港人的角度去考慮這些工程，將香港人的利益放在首位，並且將不同的意見提交港府考慮。

12月2日

◆ 中英土地委員會中方代表辦事處宣佈，委任莊偉剛為土委會中方代表和香港特別行政區土地基金委託人，委任李偉庭為土委會中方顧問。

12月3日－12月5日

◆ 中英聯合聯絡小組在香港舉行第 21 次會議。會後發表新聞公報稱：聯合聯絡小組繼續討論了目前在香港用於防務目的的土地的前途問題。聯合聯絡小組討論了與香港有關的國際權利與義務問題，並就資源保護和衛生方面的七項國際條約 1997 年後繼續適用於香港問題達成了協議。國際權利和義務常設專家組不久將開會以繼續此項工作。聯合聯絡小組就聯合聲明有關 1997 年後在香港居留權的條款的實施問題進一步交換了意見。聯合聯絡小組初步討論了香港同某些國家的刑事司法互助協定範本草案及有關問題，並同意雙方專家不久將舉行會晤繼續此項工作。聯合聯絡小組就跨越 1997 年的主要專營權問題進行了進一步的討論，並取得了進展。雙方進行了一般性討論，就當前令人關心的問題交換了意見。

12 月 4 日

◆ 立法局以 34 票贊成、11 反票反對、9 人未投票及 4 票棄權，通過葉錫安提出的動議，要求香港日後成立的終審法院，在邀請海外法官參加審判方面，應較中英兩國達成協議的安排更為靈活，而且其靈活程度必須符合中英聯合聲明及基本法的規定。布政司霍德、律政司馬富善和憲制事務司施祖祥在發言中表示：中英聯合聯絡小組達成的協議，完全符合中英聯合聲明，中國政府已表示不會就此重開談判。他們強調，本港的司法制度延續至 1997 年後，比終審法院法官人數的 "靈活性" 更符合香港人的利益。施祖祥還重申，中英雙方就終審庭達成的協議，港府事前是獲得充分諮詢的。雖然 "四加一" 法官組成方案不是盡善盡美，也不失為可行方案，符合聯合聲明和基本法的規定，並不是英國政府強加或未經港府同意的決定。雖然協議的方案與原先目標有差距，

但港府仍接受該協議。這是中英聯合聯絡小組 1991 年 9 月就終審庭問題達成原則協議之後，立法局第二次討論終審庭問題。在這之前，立法局內務會議曾於 10 月底討論終審庭協議。當時有 38 名議員認為終審庭的組成應有更大彈性，以及須在 1993 年設立終審庭。

5 日，中國外交部發言人表示，香港立法局只是港督的一個諮詢機構，無權修改或推翻中英兩國政府已達成的原則協議。他說，中國注意到英國方面最近多次表示，終審法院協議是個好的協議，英國政府無意修改協議，並將遵守這個協議，對此中國表示歡迎。中國希望英國政府切實履行協議，繼續與中國政府友好合作，以便在 1997 年前的適當時候在香港設立終審法院。

1992年 ⋯⋯⋯⋯⋯

3月9日

◆ 英國政府向國會提交 1991 年《香港事務年報》白皮書。白皮書在“結論”中說：1991 年是在多方面都有長足進展的一年。首先，中英雙方簽訂機場協議，使興建新機場的工程得以開展，從而大大增強了商界的信心。第二，立法局的第一次直接選舉，標誌着香港的民主制度已向前跨進了重要的一步。第三，國際間就遣返所有滯港的越南非難民的安排達成協議，使香港的越南船民問題可望最終獲得解決。最後，香港人權法案條例的制訂，加強了對香港公民和政治權利的保障。這些進展雖然各有不同，但都顯示了政府的承擔，要根據中英聯合聲明維持英國政府對香港的有效管治至 1997 年，並且確保香港保持繁榮和穩定。

3月11日

◆ 國務院港澳辦公室和新華社香港分社在人民大會堂舉行首批 44 名香港事務顧問聘書頒發儀式。李鵬總理在儀式上發表講話，向首批應聘的顧問表示熱烈歡迎，對他們長期以來為推動香港問題按照鄧小平倡導的“一國兩制”方式加以解決，保持香港的繁榮和穩定，為積極支持和幫助內地建設所作的貢獻，表示衷心的感謝。李鵬總理祝願各位顧問運用自己的智慧和經驗以及在香港事務中的影響，為中國統一大業，為香港居民的長遠利益，作出新的更大的貢獻。聘書頒發儀式由港澳辦主任魯平主持，新華社香港分社社長周南向首批港事顧問頒發了聘書。

12 日，江澤民總書記會見了首批港事顧問並發表講話。江澤民説，"一國兩制"方針不是權宜之計，是一項長期的堅定不移的國策。這項方針同鄧小平同志倡導的"一個中心、兩個基本點"的基本路綫是一致的。他強調説，一個繁榮昌盛的社會主義大陸將保證香港的繁榮和穩定，而一個繁榮的資本主義的香港為大陸與世界各國開展貿易架設了一個橋樑。因此，大陸離不開香港，香港離不開大陸，誰也離不開誰。江澤民説，只有長期堅持"一國兩制"的方針，才能保持香港回歸後的繁榮和穩定，才能保證大陸經濟發展和改革開放政策的貫徹執行。

3 月 20 日

◆ 中英土地委員會舉行第 25 次會議，雙方商定 1992/1993 財政年度的批地計劃為 159.3 公頃，其中商業、住宅、工業用途 27.96 公頃；居者有其屋計劃、私人機構參建居屋計劃、香港房屋協會發展用地、鄉村屋宇 21.80 公頃；公用事業、教育、福利、宗教、康樂和其他用途 16.97 公頃；以及特殊需求用途 92.75 公頃，其中包括第九號集裝箱碼頭 60 公頃用地。

雙方還商定，另撥出 5 公頃土地作為補充批地計劃，在年內視需求情況決定從中推出土地的數量。

會議上，雙方並就新機場和機場鐵路用地事宜進行了有益的討論。雙方將繼續就這些工程的用地問題進行磋商。

3 月 24 日－3 月 26 日

◆ 中英聯合聯絡小組在香港舉行第 22 次會議。會後發表新聞公報稱：聯合聯絡小組進一步討論了目前在香港用於防務目的的土地的前途問題。聯合聯絡小組討論了同香港有關的國際權利與義務問題，並就資源保護、貿易、郵政和國際私法方面的九項國際條約 1997 年後繼續適用於香港問題達成協議。聯合聯絡小組就聯合聲明有關 1997 年後在香港居留權的條款的實施問題進一步交換了意見。聯合聯絡小組進一步討論了香港同某些國家的刑事司法協助問題。聯合聯絡小組就香港與有關國家之間的投資保護協定交換了意見，並取得了進展。雙方就有關香港電台問題交換了意見。雙方就香港民航協定問題進一步交換了意見。雙方進一步討論了跨越 1997 年的主要專營權問題。

3月底

◆ 港府在未與中方磋商的情況下，提出了新機場第一個財務安排方案，遭到中方的譴責。英方被迫與中方進行了歷時三年的中英有關新機場財務安排的談判。

香港新機場的建設是一項跨越 1997 年的重大工程項目。兩年多來，雙方在這一問題上爭論的焦點是要不要遵守中英兩國政府首腦於 1991 年 9 月在北京簽署的《中英香港新機場建設及有關問題的諒解備忘錄》，也就是涉及香港建設新機場的成本、效益和未來特區政府財政儲備等一系列同港人切身利益息息相關的重大原則問題。

中英雙方在備忘錄中曾就香港新機場建設問題達成共識，確立了新機場的建設要符合成本效益，在 1997 年 6 月 30 日後不應在財政上給香港特區政府造成負擔的原則。備忘錄規定：港英政府將在最大程度上完成新機場核心項目，跨 1997 年的政府債務總額不超過 50 億港元。如超出，須由雙方取得一致意見後方可進行，同時還須向特區政府留下不少於 250 億港元的財政儲備。備忘錄簽署時，英方提供的資料顯示，按 1991 年價格計算，新機場核心項目預算總成本為 986 億港元。至此，新機場問題本可以劃上一個圓滿的句號。港英政府完全可按照備忘錄的原則和規定去全面展開新機場工程。

但事與願違。港府提出的第一個財務安排方案案將新機場核心工程成本從 986 億港元提高到 1122 億港元，增加了 13.8%，其中機場鐵路成本從 125 億港元猛增至 221 億港元，升幅高達 77%。與此同時，港英政府打算主要靠舉債建設機場，預計將給特區政府留下 730 億港元的沉重債務包袱。此外，這一方案還提出，如果出現工程延誤、成本上升、客流量低於預測等情況，政府要承諾追加投資 225 億港元，即所謂"或有負債"。為維護 1997 年後香港人的利益，中方及時指出：這一財務安排方案存在的問題，要求英方儘快提出一個符合諒解備忘錄的方案，以便使備忘錄簽署後本來已經可以開工的十項核心工程全部開工。此後，中英關於香港新機場財務安排問題的談判拉開了序幕。6 月，港府公佈了建設新機場的《現金流量表》和臨時機場管理局的《業務計劃綱要》兩份文件，文件表明新機場的最新成本開支由 1992 年 4 月 30 日港府公佈的 1122 億港元上升至 1753 億港元。新機場成本不斷攀升，引起了香港各界人士對機場核心工程問題的嚴重關注。經中英兩國政府商定，7 月 3-6 日，英國派遣外交部副次官科爾斯作為首相特使到北京與中國有關部門就新機場財務安排問題舉行高層會談。中方重申了對機場成本、效益和特區政府利益等問題的關注，同時還提出雙方未在財務安排整體方案達成共識前，可以先同意港英立法局撥款展開新機場地盤填海工程的建議，但遭到英方拒絕。8月，中方根據港英財政儲備由於香港經濟發展而增加的實際情況，提出了增加政府向機場管理局和地鐵公司注資額的建設性建議。但英方一方面稱新機場成本"降無可降"，另一方面提出，如要英方增加注資，也得將特區政府所得200億港元機場鐵路沿綫物業用地的賣地收入作為注資投入。這被人們稱為第二財務安排的方案不僅沒有降低機場建設成本，反而要預先動用未來特區政府的土地基金，因而再次遭到中方反對。

1993年4月，英方又向中方提交了新機場建設的第三個財務安排方案。這一方案雖然消除了"或有負債"，並同意1997年的債務總額由730億港元降至450億港元，但仍比備忘錄規定的50億港元的舉債限額高出400億港元。中方在肯定英方第三方案具積極因素的同時，再次要求英方再增加注資150億港元，即將政府向機場管理局和地鐵公司的注資

總額增加到603億港元，使債務控制在230億港元之內。

在中方和香港社會的再三敦促下，英方於1994年2月向中方提交了第四個財務安排方案，鑒於該方案同備忘錄的原則和規定有較大靠攏，中方隨即同意雙方恢復專家級磋商。經反覆討論，雙方專家達成以下共識：機場總體預算成本為1582億港元（未包括融資利息的當日價）；同意英方總體注資額不少於603億港元，1997年留給特區政府的債務不超過230億港元，英方不再堅持機場鐵路批地為"額外批地"，同意納入土地委員會年度批地計劃等等。但之後，正當新機場財務安排問題有望達成協議時，英方又在商議財務安排紀要文本過程中在有關措詞和字眼上節外生枝。比如，對英方於1997年留給特區政府的債務"不超過230億港元"，英方一定要寫成"預計不超過"等等，從而嚴重拖慢了磋商的進度。直至1994年11月4日，中英聯合聯絡小組機場委員會才就新機場及機場鐵路總體財務安排達成協議，並簽署了會議紀要。

6月9日

◆ 港府宣佈，將以英國樞密院令頒佈

方式，將英國修訂後的 1989 年英國官方保密法引伸至香港，廢除沿用的 1911 年英國官方保密法第二條。由 6 月 30 日開始，除六項有關國防及保安情報的資料繼續受到禁制外，其他甚至可導致港府尷尬或構成不便的資料均可以公開。這六項仍受禁制的資料範圍包括：（1）保安及情報；（2）國防；（3）國際關係；（4）從其他國家或組織獲得的機密資料；（5）可引致犯罪或其他有關後果的資料；（6）根據法定執行令進行的特別調查。在新保密法實施後，違反者最高刑罰是入獄兩年及或罰款 50 萬元。

6 月 16 日 – 6 月 18 日

◆ 中英聯合聯絡小組第 23 次會議在北京舉行。會後發表新聞公報稱：聯合聯絡小組進一步討論了目前在香港用於防務目的的土地的前途問題。聯合聯絡小組討論了同香港有關的國際權利與義務問題，就海洋污染、毒品、國際私法和海關方面的九項國際條約 1997 年後繼續適用於香港的問題達成了協議，並就另一項海關公約適用的具體安排取得了一致意見。聯合聯絡小組就聯合聲明有關 1997 年後在香港居留權的條款的實施問題進一步交換了意見。聯合聯絡小組就香港與有關國家之間的投資保護協定交換了意見，並取得了進展。聯合聯絡小組就香港與有關國家之間的移交逃犯協定交換了意見，取得了進展。聯合聯絡小組進一步討論了跨越 1997 年的主要專營權問題。

7 月 8 日

◆ 立法局通過修訂會議常規，設立新的正式委員會制度。新制度在 9 月正式運作。在新的正式委員會制度下，設立內務委員會取代內務會議。內務委員會由立法局全體議員組成，唯立法局主席、副主席及各當然官守議員並非該委員會成員。設立條例草案審議委員會，取代專案小組進行審議法案的工作。分配條例草案予各草案審議委員會的工作，由內務委員會負責。內務委員會與條例草案委員會通常公開進行會議，並可傳召任何人在委員會作供或提供資料。其後，行政、立法兩局分家。立法局內務委員會議決，由 1992 年 10 月起，行政、立法兩局議員辦事處的常設小組改為立法局的常設小組，負責監察及審議政府政策及公眾關注的事項，而行政、立法兩局議員辦事處的申訴部改為立法局議員的申訴部。1992 至 1993 年度初全面檢討委員會架構後，把常設小組改為事務委員會，於 1993 年 10 月納入正式委員會架構內。其後又於 1993-1994 立法局會期內，把原來負責為立法局議員提供支援服務的立法局議員辦事處與原屬於政府部門的立法局秘書辦事處合併，組成獨立的立法局秘書處，由具有法定地位的立法局行政管理委員會管理。目前，立法局的事務委員會一共有下列 18 個：司法及法律、憲制、經濟、教育、環境、財經、衛生、民政、房屋、資訊政策、規劃地政及工程、人力、公務員及資助機構員工、文康廣播、保安、貿易及工業、交通、福利。

◆ 立法局選舉事宜專責委員會向立法局提交報告書，就 1995 年立法局選舉提出建議。主要建議如下：（1）成立一個法定的獨立組織"選區分界及選舉事務委員會"，負責按照法定準則就三層選舉的選區分界事宜向總督提交意見；（2）分區直選建議採用"多議席選區制度"和"不可轉移單票制"，容許不同選區有不同數目的議席，並以現有九個選區的分界作為劃分界限的基礎；（3）保留功能組別制度。在決定新的功能組別議席時，政府應沿用 1988 年所用的四項準則，功能組別的投票制度應儘可能採用一人一票制；（4）最低投票年齡應在下一輪選舉前降低至 18 歲；（5）容許中國全國人民代表大會代表或中國各省或地方大會代表成為香港選舉候選人。15 日，立法局選舉事宜專責委員會主席夏佳里在立法局提出"本局審悉立法局選舉事宜專責委員會提交的報告"的動議，但被麥理覺修訂，修訂動議提出 1995 年立法局選舉分區直選採用"單議席單票制"。最後麥理覺的修訂動議以 28 票贊成、23 票反對、2 票棄權獲得通過。

7月9日

◆ 彭定康抵港出任第 28 任總督，發表了就職演說，強調他的使命是，把"一國兩制"這個歷史意義重大而且深具遠見的構思付諸實行，使熱切的冀望成為不可推翻的事實。為此，他提出了五項任務：（1）要在歷史所造成的獨特環境下，竭盡所能，改善和鞏固香港政府。強調仍以行政為主導；（2）保持香港的經濟繁榮，強調新機場大型基建工程對中港兩地經濟發展的重要性，提出必須繼續打擊通脹；（3）維持低稅率經濟，並確保公共支出受到審慎控制；（4）積極打擊暴力罪行；（5）至為重要和最具挑戰性的是與中國衷誠合作，竭盡所能，消除誤會，建立彼此間的信任。

7月11日

◆ 彭定康首次同司級官員開會。他強調他所領導的政府"將會是一個集體合作的政府"。同一天,彭定康接受英國廣播公司訪問時強調,要研究使香港民主"更廣泛和更深刻的途徑",研究"確保一個讓市民參政的政府如何能更有效和更有力地運作,使其可以在 1997 年後繼續存在的方法"。

7月14日

◆ 彭定康首次主持行政局會議,會後打破"保密"慣例向記者透露會議討論內容,包括 1995 年立法局選舉事宜、新機場財務安排及行政局運作架構等問題。他強調,日後港府選用哪種選舉方法,都必須獲得全港市民信任,亦要合乎公平與平等原則,而無論獲選或落選者都會表示信服。

7月17日

◆ 彭定康接受《明報》記者訪問,主要談了幾點:(1)強調在中英《聯合聲明》和順利過渡這兩個範疇內行事和訂定政策;如何看順利過渡問題,"要在社會上取得最廣泛的共識";(2)強調要在他強有力的領導之下,建立一個"更高度透明、更充分向市民負責"以及"行政部門必須儘量開放"的強有力的政府;(3)聲言他在未來五年的最大挑戰是政府怎樣在立法局沒有肯定的大多數票的情況下,仍然令政府提出的方針得到通過。

7月23日

◆ 彭定康參加每季由布政司舉行的部門首長聚餐,向 50 多名政府部門首長發表講話,強調香港是行政領導的政府,公務員必須建立一套以"方便市民為依歸"的公共服務架構,公務員要改變現有處事作風。港府須尋找多種辦法,配合本港形勢,讓公務員架構能更加開放,公眾能清楚明瞭港府的施政表現指標。

7月29日

◆ 中英土地委員會舉行第 26 次會議,雙方商定 1992/1993 財政年度的開發土地平均成本為每平方米 3950 港元。土地委員會並同意調整 1992/1993 年度的批地計劃,以便提供五公頃土地用於擴建九廣鐵路紅磡貨物集散場。

8月4日

◆ 彭定康出席香港總商會午餐會發表演説表示,為了達致平穩過渡,必須建立有效率、負責任的政府,要使香港人確信政府的施政是"合理、有效及公平"。他提出未來數年施政的五項原則:(1)維持一切行之有效的政策;(2)要有自信,繼續建設未來;(3)致力維持法治;(4)致力維持香港的生活方式;(5)與中國建立良好、信任合作和坦誠的關係。他還對新機場問題表明立場:(1)港府的底綫是,必須開始建新機場和有關工程,而且愈快愈好;(2)港府有良好的往績,能夠依時按預算完成大型工程;(3)港府的目標,就是在可能範圍內以最經濟的價格建一個最好的機場,並無其他打算。

8月6日

◆ 彭定康接受《星島日報》記者訪問,主要談了三點:(1)同意1995年的立法局選舉安排,應與中國商議,以保證平穩過渡;但表示在立法局議員"直通車"問題上,不應有人企圖"捉人落車";(2)指出在香港示範一個更強大、更負責、更民主、更公開化的立法局是港府的工作。強調會實事求是為香港建立開放負責任的政府,並會透過爭取市民的支持去建立強而有力的領導;(3)認為新機場的爭論並不影響中英關係,堅持目前新機場規模不能縮小,亦不適宜透過延長興建時間去降低新機場造價。

8月20日

◆ 新華社香港分社周南社長與彭定康首次會晤。周南社長希望在今後的歲月中與彭定康建立良好的工作關係,並希望通過雙方的共同努力來保持香港的繁榮與穩定,實現1997年的平穩過渡。彭定康表示了加強中英合作和全面貫徹中英聯合聲明的願望,並表示今後願同周南社長進行經常的接觸和建設性的會晤,商討共同關心的各項問題。在會晤中,雙方還就新機場的財務安排及其他有關的問題交換了意見。

9月21日－9月23日

◆ 中英聯合聯絡小組在倫敦舉行第24次會議。會後發表新聞公報稱:聯合聯絡小組進一步討論了目前在香港用於防務目的的土地的前途問題。聯合聯絡小組討論了同香港有關的國際權利與義務問題,就科技、國際犯罪、運輸(公路和鐵路)和國際私法方面的13項國際條約1997年後繼續適用於香港的問題達成了協議,並就另兩項國際私法公約的具體安排取得了一致意見。聯合聯絡小組就聯合聲明有關1997年後在香港居留權的條款的實施問題進一步交換了意見。會議期間，雙方專家就該問題的某些方面進行了討論。雙方就香港民航協定問題進一步交換了意見，並取得了進展。聯合聯絡小組就香港與有關國家之間的投資保護協定交換了意見。聯合聯絡小組就香港與有關國家之間的移交逃犯協定交換了意見，並取得了進展。聯合聯絡小組進一步討論了跨越 1997 年的主要專營權問題，並取得了進展。聯合聯絡小組進一步討論了香港同某些國家的刑事司法協助問題，並就協定範本在原則上達成了一致意見。聯合聯絡小組討論了香港旅行證件問題，並就回港證在 1997 年前後的過渡性安排問題達成了一致意見。

10 月 5 日

◆ 美國總統布什簽署《1992 年美國—香港政策法》。法案內容主要是釐定美國與香港在 1997 年後的貿易、經濟及文化交流等各方面的雙邊關係，使美、港關係不會因香港交還中國而改變。法案分為"政策"、"香港在美國法律中的地位"和"報告條文"三大部分。"政策"部分包括了美國與香港的雙邊關係、香港之參與多邊組織問題、美國與香港之商務來往、交通運輸、文化與教育交流等五項內容，

強調美國在 1997 年前後應盡力維持香港的信心與繁榮，確保香港國際金融中心地位，保持美國與香港的互利關係。美國應和香港廣泛建立經濟、貿易、金融、財政、航空、船運、通訊、旅遊、文化、體育及其他方面的雙邊關係，並簽訂有關協定。"報告條文"部分規定，該法案在實施後 6 個月內及以後每隔 18 個月，國務卿應向眾議院議長及參議院外交委員會提出有關香港情況的報告，內容包括美港關係發展；與香港主權轉移有關，足以影響美、港的利益或美、港關係發展的事項；美國與香港間官方或非官方的文教、科學及學術交流活動的內容及範圍；香港民主制度的發展以及香港參與多邊活動的內容和範圍。"香港在美國法律中的地位"部分則授權美國總統，判定 1997 年 7 月 1 日後香港的自治程度是否"足夠"，以據此確定美國對香港的政策，如認為香港無法完全自治以承擔美國某項法例或法例條款的規定，可以透過行政指令暫時停止有關法例或法例條款。

1991 年 9 月，美國共和黨參議員麥康納爾向美國國會提出"1991 年美國—香港政策法"。在美國會兩院審議該法案的過程中，中方多次向美方提出交涉。隨後，美國會對該法案進行一些修改，刪除

了美國政府要監督中英聯合聲明的執行情況等內容，但該法案最後文本仍規定美國國務卿應定期向國會提交包括"香港民主制度的發展"情況的報告。9月22日，中國就美國參議院9月17日又通過經眾議院修改的"1992年美國—香港政策法"再次向美方提出交涉。但是，美方仍置中方的交涉於不顧，美國總統布什於10月5日簽署了法案。布什簽署法案後，中國外交部副部長劉華秋召見了美國駐華大使芮效儉，向美國政府提出抗議。劉華秋指出，香港問題在1997年7月1日以前是中國和英國之間的事情，由中英兩國根據中英聯合聲明處理；自1997年7月1日起，香港事務則純屬中國內政。美方制定這項"香港政策法"旨在通過美國國內立法從政治上插手香港事務，干涉中國內政，違背了公認的國際法原則，這是中方堅決不能接受的。美方此舉無助於中英聯合聲明的實施，而有損香港的繁榮與穩定，美國在香港的經濟利益也會因此而受到損害。美國這種干涉中國內政的行徑必將對中美關係產生不利影響，美方應對此負完全的責任。

10月7日

◆ 彭定康發表首份施政報告，提出

了違反中英聯合聲明、違反香港政制發展要同基本法銜接的承諾、違反中英兩國達成的諒解和協議，對現行政治體制作出重大改變的政改方案，主要內容包括兩個方面：一是關於政制發展；二是關於1995年選舉安排。

關於政制發展，彭定康提出目的是要鞏固代議政制，確保有一個向立法局負責、有魄力的、有效的、行政主導的政府。為此，建議行政局和立法局徹底分家，兩局議員不重疊。立法局要發展成為一個"有效地代表市民"、"制衡政府的獨立組織"，立法局建立一個制度，"以確保行政機關正如聯合聲明和基本法訂定一般，能充分向立法機關負責"。立法局主席由議員互選產生，港督不再兼任立法局主席，而以行政機關首長身份向立法局負責。在立法局會期內，港督每個月至少一次與立法局議員會面，答覆議員的問題及討論政府的政策及建議，並就港督出訪或其他重要發展向立法局匯報。為建立立法局與政府之間的有效工作關係，建議成立政府及立法局事務委員會。

關於1995年選舉安排，彭定康提出以下幾點：（1）投票年齡由21歲降低至18歲；（2）分區直選採用"單議席單票制"；（3）把現有功能組別的法團投票改為個人投票，新增 9 個功能組別以行業劃分，界定範圍包括全港的工作人口。上述措施將使 30 個功能組別的選民範圍擴大至全港 270 萬工作人口中所有符合資格的選民；(4) 加強地方行政，擴大區議會的職能，使區議會在處理影響區內居民的問題上負起更大的責任。1994 年起，除了新界的區議會的當然議員外，所有區議員由直接選舉產生，取消區議會和兩個市政局的委任議員制；(5) 1995 年立法局選舉的選舉委員會由直選區議員組成；(6) 成立獨立及直接向港督負責的選區分界及選舉事務委員會。

彭定康聲稱，他提出的建議是要達致"擴大民主，同時要在基本法範圍內進行"這兩個目標。他的建議符合基本法的條文，這些安排會為港人"提供一列民主'直通車'，在基本法鋪成的軌道上前進。"在施政報告"結論"中，彭定康還聲稱，他的目標是"一國兩制"，而"一國兩制"實際上意味的是，"一個繁榮興旺的中國，在朝氣勃勃、寬容開放的香港協助下，變得更繁榮。"

彭定康的施政報告發表後，英國首相梅傑當天發表聲明表示全力支持彭定康的施政取向。英國外相赫德讚揚彭定康"透過有技巧性的途徑加快和伸延香港的

民主步伐"。

◆ 港澳辦發言人發表談話指出，在香港發展民主是中方的一貫主張。民主的發展應循序漸進。目前香港的政制不應大變，而且必須與基本法銜接，這是保證香港順利過渡的基本前提。否則，將引起混亂。然而，彭定康在施政報告中提出的一系列決定，對現有的政治體制作了重大的變動。關於 1995 年立法局選舉的所謂"建議"，事先既沒有同中方磋商，更無視香港社會的各種不同意見，因而更無法談起同由特區籌委會所要決定的第一屆立法會產生辦法相銜接。至於改變區議會職能和取消區議會、兩個市政局的委任制度也是不合時宜的。現在英方無視中方的合理要求，未經與中方磋商，即單方面公佈其所謂"建議"，是蓄意挑起一場公開爭論。顯然，這樣做同聯合聲明有關中英兩國政府要在後過渡期加強合作，共同審議為平穩過渡所要採取的措施的規定是相違的，其後果只能是給香港的平穩過渡和政權的順利交接造成障礙。中方不能不嚴肅地指出，假如香港在後過渡期發生的任何改變不能同基本法銜接，其責任完全不在中方。屆時，香港特別行政區及其有關機

構將按基本法和全國人大的有關決定的規定加以設立。同一天，外交部發言人也發表了內容相同的評論。

10 月 14 日

◆ 立法局通過麥理覺提出的支持彭定康政改方案中有關選舉委員會由區議會民選議員組成的動議："鑒於公眾支持香港政制繼續邁向民主，本局贊同總督的意見，就是如需為 1995 年的選舉設立選舉委員會，該委員會會由各區區議會的民選議員組成，藉以儘可能在當前情況下帶來最大程度的民主和讓香港人作最廣泛的參與。"

10 月 15 日

◆ 新華社香港分社副社長張浚生和秦文俊會見 20 多位香港區人大代表和政協委員時透露，彭定康在發表施政報告前，雖然先後四次知會中方有關報告的建議，但並沒有諮詢中方意見，英方在搞小動作。據他們透露，9 月 25 日，中英外長在紐約會面時，英國外相赫德向錢其琛外長口頭簡述施政報告部分內容。9 月 26 日，彭定康透過英國駐華大使麥若彬，以書面形式將施政報告部分內容通知港澳辦主任魯平，但要求將內容保密。10 月

3 日，魯平主任以書面形式回覆彭定康，指其政改方案不符合中英聯合聲明和基本法。10 月 6 日下午，即彭定康發表施政報告前夕，彭定康約見新華社香港分社副社長王品清，表示未有施政報告文本，只口頭透露報告內容給王品清。然而，同一天下午，英國駐華大使麥若彬將施政報告中英文本遞交港澳辦副主任陳滋英。上述四次接觸只是英方向中方知會，並不算是諮詢。

10 月 20 日

◆ 彭定康政改方案完全拋棄了中英雙方商定的"循序漸進"的原則，在所謂"加速民主進程"的幌子下，欲為其在 1997 年以後控制特區立法機關創造條件，並逐步以"立法主導"代替"行政主導"，以便於他們在香港回歸後繼續影響香港的政局，甚至準備有朝一日在條件成熟時，將香港變成一個脫離中國獨立或半獨立的政治實體。鄧小平敏銳地察覺到英方的真實意圖，並及時和明確地指示：對英方背信棄義的做法必須堅決頂住，決不能讓步，要質問他們中英協議還要不要，如果英方一意孤行，我們就另起爐灶。他還說："我在 1982 年同撒切爾夫人講的話，今天仍然算數。"

1992 年 10 月，港督彭定康在立法局推出了一個違反中英聯合聲明、違反與基本法銜接的原則、違反中英兩國政府已達成的有關協議和諒解的"三違反"的政改方案（左為彭定康；右為刊載"政改方案"的施政報告）。

彭定康的"三違反"政改方案，為香港的平穩過渡製造了障礙，遭到中國政府和廣大香港同胞的反對。圖為新界居民抗議彭定康的政改方案。

◆ 彭定康首次以港督身份訪問北京。錢其琛外長同彭定康就香港問題坦率地交換了意見，魯平主任和外交部副部長姜恩柱分別同彭定康進行了會談。錢其琛外長指出，中英 1984 年簽署聯合聲明之後，雙方的合作曾是良好的。但港英當局不久前發表的施政報告中提出將對香港的政治體制進行重大改變，這明顯違背了中英聯合聲明的有關規定和精神，違背了英方關於要使香港政治發展要同基本法銜接的承諾，違背了中英雙方已達成的有關諒解。這種做法損害了香港的繁榮與穩定，並為香港 1997 年的平穩過渡和政權的順利交接設置障礙。錢其琛説，我們希望合作，不希望對抗，港英當局的做法實際上是對合作的挑戰。要解決問題還是應該回到中英聯合聲明的規定進行認真磋商的軌道上來。

彭定康在離開北京前舉行記者會，聲稱 1995 年選舉的安排，必須是公開、公平和誠實，及鞏固港人的信心，英方會繼續諮詢中方意見，但最終由立法局決定。他説，他希望中國在為建造新機場籌備經費方面以及採取一些措施使香港有更多的民主方面予以合作，但如果中國不合作，他也要繼續幹下去。他返港後又表示，香港政制發展和興建新機場，主動權應掌握在港人和立法局的手中，今後香港的命運要看港人和立法局如何決定。他強調，英國政府不會為了維持與中方的關係而犧牲了香港的民主發展。

10 月 22 日

◆ 英國首相梅傑在國會辯論中保證支持彭定康的施政報告。他説，彭定康的目標是令港府更有效率及更負責，以及擴大民主化，直至"九七"之後，這是香港前途的正確方向，港督擁有英國政府及整個國會的支持。

10 月 23 日

◆ 港澳辦主任魯平在彭定康結束訪京活動後在北京的新聞發佈會上説，彭定康所發明的那一套，撇開了基本法、中英聯合聲明和中英過去達成的諒解。他希望彭定康回到與中方合作的軌道上來。如果彭定康完全不考慮中方的意見，到時中方將按照基本法的規定組成香港特別行政區立法會、第一屆政府和司法機關。魯平指出，目前雙方分歧的實質不是加快不加快香港的民主步伐問題，而是究竟要合作還是要對抗。中方不希望對抗，因為這對香港不利。但英方一定要對抗，中方也只能奉陪。關於新機場問題，魯平説，如果英方對未來香港特別行政區政府承擔的責任和義務單方面作出決定，就是單方面違反中英雙方關於新機場問題的諒解備忘錄，在這種情況下，中國政府將不得不宣佈對整個新機場建設不能再支持，在新機場建設方面，所有需要 1997 年以後要香港特別行政區政府承擔的責任和義務、債務與合約等，香港特別行政區政府一律不承擔。如果英方單方面推翻諒解備忘錄，致使機場建不起來，責任完全在英方。

魯平主任發表談話後，英國首相府發言人立即作出回應說，梅傑首相多次申明支持港督彭定康，這項立場至今不變。

10月25日

◆ 彭定康向立法局匯報北京之行，否認英國曾在 1995 年立法局選舉的問題與中國定下秘密協議。他說，如果中英雙方同意，他不反對將兩國香港政制問題的來往信件公開。他說，至今中方未能提出令他信服的論據，證明他的建議的任何部分違反基本法。基本法並沒有提出特別行政區第一屆立法機關的組成應是什麼模樣，沒有提出如何劃分新的功能組別，沒有提出直選議席的投票制度應如何。

10月28日

◆ 中英分別公佈了 1990 年草擬基本法期間，兩國外長就"九七"前香港政制銜接等問題進行磋商的七封信件。這七封信件是：《英國外交及聯邦事務大臣道格拉斯‧赫德閣下致外交部長錢其琛閣下的書面信息》、《錢其琛外長就香港立法機構直選問題答覆英外交大臣赫德的信息》、《英大使轉交英外交大臣赫德致錢外長的信息》、《錢外長就香港政制問題回答英外交大臣 1 月 31 日的信息》、《唐納德大使就香港政制問題轉達英方的新信息》、《陳滋英向唐納德大使轉達中方對英方 2 月 6 日信息的答覆》、《外交及聯邦事務大臣道格拉斯‧赫德閣下給錢其琛外長閣下的信息》。同日，港府新聞處發表一份對七份文件的撮要說明。英國駐華大使麥若彬聲稱，英方認為並沒有與中方就 1995 年選舉達成一個整體協議。基本法有關 1995 年選舉的規定，並未滿足英方提出的有關要求。而英國外交部及港督府發言人則表示，上述文件顯示中英雙方在 1995 年選舉的選舉委員會問題上，從來沒有達成協議。

10月29日

◆ 港澳辦發言人就公佈關於香港政制

問題的外交文件作了說明，強調 1995 年立法局的選舉委員會組成問題，英方無權單方面作出決定，並且指出：在基本法通過後，英方從來也沒有提出由於英方對基本法某些條文的意見沒有完全被吸收，而擬將過去雙方達成的諒解推翻。而中方則是基於雙方在立法機關過渡問題上達成了諒解，才同意了 1995 年這屆立法局的組成如符合基本法的有關規定，其議員經過籌備委員會的確認，可過渡為特別行政區第一屆立法會的議員。現在英方既單方面推翻了雙方達成的諒解，這種安排也就失去了前提。

11 月 3 日

◆ 市政局常務委員會首次就彭定康提出有關廢除兩個市政局委任制度進行辯論，在 20 名發言的議員中，半數反對在 1995 年全面廢除委任制，主張以循序漸進方式逐步廢除。會議通過以書信形式向彭定康反映意見。

◆ 香港特別行政區政府土地基金受託人首次公佈屬於未來特區政府儲備的土地基金賬目。由 1986 年設立至 1992 年 3 月 31 日止，土地基金的總資產淨值為 337 億港元，其中包括從香港政府土地交易中所得的地價收入部分 278 億 1700 萬港元，以及累積投資盈餘 59 億零 300 萬港元。受託人兼土委會中方首席代表孫延珩表示，公佈基金賬目的目的是增加透明度。

11 月 6 日

◆ 新華社香港分社周南社長在向在港的近 200 名香港地區人大代表和政協委員通報中共十四大精神的座談會上說，十四大報告在闡述"一國兩制"的含義時，明確指出這就是"要在一個中國的前提下，國家的主體堅持社會主義制度，港、澳、台保持原有的資本主義長期不變"。它強調了"在一個中國的前提下"，也就是說我們在國家主權的問題上是毫不含糊的，未來的香港特別行政區是中華人民共和國不可分割的部分，它直轄於中央人民政府。任何人如果妄想在香港搞什麼"獨立"、"半獨立"，或變相地延續殖民主義統治，都是絕對行不通的。

11 月 10 日

◆ 港府宣佈以私人協議方式，將九號貨櫃碼頭的發展權，批予國際貨櫃碼頭、現代貨櫃碼頭，以及青衣貨櫃碼頭三家公司聯合處理。三間公司將組成單一的集團，負責設計及建造九號貨櫃碼頭，當碼頭完成後，國際貨櫃碼頭公司和現代貨櫃碼頭公司將分別經營一個泊位，而青衣貨櫃碼頭公司將經營其餘兩個泊位。

11月11日

◆ 立法局以 30 票贊成、21 票反對、1 票棄權，通過麥理覺提出的支持彭定康政改方案的修訂動議："在議員大致上支持總督所提出有關 1995 年立法局選舉的整套選舉改革方案的情況下，本局促請英國及香港政府就該等建議與中國政府磋商時，遵守公開、公平和為港人所接受的原則。"而詹培忠提出的"本港政制發展，應以可以銜接'九七'後特區政制及平穩過渡為基礎"的修訂動議則以 32 票反對、19 票贊成、1 票棄權被否決。

麥理覺的動議通過後，新華社香港分社發言人發表談話指出：作為港督諮詢機構的立法局，根本無權通過任何決議來改變和推翻中英兩國政府已經達成的協議和諒解。立法局這次辯論，完全是在港英當局的壓力下進行的。這是港英當局置中方的多次忠告和香港各界人士的反對於不顧，一意孤行，公然拋棄同基本法銜接的原則，繼續沿着違背中英聯合聲明、基本法和中英兩國政府達成的協議和諒解的錯誤道路滑下去，肆意破壞香港繁榮穩定和

平穩過渡的又一明證。港英當局必須對由此而產生的一切後果負完全的責任。14 日，港澳辦發言人發表談話說，這意味着彭定康對中方的挑戰正在升級。他還指出，任何在 1997 年 7 月 1 日不能同基本法銜接的政制安排都是沒有前途的。

11月15日

◆ 中英聯合聯絡小組中方代表處發言人就英方宣揚單方面建設新機場問題發表談話，全文如下：

今年 7 月上旬，中英雙方就新機場財務安排問題在北京舉行了高層會談。由於英方堅持其嚴重違背諒解備忘錄規定的方案，雙方未能達成協議。為了不影響工程的進度和表示中方支持新機場建設的誠意，中方當時建議，在雙方繼續就新機場整體財務安排尋求達成協議的同時，港英政府可以先行就急需動工的機場平台撥款並批出合約。然而，英方在 7 月 16 日和 30 日的機場委員會會議上均明確反對中方的上述建議，稱在整體財務方案未達成協議就進行大量撥款是不審慎的，是危險的，也是不正確的。布政司霍德先生 7 月 17 日在香港總商會的一個研討會上發表演說，公開稱中方建議的做法是不明智的。現在，港英政府卻出爾反爾，又企圖

1992年

利用中方當時的建議為他們脫離備忘錄而單方面建機場製造根據。

中方 7 月的建議是根據當時的情況提出的，但遭到了英方的斷然拒絕。後來，由於港英政府高官不顧諒解備忘錄的規定，接連製造新的問題，使情況已發生了重大的變化，也使中方 7 月的建議失去了原有的意義。中方因而不得不聲明，中方不支持英方違背備忘錄精神而採取的單方面的行動。

11 月 16 日

◆ 朱鎔基副總理訪英期間，在英國皇家國際事務研究所發表演説後回答聽眾提問時説，彭定康的政改方案為香港的平穩過渡和政權順利交接設置了障礙，給香港的長期繁榮穩定造成危害。人們不禁要問，中英聯合聲明還要不要信守？中英達成的諒解是否就"一風吹"了？這是一個重大的原則問題。在原則問題上，中國政府和人民從來是絕對不含糊的。現在，在香港問題上發生了對抗，這不是我們挑起的，我們希望合作，不希望對抗。但是，不要以為對抗可以迫使我們在原則問題上讓步，對此，任何人都不要作出錯誤的估計。

◆ 彭定康返英述職。17 日，彭定康在下議院説，他所提的建議不是在鼓吹激進"革命"，大體而言，它能反映香港中產階級追求"改革"的觀點。18 日，彭定康同梅傑首相會談後表示，他的建議以及"我們處理香港未來政治發展難題所採取的做法"得到梅傑的明確支持。他還説，爭論的中心是香港決心在被中國接管之後保持不同的制度。"我們試圖建立的制度是在'一國兩制'的概念下一種真正不同的制度。我們必須堅持這一點。"

11 月 19 日

◆ 中英聯合聯絡小組中方首席代表郭豐民就港府決定向立法局申請撥款，批出機場平台合約一事發表談話，全文如下：

港英政府置中英兩國政府關於香港新機場建設及有關問題的諒解備忘錄於不顧，準備在中英雙方就有關整體財務安排達成協議之前，向立法局財務委員會申請撥款批出機場平台合約。對此，中方不得不嚴正指出，未經與中方磋商並取得同意就採取任何單方面的行動，中方都不能予以同意。在雙方未就機場財務安排達成協議的情況下，英方單獨興建新機場，勢將給特區政府帶來沉重的財政負擔，並在工程上造成極大的浪費，從而破壞了機場備忘錄中雙方達成的諒解。如果英方拒不執行諒解備忘錄，一意孤行，由此產生的一切後果，未來的特區政府概不負責，作出決定者應向市民交代。

11 月 22 日

◆港澳辦主任魯平會見新香港聯盟訪京團時說，中英雙方要談，只能以中英聯合聲明、基本法和中英達成的諒解和協議為基礎來談，首先，英方要承認中英達成的一系列諒解和協議是有效的，彭定康必須收回他的建議，這是談的前提。在彭定康政改方案基礎上，任何修修補補的方案，都是沒法討論的。

11 月 23 日

◆李鵬總理會見新香港聯盟訪京團時說，中國政府對彭定康政改方案的態度是明確的、堅定的，也是一貫的。英方必須按照中英聯合聲明、基本法和中英雙方已經達成的一系列諒解辦事，在彭定康方案基礎上搞什麼反建議或任何折中方案是絕對不能接受的。他說，這是個原則問題。在原則問題上中國政府是決不會妥協、讓步的。中國希望英國政府從維護中英關係和確保香港長期繁榮與穩定的大局出發，切實回到正確的軌道上來，這才是唯一的出路。

11 月 26 日

◆中國外交部發言人就彭定康最近到加拿大和日本訪問一事指出，彭定康最近為其政改方案尋求國際支持而四處活動是無濟於事的。他強調，香港問題在 1997 年 7 月 1 日之前是中英兩國之間的事，在這之後則純屬中國的內政，其他任何國家對此說三道四是不適宜的。

11 月 27 日

◆中英聯合聯絡小組中方首席代表郭豐民就港府 10 日決定批出九號貨櫃碼頭的合約一事發表談話說，九號貨櫃碼頭的合約有效期限將會跨越 1997 年 7 月 1 日。中方曾多次強調，凡涉及 1997 年順利過渡的事宜，都必須先經中英聯合聯絡小組協商解決，港英當局無權單方面作出決定。但最近港英當局宣佈擬決定批出九號貨櫃碼頭的合約，事先未提交聯絡小組討論，這是港英當局違反聯合聲明的行為。如果港英當局一意孤行，單方面批出有效期限跨越 1997 年 7 月 1 日的合約，未來特別行政區政府將一概不予承認。

28 日，英方對郭豐民談話作出回應。英國外交部發言人稱聲沒有必要在聯絡小組進行討論。發言人說，中方聲明說英國沒有在事前諮詢他們，但這項工程性質並非專營事業或合約，所以無須在聯絡小組討論，而且英方也曾在中英土地委員會會議上提出，中方當時同意轉讓土地。彭定康說，"發展貨櫃碼頭的土地是中英土地委員會根據聯合聲明的規定，以正常程序批出的。這並不涉及 1997 年後任何專營權。"中方的聲明"絕對是毫無根據的"。港府政治顧問召見新華社香港分社外事部部長，表示對郭豐民的聲明"感到極為詫異及關注"。30 日，英國外交部次官顧立德會晤中國駐英大使馬毓真，要求中方就郭豐民的聲明作出解釋。

28 日，中英土地委員會中方代表反駁英方的言論指出，土地委員會的有關協議，是指中方同意該項目的批地工作於本年度進行，至於該項批地引起的其他方面的問題，則須經其他渠道商談。

11 月 28 日

◆ 中英聯合聯絡小組中方首席代表郭豐民就港府決定撥款以批出機場平台合約一事發表談話說：由於港英政府 3 月份提出的機場財務安排方案大大超越了備忘錄的原則和規定，因此，中英雙方至今未達成協議。在這種情況下，港英政府不顧中方的多次聲明，執意單方面批出機場平台合約，這是極不負責的。其結果勢必在工程上造成巨大的浪費並給香港納稅人帶來沉重的負擔。港英政府這種單方面行為意味着它已決心拋棄中英有關新機場的諒解備忘錄。中方鄭重聲明，由此產生的一切後果將由港英政府負責。

11 月 30 日

◆ 港澳辦發言人發表談話，全文如下："根據中英聯合聲明，英國對香港行使管治權將在 1997 年 6 月 30 日終止，它無權處理任何涉及 1997 年 6 月 30 日以後的事務。據此，港英政府所簽訂或批准的所有合約、契約、協議的有效期也只能到 1997 年 6 月 30 日為止。除土地契約按中英聯合聲明附件三另有規定外，港英政府簽訂或批准的其他合同、契約、協議，凡未經中方認可者，1997 年 6 月 30 日以後一律無效。保持和發展香港的長期繁榮穩定，是中國政府的一貫政策。中國政府重申，歡迎中外私人資本在香港繼續投資，在代表未來香港特別行政區審議 1997 年 6 月 30 日以後的合同、契約、協議時，將持以積極的態度。"同一天，港澳辦主任魯平會見香港紡織業聯會訪京團時補充說，民間的契約、合同、協議沒有這個問題，土地契約也沒有問題，因為中英聯合聲明已有明確的規定。至於中英爭論會否影響香港的經濟？魯平指出，爭論不是中方挑起的。此前中方曾致函彭定康，不希望向香港市民公開雙方的分歧和爭論，不主張搞"麥克風外交"，但他完全不聽中方意見，一定要公開對抗，中方只有奉陪。中方並不是為爭一口氣，還是為了維護香港的平穩過渡。因為照彭定康這樣幹下去，1997年非大亂不可。中方不希望看到這種情況發生。魯平重申，基本法第一六〇條規定，香港原有法律文件在不抵觸基本法的前提下繼續有效。所以，中方說的銜接是全面的銜接，不僅政制、經濟也要銜接，否則，1997年後都要重來。

英國外交部和港府發言人回應港澳辦發言人的談話時說："聯合聲明清楚指出，香港特別行政區成立後，香港原有法律，包括合約法，除與基本法相抵觸或香港特別行政區的立法機關作出修改者外，予以保留。根據基本法，在現行香港法律下有效的契約，在不抵觸基本法的前提下繼續有效，受香港特別行政區所承認和保護。目前的做法是，我們會就跨越1997年的主要政府專營權及合約與聯合聯絡小組中方代表商討。過往這些討論都很有成果，我們很高興聽到中方表示將來會對1997年後在香港進行的投資採取積極的態度。"

◆ 彭定康向立法局匯報他訪加、日及回英述職情況時強調，英國政府堅定地支持香港政府就本港憲制發展所提出的建議，今後亦會予以支持；英國政府堅決支持香港政府的立場，1995年的選舉須公平而開放，兼且須為香港市民所接受；英國政府堅決支持香港政府的信念，有關建議是公平和開放的。他聲稱，英國考慮的不單是未來的4年半，而是未來的54年半。中英聯合聲明明確肯定英國會在簽署後50年內繼續關注香港的制度。他否認尋求外國支持他的政改建議，但表示他對外國關注香港正在發生的事情不感到驚訝。因為香港是全球其中一個最大的金融商業中心，而香港能保持這種地位，亦符合世界各國利益。

◆ 中英聯合聯絡小組在北京舉行第25次會議，雙方會後沒有發表聯合新聞公報。中方首席代表郭豐民說，這次會議沒有達成任何協議，是因為中英合作的基礎已受到嚴重破壞。

12 月 17 日

◆ 新華社發表題為《請看一家英資財團的真面目》的文章，不點名地批評怡和集團不擇手段地在香港和中國內地大賺其錢，另一方面又千方百計地干擾香港過渡時期的繁榮穩定，追求着不可告人的政治目的。

12 月 29 日

◆ 錢其琛外長接受新華社記者訪問時強調，在涉及台灣、香港、西藏等事關國家主權和民族根本利益的重大原則問題上，中國的立場是堅定的。中國絕不會拿原則作交易，也沒有讓步的餘地。

1993年 ············

1月12日

◆ 港督會同行政局批准中國銀行在1994年5月參與發鈔，成為第三間發鈔銀行。中銀計劃在1994年發行面值60億港元鈔票，佔流通總值10%，到1996年發行100億港元，佔兩成。

◆ 彭定康在立法局透露，英國樞密院已通過修訂《英皇制誥》及《皇室訓令》，批准立法局議員自選主席，不須由港督兼任。

1月中旬

◆ 新華社香港分社社長周南接受香港《鏡報》雜誌記者的專訪，2月出版的187期《鏡報》登載了這篇專訪文章。周南對記者談話的重要內容之一，是對彭定康單方面公佈和堅持政改方案挑起中英爭論的看法。

周南說，彭定康先生下車伊始就採取突然襲擊的方式，拋出所謂"政改方案"，無端地挑起論戰，使中英的合作關係發生逆轉，的確出乎我們的意料之外。

周南說，英方搞的這一手雖有彭定康個人的因素，但誰都看得出它也反映了英方對港政策的改變。許多港人都說他們不理解英國改變政策的"動機"究竟是什麼。周南說，對"動機"有各種各樣的解釋，據說一種解釋在英國內部流傳很廣，即他們作出了一種非常錯誤的估計，認為蘇聯解體後中國也將發生類似的變化，因此要準備在必要時推翻過去的中英協議，一方面在1997年後通過他們扶植的代理

新華社香港分社聘請了三批香港地區事務顧問，共 670 多人。

為了發動更多的港人積極參與過渡時期的各項事務，從 1992 年開始，國務院港澳辦和新華社香港分社聘請四批香港事務顧問共計 186 人。圖為國務院總理李鵬在首批港事顧問頒發聘書儀式上講話。

人變相延長英國的殖民統治，把香港搞成半獨立的政治實體，並妄想進而影響中國的政局發展，人們還記得，在中英談判之初，英方首先提出了所謂三個不平等條約有效論，接着又提出要以主權換治權，這些都被我們駁回了。其後又講要在 1997 年後實行某種程度的"參與"，實際上是要求變相的治權延續。最後迫於形勢不得不接受現實。如果上述流傳的說法是準確的話，那就說明他們的這些瘧疾原蟲在新形勢下又有死灰復燃之勢。最近他們講的對香港今後 50 年也負有所謂"道義責任"，明目張膽地要插手 1997 年後 50 年的香港事務，聽起來不是多少有點耳熟嗎？

周南指出，下一步怎麼辦，要看港英的態度。他們應該懂得，1997 年後英國在港的利益存在於中英合作和基本法之中，而不在其外。如果他們要蠻幹下去，對抗下去，不但會損害港人利益，也會損害英方利益。要恢復合作，那就要完全回到聯合聲明、基本法和雙方協議的軌道上來。在彭定康方案的基礎上修修補補，我們是決不會接受的。記得在中英談判的後期，我曾對我的談判對手說：我有一事不明，你們明明知道貴方提出的一些損害中國主權的所謂"建議"，是我們決不會接

受的，為什麼還要在談判中提出來呢？對方的回答倒也坦率，他說："我們不試探一下，怎麼知道你們不會接受呢？"如果這次他們提出的所謂"建議"也是想試探一下中國在原則問題上的堅定性的話，那麼現在是到了他們應該清醒的時候了。至於如何下台階，我相信英國人並不傻，只要他們有決心改弦更張，自然會自己找到下台階的辦法。

1月18日

◆ 港府經濟司陳方安生表示，九號貨櫃碼頭不涉及專營權，而有關批地已獲中英土地委員會批准，至於將來以同樣方式發展的貨櫃碼頭，也一樣不涉及專營權，因此無須提交中英聯合聯絡小組討論。27 日，港澳辦負責人指出，九號碼頭具有專營性質，經濟司是在為英方違反中英聯合聲明的行徑辯解，有意誤導國際投資者。負責人說，專營權只是需經中方審議的跨"九七"合約中的一類。九號貨櫃碼頭是具有專營性質的。這類政府合約規定，只有獲得合約者才有權在香港發展並經營特定的貨櫃碼頭。中英土地委員會只是同意批出興建九號貨櫃碼頭的土地，並不意味着中方已同意該項經營合約可以跨越"九七"。港英當局越過中方批出跨

"九七"的九號貨櫃碼頭經營權，顯然是違反聯合聲明的越權行為，也是一種對投資者不負責任的態度。

2月2日

◆ 行政局原則上通過 1994/1995 年選舉安排條例草案（即彭定康政改方案），不作修改。6日，英方把條例草案副本送交中方，表明條例草案可於 2月12日刊登憲報。英方並向中方提交了英國外相的信件，重申英方願意在任何時間，沒有先決條件的情況下會談，後來又向中方提出會談日期和英方談判代表團成員名單。之後，彭定康以"為了保證會談可以最大可能地展開"為理由，分別於 2月12日、19日、26日和 3月5日四次延遲把條例草案刊登憲報。英方多次以將彭定康的政制方案刊登憲報的期限進行威脅，引起中方的警覺。2月10日，港澳辦主任魯平針對這一情況告訴英方：希望英方拿出誠意，為談判營造良好氣氛，放棄邊談判邊由立法局討論的想法。2月11日，錢其琛外長在給英國外相赫德的一封覆信中明確指出：雙方談判的基礎是"中英聯合聲明、同基本法相銜接的原則以及中英已達成的有關協議和諒解"，"而不是在其他什麼方案的基礎上進行商

談"。他還強調，"貫徹執行聯合聲明、解決香港的重大問題，是中英兩國政府之間的事，任何第三者都不能插手、干預。如果在中英雙方達成協議之前，就把港督提出的所謂'政制方案'，以法案形式提交立法局討論，這對閣下提議的舉行中英談判顯然是無益的，只會為本次談判設置障礙。希望英方審慎考慮。"3月5日，彭定康在立法局答問大會上聲稱，英方不能無限期押後把條例草案刊登憲報，又表示會談結果必須"是公平、開放和獲香港人、倫敦及北京所接受的"。

2月17日

◆ 最新一期《中華英才》雜誌刊登該刊對錢其琛外長的一篇訪問記。錢外長表示，解決中英雙方關於香港問題爭執的最好辦法就是港英當局回到中英聯合聲明和機場備忘錄的立場上來。做到涉及今後香港政治體制的一切重大改變都必須充分與中方磋商，以實現香港的平穩過渡和 1997 年順利交接。他指出，中英聯合聲明簽署後，中英雙方在香港問題上一直面對合作還是對抗的局面，核心問題是要不要恪守聯合聲明的精神。彭定康施政報告的意圖是要對香港現行政治體制作出重大改變，抬高立法局的地位，逐漸改變香港

的行政主導為立法主導，把多種爭論引入政府及立法局委員會。英國在快要結束對香港長達 150 多年殖民統治時，突然挑起這場爭端看來不是偶然的。中國在這個問題上沒有讓步的可能。

2月25日

◆ 美國總統克林頓對到訪的英國首相梅傑表示，他全力支持彭定康擴大香港民主的政改方案。

3月2日

◆ 彭定康在行政局會議後對記者表示，樂意在沒有先決條件下，與中方在中英聯合聲明、基本法及中英兩國外交信件的基礎上進行談判。

3月4日

◆ 李鵬總理會見以會長鄭明訓為首的香港總商會訪京團時說，儘管彭定康提出的政改方案給中英合作帶來了困難，但中方仍然從中英關係的大局出發，認為可以坐下來談，但談的基礎必須是中英聯合聲明、與基本法相銜接以及兩國政府業已達成的其他協議和諒解。

3月12日

◆ 彭定康在立法局特別會議上宣佈，"由於中英雙方就展開會談所出現的分歧，仍未有解決的可能"，"經過四度延遲刊登憲報，並在聽取行政局的意見後"，他決定在 12 日下午把政改方案條例草案（《1993 年選舉規定（雜項修訂）條例草案》）在憲報刊登。彭定康聲稱，主要分歧是中方反對港府官員憲制事務司施祖祥和副憲制事務司黎慶寧作為英方代表團成員參加會談。他聲稱，香港官員過去是以英方團員的身份，參加與中方進行的會談，這包括聯合聲明的談判，以及聯合聯絡小組的會議。中方應該解釋為何以往在中英聯合聯絡小組的安排可以接納，而過去幾星期為會談而進行的討論卻說不能接納。"我不認為削弱港府官員的地位對展開有關香港政制發展及未來政治的談判有很大的幫助。"

香港輿論對彭定康的做法表示震驚、遺憾、失望以至憤怒。一些評論指出，"港督政改方案決定刊登憲報，導致中英尋求重開的談判頓失誠意基礎，令最近香港的樂觀氣氛急轉直下"，"怨聲四起"，"多數商界中人對引起這次中英拗撬的彭定康方案深惡痛絕。"

中國外交部發言人當天發表談話指

出："這是英方蓄意違反中英聯合聲明、與基本法銜接的原則以及中英已經達成的有關協議和諒解所採取的又一嚴重步驟。"他說，中方反覆強調，貫徹執行中英聯合聲明，解決香港重大問題是中英兩國政府之間的事。歷次中英有關香港問題的談判都是由中英兩國政府代表進行的。在磋商過程中，我方已同意港府官員作為顧問或專家協助英國政府代表進行工作，表現了中方的誠意。中方還反覆強調，如在雙方達成協議之前就把港督的違反聯合聲明、違反與基本法銜接的原則、違反中英已達成的有關協議和諒解的所謂"政制方案"以法案形式公佈並提交立法局討論，只會為談判設置障礙。中方的上述立場完全是合情合理的。然而，英方卻不顧中方的嚴正立場，為達到其不可告人的目的，竟然在雙方會談開始之前，就將港督違反中英聯合聲明、違反與基本法銜接的原則、違反中英已達成的有關協議和諒解的"政制方案"以立法形式公佈，旨在提交立法局討論，企圖造成既成事實，迫使中方接受。這是中方堅決反對的，也是違背廣大港人意願的。中方必須嚴正指出，英方這種做法只能證明它不僅對會談毫無誠意，而且在蓄意破壞會談，致使會談無法進行下去。由此而產生的一切嚴重後果只能由英方承擔全部責任。

港澳辦主任魯平 17 日譴責彭定康為香港的千古罪人。

3 月 13 日

◆ 江澤民總書記在人大各代表團負責人會議上談港澳問題時說，中國在原則問題上決不讓步，按照"一國兩制"方針解決港澳問題，是包括港澳同胞在內的全國人民的根本利益所在。

3 月 15 日

◆ 李鵬總理在八屆全國人大第一次會議的政府工作報告中嚴斥英國為合作製造人為障礙，一切嚴重後果由英方負責。報告指出：根據中英兩國政府簽訂的關於香港問題的聯合聲明，1997 年 7 月 1 日我國將恢復對香港行使主權。這是中國的神聖權力，絕不允許受到任何干擾和破壞。中英兩國自 1984 年簽署聯合聲明以來，在香港問題上的合作原本是良好的。但是，1992 年 10 月香港總督在英國政府支持下，不守信用，單方面提出對香港現行政治體制進行重大改變的方案。這種做法，違背中英聯合聲明的精神，違背英方關於使香港政制發展同《中華人民共和國香港特別行政區基本法》銜接的承諾，違背中英雙方已經達成的有關諒解。香港基本法是充分發揚民主的產物。港英當局違背基本法的做法，其實質是為香港政權的順利交接與平穩過渡製造混亂和障礙，而不是要不要民主的問題。我們一貫主張並積極致力於保持香港的長期繁榮和穩定。我們希望合作，不願意對抗，但中國政府絕不會拿原則作交易。現在，英方又為合作製造了人為的障礙，由此而引起的嚴重後果，只能由英國政府負完全責任。

◆ 32 名港澳地區全國人大代表發表聲明，強烈譴責彭定康一再踐踏香港民意，破壞中英合作，破壞香港政權順利交接和平穩過渡的嚴重舉動，堅決支持李鵬總理在政府工作報告中宣示的中國政府的正確堅定的原則立場。聲明建議中國政府採取一切必要的應變措施，做好準備，以保證香港政權順利交接和平穩過渡。

◆ 英國外相赫德在下議院重申，英國願意與中國合作，並且隨時準備與中方重開談判，希望中方儘快解決恢復談判的安排，而最重要的是有關選舉安排必須公平、公開及為港人接受。他表示，英方無法接受中方要求將港府官員的身份降低。

3 月 16 日

◆ 79 名香港地區全國政協委員發表

聲明，對彭定康將他的政改方案刊登憲報，破壞中英談判基礎提出強烈譴責，聲明表示堅決支持李鵬總理在政府工作報告中所闡明的嚴正立場。

3 月 17 日

◆ 李鵬總理與港澳地區人大代表、政協委員座談時重申，中國在香港問題上不會拿原則作交易。他說，我們所說的不拿原則問題作交易，一個原則就是 1997 年香港必將回歸祖國，中國必將恢復行使對香港的主權；一個原則是香港要實行"一國兩制"，以保持香港的穩定和繁榮；另一個原則是，香港要平穩過渡，就需要中英雙方進行合作。

◆ 港澳辦主任魯平在中外記者會上就港英當局突然公佈選舉安排、破壞中英合作的基礎問題闡述中國政府的立場。他說，如果彭定康一意孤行，堅持和中國政府對抗，中國政府將不得不"另起爐灶"，採取相應措施，按照基本法的規定籌組香港特別行政區政府。

3 月 19 日

◆ 江澤民總書記會見香港《明報》集團董事長查良鏞時表示，中國願意同英方談判，但是絕對不能拿原則做交易。談判必須在聯合聲明、基本法和雙方達成的諒解的基礎上，由中英兩國政府之間來進行，不能允許任何第三者插手。

3月23日

◆ 錢其琛外長在中外記者會上談香港問題時，批評英方企圖改變中英聯合聲明。他説：香港問題在 1984 年中英兩國達成聯合聲明時已經解決了。在前九年的過渡時期裡，中英雙方的合作還是比較好的。到現在，還剩下四年的時間，港英當局突然採取一些行動，為中英合作設置了障礙。現在有人説香港已成為一個"政治城市"，"香港的政治要求比過去增加"，"政治團體比過去增加"，因此香港需要有一些改變。這些話給人一個印象，就是 1984 年中英聯合聲明似乎已經過時了。這就涉及一個很重大的問題，即要改變在香港問題上已經達成的國際協議，要增加一些新的內容，要製造一些新的麻煩。中國在這樣的原則問題上是不會讓步的。

3月27日

◆ 第八屆全國政協第一次會議通過政治決議，堅決支持中國政府關於香港問題的嚴正立場。決議説："會議堅決支持我國政府關於香港問題的嚴正立場，強烈譴責港英當局在英國政府支持下背信棄義，為香港政權的順利交接和平穩過渡設置障礙、製造混亂的行徑。會議堅信，我國政府有決心有能力恢復對香港行使主權。"

3月29日

◆ 港澳辦和新華社香港分社公佈第二批共 49 位港事顧問名單。4月2日下午在北京舉行頒發聘書儀式，第一批港事顧問參加了儀式。江澤民主席在會見港事顧問時説，不管出現任何情況，我們都要堅定不移地貫徹 "一國兩制" 的偉大構想。他引用唐朝詩人劉禹錫的詩句説："沉舟側畔千帆過，病樹前頭萬木春"，我們的目標一定要達到，我們的目標一定能夠達到。李鵬總理當天晚上設宴款待港事顧問時發表即席講話重申，中國政府對香港的政策不會改變，將繼續恪守中英聯合聲明和基本法，並將一如既往履行中英雙方達成的有關過渡時期的其他諒解和協議，其目的只有一個，即保證香港的平穩過渡和政權的順利交接，保持香港長期繁榮和穩定。他説，現在的問題是：英方關上了談判的大門，才出現了目前這樣的局面。要改變這樣的局面取決於英方的態度。我們已多次表明，要合作，不要對抗。

◆ 八屆全國人大第一次會議通過決定：授權八屆人大常委會設立香港特別行政區籌委會的預備工作機構，着手進行各項有關準備工作。

4 月 2 日

◆ 彭定康返英述職，同首相梅傑、外相赫德、外交部次官顧立德等檢討對中國政策和香港政制發展，並向英國朝野和輿論推銷其政改方案。述職期間，13 日，中英宣佈就 1994/1995 年選舉安排 24 日進行會談。同一天，英女皇接見了彭定康近一小時。倫敦和香港的分析家認為，這是英國政府高姿態安排，目的是提高彭定康的聲譽，營造全國一致支持彭定康的氣氛。

4 月 7 日

◆ 中英聯合聯絡小組中方代表處發言人就駐港英軍宣佈搬遷添馬艦海軍基地一事發表談話，堅決反對英方單方面處理香港的軍事用地。發言人指出，根據聯合聲明和基本法的規定，"九七"後香港特別行政區的防務由中央人民政府負責。為了實現香港 1997 年的順利過渡，駐港英軍目前使用的軍事營地理應在 1997 年

交給中國駐軍用於香港防務的需要。但中方也考慮到今後香港社會、經濟發展對土地的需求，願與英方通過磋商解決現有軍事用地的安排。例如原皇后山兵營交由警察機動部隊使用，就是中英雙方通過磋商所解決的。發言人說，在添馬艦兵營問題上，目前中英雙方的磋商尚未能取得一致意見，駐港英軍就單方面宣佈搬遷海軍基地，將威爾斯親王大廈以東的營區土地改變用途。這是中方堅決不能接受的。中方堅決反對英方這種未經磋商一致就單方面處理軍事用地的錯誤做法。如果英方一意孤行，一切後果由英方負責。

駐港英軍海軍基地於 3 月中開始由中環添馬艦海軍基地搬遷往昂船洲，5 月 17 日舉行中環基地關閉儀式，5 月 18 日新基地命名儀式並仍取名"添馬艦"。搬遷後空出的地方，將交給港府重新發展；駐港英軍總部仍設於威爾斯親王大廈之內，直至 1997 年。

4 月 13 日

◆ 中英兩國政府於晚上 7 時同時宣佈，兩國於 4 月 22 日在北京就香港 1994/1995 年選舉安排舉行會談。中國代表是外交部副部長姜恩柱，英國代表是駐華大使麥若彬。

1993 年 3 月，全國政協八屆一次會議期間，政協主席李瑞環與港澳委員在一起。

迫於各界壓力，英國政府不得不於 1993 年 4 月 22 日開始同中國政府就香港 1994/1995 年的選舉安排問題進行外交談判。圖為中方代表、外交部副部長姜恩柱和英方代表、駐華大使麥若彬在會談開始前同記者見面。

◆ 中英舉行關於香港 1994/1995 年選舉的第一輪會談。其後於 4 月 28-29 日舉行第二輪會談，5 月 21-23 日舉行第三輪會談。

在會談之前，4 月 7 日，雙方就談判要以符合中英聯合聲明、與基本法銜接以及過去雙方已達成的協議和諒解三項原則為基礎達成了協議。外交部副部長姜恩柱當天約見英國駐華大使麥若彬，奉命答覆中方關於政制談判的第五點意見為："在中英會談達成協議之前，如英方將所謂的政制方案提交香港立法局討論，那將再次表明英方對談判毫無誠意，意味着談判的中斷，其責任不在中方。"

會談一開始並在以後，英方除提出要求立法局議員跨越"九七"的"直通車"外，還提出三個問題要與中方討論，這三個問題是：香港特別行政區籌備委員會香港委員應由中英雙方磋商產生；如香港特別行政區同意，中國政府應支持在 2007 年立法會實行普選；1995 年的選舉委員會應作為今後產生特別行政區第一任行政長官的推選委員會以及產生以後各任行政長官的選舉委員會的模式。這三個問題都是屬於基本法和全國人大的決定已有明確規定的問題，是屬於中國政府主權範圍內的事情。英方提出這些問題，其用意是明顯的。對此，中方表示，英方提出的這三個問題，均超出了香港 1994/1995 年選舉安排的範圍，不應是會談討論的內容。

◆ 彭定康訪問美國，會見了美國總統克林頓、副總統戈爾以及參眾兩院議員和美國政府高級官員。3 日，克林頓會見彭定康後表示，彭定康方案立意良好，"我支持它"。

◆ 中英土地委員會分別在 7 日和 11 日舉行第 27 次會談，雙方商定 1993/1994 財政年度的批地計劃為 127.8 公頃，其中商業、住宅、工業用途 23.37 公頃；居者有其屋計劃、夾心階層房屋計劃、私人機構參建居屋計劃、香港房屋協會發展用地、鄉村屋宇 27.63 公頃；公用事業、教育、福利、宗教、康樂和其他用途 14.7 公頃；以及特殊需求用途 62.1 公頃，其中包括爛角咀發電站 45.59 公頃用地。

雙方還商定，另撥出 5 公頃土地作為補充批地計劃，在年內視需求情況決定從中推出土地的數量。

1993年

5月13日

◆ 港澳辦主任魯平就最近彭定康訪美之行，企圖將香港問題 "國際化" 一事指出，如果將香港問題 "國際化"，只會使問題更加複雜，給中英談判增加困難。他說，香港的價值是在於它的經濟價值。香港可以成為而且應該繼續保持其國際金融中心、國際貿易中心及國際航運中心的地位。但是，香港無論如何不能成為一個政治中心，更不能成為一個國際政治中心。如果香港成為一個國際上各種政治力量角逐的場所，會給香港 600 萬人帶來災難。他強調，他不贊成有人說："香港問題愈國際化愈好" 的言論。中方不希望把香港問題 "國際化"。

5月26日

◆ 立法局以 41 票贊成、2 票反對，通過《選區分界及選舉事務委員會條例草案》。投反對票的是譚耀宗和黃宜弘。

5月28日 – 5月29日

◆ 中英舉行關於香港 1994/1995 年選舉的第四輪會談。其後於 6 月 14-16 日舉行第五輪會談，23-25 日舉行第六輪會談，7 月 5-6 日舉行第七輪會談，20-22 日舉行第八輪會談，8 月 16-17 日舉行第九輪會談。

在這幾輪會談中，中方根據三項原則，提出了在若干主要問題上的方案。中方建議，雙方先就區議會和兩個市政局選舉安排進行磋商，就此達成協議後再進而討論 1995 年立法局選舉安排問題，但遭到英方拒絕。在選舉委員會問題上，英方起初堅持不承認中英有過協議和諒解。其後雖同意選舉委員會前三部分的成分和比例可以按基本法附件一第二項的有關規定辦理，但堅持要以直接選舉產生的區議員取代基本法附件一第二項中規定的第四部分人，排除人大代表和政協委員的代表參加 1995 年的選舉委員會。這仍然是對基本法附件一第二項的重大修改，中方不能接受。在功能團體選舉問題上，中英雙方早已達成諒解，認為功能團體選舉是間接選舉。在會談中，英方始終堅持要把功能團體的選民範圍擴大至全香港工作人口，把功能團體選舉變成分行業的直選。這些主張既不符合港府當初設置功能團體選舉制度的原意，不符合香港社會的實際情況和各界的要求，也不符合 "循序漸進地發展" 的原則，中方當然不能同意。在第九輪會談中，英方還提出設立一個 "公務員界"。英方這樣做是要對香港的公務員制度進行根本性的改變，損害公務員在政治上保持中立的原則，在公務員中間製造混亂與不和，並且直接違反了與基本法銜接的原則。英方這一建議遭到了中方的強烈反對，也引起了廣大港人包括公務員本身的強烈不滿。英方最後被迫放棄了這一建議。在"直通車"問題上，英方認為人大決定中有關議員確認條件的規定不夠客觀、明確，提出了一個所謂客觀、明確的確認標準，即根據基本法一百零四條履行一個宣誓手續即可過渡成為特區第一屆立法會的議員。中方認為，英方建議1995年當選的立法局議員只要口頭上表一個態，就可以過渡成為特區第一屆立法會的議員，這實際上是要剝奪籌委會進行確認的實際權力，使確認失去了意義。中方認為，議員過渡涉及到兩個不同的政權，香港立法局的議員只有經過籌委會的確認後才具備香港特別行政區第一屆立法會成員身份，在此之前還沒有資格按基本法一百零四條的規定履行宣誓的手續，因而不能以履行宣誓手續去代替籌委會對議員的確認。中方在會談中還對人大決定中有關議員的過渡的條件提出了一些解釋性的看法。中方認為，作為香港特別行政區第一屆立法會議員，（1）必須效忠中華人民共和國香港特別行政區；（2）愛國愛港，擁護和遵守基本法，擁護中華人民共和國

自1997年7月1日起對香港恢復行使主權，致力於1997年的平穩過渡和政權的順利交接以及香港的長期繁榮和穩定；（3）應擁護"一國兩制"方針。如果有的議員有反對基本法的行為，參與或領導了旨在推翻中國中央人民政府、改變內地社會主義制度的活動的話，顯然也違背了"一國兩制"的方針；（4）應符合基本法的有關規定和精神，例如，應是香港永久性居民，不犯有刑事罪行等。

5月31日

◆ 立法局憲制小組同意港同盟李柱銘的建議，討論已刊登憲報但未提交立法局的有關1994/1995年選舉條例草案。李柱銘和彭定康分別聲稱，小組的討論不會對中英談判造成障礙。而一些立法局議員則批評李柱銘是搞"小動作"，刺激中方，破壞中英談判。6月3日，中國外交部發言人發表評論，要求英方立即停止一切干擾和破壞中英會談的言論和行動。

6月1日

◆ 英國外交部次官顧立德訪港時聲稱，如果中英政制談判有結果，會採用備忘錄形式簽署。會談結果會交與立法局討論。立法局有權修改甚至否決。如立法局

不滿有關協議和作出修訂，英方會要求中方重開談判。

6月9日

◆ 港澳辦主任魯平會見香港青年聯會訪京團時指責英方接二連三搞小動作，妨礙中英談判。他說，中英會談已進行了四輪，中方一直希望會談能夠進展快一些。然而不幸的是，英方最近不斷地搞小動作，接二連三地做了幾件事：一是立法局通過《選區分界及選舉事務委員會條例草案》；二是立法局憲制小組決定討論彭定康的政改方案；三是英國外交部次官顧立德在香港稱如果中英談判達成的諒解立法局不通過，中英可以重新來過。他指出，英方的"偷步"行為必然會影響談判。他說，最近中方通過了今年的批地計劃、同意三項跨越"九七"的專營權合約、恢復機場委員會談判，完全是從香港的利益考慮，希望香港能夠保持長期的繁榮穩定。如果英方以為這是中方對他們妥協讓步，並因此得出結論為應該再施加壓力，那他們就打錯了算盤。中國自建國以來在對外關係上從未向任何人屈服過。如果彭定康有這樣的想法，那麼他注定要失敗。

6月18日

◆ 中英機場委員會舉行會議，同意批出新機場核心工程之一的西區海底隧道專營權合約，該合約有效期達 30 年，項目總投資額為 65 億港元，內地與香港合組財團承建經營。

6月21日–6月23日

◆ 中英聯合聯絡小組在香港舉行第 26 次會議。會後發表新聞公報稱：聯合聯絡小組進一步討論了目前在香港用於防務目的的土地的前途問題、跨越 1997 年的專營權、合約及有關的問題、香港同某些國家的刑事司法協助問題、香港與有關國家之間的移交逃犯協定、法律本地化、法律適應化、聯合聲明有關 1997 年後在香港居留權的條款的實施問題、香港旅行證件過渡性安排問題、互免簽證協定、公務員長俸保障問題和香港與外國對等承認及執行民商事判決問題。聯合聯絡小組討論了同香港有關的國際權利與義務問題，並就科技方面的一項國際條約 1997 年後繼續適用於香港問題達成了協議。雙方就香港民航協定問題進一步交換了意見，並取得了進展。聯合聯絡小組就香港與有關國家之間的投資保護協定交換了意見，並取得了進展。

7月2日

◆ 八屆全國人大常委會二次會議通過決定，成立香港特別行政區籌備委員會預備工作委員會，並通過了預委會 57 名委員名單，其中香港委員 30 人，內地委員 27 人。錢其琛為主任，安子介、霍英東、魯平、周南、姜恩柱、鄭義、李福善為副主任；魯平兼任秘書長，秦文俊和陳滋英為副秘書長。

7月8日－7月9日

◆ 英國外相赫德訪問北京。錢其琛外長與赫德就香港問題舉行了會談。雙方同意加快政制談判的進程，並就關於政制談判中的一些具體問題、執行香港新機場諒解備忘錄以及中英聯合聯絡小組的工作等問題交換了意見。9 日，江澤民主席會見了赫德。

7月16日－7月17日

◆ 香港特別行政區籌備委員會預備工作委員會在北京舉行首次全體會議。16 日上午，江澤民主席會見了全體委員，他希望全體委員以"一國兩制"的總方針為指導，以基本法和全國人大的有關決定為依據，以確保平穩過渡和政權的順利交接以及保持香港的長期穩定繁榮為目標，

團結和依靠廣大的香港同胞，同心同德，群策群力，做好各項準備工作。在會議開幕前，全國人大常委會舉行了任命書頒發儀式，喬石委員長向各位委員頒發了任命書並發表講話說：預委會將以體現在中英聯合聲明中的"一國兩制"的總方針為指導，按照基本法和全國人大的有關決定，為香港特別行政區籌委會的成立做好各項準備工作。這對實現香港的平穩過渡和政權的順利交接，保持香港的長期穩定和繁榮，具有重要的意義。

預委會主任、國務院副總理錢其琛為會議致開幕和閉幕詞。他在開幕詞中提出了預委會的具體職責：

第一，為設立香港特別行政區籌備委員會的有關事宜進行研究，並提出意見；

第二，在籌委會成立前，對其工作預先作探討，特別是就第一屆政府和立法會的具體產生辦法進行思考、研究並提出建議，供籌委會成立後參考；

第三，推廣和宣傳基本法；

第四，對香港現行法律中與香港基本法相抵觸的條款提出處理意見；

第五，研究跨越 1997 年並可能對香港特別行政區利益產生重大影響的事項，並提出意見；

第六，研究同我國對香港恢復行使主權，實現平穩過渡有關的其他事宜；

第七，處理全國人大常委會交辦的有關事項。

17 日的會議通過了會議公報。公報說：會議討論通過了預備工作委員會工作規則，並決定預備工作委員會下設政務、經濟、法律、文化、社會及保安等五個專題小組。

預委會五個工作小組組長名單如下：政務小組：蕭蔚雲、梁振英；經濟小組：方黃吉雯、高尚全；法律小組：李福善、邵天任；社會及保安小組：范徐麗泰、王叔文；文化小組：鄔維庸、吳建璠。

7 月 20 日

◆ 英國樞密院制訂了《1993 年英籍（香港）（甄選計劃）（修訂）令》，以便港府可在 1994 年 1 月 3 日起實施最後一期居英權計劃。該令修訂了將名額分配給各組別的方法，並列明港督可以在某一組別申請人數不足時，靈活地將名額重新分配。樞密院又制訂《1993 年香港（英國國籍）（修訂）令》，以便英國屬土公民在 1997 年前取得 BNO 護照。

8 月 12 日

◆ 港府公佈最後一期居英權的申請辦法，申請期限為 1994 年 1 月 3 日至 3 月 31 日止，名額 12000 個，分配辦法與首期相同，分為四個主要職業類別：一般職業類別 7750 個；紀律部隊 950 個；敏感工作類別 3100 個；企業家類別 200 個。

9 月 1 日 – 9 月 2 日

◆ 預委會政務小組舉行第一次會議。會議確定了政務小組今後兩年的工作規劃和任務，並將行政和立法的關係、公務員問題兩個研究項目列為下次率先討論的工作目標。會議決定該小組的任務是根據基本法和全國人大常委會有關規定，就 1997 年香港平穩過渡和政權順利交接的有關事務，對香港特別行政區政府行政、立法、司法機關的建立等問題進行研究並且提出意見和建議，重點是香港現行政治體制和基本法的銜接。

9 月 3 日 – 9 月 4 日

◆ 預委會經濟小組舉行第一次會議。會議初步確定了今後小組主要的七項研究規劃內容：（1）跨越 1997 年、需香港特別行政區政府承擔責任和義務、對 1997 年後香港經濟產生重大影響的大型基建工程;（2）跨越 1997 年、涉及香港特別行政區重大經濟利益的重要專營權和合約以及一般性政府合約在 1997 年後繼續有效的問題;（3）後過渡期港府財政政策與基本法銜接問題、土地基金的交接和管理以及財政儲備的動用與交接;（4）港幣幣值和金融體系如何體現平穩過渡和外匯基金的管理及交接安排;（5）對香港現行經濟、金融法律與基本法相抵觸的部分提出修改意見;（6）促進香港與內地直接有關的大型基建的統籌發展問題,以及對 1997 年後兩地雙向投資的政策提出意見;（7）過渡期政府重要資產的出售、所有權轉移的問題及對策。特區土地基金行政總裁鍾瑞明和中英機場委員會中方代表胡厚成向經濟小組委員簡介了土地基金運作情況和機場問題的背景材料。

9月4日－9月5日

◆ 中英舉行關於香港 1994/1995 年選舉的第 10 輪會談。其後於 8-9 日舉行第 11 輪會談,26-27 日舉行第 12 輪會談,10 月 11-12 日舉行第 13 輪會談。在這幾輪會談中,中方為了推動會談前進,又對自己的方案作出調整,但由於英方不願從根本上改變"三違反"的立場,致使會談進展緩慢。為了使會談取得突破,錢其琛副總理兼外長 10 月 1 日在紐約同英國外相赫德會晤時,再次提出了先討論解決區議會和兩個市政局選舉安排的建議。錢外長明確提出:區域組織選舉的有關問題比較簡單,而時間緊迫,雙方可就此進行討論並達成協議。1995 年立法局選舉的問題比較複雜,時間還有一點,雙方可繼續討論。這就是中方提出的按 "先易後難" 原則 "分拆" 處理 1994/1995 年選舉安排的原意。英方當時未表同意,到 13 輪會談時才表示同意,但要中方同意接受選民年齡由 21 歲降至 18 歲,採取英方建議的投票辦法,取消委任制這三項先決條件。中方對英方終於同意先討論區域組織選舉安排問題表示歡迎,但同時指出,提出先決條件不是解決問題的建設性態度。

9月14日－9月16日

◆ 中英聯合聯絡小組舉行第 27 次會議。會後發表新聞公報稱:聯合聯絡小組進一步討論了目前在香港用於防務目的的土地前途問題、有關國際權利與義務問題、香港民航協定問題、跨越 1997 年的專營合約及有關問題、香港同有關國家之間的投資保護協定、香港同有關國家之間的移交逃犯協定、香港同某些國家的刑事司法協助問題、法律本地化、法律適應化、聯合聲明有關 1997 年後在香港居留權的條款的實施問題、互免簽證協定、香港與外國對等承認及執行民商事談判問題和公務員問題。

9 月 15 日

◆ 彭定康在《退休金 2000 會議》開幕禮上表示，如果中英談判無法達成協議，英方便遲早會在無可選擇的情況下，將政改方案提交立法局，並獨自進行選舉安排。

9 月 23 日

◆ 北京公開發表即將出版的《鄧小平文選》中的鄧小平 1982 年 9 月 24 日會見英國首相撒切爾夫人時關於香港問題的談話。24 日，中國外交部發言人說，鄧小平的講話，"有着十分重要的現實指導意義"。30 日，錢其琛副總理說，鄧小平的講話對中英會談仍具現實意義，儘管現時情況有變，中國的政策是一貫的。

11 月，三聯書店（香港）有限公司將《鄧小平文選》中關於香港問題的九篇文章單獨編輯成冊發行。

9 月 24 日

◆ 預委會社會及保安小組舉行第二次會議。會議商定了日後的工作規劃，決定研究四大問題：（1）出入境；（2）治安；（3）紀律部隊；（4）社會福利。小組的任務確定為：就 1997 年香港政權順利移交及平穩過渡有關社會保安方面的問題進行研究，提出意見及建議，為香港特別行政區處理上述事宜作準備工作。

9 月 25 日

◆ 預委會法律小組舉行第一次會議。會議確定該小組主要任務包括兩方面：一是對香港現有法例、過渡期新公佈的法例以及在此期間修改的法例加以研究，找出哪些與《基本法》有抵觸，再研究處理方法；二是研究如何使《基本法》規定的適用於香港的全國性法律 1997 年後能順利實施。會議又定出三項優先研究的項目：包括人權法、有關叛國的法例及 1997 年後駐軍的守法問題。

9 月 26 日

◆ 預委會文化小組舉行第一次會議。會上達成共識，香港文化不作大改動，不搞"文化大革命"。會上訂出今後工作計劃，包括三方面：（1）在內地和香港同時進行宣傳和推廣《基本法》;(2)廣泛聽取香港各界對現行教育、科技、文化、衛生、醫藥、體育、宗教各方面制度、政策中的各項問題和意見;(3)就特區文化各領域市民普遍關注的問題收集資料,提出建議和意見。

9月29日

◆ 錢其琛副總理在美國亞洲協會午餐會上發表講話,呼籲英國同中國合作,就政制問題達成協議,又點名批評彭定康挑戰中英在香港問題上的合作和已達成的協議,強調只有中英達成全面的協議,才可保證立法局有"直通車"的安排,否則1997年後立法局要重新選舉。10月2日,錢其琛副總理再次重申,英方如不能按基本法所規定的相銜接,一定要在最後幾年推行自己的一套,那就不可能實行中英合作,實現平穩過渡。香港1994/1995年的選舉,它的政制改革,中國不能認同。到1997年6月30日為止,不再有效。當然平穩過渡仍有可能,但不是1994/1995年選出的這些人員、這些機構能平穩過渡。

9月30日

◆ 李鵬總理在國慶招待會上講話說,目前中英兩國政府代表正在進行會談,我們希望會談能在中英聯合聲明、與基本法銜接的原則以及中英已達成的有關協議和諒解的基礎上,取得積極成果。不論出現什麼波折,中國政府和中國人民都有能力收回香港,並且保持香港的長期繁榮和穩定。最近公開發表的鄧小平同志關於香港問題的重要談話,充分表達了我們的決心。

10月6日

◆ 彭定康發表第二份施政報告。彭定康堅持"三違反"的政改方案,聲稱中英爭論的焦點,不在於民主發展的步伐,而是"確保民主發展是公平和公開的",強調"不會為簽署一紙協議而放棄原則"。彭定康說,"建立所需的機制和制度以及達成各項協議,並非我們唯一的目標",更重要的是,要把"自由的思想"植根於港人心間,使港人"堅持正確路向","緊抱信念";宣佈他的目的不只是在1997年後,要香港"協助"中國變得繁榮,而且要把香港變成在中國管治下堅持"自由制度"的"優良典範",要把香港的獨特生活方式"延至下一世紀"。

1993年

10月7日

◆ 中國外交部發言人就彭定康發表第二份施政報告發表評論說，從報告的有關政治體制問題的內容可以看出，英方在有關香港 1994/1995 年選舉安排問題上的立場與雙方商定的三項原則還有很大的距離。"我們對會談進行了 12 輪之後英方仍然堅持這樣的立場感到遺憾。"他說，我們多次說過，中英目前這場爭論的實質不是要不要民主的問題，而是守不守信義的問題；會談要取得進展並最終達成協議，關鍵是要嚴格按照三項原則辦事。任何不利於談判順利進行的言論，中方都是不能接受的。

10月14日

◆ 錢其琛外長會見市政局訪京團時表示，《基本法》規定市政局和區議會均屬地方議會，與立法局的性質完全不同，因此沒有明確規定它們的過渡條件。但如果這兩個地方議會的結構有重大改變，即取消所有委任議席，那麼所有議員要在 1997 年 7 月 1 日"下車"，中方重新推行一套選舉。如果中英達成協議，區議會和兩個市政局議員不存在能否坐"直通車"的問題，亦不會像立法局般有所謂客觀標準的規定，到時只需要作一種簡單的儀式，就可以過渡"九七"。他還表示，中方一直強調兩個市政局和區議會的委任議席應循序漸進減少，市政局可減少三分之一。

◆ 英國前首相撒切爾夫人的回憶錄《唐寧街歲月》發表。10 月 17 日，香港《華僑日報》刊登了其中有關中英關於香港問題談判的內容。撒切爾夫人在回憶錄寫道："我們的談判目的，是以香港島的主權，換取整個香港的長期管治權。""我建議談判如果沒有進展，便應在香港發展民主架構，我們的目標是在短時間內讓香港獨立或自治，仿如我們以前在新加坡的做法。這將包括在香港建立有更多華人參與的政府和管治架構，令華人愈來愈多地為自己作主，英國人則逐漸退居二綫。"在談到中英聯合聯絡小組時，她說："結果就聯合聯絡小組成功達致了妥協，同意 1988 年之前小組不在香港運作。傑弗里·豪（英國外相）的耐心使談判終於獲得成果。這不是勝利，也不可能有勝利，因為我們是和一個不願妥協、遠佔優勢的對象交手。"

10月20日－10月21日

◆ 中英舉行關於香港 1994/1995 年選舉的第 14 輪會談。其後於 27-28 日舉行第 15 輪會談，11 月 19-20 日舉行第 16 輪會談，26-27 日舉行第 17 輪會談。

從第 14 輪會談開始，中方又一次提出，將區域組織和 1995 年立法局選舉安排分拆處理，並提出了具體建議。在討論區域組織選舉安排初期階段，中方就提出了三個主要問題：一是在過渡期的最後幾年裡，區議會和兩個市政局的非政權性質及其現有的職能應保持不變；二是為了與基本法銜接，中方要求英方修改香港選舉條例的有關條文，使香港地區中國各級人大代表可以參加香港的有關選舉。英方在拖了很長一段時間後表示同意；三是區域組織的委任問題。香港區議會及兩個市政局的議員普遍反對完全取消委任議席。中方考慮到港人這一願望並從區議會和兩個市政局的實際運作來看，認為保留部分委任議席有利於有關人士為維護本區的市民福利發揮積極的作用，符合香港的實際。因此，中方主張保留區議會和兩個市政局現有的委任議席的數目。而英方卻以立法局將在 1995 年廢除委任制為理由，堅持要求全部取消區議會和兩個市政局委任議席。

第 16 輪和第 17 輪會談中，英方堅持將立法局選舉也採用"單議席單票制"包括在區域組織選舉安排備忘錄之中。中方認為，英方提出的這一要求是無理的。中方主張，立法局選舉採取什麼樣的投票辦法，完全可以而且應該在稍後中英雙方集中討論立法局的選舉時再解決。在第 17 輪會談時，中方再次作出重大努力，向英方提出"徹底分拆"的"五點諒解"的文本草案。但中方這一解決問題的積極建議卻當即遭到英方的拒絕，英方當場宣佈了一項事先已準備好的"經過認真斟酌"的聲明，聲稱英方不能繼續同中方討論第一階段的諒解。隨後，中方正式提請英方，早在 1993 年 4 月 7 日，中英雙方就舉行談判達成協議時，中方曾聲明，在中英會談達成協議前，如英方將所謂的政制法案提交香港立法局討論，將意味着談判的中斷，其責任不在中方。但英方對中方的警告根本不予置理，彭定康於 12 月 10 日公佈第一階段政制法案，並於 12 月 15 日提交立法局，從而破壞了中英關於香港選舉安排問題的會談。

11 月 3 日－11 月 4 日

◆ 預委會政務小組舉行第二次會議，通過了工作規劃：（1）根據人大有關決定，對設立特區籌委會的有關事宜提出意見；（2）特區第一屆政府的產生辦法：a. 行政長官的產生時間及推選辦法；b. 第

一屆推選委員會產生辦法；c. 第一屆行政
長官及政府主要官員報中央政府的時間和
程序；d. 第一屆行政會議如何組成；e. 第
一屆特區政府機構、法定組織和諮詢組織
的設計及職能；（3）特區第一屆立法會具
體產生辦法；（4）公務員隊伍穩定及有關
制度問題：a. 穩定公務員的具體措施，包
括長俸基金；b. 如何保持公務員政治中
立，公務員能否參政；c. 原有公務員招聘
制度的保留；d. 主要官員任職資格的限
制問題；（5）行政與立法關係，重點是如
何建立以行政為主導，行政與立法互相配
合，互相制約，運作等問題；（6）司法機
關的過渡和終審法庭問題；（7）設立特區
基本法委員會有關問題；（8）中央各部門
與地方機構在香港特區設立機構的問題；
（9）各類人員宣誓效忠的誓詞內容和程
序；（10）現行政治制度中與《基本法》
抵觸問題；（11）其他有關問題。

11月5日－11月6日

◆ 預委會經濟小組舉行第二次會議，
決定成立四個專題研究小組：（1）新機場
問題研究小組：主要研究機場管理局架構
問題；（2）兩地大型基建問題小組：考
慮研究的大型基建包括連接珠海屯門的伶
仃洋大橋、連接北京九龍的京九鐵路、中

港陸路貨運、華南地區的機場協調控制問
題；（3）經濟財政政策研究小組：包括聯
繫匯率等金融政策及跨越"九七"的財政
預算問題；（4）退休保障問題研究小組：
主要從經濟角度研究中央公積金及其他退
休制度的經濟影響。小組還計劃在香港聘
請一些研究機構及專業人士就小組所討論
的問題進行研究。

12月2日

◆ 彭定康在中英未能就 1994/1995
年選舉安排達成協議的情況下，單方面採
取行動，在立法局宣佈將其政改方案部分
內容安排在 12月10日刊登憲報，12月
15日提交立法局審議。他表示，他不相
信 1997年政權移交時，立法局"會全部
攔車"，更不相信北京會將政治爭拗與經
濟混為一談。他認為預委會沒有公信力。
他說，預委會不要急於討論特區首屆立法
會的產生辦法，"如果北京在'九七'收
回主權後，首項工作便是在立法局另起爐
灶，將是不得人心之舉。"

◆ 中國外交部發言人表示，英方將
所謂政制方案提交立法局討論，將意味着
中英談判中斷，責任完全在英方。他說：
"早在今年4月初中英開始會談時，中方
已向英方聲明，在中英會談達成協議前，

如英方將所謂的政制方案提交立法局討論，將意味着中英談判的中斷，其責任不在中方。這是中方的一貫立場。"

12月3日

◆ 港澳辦就彭定康宣佈把政改方案提交立法局一事發表長達三千字的聲明，透露了談判破裂的經過，以及中方過去一再警告英方不能單方面提交法案的過程。聲明說：港英當局不顧中方的一再勸告，在中英雙方未就此達成協議的情況下，即決定向立法局提交部分立法草案，對這種做法，中方絕對不能接受。中方重申：在中英未就香港 1994/1995 年選舉問題達成協議的情況下，香港立法局通過的任何有關選舉的法案，中方都不會接受，1997年後將按基本法的有關規定，另起爐灶。

12月4日

◆ 港府發表聲明，就港澳辦 3 日的聲明作出回應。聲明提出兩點：（1）港澳辦"有關會談最後階段的聲明內容並非全面及坦誠"。稱中方在第 16 輪和第 17 輪會談中"在立場上作出實質改變"，這些改變"會侵蝕在聯合聲明和基本法中詳述有關特別行政區的自主權"，英方不會同意。（2）中方聲明有多處嘲弄香港立法局

的角色。但它的憲制地位是絕對清楚的。不論"九七"前或後，行政工作仍然要向立法機構負責。

12月5日

◆ 前英國駐華大使柯利達在《星期日南華早報》撰文《香港的悲劇》指出，英國在香港問題上作了錯誤的決定，因為英方的選擇是最有害的一個，"對香港是個災難性的抉擇"。"我們現時的政策，令我們沒有真正有效的手段去影響中國未來對香港的決定。"他說，中英兩國在香港事務上有需要合作，主要是基於三個原因：第一，目前涵蓋香港 92% 土地的租約只餘下數年便屆滿，香港別無選擇要歸還中國，唯一的問題是回歸的條件；第二，中英兩國在這問題上勢力懸殊；第三，英國有責任確保香港的未來擁有最佳的環境。"在香港的特殊環境下，單方面採取行動及與中國對抗，較談判解決問題對香港更為有害，故此亦與英國為香港盡力的責任不符。香港長遠的福祉必須是中英合作唯一的考慮。"

12月6日

◆ 英國外相赫德在下議院發表聲明，呼籲國會全力支持彭定康將部分政改草案

中國人民解放軍駐港部隊司令部所在
地——威爾斯親王大廈

提交立法局。他重申英方沒有關上談判大門，英方希望與中方繼續談判。

12月7日－12月9日

◆ 中英聯合聯絡小組在倫敦舉行第28次會議。會後發表新聞公報稱：聯合聯絡小組進一步討論了目前在香港用於防務目的的土地的前途問題、有關國際權利與義務問題、香港民航協定問題、跨越1997年的專營權合約及有關問題、香港同有關國家之間的投資保護協定、香港同有關國家之間的移交逃犯協定、香港同某些國家的刑事司法協助問題、法律本地化、法律適應化、聯合聲明有關1997年後在香港居留權的條款的實施問題、互免簽證協定、香港與外國對等承認執行民商事判決問題和公務員問題。

12月8日

◆ 柯利達、唐納德、伊文思等三名前英國駐華大使出席英國外交事務委員會聽證會時主張英國選擇與中國合作，而不是與中國對抗。柯利達說，彭定康的政策是自私和短視的，它只會扼殺香港在1997年後有民主的機會，亦會破壞中英的長遠關係，是"自我毀滅的政策"。他說，中英聯合聲明應被視為一個安全網。香港即使沒有目前的政改方案，亦會繼續繁榮，目前的政策並不符合港人的真正利益。對於英國可能得到的支援，柯利達說，當年中英會談時，英國亦有徵詢過美國政府的意見，所得答覆是美國人會有自己的打算。當年英國要獨力維持大局，今日亦會是孤軍作戰。他提出三點建議：第一，馬上改變現行的對抗性政策；第二，減輕經已造成的損害，並保持與中國的溝通渠道；第三，把餘下的時間集中精力放在香港經濟建設之上。唐納德說，英國單方面推行政改計劃違反了中英聯合聲明；伊文思強調，通過秘密談判去解決爭端比公開對抗好。

12月9日－12月11日

◆ 預委會舉行第二次全體會議。在此之前，8日舉行了預委會主任會議以及預委會五個專題小組工作會議。9日上午，預委會主任錢其琛致開幕詞，他說，自1993年7月第一次全體會議舉行以來，我們預委會所做的主要工作是制訂工作規劃。這是一項基礎性的工作，也就是要把全國人大常委會交給我們的為1997年我國對香港恢復行使主權，實現平穩過渡進行準備工作的各項任務進一步明確和具體化，並確定今後的工作目標。在制訂工作規劃的過程中，我們把握了這樣兩個原則，一是緊緊抓住與 1997 年平穩過渡和政權順利交接有關的問題作為工作規劃的主題和基本內容，二是把香港社會普遍關心的問題或關係到香港同胞切身利益的問題同本小組的工作規劃聯繫起來考慮。無論是政治、經濟、法律方面的，還是社會民生、文化方面的具體問題，都圍繞着上述兩個原則來考慮。

11 日會議圓滿結束，李鵬總理發表了講話。他指出，無論發生什麼情況，都不會影響中國政府恢復行使香港主權，維護香港穩定繁榮的決心和信心。在英方已單方面終止會談的情況下，希望預委會抓緊進行各方面的工作。現在看來，預委會應該按照全國人大的決定和基本法的有關規定，抓緊對香港特別行政區第一屆立法會產生的具體辦法和其他迫切需要解決的問題進行研究，並提出切實可行的方案。

預委會主任錢其琛致閉幕詞説，進入過渡時期後半段以來，特別是近年來在香港發生的風波曲折足以説明，謀求英國 1997 年後對香港的“治權”的企圖實際上仍然存在。從“兩局共識”到“居英權計劃”，直至那個“三違反”的政改方案，諸如此類，有哪一個不是企圖把英國的影響長久地保持下去？作為預委會委

員，我們對此應有清醒的認識和足夠的思想準備。

會議通過了《香港特別行政區籌委會預備工作委員會第二次全體會議新聞公報》，公報説，會議討論了香港當前的形勢，對英方在中英兩國政府未達成協議的情況下，將部分“政改”方案提交港英立法局的嚴重步驟表示強烈不滿。會議認為，這是英方蓄意破壞中英兩國關於 1994/1995 年香港選舉安排的會談。委員們指出，英方的這一行徑是對香港 600 萬居民極不負責的表現，是在香港人為地製造混亂，對香港的平穩過渡設置障礙。在此情況下，預委會必須加緊開展各項準備工作。只要我們堅定不移地貫徹執行基本法，廣泛團結香港各階層人士共同參與籌備香港特別行政區的各項準備工作，就一定能夠實現香港的平穩過渡和長期穩定繁榮。

會議認為，《鄧小平文選》第三卷中關於香港問題的論述，全面、系統地闡明了中國政府以“一國兩制”的總方針解決香港前途問題的各項方針政策，其中有關香港在過渡時期可能發生問題的論斷，具有高度的預見性，對預委會做好各項準備工作具有重要的指導意義。

會議審議了預委會政務、經濟、法

律、文化、社會及保安五個專題小組提交的工作報告，討論並原則同意了各專題小組的工作規劃。會議認為，各專題小組的工作規劃把 1997 年平穩過渡和政權順利交接的問題同與香港同胞切身利益有關的問題聯繫起來考慮，為下一步開展具體的準備工作奠定了良好的基礎。

會議還就各專題小組在 1994 年上半年的工作作出了部署。

12 月 10 日

◆ 港府在憲報公佈《1993 年選舉規定（雜項修訂）（第二號）條例草案》，草案主要條文包括：（1）1994/1995 年立法局、區議會和兩個市政局的分區直選均採用單議席單票制；（2）投票年齡由 21 歲降至 18 歲；（3）兩個市政局和區議會取消所有委任議席，增加民選議席；（4）現行限制中國各級人大代表的香港居民參與三級議會的規定予以撤除。投票年齡降低後，合資格的選民人數會由 370 萬人增至 390 萬人。中國外交部發言人發表評論指出，這是英方蓄意破壞談判又一嚴重步驟，英方必須對其後果承擔一切責任。

12 月 15 日

◆ 立法局首讀和二讀《1993 年選舉規定（雜項修訂）（第二號）條例草案》。中國外交部發言人 16 日發表談話指出，英方採取這一行動，就意味着談判的終止。英方必須承擔由此產生的一切嚴重後果。中國政府重申，在中英雙方未達成協議的情況下，對香港立法局討論通過的有關 1994/1995 年選舉的任何立法，中方都不予接受，據此產生的任何機構都不能過渡到 1997 年 6 月 30 日之後。

12 月 17 日

◆ 英國《金融時報》刊文介紹中英談判陷入僵局的來龍去脈，文中引述英國高層官員透露，承認彭定康在設計政改方案時，沒有想到 1990 年兩國外長的七封信，又承認在第 15 輪會談後，英方依據中方的建議草擬了一個諒解備忘錄，但彭定康卻要加上立法局選舉也採用單議席單票制，作為"第一階段協議"的必須條件。該文引述彭定康的話說，"立法局曾以大比數通過了上述安排……當我們提交有關法案時，如果不包括該項安排，是不切實際的，我們在英方建議的諒解備忘錄中提出了該項安排。"

12月25日

◆ 李鵬總理接受訪問時重申，英方在從它實行殖民統治的地區撤走的時候，總要製造一些麻煩和困難，這也是英方的一貫做法。民主只不過是個藉口。他重申，中國政府絕不會拿原則做交易。

12月27日

◆ 港澳辦發言人就港英最後一屆立法局、區議會和兩個市政局議員的任期問題發表談話說：根據中英聯合聲明和基本法的規定，中國政府將於1997年7月1日對香港恢復行使主權，英國政府於1997年7月1日將香港交還給中華人民共和國，它對香港的行政管理權在1997年6月30日終止，港英的政制架構也隨之終結。這是中國對香港恢復行使主權，英國結束其在香港的管治的必然結果。

港英立法局、區議會和兩個市政局的任期分別由英國《皇室訓令》和有關的條例規定為四年，如上所述，由於立法局、區議會和兩個市政局都屬於港英當局政制架構的組成部分，因而有關三級架構任期的所有有關法律規定，到1997年7月1日，隨着英國管治的結束，勢將與基本法抵觸而全部廢止，這三級架構都應於

1997年6月30日解散，按照基本法的規定和全國人大的決定重組。

1994 年

1月1日

◆ 江澤民主席在全國政協新年茶話會上重申，不論出現什麼波折，中國堅持一國兩制的方針不會改變，堅持基本法的原則不會改變，堅持對香港恢復行使主權的決心不會改變，維護香港的長期穩定與繁榮。

◆ 新華社發表署名文章《責任完全在英方──評析中英會談的由來和破裂》。

1月4日

◆ 彭定康接受《信報》訪問時透露，他在1月下旬回倫敦述職時，會與英國高層商討中英政制談判破裂後的形勢部署。他強調，若擔心中方可能在不確定的未來做出不利於香港利益的事，英方便要在今天做出不利於香港利益的事，這個説法明顯不具説服力，對他、對港英當局和對英國政府來説，在道德上和政治上均是不能接受的。英方不能基建於別人在三年半後可能做的決定，來為現在做決策，特別是中方在三年半後的決定未必明智。他表明反對公務員和預委會接觸。他説，他相信沒有人希望看見公務員與這個北京一手委任的預委會建立的關係，會架空或影響到聯絡小組和立法局的工作，因為這樣將會扭曲香港的憲制和中英聯合聲明，港府將對預委會給予一如對其他社團的尊重。如果我們能向他們的工作提供資料，使他們在北京更佳地代表香港的真正利益，我們樂意這樣做。

1月5日-1月6日

◆ 預委會經濟小組在北京舉行第三次會議,與會成員就香港新機場有關問題、香港與內地大型基建工程的協調發展問題、財政金融問題、社會保障等問題進行了認真熱烈的討論。會議認為,香港新機場的建設對香港的繁榮穩定十分重要,符合港人的利益,希望新機場建設的進度更快、效率更高。經濟小組已於5日和6日分別以口頭和書面形式向港英政府發出邀請,希望港英政府派一位有關官員出席將於1月27日在北京舉行的會議,以便就港英政府的《機場公司條例草案》中有些含義不清的條文提供必要的解釋和說明。

6日,港府布政司陳方安生拒絕預委會經濟小組的邀請。她表示,港府無意派官員到北京。

1月7日-1月8日

◆ 預委會政務小組在北京舉行第三次會議,討論了關於港英最後一屆立法局、兩個市政局和區議會的終結問題。委員們一致認為,港英政府對香港的管治將於1997年6月30日終止,維繫其權力的法律基礎亦將消失,體現其管治的原有政制架構理所當然地也同時終結,它既不能

跨越1997年6月30日,也無權作出任何使這些架構跨越1997年6月30日的決定。會議還就特區第一屆立法會和區域組織的選舉制度進行了研究。會後小組發表了《關於港英立法局、兩個市政局、區議會的終結問題會上討論簡要》。

1月9日-1月10日

◆ 預委會社會及保安小組在北京舉行第二次會議,討論了非中國籍人士以香港為永久居住地的法定條件。港澳辦二司司長王鳳超向小組介紹了香港旅行證件的過渡安排。

1月12日

◆ 港英承認已發出內部指引,限令所有政府部門與預委會保持距離。遇到預委會索取資料,只會與本港其他任何團體處理程序相同,不會作特別處理。

1月22日-1月23日

◆ 預委會法律小組在北京舉行第二次會議,會議初步審議了有關香港現行司法制度的八個條例,研究其中的內容有無抵觸基本法之處以及解決的辦法。

◆英國內閣香港事務委員會舉行會議，會後英外相赫德和彭定康強調，不會撤回提交立法局審議的第一部分政改草案，同時宣佈1994年7月要完成整個政改草案的立法工作。會議並沒有就第二部分政改草案提交立法局的時間和草案的內容作出決定，要視乎第一部分政改草案在立法局通過的情況再作決定。英政府目前第一要務是讓第一部分政改草案通過立法。第二部分政改草案提交的時間和內容由彭定康和赫德商量後才作最後決定。

1月25日

◆港澳辦發言人就香港新機場問題發表談話，全文如下：英方不顧中方的反對，在雙方就香港新機場財務安排問題達成協議之前，就於上周讓港英立法局通過了為機場工程撥款16.7億港元，現又決定向立法局再申請撥款46億港元。根據英方目前的新機場財務安排，1997年後留給香港特別行政區政府的債務將超過450億元，這將是中英兩國政府首腦簽署的諒解備忘錄規定債務總額的九倍以上。因此，英方在其整體財務安排違反諒解備忘錄基礎上繼續撥款，只能為中英關於香港新機場問題的談判進一步製造障礙。

中方聲明，在中英雙方就香港新機場財務安排達成協議前：（1）中方和未來的特區政府對有關新機場的一切支出和債務不負任何責任；（2）有關新機場的用地及其地價，包括機場島本身用地及機場鐵路沿綫用地，都應按照中英聯合聲明附件三的規定，一律須經中英土地委員會討論後批出；（3）所有未徵得中方同意的、港英批出的跨越1997年6月30日的與機場有關的合約，1997年7月1日起一律無效；（4）港英立法局所通過的有關新機場的任何法例，1997年7月1日起一律無效。

中國政府一直支持香港新機場的建設，為了把政治問題和經濟問題分開，已先後同意批出了中區灣仔填海和西區海底隧道兩項工程。中方對英方一再違反兩國政府達成的協議表示十分遺憾，但仍然希望英方認真考慮中方就降低成本、減少債務、加強監管等所作的積極建議，早日提出一個符合諒解備忘錄的財務安排，以便雙方恢復香港新機場問題的談判。

1月28日

◆魯平就新機場借貸問題指責英方違反諒解備忘錄。他说，當年進行新機

1994年

場諒解備忘錄談判時，英方根本沒有提出地鐵公司和機場管理局負債的問題。英方現在提出的 50 億港元只限於政府借貸是新的提法，這表明英方再次違反了諒解備忘錄。他說，如果英方認為 50 億元只限於政府借貸，地鐵公司和機管局不包括在內，那他根本就不需要同中方磋商，他完全可以自己去做。

同一天，英國外交部發表聲明說，中英雙方在機場談判所達成的共識已全部記載於中英機場諒解備忘錄之內，雙方並沒有其他秘密的共識。聲明說，諒解備忘錄提及的 50 億元借貸限額，只包括政府債務。由柯利達率領的英方代表團，並沒有與中方討論過將這項限制延伸至地下鐵路公司及臨時機場管理局。港府財政司麥高樂透露中英談判機場諒解備忘錄的部分內容。他指出，諒解備忘錄有不同的條文處理政府債項與非政府債項，而那些認為 50 億元借貸限額應包括地下鐵路公司及臨機局的負債的人士，是忽略了備忘錄有關非政府借貸的條文。他說，諒解備忘錄一項條文規定，香港政府在"為跨越 1997 年 6 月 30 日的與機場有關的債務擔保前"，必須與中方磋商。非政府的舉債應是根據這項條文來處理，而不是根據 50 億元舉債的那項條文。

1月28日 – 1月29日

◆ 預委會政務小組在北京舉行第四次會議。會議重點討論了香港特別行政區第一屆立法會的產生辦法。

1月30日 – 1月31日

◆ 預委會文化小組在北京舉行第二次會議。這次會議主要就宣傳香港特別行政區基本法和教科書編寫問題進行討論。

2月3日

◆ 中國外交部發言人就港澳和台灣民航問題發表談話說，中國政府的一貫立場是，堅決反對與中國建交的國家與台灣進行任何形式的官方往來。台灣與香港和澳門之間的航綫，是中國領土內三地之間的航綫。在 1997 年和 1999 年以前由英國和葡萄牙分別負責香港和澳門的行政管理。如果在香港和澳門的過渡時期，兩地的航空公司準備與台灣航空公司就台、港、澳三地的航空運輸作出跨越 1997 年或 1999 年的民間安排，英方和葡方須事先與中國政府磋商。

2月8日

◆ 英國外相赫德出席下議院外交事務委員會舉辦的"英中關係"公聽會作證，

談了以下問題：（1）看不出中英談判有起死回生的跡象，彭定康將第二階段政改方案提交立法局的時間不會太久了，但彭定康尚未決定政改方案的內容；（2）承認英國對香港問題態度轉變始於 1989 年天安門事件之後，迄今為止，英對香港政策並未改變。他強調，英對香港政策本質未變，仍然是以中英聯合聲明為依據，變的只是風格和方法；（3）一名國會議員建議把彭定康撤換可能更符合港人利益，但遭到赫德的強烈反對。他説，英國若調走彭定康的話，便等於認同中國政府把政制爭論個人化的做法。撤換彭定康亦不能解決問題。他形容換港督的做法是災難性的；（4）他要求英國商人不要輕信中國駐英大使馬毓真提出的"經貿不可避免會受政治影響"的説法，他保證説，如果中方真的對英國商人採取歧視待遇，整個歐洲聯盟一定會正視處理這個案子。他透露在 7 日布魯塞爾的歐盟外長會議中，曾稍微討論這個問題，他們均同意經貿不應和政治扯在一起。他呼籲英商要相信這點；（5）彭定康在香港推行民主已獲得美國、加拿大、澳洲和歐洲盟國的支持，英國沒有必要再動員國際力量把香港問題國際化，他希望港人要有信心。

2 月 21 日

◆ 前英國駐華大使柯利達接受香港電視台訪問時表示，彭定康的政改方案不但未能促進香港的民主，更會造成永久的損害。他認為，倫敦和港英政府越來越欠缺能力去影響香港的前途，由於談判破裂，現在他們最終已被置身局外。中國政府正在透過預委會的工作，為香港的未來制訂發展藍圖，英國政府已無置喙之地。

◆ 全港 19 個區議會議員發動聯署簽名要求彭定康撤回已提交立法局的政改方案的行動結束。共收到 256 個簽名，佔全體區議員的 58%，而且有 18 個區議會主席簽名支持。中西區區議會主席劉漢銓表示，他們會儘快把簽名分別交給中英雙方，以表達區議員的意見。

2 月 23 日

◆ 立法局經過十小時的激烈辯論，三讀通過《1993 年選舉規定（雜項修訂）（第二號）條例草案》，即彭定康第一部分政改方案。

2 月 24 日

◆ 彭定康在立法局答問大會上宣佈，港府將在 25 日在憲報刊登第二部分政改方案，並會在 3 月 9 日提交立法局審議。他強調，他的政改方案完全是"三符合"，他不相信有任何理由中方在 1997 年後會推翻這些選舉安排。他說，港英堅定的目標是在 7 月立法局休會前完成選舉的立法工作。他的政改方案是最好的，港英會游說議員支持這個方案，假如立法局否決或修訂該方案，港英將會接受這一現實。英國外交部發表聲明說，英國政府歡迎第一階段政改方案獲得立法局通過，彭定康把第二階段政改草案提交立法局，是首相梅傑、外相赫德和彭三人共同決定的。英方仍然希望與中方談判。又強調，彭的政改方案與中英聯合聲明和基本法完全一致。

◆ 英國和港府同時發表《香港代議政制》白皮書，撮要公佈了中英就香港 1994/1995 年選舉問題談判的內容。

◆ 港澳辦發言人就英方單方面公佈中英談判內容以及港英向立法局提交第二部分政改方案發表談話指出：中英關於香港 1994/1995 年選舉安排的談判在舉行了 17 輪之後，由於英方首先離開了談判桌，並置中方早先的聲明於不顧，把部分政制方案提交立法局，從而導致了談判的終止。

中英聯合聲明和香港基本法規定，英國對香港的行政管理到 1997 年 6 月 30 日為止，中國政府於 1997 年 7 月 1 日對香港恢復行使主權。根據這一規定，中方重申：作為英國管治香港政制架構的組成部分，即港英最後一屆區議會、兩個市政局和立法局，必將隨英國管治期的結束而終結。在中英雙方沒有就 1994/1995 年選舉安排達成協議的情況下，無論根據港英立法局現在通過的部分選舉法案，還是以後可能通過的其餘選舉法案產生的三級架構，都不能跨越 1997 年。屆時，香港特別行政區政制架構將依據全國人大的決定和基本法的有關規定予以組建。同一天，中國外交部發言人也發表了內容相同的評論。

2 月 24 日 – 2 月 25 日

◆ 預委會政務小組在北京舉行第五次會議，討論和研究了 1997 年後香港特別行政區行政與立法機關的關係問題，第一屆政府的產生辦法，包括行政長官產生的辦法和時間、行政會議如何組成及其角色，以及諮詢委員會的設置與職能等問題。

2 月 26 日 – 2 月 27 日

◆ 預委會經濟小組在北京舉行第四次會議，討論並通過了小組對港府公開諮詢

香港市民在觀看股市行情

1994年

矗立在香港中環的中銀大廈

的關於香港新機場管理和運作方式的《機場公司條例（草案）》修改意見；討論了英方最近提交中方的關於香港新機場建設的第四個財務安排方案，並提出了處理的意見。

2月27日

◆ 錢其琛副總理指出，彭定康的政改方案旨在延長英國在 1997 年香港回歸中國後在香港的利益。他説，"為什麼英國在過去 150 年沒有推行改革，而最後一任港督卻如此頑固地推行改革？""我想這樣做是要保護英國的利益，而不是保護香港人的利益。"

2月28日

◆ 中國外交部公佈了《中英關於香港 1994/1995 年選舉安排會談中幾個主要問題的真相》，內容分為：英方在會談中頑固堅持"三違反"的政制方案；英方企圖干預中國主權範圍內的事務；在選舉委員會問題上雙方達成的協議和諒解必須遵守；功能團體選舉的原意必須堅持；"直通車"問題只能在人大決定和基本法有關規定的範圍內加以解決；中方為爭取在區域組織選舉安排問題上達成協議作出了巨大努力；英方蓄意破壞會談和結束語

等八個部分。結束語説：從上述事實可以看出，英方對香港 1994/1995 年選舉安排的談判沒有誠意。英方雖然在口頭上不得不同意談判應在中英聯合聲明、與基本法銜接的原則以及中英雙方已達成的協議和諒解的基礎上進行，但在談判過程中，卻不肯遵守和落實。英方採取這種抽象肯定、具體否定的手法，使談判無法沿着正確的軌道進行。談判伊始，英方就企圖把干預中國主權範圍內的事務的三個問題列入議題，為談判設置障礙；談判開始不久，港英當局又多次將須由雙方討論的有關選舉事宜付諸實施；最後，英方故意製造藉口，離開談判桌，並將第一階段政制方案提交立法局討論，導致談判的終止。現在，英方非但不撤回第一階段政制方案，而且又宣佈即將第二階段政制方案提交立法局，決意將談判的大門最終關死。破壞談判的責任完全在英方。

中方關於 1994/1995 年選舉安排的建議，是依據作為中英談判基礎的三項原則提出的，這些建議有利於香港的平穩過渡和港人的安居樂業，有利於實現與基本法的銜接，反映了香港人的普遍願望。英方竟然指責中方的建議難以"維持法治"，使選舉"有可能受人操縱"。事實上違反基本法才是破壞法治，而企圖操縱

選舉的正是英方自己。英方攻擊中方關於功能團體選舉的主張有可能導致貪污、舞弊。英方的這種指責是完全站不住腳的，也是對選民和現任由功能團體選舉產生的議員的不尊重。英方方案中關於功能團體的選舉辦法不但違背了設置功能團體選舉的原意，也不符合循序漸進的原則。英方堅持取消區議會和兩個市政局的委任議席違背了絕大多數港人的意願。在"直通車"對議員確認的問題上，英方企圖剝奪特區籌委會的實際確認權力。在選舉委員會問題上，英方拒不承認兩國外長達成的有關協議和諒解。

凡此種種充分表明，英方堅持"三違反"的政制方案的真實目的，就是企圖利用英國管治香港的最後一段時間，以發展民主為幌子，在香港製造分裂和混亂，為平穩過渡設置障礙，並使香港 1994 年前最後一屆三級架構的選舉產生對英方有利的結果，以便 1997 年後儘可能延續英國對香港的影響，操縱香港的政局。

中英關於香港政制問題爭論的實質，並不是什麼要不要發展民主的問題，也不是如英方所說的什麼"公開、公平"的問題，而是要不要遵守國際信義、要不要與基本法銜接實現香港平穩過渡的問題。這場爭論是由於英國在香港問題上政策變化所引起的。事實將證明，這種變化並不符合英國的利益，也將給香港帶來損害。

這次中英會談由於英方的破壞而告破裂。在此，中方有必要嚴正重申，根據中英聯合聲明的規定，英國對香港的行政管理到 1997 年 6 月 30 日為止，中國政府於 1997 年 7 月 1 日對香港恢復行使主權。作為英國管治香港政制架構的組成部分，即港英最後一屆區議會、兩個市政局和立法局，必將隨英國管治期的結束而終結。從 1997 年 7 月 1 日起，香港特別行政區政制架構將依據中國全國人大的決定和基本法的有關規定予以組建。

香港即將回到祖國懷抱，這是任何人都阻擋不了的。中國政府和中國人民完全有信心有能力按期恢復對香港行使主權，落實"一國兩制"方針，貫徹基本法，保持香港的長期繁榮穩定。

2 月 28 日 － 3 月 1 日

◆ 預委會社會及保安小組在北京舉行第三次會議，研究了關於已加入外國國籍的回流移民取得香港特別行政區永久性居民身份的問題，還討論了香港的退休保障問題。

3月1日

◆ 美國總統克林頓會見到訪的英國首相梅傑後說："美國在香港問題上與英國有共同立場，美國支持彭定康的努力，為香港的經濟和政治成就制訂真正的、長遠的戰略。"

3月2日

◆ 第一批港事顧問 43 人獲得續聘兩年。港澳辦和新華社香港分社在深圳舉行續聘儀式，港澳辦主任魯平和新華社香港分社周南社長向各顧問頒發了聘書。

3月4日

◆ 新華社香港分社舉行香港地區事務顧問聘書頒授儀式。周南社長向本港各地區、各行業中有影響力的 274 人頒發聘書。

3月8日

◆ 英國外交部向國會提交 1993 年度《香港事務年報》白皮書。

◆ 英國國際戰略研究學會（IISS）資深研究員史高針對中國地方分權現象以及國際應採取的政策，發表題為《中國變形記：地方主義和外交政策》的報告說，香港最近發生的一連串事件就是地方分權影響中國對外關係的最好例證。近一兩年英國膽敢和北京對抗，完全不理睬北京要彭定康撤回政改方案的威脅，即是香港成功將自己和東南各省發展命運緊緊聯繫在一起的結果。報告指出，香港的力量來自它是南中國的經濟成長的源頭，而南中國的成長又是全中國發展的重心，香港和英國政府正刻意利用這股新的經濟力，來增加在香港前途問題上討價還價的籌碼，而香港證明它和廣東已建立親密的關係，只要沿海省份的繁榮仍舊成為共產黨鞏固政權的主要策略，"九七"之後，兩者可聯手形成一個對抗北京中央的勢力。報告建議西方國家可以同時與北京以及各個日漸獨立的地區打交道，發展新的與中國地區交往的政策。報告結論指出，如果西方與中國打交道最主要的戰略是將中國納入國際依存網，那麼所走的路線應加強地方路線，而不僅僅是中央路線。

3月9日

◆ 彭定康第二部分政改方案《1994年立法局（選舉規定）（修訂）條例草案》提交立法局首讀和二讀。草案建議：（1）現有功能組別以個人投票取代法團投票；新增的九個功能組別以本港各行業為基礎，連同現有的功能組別，選民範圍將包括全港超過 270 萬工作人口中所有符合資格的選民；（2）設立選舉委員會，在 1995 年選出十位立法局議員。選舉委員會將由選舉產生的區議員組成，而所有登記在選民總名冊上的人士均有資格競逐上述十個議席。

10 日，中國外交部發言人就此發表談話説，中方已多次重申，在中英雙方未達成協議的情況下，對香港立法局討論通過的有關 1994/1995 年選舉的任何立法和據此產生的任何機構都只能到 1997 年 6 月 30 日終止。

3 月 10 日

◆ 李鵬總理在八屆全國人大二次會議作政府工作報告指出，中英兩國政府代表關於香港 1994/1995 年選舉安排談判終止，責任完全在於英方。根據基本法和全國人大常委會的決定，香港特別行政區籌委會預備工作委員會已經開始工作，任務艱巨，責任重大。希望預委會最廣泛地團結香港同胞，為籌建香港特別行政區及其第一屆政府和立法機關做好各項準備工作，以不辜負全國人民的期望和重託。英國在香港的殖民統治行將結束，這是任何力量也不能阻擋的。無論發生什麼波折，中國政府和中國人民都有決心、有能力，

按期恢復對香港行使主權，並且保持香港的長期穩定繁榮。

3 月 14 日

◆ 錢其琛副總理宴請出席人大政協兩會的港區人大代表和政協委員時指出，不能再對英方的合作抱不切實際的幻想，要依靠自己的力量確保香港的繁榮和穩定。他表示，中國政府實現香港的平穩過渡和保持香港的繁榮穩定的決心、信心和能力，不僅僅基於"香港過去的繁榮主要是以中國人為主體的香港人幹出來的"的事實，源於"香港人是能夠治理好香港"的信念，還在於我們的政策是從香港的實際出發的，在於內地正在實行的深化改革開放政策對香港經濟發展的積極影響。

3 月 16 日

◆ 中共中央政治局常委、全國政協主席李瑞環看望出席政協八屆二次會議的港澳地區政協委員時發表即席講話強調指出，在過渡期的最後幾年中保持港澳地區的穩定與繁榮，是港澳同胞和全國人民的共同責任。當前要特別警惕有人在政治上製造混亂的同時，在漂亮的言辭和時髦的"包裝"之下，幹一些偷偷摸摸的勾當，把香港的經濟搞亂掏空。李瑞環説，

現在重要的是大家在關注政治問題時，不要忽視了經濟問題。如果説過去殖民者是明火執仗公開掠奪，那麼現在則是用現代化的方式攫取經濟利益。香港的錢屬於香港同胞。如果不加警惕，錢就會被掏走，經濟就會被搞亂，而給未來的特區政府和香港同胞留下龐大的財政包袱。這是一個值得十分重視和提防的問題。他指出，中國政府是支持香港修建新機場的，但是港英當局卻違反兩國政府達成的有關諒解的規定，把機場造價提到世所罕見的程度。修機場要多少錢，填海要多少錢，是可以算出來的，世界上也是有先例可循的。香港情況比較特殊，造價超出一些也可以理解，但高到如此離譜，項目被哪些人承包？錢被哪些人拿走？這就不能不使人聯想一些問題。

3月26日 - 3月28日

◆ 預委會法律小組在北京舉行第三次會議。會議主要根據香港基本法的規定，對香港現行法律中有關建築與建設、家事法、土地與不動產等 45 個法律條例進行了審核。委員們認為，這些條例除個別詞句和條款具有殖民主義色彩與基本法不符需作修改外，均可予以保留。

3月29日

◆ 港澳辦發言人發表談話，反對港府同意立法局議員陸恭蕙提出修訂《新界土地（豁免）條例草案》。發言人説，英國通過不平等條約強行租借"新界"之初，宣佈把新界土地全部收歸英皇室所有，蠻橫地剝奪了新界原居民的土地所有權，這是不合理的，新界原居民為此起而抗爭，後來規定原居民的農村用地只交名義租金就是新界原居民鬥爭的成果。因此，新界原居民的合法傳統權益必須受到保護，它已載入中英聯合聲明和基本法，這一點不能修改。發言人還説，中英聯合聲明附件三清楚寫明，對新界原居民承租的農村土地："只要該土地的承租人仍為該人或其合法父系繼承人，租金將維持不變。"在中英談判時，英方當時的解釋是，為了便於確定哪些人屬於原居民，只能從父系往上追溯，正像一般的家庭子女都隨父姓一樣，這並不意味着歧視婦女。我們一貫主張男女平等，反對歧視婦女。但是，不能把新界原居民的這一傳統權益與歧視婦女混為一談。發言人強調，我們的立場是：不能將中英聯合聲明和基本法中的"新界原居民"的概念取消，也不能將上述原居民經過與英鬥爭取得的合法權益取消。這位發言人表示，港英在事先沒有諮詢新界原居民的情況下，同意修訂上述條例草案，自然要遭致新界原居民的強烈不滿。他進一步強調，港英方面必須正視新界廣大原居民的不滿情緒，要按照基本法的規定，通過與新界居民充分磋商，對此事妥善加以處理，不要人為地製造社會動蕩和分化。

新界原居民先祖自宋朝末年在新界定居，一千多年來一直維持典型的家族制農村社會，有關土地物業一向依循先人傳統習俗，只由男丁繼承。1910年，港英當局制訂《新界條例》，強行宣佈新界內所有土地屬英女皇所有，遭到新界居民的強烈抗爭，港英當局只得在條例中允諾新界居民的土地物業繼承權"可按傳統方式不變"，即"男性繼承"。二十世紀七十年代，香港新市鎮拓展計劃向新界漸次推進，港英當局在迫令新界居民拆遷的同時，另行批地給原居民重建家園，沿用舊村名稱，並承諾原有繼承關係、繼承方式不變。1993年11月，港英當局向立法局提交《新界土地（豁免）條例》草案。為了儘快解決受《新界條例》影響的新市鎮幾十萬非原居民土地物業繼承權問題，草案中對可免受《新界條例》約束的非農村用地繼承權問題作了詳細規定。新界原居民對此表示支持。但是，1994年3月

10日，港英當局突然宣佈，要修訂正在立法局審議的《新界土地（豁免）條例》草案，規定包括原居民在內的所有新界女性，對新界土地物業都擁有繼承權，引起新界原居民的強烈抗議。

3月29日 – 3月30日

◆ 預委會政務小組在北京舉行第六次會議，小組就1997年後公務員應否參政問題達成原則性的共識：公務員隊伍在特區政府成立後，必須維持中立，保持一個超然的地位，不受任何政治力量左右其判斷及執行職務。小組並就公務員關注的13個問題作出澄清及回應。這13個問題是：（1）1997年香港公務員不會"大換班"；（2）無論在政治上或在制度上，不存在所謂"秋後算賬"的問題；（3）1997年後，香港特別行政區政府各部門的工作不存在向中央人民政府各部門負責的問題；（4）1997年7月1日原在香港政府工作的公務人員，一般均可留在原來的職位上工作。但主要官員將按基本法的規定，由行政長官提名，報中央人民政府任命；（5）1997年後外籍人士可以在政府部門任職公務員，但主要官員除外。他們必須是香港永久性居民，或者1997年前即在香港政府任職的外籍公務員；（6）

1994年

1997 年後，香港公務員不一定要懂得普通話和中文寫作；（7）1997 年後不能由外籍人士或在外國有居留權的人士擔任的職位是依據基本法第六十條和第一百零一條的規定的職位，包括主要官員、特區終審法院和高等法院的首席法官；（8）香港原有關公務員的招聘、僱用、考核、紀律、培訓和管理制度 1997 年後予以保留；（9）公務員敍用委員會、有關公務員薪俸和服務條件事宜的常務委員會 1997 年後可以繼續存在；（10）1997 年後香港的公務員薪金、津貼、福利待遇和服務條件不會低於原來的標準；（11）政務小組支持設立公務員長俸基金的要求，希望港英政府為此採取積極的、切實的措施；（12）中國政府反對"居英權"，並不是針對取得"居英權"的個人。取得"居英權"的公務員，1997 年後可以繼續留在政府工作，根據基本法的規定，他們不能出任主要官員；（13）香港特別行政區的治安由特區政府負責，中國人民武裝警察部隊不派駐香港。

3 月 30 日

◆ 江澤民主席會見香港《文匯報》、《大公報》、《商報》、《新晚報》、《紫荊》雜誌和《經濟導報》的負責人，勉勵他們辦好報紙，愛港愛國，為香港的繁榮穩定和平穩過渡做出貢獻。4 月 2 日，李鵬總理會見各報負責人，希望他們今後繼續堅持正確的輿論導向，把報紙和刊物辦得更好。

3 月 31 日－4 月 1 日

◆ 預委會經濟小組在北京舉行第五次會議。會議期間，委員們聽取了關於香港土地問題及中方在批地問題上的基本政策的介紹，並就目前香港土地與房屋所存在的問題進行了討論。

4 月 13 日

◆ 英國國會外交事務委員會向英國政府提交了一份題為《1997 年前後的英中關係》的報告書。該委員會為準備這一報告書，從 1993 年 7 月到 1994 年 2 月連續舉行了八次聽證會。報告書承認，英政府委任彭定康任港督，改變了對香港政策，但將這一改變歸咎於中國本身的態度和 1989 年天安門事件引發的急劇轉變，實際上供認了英方從其對中國局勢發展前景的錯誤估計出發，改變了對香港的政策，支持彭定康在香港問題上的錯誤做法，並繼續同中方對抗，甚至鼓動在香港問題上"尋求國際支持"。報告書又主張英國對華政策不應固定在單一策略上，需與中方建立多方面的接觸及關係，維持對華政策的高度彈性，以適應中國的任何轉變。報告書還肆無忌憚地企圖插手和干預中國內政，建議加強英國議會和台灣"立法院"之間的聯繫，要求英國政府重新審議台灣在英國辦事處的地位，放鬆對它的限制，又公然鼓吹西藏自決，與中國討論所謂的"西藏人權"等問題。

4月14日

◆中國外交部發言人發表談話，批評英國國會外交事務委員會的報告。發言人表示，英國國會外交事務委員會的報告中提到的香港問題是不顧事實，為英國政府和彭定康在香港問題上的一系列做法進行辯解，支持他們在錯誤的道路上繼續走下去。同一天，新華社香港分社發言人也發表談話說，英國國會外交事務委員會的報告蓄意混淆是非，支持英國政府採取與中國進一步對抗的政策，為彭定康'三違反'的政改方案張目，公然鼓吹英國在香港問題上打國際牌，並公然主張插手干預台灣、西藏等中國內部事務。報告還肆意對基本法的若干條文進行了無端的攻擊。這份報告書是另一份反面教材，可以使人們進一步認識到一些老牌殖民主義者如何

處心積慮想利用一切機會延續他們在香港的殖民統治和影響，但這一切畢竟都是徒勞的。中國政府於 1997 年按期收回香港的決心是誰也改變不了的。英方在過渡期內單方面就跨越"九七"的重大事務作出的任何決定，中方都不會承認。

21 日，中國外交部發言人再次發表談話說，這份報告的結論同它聲稱要發展中英關係的願望完全背道而馳。該報告不顧事實，混淆是非，執意為英國政府在香港問題上採取的錯誤政策張目，支持英國政府繼續沿着同中方對抗的道路走下去，充分暴露了英方製造混亂、企圖延續其在香港的殖民影響的真實用心。香港回歸祖國是任何勢力都阻擋不了的。中國政府完全有信心有能力按期恢復對香港行使主權，實行"一國兩制"方針，落實基本法，保持香港長期的穩定繁榮。這個報告在承認中國經濟發展和在國際上的重要地位的同時，對中國的內政說三道四，妄加評論，並企圖插手中國的內部事務。我們願意提醒這個報告的作者，應該有點歷史現實感。今日的中國早已不是昔日任人欺凌的舊中國。人們不會忘記英國歷史上在西藏問題上扮演過的角色，希望他們吸取歷史教訓，採取謹慎態度。任何製造"兩個中國"或"一中一台"的企圖都是違背

1994

中英兩國建交原則的，是我們所堅決反對的。

22 日，全國人大外事委員會發言人發表談話，嚴厲譴責英國對中國內政的粗暴干預。發言人說：中國全國人大外委會十分重視與英國議會外委會保持和發展友好合作關係。中方沒有做任何損害英國和英國議會以及中英關係的事情。而英國議會下院外委會的某些人，近來一方面強調保持和發展中英關係，另一方面卻不斷作出有損中英關係的事情，人們不禁要問，他們的居心何在？究竟要把兩國關係引向何處？可以肯定，這份報告提出的敵視中國的觀點和建議，不僅對中英關係是極其有害的，而且也會給英國的長遠利益帶來損害。

4月21日

◆ 中英土地委員會舉行第 28 次會議，雙方商定 1994/1995 財政年度的批地計劃為 117.27 公頃，其中商業、住宅和工業用地 31.01 公頃；居者有其屋計劃、夾心階層房屋計劃、私人機構參建居屋計劃、香港房屋協會發展和村鄉屋宇用地 31.43 公頃；公用事業、教育、福利、宗教、康樂和其他用途用地 17.67 公頃；以及特殊需求用地 37.16 公頃。另外，中

英雙方商定，另撥 5 公頃土地作為補充批地計劃。

◆ 前英國駐華大使柯利達在香港的一個午餐會上發表演講說，立法局通過彭定康政改方案，是為自己簽下死亡證，這不會帶來民主，相反，這樣的單方面行動，會使香港的民主、法制和行政體系的延續受到威脅。他說，立法局被推往牆角，英國不切實際地提高港人的民主要求後，以此為藉口要立法局作決定。立法局的決定不能推卸英國政府的最終責任。他認為由於英國改變政策，看不出有什麼下台階的舉動。他指出，寄望鄧小平去世後中國會出現一個開明的政權，接受目前英國政府對港政策，那是不切實際、誤導港人和建基於幻想之上的。

5月2日

◆ 中國銀行為在香港發鈔舉行隆重的慶祝典禮和剪彩儀式。中國銀行董事長王啟人致詞說，中國銀行發鈔，是中國對香港前途充滿信心的體現，也是中國銀行以其實力和信譽為香港的平穩過渡作出的承擔。他表示，中國銀行成為發鈔銀行之後，將嚴格按照香港的金融法規運作，並與匯豐銀行和渣打銀行兩家發鈔銀行一道，為香港金融市場的穩定繁榮作出自己

1994 年 5 月 2 日，中國銀行在香港首次發行港幣鈔票，它對於維持香港過渡時期內金融體系的穩定和發展，加強香港國際金融中心的地位具有積極的作用。圖為中國銀行董事長王啟人、國務院港澳辦主任魯平、新華社香港分社社長周南以及香港金融界百餘名嘉賓出席慶祝典禮。

由於英方提出了違反新機場諒解備忘錄規定的財務方案，致使香港新機場建設的財務安排問題直到 1994 年才得到解決。圖為建設中的香港新機場客運大樓。

應有的貢獻。

5月2日－5月3日

◆ 預委會政務小組在港舉行第七次會議。在兩天會議中，委員們交換了對香港當前形勢的看法，進一步討論了香港特別行政區第一屆立法會的組建問題，並討論了香港特別行政區在北京設立辦事處的問題。

5月4日－5月5日

◆ 預委會經濟小組在香港舉行第六次會議，會議討論了關於香港特別行政區土地基金的交接及 1997 年後管理問題的研究報告，指出土地基金是未來香港特別行政區政府一筆重要的財政儲備，並建議於 1997 年 7 月 1 日即全部移交給香港特別行政區政府，其後的管理方式由特別行政區政府自行決定。為做好移交工作，事前應作好各項準備。會議再次討論了香港與廣東省大型基本建設的協調發展問題，認為目前兩地在鐵路、公路、陸運口岸、港口、空中交通管理等方面都面臨着亟需協調、配合的問題，如不儘早予以解決，將影響香港的長遠發展和兩地的交流。會議呼籲港英政府與內地有關部門儘快設立統籌機構，對有關問題進行磋商解決。這次

會議還聽取並討論了經濟專題小組下設的香港土地房屋政策研究小組三月份以來的工作報告。會議認為，香港房地產市場價格持續上升的狀況已引起香港市民和投資者的深切關注。這一問題關係到民生和社會安定，關係到香港繼續保持其國際金融中心、貿易中心的競爭優勢，也關係到平穩過渡。他們表示要認真研究香港土地房屋政策的現狀和長遠發展規劃，並提出意見和建議，供有關方面參考。會議期間，委員們聽取了中國銀行港澳管理處主任黃滌岩有關中國銀行香港分行參與發行港幣的情況介紹，以及經濟專題小組下設的退休保障問題研究小組的中期工作報告。

5月16日

◆ 彭定康出席國際特赦組織主辦的"香港人權狀況"會議時，首次公開表示，中國政府有責任在 1997 年後向聯合國呈交有關香港人權狀況的報告。

5月16日－5月17日

◆ 預委會社會及保安小組在北京舉行第四次會議。會議主要討論了關於中華人民共和國香港特別行政區護照的設計及簽發準備工作等問題和涉及香港社會民生方面的公營房屋和退休保障制度問題。

5月18日

◆ 英國國會上議院就香港前途問題舉行辯論，22位發言的議員中，超過一半對英國的香港政策採取保留或批判的態度。

5月18日－5月19日

◆ 預委會文化小組在北京舉行第三次會議。會議討論了關於在香港加強宣傳和推廣基本法的工作規劃以及香港現行教科書的有關問題。

5月19日

◆ 港澳辦發言人就解聘張炳良港事顧問一事發表談話說，港事顧問是以個人身份受聘，從不接受作為黨派代表受聘為港事顧問，這一點在聘請港事顧問時已反覆聲明。張炳良受聘為港事顧問後，卻表示他將服從民主黨中央作出的如不需要某人擔任港事顧問，該人必須辭職的決定，這與我們聘請港事顧問的上述原則相違背，因而是不能接受的。發言人表示，仍然歡迎張炳良今後能以個人身份為香港的繁榮穩定和順利過渡提供有益的建設性意見。

5月20日

◆ 前英國外相傑弗里·豪在香港出席美國總商會的午餐會上致詞及回答問題時說，"一國兩制"，即是香港的生活方式和社會制度將不被中國大陸所影響，而中國大陸的生活方式和社會制度一樣不被香港所干預。存在於一個國家的兩種制度，要自我約束並互相尊重，這是港人和其他中國人的利益之所在。他警告說，將香港視為一個改變中國的橋頭堡，是非常不智的，香港不能、亦不應該改變中國大陸，這樣做將會使香港步向毀滅之路。

5月22日－5月24日

◆ 預委會法律小組在北京舉行第四次會議，首日會議完成了17條與刑法訴訟有關的現行法例，除了文字上有需要作修改之處外，小組一致認為基本上可於1997年後繼續沿用。小組組長李福善和邵天任表示，為了香港的平穩過渡和安定繁榮，香港現行法例除與基本法有抵觸者需作修改或廢除外，1997年後儘可能維持原有法律不變。第二天會議討論了本港現行26條有關司法的條例，認為基本上可以保留，但要進一步研究其中字眼或體制不同的問題如何處理。最後一天會議討論了公安條例和社團條例。會後中方組長邵天任表示，一些法律要不要採用，要不要繼續施行，唯一的標準是它是否違反基

1994年

193

本法，只要不違反基本法就可以採用。

5月26日

◆ 預委會增補委員和第三批港事顧問的頒發聘書儀式在北京舉行。全國人大常委會委員長喬石向13名預委會新增補委員頒發了任命書。新華社香港分社周南社長向第三批50名港事顧問頒發了聘書。同一天，江澤民、李鵬、朱鎔基等國家領導人會見了他們。

6月8日－6月9日

◆ 預委會經濟小組在北京舉行第七次會議，會議期間，委員們討論了有關退休保障問題，經濟小組上半年工作報告及下半年的工作計劃。

退休保障是香港市民十分關心的問題，小組委員們對此進行了充分的討論，並達成三點共識：（1）建議有關方面敦促英方對全港僱員的退休保障問題提出全面方案，從平穩過渡及香港社會的長遠利益出發，儘早提到中英聯合聯絡小組磋商，定出方案，早日推行。（2）港英政府提出的"老年退休金計劃"實際上是養老金問題，屬於社會福利，不能和僱員的退休保障混為一談。從問題的性質來說，應先解決僱員的退休保障問題，兩者宜分步驟實

行。（3）若在1997年前這個問題得不到解決，建議特區政府在1997年後推行有利於香港社會穩定繁榮的退休保障計劃。

經濟專題小組的委員們總結了上半年的工作情況，並對下半年的工作計劃進行了討論。他們認為，為了便於研究和開展經濟方面的工作，同意組成六個小組，分別為：大型工程及合約研究小組、兩地大型基建協調小組、土地與房屋政策研究小組、金融財經研究小組、對外經貿關係研究小組、"九七"後兩地經貿關係研究小組。

6月10日－6月11日

◆ 預委會政務小組在北京舉行第八次會議，會議討論了小組將向預委會第三次會議提交的工作報告，確定了下半年的工作計劃。

6月15日－6月16日

◆ 預委會文化小組在北京舉行第四次會議，討論下月提交全體大會審議的小組工作報告以及教科書問題和宣傳推廣基本法工作的兩份文件。會議初步擬定了處理教科書的長期及四項過渡措施：（1）現有教科書1997年後可繼續使用，不會出現禁用情況；（2）教科書需要體現國家

主權和維護民族尊嚴，使學生具有正確的國家觀念，至於現有教科書中含有違背基本法和濃厚殖民地色彩的部分，則予以刪改或作技術性處理；（3）出版商或學校可以因應 1997 年後出現的轉變而調整教科書的內容，或為學生提供適當的課本和補充教材；（4）現行教科書出版和發行制度基本不變。而推廣基本法的渠道有以下六個：（1）推動和支持各社團組織去進行；（2）希望通過港英的官方渠道推介；（3）通過各種傳媒推介；（4）希望將基本法列為中小學必修課程的一部分，同時又希望透過課外及校外活動，加強青少年對基本法的認識；（5）與國內傳媒單位合作，對國內進行宣傳推介；（6）與各國和地區駐港領事館和代表機構合作進行針對海外的宣傳。

6 月 16 日

◆ 布政司陳方安生公佈一系列加強資訊公開的行政措施。這些措施包括：（1）制訂資訊公開守則，清楚界定公眾可索取之政府資料類別，查閱該等資料之辦法，以及政府在接到有關要求後，須作出回應之有關時間規限。有關守則會列明部分資料可獲豁免公開，在這方面港府會參考陸恭蕙提出的資訊公開法。有關守則預期在 1994 年底完成初稿，並在 1995 年初在若干部門包括一些與公眾經常接觸的部門及紀律部隊進行為期六個月的試驗計劃，然後在 1995 年秋季之前就守則作最後定稿，然後分階段在政府部門實施，並預期在 1996 年全面在政府各部門推行，然後進一步將守則推介至各公用事業。（2）採納獨立監察制度。由行政事務申訴專員處理市民提出有關違反守則的投訴。申訴專員並沒有任何行政權力可指令各行政部門向市民提供資料，但在調查完成後會將有關報告提交港督及立法局。（3）在 1995 年初會向立法局提交容許市民取閱個人資料的資訊保護法例。法律改革委員會 1994 年 8 月會就這個問題發表研究報告，供政府在制訂法例時參考。她說，港府已正式知會中方有關制訂行政措施的決定，並已考慮中方的意見，但她強調，中方的反應並非港府最優先考慮的問題，港府希望中方對建議提出積極和正面的回應。她指出，港府將於實施有關行政措施的過程中不斷檢討，若有需要，政府不排除考慮立法保障資訊公開。

17 日，中國外交部發言人發表談話說，港英單方面公佈了一系列所謂加強資訊公開的措施。這些措施涉及香港政府各部門運作的重大變動，不利於香港的平穩過渡。他說，根據中英聯合聲明的有關規定，此類事項需通過中英聯合聯絡小組討論。港英政府在未與中方磋商並取得一致的情況下，採取單方面行動，這是中方不能接受的，由此產生的一切後果只能由英方承擔。

6月17日－6月18日

◆ 預委會社會及保安小組在北京舉行第五次會議。第一天會議就原中國公民中的香港永久性居民回流移民問題達成四點共識：（1）對於原中國公民中的香港永久性居民，在 1997 年前移民外國並獲得外國籍，如果在 1997 年 7 月 1 日前返港並在港定居，其所持有的香港永久性居民身份證繼續有效；（2）對上述人士以外香港永久性居民中的非中國籍人士，其永久性居民身份證問題有待進一步研究。小組希望英方能進一步提供這方面的情況；（3）1997 年 7 月 1 日後香港特區永久性居民身份的取得和喪失，應依基本法和特區法律規定；（4）對原中國公民中的香港永久性居民，如在 1997 年前移居外國並獲得外國籍，但在 1997 年 7 月 1 日之後才返港，應准許他們享有入境權、在香港作不受居留條件限制居留和工作。小組內地組長王叔文表示，小組一致意見認為，

華裔香港永久性居民 1997 年前移居外國並取得外國籍，他們便不再是中國公民，因此不能以基本法第二十四條第一、二項的規定（在香港出生的中國公民，並在港通常連續居港七年），而應依據該條款第四項（即抵港後連續在港居住七年並以香港為永久居住地）。港方組長范徐麗泰表示，雖然 1997 年 7 月 1 日前返港的回流人士可繼續享有永久性居民的資格，但據她的理解，由於他們屬非中國籍人士，在 1997 年 7 月 1 日後，他們仍要進行一項簡單宣誓手續，聲明他們是以香港為永久居住地，若他們未能作此宣誓，便有可能失去永久性居民身份。對於非中國籍人士，在"九七"後的永久性居民身份問題，小組仍未有定論。由於根據現行人民入境條例，非中國籍人士在很多情況下，都有可能成為香港永久性居民，例如其父母若持有英國屬土公民護照，即使其本人並非在香港出生，不在香港居住，亦可取得香港永久性居民身份證。而小組目前仍不清楚這類人士的數目有多少，小組希望港府能提供這方面的資料，以便作進一步研究。小組敦促港府儘快修改人民入境條例，使其規定的永久性居民的條件與基本法的規定完全一致。第二天會議，定出了下半年工作規劃中的四項內容，分別是香

港特別行政區的旅行證件問題、如何有計劃地安排香港永久性居民中的中國公民在內地所生子女於 1997 年後來港定居問題、老人福利問題及公營房屋政策問題。

6月19日 – 6月21日

◆ 預委會法律小組在北京舉行會議，小組認為，迄今為止所審查的 108 條香港現行法例中，除個別外，一般可以保留，其他條例中若有與基本法相抵觸的內容，應如何處理，小組要繼續研究。小組認為，經港英政府修改後的法律條例若抵觸基本法和違反中英聯合聲明中原有法律基本不變的原則，1997 年後便不能採用為香港特別行政區的法律。《社團條例》和立法局正在審議的《公安條例》屬這類性質。小組內地組長邵天任和委員譚耀宗認為，聯合聲明在 1984 年簽署，規定現行香港法律不變，但並不是說 1984 年到 1997 年間，港府不能修改法例；如果港府要對法例作重大的修改，必須考慮聯合聲明的精神，否則，單方面作出大的改變，中方不會承擔責任，人權法便是一例。

6月22日

◆ 立法局以 33 票贊成、2 票反對和

3 票棄權三讀通過《新界土地（豁免）條例修訂草案》，規定除祖堂物業外，新界原居民男女均可享有土地物業繼承權。政務司孫明揚在發言中強調，有關條例草案的修訂只限處理土地繼承，不涉及土地以外的其他傳統權益，包括新界原居民擁有農村土地可享有租金優惠、原居民可在原村安葬以及豁免自住村屋的差餉等。但他表示，雖然目前會維持丁屋政策不變，暫時不會受到引入《消除對婦女一切形式歧視公約》的影響，但當局會研究一套"既顧及各方利益，也不違反男女平等"的方式。立法局議員、鄉議局主席劉皇發拒絕投票，並重申新界原居民不會接受任何強行改變傳統習俗的法例和政策。

6月24日

◆ 香港國際司法組織宣佈籌款成立香港人權監察組，獨立監察香港人權問題，並通過報告將有關香港人權和法治的討論提升至國際層面。監察組將在 1994 年 9 月至 10 月間正式成立。首兩年的經費約為 30 萬美元，現時已在英美獲得部分捐款。

6月21日 – 6月30日

◆ 中英聯合聯絡小組在香港舉行第

29 次會議。會後發表新聞公報稱：聯合聯絡小組就目前在香港用於防務目的的土地的前途問題達成了協議。聯合聯絡小組進一步討論了有關國際權利與義務問題、香港民航協定問題、跨越 1997 年的專營權合約及有關問題、香港同有關國家之間的投資保護協定、香港同有關國家之間的移交逃犯協定、香港同某些國家的刑事司法協助問題、法律本地化、法律適應化、聯合聲明有關 1997 年後在香港居留權的條款的實施問題、互免簽證協定、香港與外國對等承認及執行民商事判決問題和公務員問題。

英方首席代表戴維斯表示，會議就九項涉及商船的多邊國際公約在 1997 年繼續有效，包括海上救助規定，海上客運及行李條例草案，有關提單的條例草案進行了磋商。雙方又就三項與商船有關的英國法令本地化問題達成協議，包括將商船海員條例草案、商船海運貨物條例草案和海上棄置垃圾條例草案變為本地法律。會議亦確認香港與馬來西亞簽署的移交逃犯協議和香港與意大利簽署的投資保護協議。但會議未能就民船協議交互執行判決、司法互助安排和九號貨櫃碼頭問題取得進展。雙方同意專家層次在不久將來開會討論永久居留權、互免簽證安排和簽發

特區護照的問題。

關於軍事用地協議，中英聯合聯絡小組建議由中英兩國政府以互換照會的方式作出確認。聯合聯絡小組已擬備有關照會的文本，一旦完成有關所需的手續後，便由中國外交部和英國駐北京大使館互換作實。中國外交部照會（草案）全文如下：

中華人民共和國外交部向聯合王國駐華大使館致意並謹提及中英聯合聯絡小組關於香港軍事用地包括其內的建築物和固定設施（以下簡稱軍事用地）的未來使用安排問題所進行的討論。

為滿足自 1997 年 7 月 1 日起中華人民共和國政府派駐香港特別行政區負責防務的軍隊的需要並照顧香港社會、經濟發展的需要，根據《中華人民共和國政府和大不列顛及北愛爾蘭聯合王國政府關於香港問題的聯合聲明》中有關香港特別行政區防務責任的規定，中英聯合聯絡小組就香港軍事用地的未來使用安排問題進行了討論，並於 1994 年 6 月 30 日達成協議。中英聯合聯絡小組建議兩國政府確認在討論中達成的協議如下：

一、聯合王國政府應將附件一（附後）所列的 14 處軍事用地無償移交給中華人民共和國政府，以供中華人民共和國

政府派駐香港特別行政區的軍隊自 1997年 7 月 1 日起完全用於防務目的。移交的具體安排將由雙方進一步討論。在移交以前，聯合王國政府將確保，尋求必要的經費，以使附件一所列軍事用地得到妥善保護和及時維修，保持其完整無損和原有功能；這些軍事用地或其部分可由香港英國政府用於符合確保妥善保護和及時維修目的之臨時用途。聯合王國政府將向中華人民共和國政府及時通報任何臨時用途的情況。

二、為了照顧香港社會、經濟發展的需要，中華人民共和國政府同意自 1997年 7 月 1 日起，附件二（附後）所列的 25 處軍事用地無須用於防務目的。在該日以前，當聯合王國政府派駐香港的軍隊不再需要上述軍事用地時，將無償交由香港英國政府處理。1997 年 7 月 1 日以前，這些土地的批出將由中英土地委員會根據《中華人民共和國政府和大不列顛及北愛爾蘭聯合王國政府關於香港問題的聯合聲明》附件三之規定處理，中方對此將持積極態度。

三、由於附件二所列的軍事用地將於 1997 年 7 月 1 日以前交香港英國政府處理，這些軍事用地內中國軍隊需用於防務目的之若干建築物和固定設施將受到影響。為確保這些建築物和固定設施自 1997 年 7 月 1 日起能繼續用於防務目的，聯合王國政府將確保，尋求必要的經費，以在附件三（附後）所列雙方商定的地點無償重新提供該附件第一至四項所列的建築物和固定設施，並由香港英國政府履行該附件第五項所列的承諾。對此，中華人民共和國政府將予以積極合作。

四、為確保雙方關於香港軍事用地的順利交接，聯合王國政府將向中華人民共和國政府移交附件一所列軍事用地以及附件三所列建築物和固定設施的有關文件和圖紙。移交的具體安排，將由雙方另行商定。

外交部謹代表中華人民共和國政府確認上述協議和該協議的三個附件。如蒙聯合王國駐華大使館代表聯合王國政府覆照確認上述協議和該協議的三個附件，本照會所載的上述協議及其三個附件和大使館的覆照將構成中華人民共和國政府和聯合王國政府關於香港軍事用地未來使用安排的一項協議，並於 1994 年　月　日起生效。

根據《中華人民共和國香港特別行政區基本法》的有關規定，中華人民共和國政府就派駐香港特別行政區的軍隊（以下簡稱駐軍）使用軍事用地問題聲明如下：

一、自 1997 年 7 月 1 日起，中華人民共和國政府負責香港特別行政區的防務。派駐香港特別行政區擔負防務任務的駐軍人員，除須遵守全國性法律外，還須遵守香港特別行政區的法律。在確保有效地履行防務責任的同時，駐軍將遵守香港特別行政區政府在土地發展和使用、市政建設和規劃方面的有關規定。

二、移交駐軍的軍事用地將完全用於防務目的，其使用權不轉讓，亦不提供給他人用於非防務目的。如果駐軍使用的某塊土地不再需要用於防務目的，將無償交由香港特別行政區政府處理。

6 月 30 日

◆ 立法局經過 20 小時的激烈辯論後，以 32 票贊成、24 票反對、2 票棄權，通過了彭定康政改方案第二部分《1994 年立法局（選舉規定）（修訂）條例草案》；自由黨的"九四"方案以 28 票贊成、29 票反對、2 票棄權，一票之差被否決；劉慧卿的 60 席直選方案以 20 票贊成、21 票反對、5 票棄權，也以一票之差被否決。自由黨方案被否決，主要是在港英政府的游說壓力下，原來支持自由黨方案的三名"早餐派"議員改變立場；夏永豪改投支持彭定康方案；鮑磊和

葉錫安改投棄權票。另外，親台議員彭震海在台駐港官員的游說下，也改變原對自由黨方案投棄權票的立場，轉而投反對票。李鵬飛在投票後指責彭定康為確保他的方案能通過，對議員的游說"無所不用其極"。

中國外交部發言人、港澳辦發言人和新華社香港分社發言人分別發表談話說："在中英雙方沒有達成協議的情況下，不論用何種方式組成的香港最後一屆三級議會架構，其有效任期都只能到 1997 年 6 月 30 日為止。1997 年 7 月 1 日後，香港特別行政區的三級議會架構將重新組建。具體的重組辦法，將由 1996 年成立的香港特別行政區籌委會作出決定。"

7 月 1 日

◆ 英國政府發表一份由外相赫德提交給國會的文件，回應國會外交事務委員會發表的報告書：（1）英國政府否決報告書提出的多項有關保障香港人權的建議，其中包括設立人權委員會。文件指出，英國及香港政府認為，建議成立委員會的理由不充分，現時成立這樣一個全新的架構，職權過於廣泛及籠統，是否能在 1997 年後繼續存在又無法保證，只會帶來負面影

響。文件表示，英國政府相信，香港的人權法及真正獨立的司法制度，已最佳、最有效地保障香港的人權。中英聯合聲明和基本法亦保證香港司法制度在 1997 年後仍然維持。文件指出，港府已採取一系列措施增強對人權的保障，包括增加資源進行人權教育、增撥資源給司法機構，以使訴訟時間縮短。另外港府亦成立一個跨部門的工作小組，將於 7 月完成報告，建議如何改善法律援助的工作。文件又認為，英國政府認為人權法完全符合基本法，沒有理由會在 1997 年後失效。對於中國政府在 1997 年後代表本港向聯合國作人權報告的責任，英國政府認為毋須向聯合國人權委員會尋求澄清，因為在中英聯合聲明中，中國政府對此有清楚承諾，而聯合聲明又是中英之間的雙邊條約。但英方會繼續促請中國成為國際人權公約的簽署國，並與中國商討有關在 1997 年後向聯合國報告安排。（2）關於中英關係，文件強調，英國政府十分重視與中國發展經貿關係。目前最重要的是加強中英兩國在香港及其他雙邊及國際事務上的合作，這是外交部次官顧立德七月訪華的目的。文件重申英國對中國和台灣關係的立場不變，"政府認同中華人民共和國的立場，即台灣是中國的一省，中華人民共和國是中國

唯一合法政府"，"英國跟台灣當局不可能有政治關係"。對於加強英國國會與台灣議會的關係，英國政府不鼓勵也不反對，此事應由國會根據英國與台灣關係的背景自行考慮。聲明表示英國政府支持台灣以獨立關稅領域，早日進入關稅與貿易總協定。文件不同意報告書提出的西藏的情況是香港的前景的警告。（3）關於民主問題，文件稱，英國政府同意"六四"事件對港人及中國領導人就香港民主發展的看法造成影響，但英國對香港民主發展，並沒有因"六四"事件或彭定康任港督而有基本的改變。英國政府認為，中國會遵守中英聯合聲明及基本法。假使香港的選舉安排符合中英聯合聲明及基本法，1997 年時就無理由再作修改。

7月7日－7月9日

◆ 預委會第三次全體會議在北京舉行。預委會主任錢其琛致開幕詞。8 日下午，江澤民主席會見了出席會議的全體委員，他說，保持香港長期穩定繁榮必須依靠我們自己，靠我們強大的日益興旺發達的祖國，靠 600 萬香港同胞。香港同胞不僅能創造香港今天的繁榮，也一定能創造更加美好的明天。江澤民說，我們從來就沒有把實現香港平穩過渡和保持香港長

期穩定繁榮的希望寄託在別人身上。"一國兩制"、"港人治港"是解決香港前途問題的關鍵。江澤民指出，按照中英聯合聲明的規定，英方有責任、有義務使政權順利交接，保持香港 1997 年前後的繁榮穩定對英國也是有好處的。

預委會第三次全體會議 9 日下午在人民大會堂閉幕。預委會主任錢其琛致閉幕詞。錢其琛指出：對香港恢復行使主權，建立香港特別行政區，實現平穩過渡，要把依靠我們自己的力量作為基本的立足點。這包括兩個方面，即祖國人民的支持和港人的參與。我們國家興旺發達，香港的穩定就有了可靠保證，這就為實現政權交接和平穩過渡創造了良好的條件。而中央的政策和中央的支持是香港長期穩定繁榮的根本保證。

錢其琛強調指出：愛國愛港的港人的積極參與是落實"一國兩制"方針，實現"港人治港"、高度自治的必然要求。在我國恢復對香港行使主權時，當家作主的歷史使命就落到了港人肩上，港人應團結一致，匯聚在愛國愛港的旗幟下面，腳踏實地地工作，以對歷史、對民族、對祖國負責的精神，勇敢地挑起這副擔子。

錢其琛指出，政務專題小組明確提出香港特別行政區的政治體制必須堅持行政主導的原則。這一原則已經由基本法體現出來，作了具體規定。香港在英國管治下長期以來並無民主可言。中國對香港恢復行使主權後，香港作為中國的一個特別行政區必須從香港的實際情況出發，逐步發展民主政制。這種民主政制的建設應以保障香港的穩定繁榮為目的，要兼顧社會各階層的利益，步驟上要循序漸進。實行行政主導在香港有成功的經驗，這是管理香港這一國際金融中心、經濟型的大都市所必須具備的條件。只有實行行政主導，保持政府運作的高效率，才能保障香港的經濟發展和社會穩定。

他說，保證香港特別行政區政府成立時香港法律體系的完整性、連續性，以利於特區政府的正常運作，是有關法律準備工作的主要任務。我們堅持香港原有法律"基本不變"的原則，只對那些隨着英國對香港統治的終結而需要作出改變的法律進行處理。基本法是一個整體，我們在研究香港原有法律哪些與基本法相抵觸時，既要看基本法具體的條文表述，更要把握這些文字所表達出來的精神實質。對港英當局近些年來單方面修改法律的行動，我們應加以密切關注。預委會要把這個問題作為審議的重點。

錢其琛最後指出，不久前港英立法

局通過了根據港督彭定康的"政改方案"制定的選舉法案,這表明英方在香港政制問題上一意孤行。現在有人説,在其他方面中英應當進行合作,不應再有什麼麻煩。我們要聽其言、觀其行。我們希望是這樣,但必須準備可能還會出現一些不以我們意志為轉移的這樣或那樣的麻煩。面對這種形勢,我們要更加堅定信念,依靠自己的力量保證香港平穩過渡。只要廣大港人在愛國愛港的旗幟下,團結一心,和衷共濟,無論社會分工如何,從事什麼職業,人人都以維護香港的平穩過渡為己任,那麼,我們就能夠在最後不到三年的過渡時期內,迎接可能碰到的任何挑戰,排除香港平穩過渡道路上的任何障礙。

7月15日

◆ 英國外交部次長顧立德訪華,與姜恩柱副部長就中英關係和香港問題等進行了會談。錢其琛副總理會見顧立德時,顧立德轉達了英國外相赫德的口信,希望兩國外長互訪或會晤。錢其琛表示,現在能確定的是雙方在1994年聯合國大會期間在紐約進行會晤。20日,顧立德結束訪華抵達香港。他發表簡短聲明表示訪華的用意是加強英中的全面關係,訪華目標不是為了香港事務進行談判,但香港問題成

為他與錢其琛和姜恩柱談話的主要部分,雙方進行了認真及徹底的討論。他強調了英方的期望是雙方把過往在選舉問題上的分歧擱在一旁,為着眾多1997年前要處理的實際香港事務合作。他相信這個信息中方已經接收,他亦肯定中方亦同樣期望為順利過渡而合作。顧立德在港逗留12小時後返回倫敦。在港時,顧立德分別會晤了行政局和立法局議員。

8月9日

◆ 港澳辦主任魯平批評英方在新機場財務安排的債務問題上節外生枝。他説,英方提出的第四個財務方案中方基本上都同意了,因此問題應該早就解決了,但現在的問題是英方節外生枝,對已談好的問題又有反覆。譬如債務問題,中方同意增加到230億,雙方亦談好不超過230億,但英方現在又提出230億不能封頂,理由是不知道那時利率是多少,如果利率上漲,230億就打不住了,會有突破。

8月10日-8月11日

◆ 預委會政務小組舉行第九次會議,初步討論了成立籌委會有關事宜。會議認為籌委會宜在1996年1月即告成立,而

203

在 1995 年底全國人大常委會應對此再作一個決定,並任命籌委會的主任和委員名單。籌委會的職權範圍包括籌組特區第一屆政府推選委員會、籌組特區第一屆政府和立法會、處理司法機關過渡事宜和組建終審法院、規定特區第一屆區域組織的產生辦法,以及籌組特區成立儀式和慶典活動等等。籌委會的組成應具廣泛代表性,規模亦應適當。小組確定了日後的工作規劃,並決定在其下成立一個"公務員事務研究小組",以深入研究有關公務員制度和隊伍的穩定問題,並以多種方式與公務員及其他熟悉公務員事務的社會人士溝通,聽取各方意見。小組將以政務小組香港委員為主體,並由一名香港委員擔任召集人,人數不超過 15 人。

8 月 12 日 – 8 月 13 日

◆ 預委會經濟小組舉行第八次會議,會議着重討論了香港退休保障和老人福利的有關問題。參加會議的預委會委員們呼籲香港社會要普遍關心老人的生活,特別是僱員退休後的生活應依法得到保障。這是香港多少年來一直存在的社會問題,而且香港的人口老化有上升的趨勢,因此必須早日解決。與會者認為,解決這個問題應從香港社會的長遠和整體利益出發,要有利於保持香港的穩定和繁榮,要符合基本法的有關規定。港英政府近日提出的"老年退休金計劃"實際上是老人津貼問題,屬於社會福利,不宜和僱員的退休保障混為一談。從問題的性質和社會需要來説,應爭取全面解決僱員的退休保障問題。委員們認為最好的辦法是:在目前有一部分企業已實行的私人公積金的基礎上,制定一套完善的管理制度,推行強制性的公積金計劃。對未能享受退休保障而確有需要的老人,則以改善老人津貼和為老人服務的辦法來解決。現在香港社會上對這個問題有不同的看法,因此在處理這個問題時應採取十分慎重的態度,要廣泛聽取香港社會各方面的意見。此外,港英政府提出的"老年退休金計劃"需要在 1997 年後由香港特別行政區政府付諸實施,因此,必須提到中英聯合聯絡小組討論,經過充分磋商後再作決定。

8 月 31 日

◆ 八屆全國人大常委會第九次會議以全數贊成票通過《全國人大常委會關於鄭耀棠等 32 名全國人大代表所提議案的決定》。會議認為,港英最後一屆立法局、市政局和區域市政局、區議會於 1997 年 6 月 30 日終止。英國政府單方面決定的有關港英最後一屆立法局、市政局和區域市政局、區議會的選舉安排，違反中英聯合聲明，不符合《中華人民共和國香港特別行政區基本法》和《全國人民代表大會關於香港特別行政區第一屆政府和立法會產生辦法的決定》。會議決定：由香港特別行政區籌備委員會根據《全國人民代表大會關於香港特別行政區第一屆政府和立法會產生辦法的決定》，負責籌備成立香港特別行政區的有關事宜，規定香港特別行政區第一屆立法會的具體產生辦法，組建香港特別行政區第一屆立法會。根據《中華人民共和國香港特別行政區基本法》，香港特別行政區的區域組織的職權和組成方法由香港特別行政區的法律規定。

9月2日－9月3日

◆ 預委會社會及保安小組舉行第六次會議，就退休保障和社會福利提出四點意見：（1）退休保障和社會福利是關係到香港社會穩定、廣大市民切身利益的事，必須加以妥善解決；（2）解決退休保障和社會福利問題，應根據基本法的規定，從而建立一套制度；（3）對社會福利問題，必須予以高度重視；（4）對港府的老人退休金計劃，目前社會上有很多不同看法，

故此應十分慎重，要廣泛聽取各方面意見。由於該計劃涉及將來特區政府的責任和義務，所以必須提交中英聯合聯絡小組討論。

會議並討論了特區永久居民中的中國公民在內地所生子女赴港定居的問題。會議認為，為紓緩1997年後此類人士大量赴港而造成的壓力，有必要提前作出適當安排，逐步增加名額予這些人士來港定居，而有關措施必須考慮香港社會吸納人口定居的綜合承受能力，有計劃分步驟地進行，而且要有嚴格審批程序。小組希望港府能夠在現時每日批准105名內地居民單程來港的基礎上，增加一些名額專門給予港人在內地的子女，讓他們逐步來港。根據港府估計，目前內地符合上述資格的人士約為75000人。

9月4日－9月6日

◆ 預委會法律小組舉行第六次會議，會議認為，特區成立時迫切需要解決的立法問題有以下幾方面：（1）終審法院的成立。如果1997年前中英不能就終審法院的成立合作，那麼中方將在特區成立時組建終審法院；（2）基本法委員會的成立。根據基本法的規定，特區成立時應有一個由內地和香港人士組成的基本法委員會，

就基本法若干條款實施的問題向全國人大常委會提供研究意見。這個委員會如何設立，委員如何委任需要及時解決；（3）非中國籍人士表態以香港為永久居住地的問題。小組並就香港公安條例展開討論，小組詳細對照了 1994 年 4 月提出的公安條例修訂草案與現行條例的區別，認為新草案大大削弱了警察部門的權力，對香港保安措施有很大影響。會議討論了英國保密法。會後小組組長邵天任表示，目前由英國引用於本港的 1989 年官方保密法並沒有抵觸基本法，小組同意可將該法例進行本地化，並在「九七」後繼續沿用。他強調，雖然該法例「九七」後可以沿用，但並不表示特區立法會不可以根據基本法第二十三條有關禁止竊取國家機密的條文，自行立法或修改原有保密法。至於特區對國家機密的界定應否跟隨中央政府，則應該在特區成立後再作決定。小組還討論了特區成立後一些全國性法律在港實施的問題，討論了 1997 年成立臨時立法會的必要性及法律根據。

9月6日

◆ 地鐵公司首次在報刊刊登廣告，就東涌和大角咀的機鐵沿綫物業發展作公開投標。中英土地委員會中方首席代表陳榮春表示，在中英未能就新機場財務安排達成協議之前，機場沿綫土地不能夠進行發展。8 日，中英聯合聯絡小組中方代表陳佐洱批評英方搞偷步行動。

9月7日－9月8日

◆ 預委會政務小組舉行第十次會議，討論了特區第一屆政府推選委員會的組成問題以及第一任特區行政長官產生的時間及辦法。小組認為，推選委員會可在 1996 年第三季度產生，其委員會成員由特區籌委會協商產生；第一任特區行政長官則於 1996 年第四季度由推選委員會協商產生或協商後提名選舉產生。在推選委員會組成方面，完全按照全國人大的有關規定，全部由香港永久居民組成，必須具有廣泛代表性，以及 400 名成員均來自四個大界別，每界別各佔 25%。推選委員會產生的辦法，小組認為，應交由特區籌委會將人大決定中的一系列問題具體化。會議繼續討論了特區第一屆政府的有關事宜。（1）關於特區第一屆政府機構的設置問題，小組認為，為保證平穩過渡和特區第一屆政府的順利建立與運作，港英政府現有的機構設置中，除根據基本法的規定和中國對香港恢復行使主權的政治現實而必須作出某些改變外，一般可予保留。對於需要加以改變的方面，例如，取消港督的政治顧問；港督特派廉政專員公署「九七」後正名為廉政公署；憲制事務科角色要改變等。（2）關於特區主要官員（司級或相當於司級）的產生問題，小組認為，特區政府機構及主要官員的具體數目現時不能確定，要視1996年前後港英政府架構中有多少相當於司級的官員和部門，預計1995年年底才會提出較為具體的意見。（3）關於第一屆行政會議的籌組問題，小組認為，行政會議是協助行政長官決策的機構，其組成應符合以行政為主導，行政與立法互相制衡，又互相配合的原則。根據基本法的規定，行政會議由政府主要官員、立法會議員和社會人士三部分組成，由於第一屆立法會產生時間問題尚未討論，所以如1997年7月1日不能即時成立，行政會議可暫時不包括立法會議員。至於行政會議由多少人組成、各類人士所佔的比例應是多少等問題，可交由行政長官自行決定處理。委員們建議，行政會議成員可兼任重要法定組織、諮詢組織的負責人，以保證行政會議協助行政長官作出的決策得以落實，而成員應以個人身份而非以政黨或選區代表身份參加行政會議。（4）關於政府法定組織、諮詢組織的設置問題，小組認為，設立法定組織

和諮詢組織制度對協助政府制訂並推行政策，保證行政主導的體制起着較為重要的作用，特區第一屆政府對現有的法定組織和諮詢制度予以保留，現有組織可以全部繼續存在。上述組織除較為重要的幾十個組織的負責人由行政長官重新委任外，其他組織的負責人及其成員均可繼續留任。

9月9日－9月10日

◆ 預委會經濟小組舉行第九次會議，就1997年後香港與內地經貿發展需要解決的問題展開討論，小組建議1997年後，港人在內地投資，其待遇應視同外資，以保障港人的利益，同時應對此制訂出具體的政策。小組討論了聯繫匯率的問題。委員們認為，堅持港元與美元的聯繫匯率制度，是香港平穩過渡的重要條件；這一制度在過渡期內所起的作用不可取代，因此不應加以改變。

9月11日－9月12日

◆ 預委會文化小組舉行第五次會議，討論了下列問題：（1）就1997年後公營機構名稱和徽號問題達成四項共識：1.絕大部分不帶任何殖民主義色彩的機構名稱和徽號「九七」後可繼續使用；2.特區政府機關的名稱和徽號，由將來的籌委會及

早作出安排；3. 帶有殖民主義色彩的公營機構名稱和徽號（如"總督特准"、"皇家"等字樣）原則上停止使用，具體實施辦法由特區政府制定；4. 民間公眾機構的名稱和徽號建議由各機構考慮新的情況和精神（即"九七"後政權變化的事實及預委會的有關意見）之後自行決定。（2）關於 1997 年後公眾假期問題，小組保留原有的每年 17 天公眾假日總數不變，但帶有殖民主義色彩的假日必須取消，如英女皇壽辰的兩天假期，同時建議增加 7 月 1 日恢復對香港行使主權紀念日和 10 月 1 日、2 日國慶節假日。1998 年以後的假日由特區自行立法決定。（3）關於外國授予港人的名譽名銜問題，小組認為，這是個人因自己的業績而獲得的勳銜，不應處理。即使"九七"後英國、法國、意大利等國家仍給香港一些人士授勳，也不應干涉。根據這些勳銜（如 OBE、CBE）現時在香港的情況，委員們認為享有勳銜的人士並無特權地位。關於太平紳士制度，小組認為這不僅是一個名銜，而且是一種職務，因此傾向保留這一制度，至於其職責範圍則要與社會保安小組和法律小組共同商討後確定。關於特區郵票問題，小組認為現時使用的英女皇頭像普通郵票 1997 年後應改變；特區的首批紀

念郵票準備工作應從現在就開始進行，另外，1997 年後的郵資印章亦應進行新的設計。關於"九七"後的學歷承認問題，小組傾向於採取唯才是用的原則，應該以一個地方學歷水平的高低，而不是以主權國承認與否為評選的標準。委員們希望具有相當高水平的學位"九七"年後可在香港獲得認可。至於台灣的學歷，小組建議將來建立有關的評審機制。小組討論了公民教育的原則，就公民教育的推展達成四項共識：（1）目前公民教育不受重視，令人缺乏國家民族意識；（2）重視公民教育，這包括對國家民族和"一國兩制"的認識；（3）應加強中小學透過歷史和地理科認識中國，並加強認識基本法；（4）香港教育行政部門應把公民教育發展列為必修科目。

9 月 18 日

◆ 港英政府最後一屆區議會選舉，總投票人數為 69.3 萬人，比 1991 年上屆選舉多 27 萬人，投票率為 33.1%，比上屆增加 0.6 個百分點。在當選的 346 個區議員中，233 人有政黨背景，佔 67.3%。民建聯躍升全港第二大黨，愛國力量在區議會中佔有率達六成。港府前布政司霍德承認："這個結果反映有越來

多的香港人相信香港的前途並非掌握在英國手裡，而應該由中方主宰一切。"

9月20日－9月22日

◆中英聯合聯絡小組在北京舉行第30次會議，會後發表新聞公報稱：聯合聯絡小組討論了與香港有關的國際權利與義務問題、香港民航協定問題、香港防務與治安問題、跨越1997年的專營權合約及有關問題、香港排污計劃問題、香港與有關國家之間的投資保護協定、香港與有關國家之間的移交逃犯協定、香港同某些國家的刑事司法協助問題、香港與外國對等承認及執行民商事判決問題、法律本地化、法律適應化、終審法院問題、聯合聲明有關1997年後在香港居留權條款實施問題、互免簽證協定、公務員問題、退休保障及社會福利問題。

9月29日

◆中英兩國外長在紐約會面，集中討論了如何加快中英聯合聯絡小組的工作步伐和改善中英關係問題，但未能達成任何共識或協議。

10月5日

◆彭定康發表施政報告《香港：掌握

千日，跨越"九七"》。關於中英關係，報告提出：(1)當1996年成立特區籌委會時，港英政府希望能以商定的方法給予籌委會所需的即時和切實的幫助；(2)在候任行政長官選定後，港英政府樂意儘可能給予支持；(3)港英政府會向特區行政會議成員或主要官員提供一切所需的協助；(4)駐港英軍將與在1997年負起防衛香港的中國軍方充分合作；(5)樂意與中國商討在1997年舉行主權移交儀式的安排；(6)在1997年時，港府將財政儲備1200億元與外匯基金資產一併移交給中方；港府並會為中國政府擬備一份港英政府物業資產清單；(7)就1997至1998年度財政預算案諮詢中方。彭定康堅持不承認預委會地位，拒絕港府與預委會建立正式關係，禁止公務員參與預委會的政策，但建議中國政府考慮委任預委會成員出任中英聯合聯絡小組的專家，而港府官員通過聯絡小組與預委會接觸。

10月6日

◆布政司陳方安生發信給所有司級官員和政府部門首長，就公務員與預委會接觸作出指引。信中重申，預委會只是中國人大的諮詢組織，與特區籌委會不同，無論中英聯合聲明和基本法都沒有提及

中英雙方通過中英聯合聯絡小組就政權交
接、平穩過渡等事宜多次進行商談,取得
了進展。圖為 1994 年 9 月 20-22 日在北
京舉行的中英聯合聯絡小組第 30 次會談。

預委會。公務員須向港府、市民及立法局負責，不應混淆他們的角色及責任。信中指示公務員不可以加入預委會、不可以出席預委會或其屬下小組的正式會議、不可以擔任預委會或其屬下小組的顧問。在符合這些規限的情況下，公務員可以官方或私人身份，自由與預委會委員發展或保持接觸。他們以官方身份與預委會接觸，便有責任去解釋港府的政策及行動。他們亦容許向預委會委員提供一些可以公開的資料。

新華社香港分社副社長張浚生批評港府發出指引，是在進一步為中英合作設置障礙。彭定康口頭上說要和中方合作，只是為了表演。

10月6日－10月7日

◆預委會政務小組舉行第11次會議。會議認為，彭定康的施政報告並無新意，對英方這種毫無合作誠意的做法不能抱任何幻想。與會委員們指出，為了保證香港的平穩過渡和繁榮穩定，全國人大有關決定中就第一屆立法會的產生作了"直通車"安排，但英方卻執意推行其"三違反"的政改方案，對此，委員們建議，成立臨時立法會，並首先成立選舉事務研究小組。

10月8日－10月9日

◆預委會經濟小組舉行第十次會議。會議主要就彭定康施政報告中的有關經濟問題、香港工程排污問題、兩地高層重大基建項目協調等問題進行了討論，並提出了一些初步意見和建議。

10月10日－10月11日

◆預委會文化小組舉行第六次會議。本次會議在上次小組會議討論的基礎上，委員們對"九七"以後香港公眾機構名稱及徽號、節假日、榮譽名銜、郵票的過渡性安排、學歷和公民教育的基本原則等問題作了進一步討論。

10月17日－10月18日

◆預委會法律小組舉行第七次會議。會議討論了香港原有法律的處理辦法。中方組長邵天任會後表示，小組在四方面達成共識：（1）關於原有法律中體現英國管治香港的法律，1997年7月1日後都要廢除，這包括憲法性法律如英皇制誥、皇室訓令和英國法律適用條例。（2）關於香港立法局和兩個市政局和區議會的選舉辦法，1997年後不能採用。（3）關於特區的國防和外交事務，根據基本法的規定，香港特區將來的國防和外交屬中央管理，中央可以採取行政手段和立法的辦法處理，所以原來在香港關於國防和外交的法律，不管是香港本地的或者是英國的法律，當然亦要取消。但是關於香港法律中規定英國在香港駐軍所享有的權利、豁免權和義務，還需要保留給中國將來在香港的駐軍。（4）關於港英當局修改香港法律的問題，在過渡期內，港英當局不同中方商量，單方面把香港原有法律作大量修改，使原有法律面目全非。例如社團條例、公安條例等。中方不能接受這些修改後的法律，將來要採用它修改前的版本作為特區的法律。邵天任表示，小組總的意見認為，"九七"以後，英國是外國，香港原有法律給予英國及英聯邦國家的特權，將不再保留。至於中國政府則不會繼承這些特權。此外，小組審議了九條香港原有成文條例，初步認為除領事官員處理遺產條例外，其餘八條均可繼續保留。領事官員處理遺產條例規定英國領事在國外如何處理香港人在其他國家的遺產問題。小組認為，1997年後香港人特別是中國公民在國外的遺產，應由中國的領事處理。他表示，稅務條例本身可以保留，但當中很多豁免的範圍，將來還要進一步考慮。

10月24日

◆ 中英聯合聯絡小組中方首席代表郭豐民明確表示，法律適應化問題完全是 1997 年 6 月 30 日以後中國主權範圍內的事，是中國內政，只能由中方自行解決。他指出，英方曾提出"午夜立法"的建議，主張由港英政府現在的立法局通過立法程序規定這些法律如何修改，然後在 1997 年 7 月 1 日零時正式生效。他表示，由於涉及主權問題，中方不能接受"午夜立法"的建議。

10月27日

◆ 中國外交部發言人說，涉及跨越 1997 年在香港的建設項目應由中英磋商解決，港英當局單方面採取的行動，中方將不承擔責任。港英當局單方面對香港目前的一些法例進行重大修改，中方對此不能承擔責任，後果應由英方承擔。

10月28日

◆ 預委會經濟小組首次邀請香港金融界專家、包括金融管理局副總裁沈聯濤參加內部諮詢會議，討論聯繫匯率平穩過渡問題。中國人民銀行副行長陳元在發言中強調，在過渡時期，我們應保持市場對聯繫匯率有絕對的信心，我們不希望再聽到任何動搖信心的宣傳。會後經濟小組港方組長方黃吉雯表示，與會者一致認為，聯繫匯率不應改變。金融管理局總裁任志剛表示，陳元的講話對聯繫匯率制度及本港的平穩過渡非常重要，反映出中國政府清楚表明對聯繫匯率的態度。

◆ 港府宣佈，英國外交部已接獲聯合國通知，有關援引《兒童權利公約》至包括香港在內的 12 個英國屬土的正式手續已經完成。政府發言人表示，中方已獲諮詢，對引入公約和在"九七"後繼續在港應用，原則上不持異議。發言人指出，英國在援引公約時，為香港和其他屬土加入若干保留條文和聲明，包括保留移民法例的繼續應用，並容許在缺乏適當羈留設施或對兒童和成人雙方均有好處的情形下將兒童和成人共同羈留。另外，容許香港暫時無須規限在非工業機構工作的 15 歲以上的年輕人工作時間。此外，香港和另一屬土均加入一項保留條文，容許繼續實施與尋求難民身份兒童有關的條例。

11 月 2 日

◆ 英國外相赫德在英中文化協會 20 周年講座上發表題為《英國與中國 —— 1997 及以後》的演講。他呼籲中方儘快與英方恢復合作，希望 1995 年兩國關係能夠"升溫"。他説，英方只希望有一個體面及光榮的撤退，不會挑起紛爭，更不會煽風點火，不會挑起中港矛盾。他強調，英國的一個中國政策不會改變，但有需要加強英國和台灣的非政府層面聯繫。他提出英國對香港有三大責任：（1）對 600 萬港人的責任；（2）對世界的責任。香港不單是英國殖民地，而且是東亞和國際社會的無價資產；（3）對英國國會、人民和歷史的責任。英國需要體面地、光榮地離開。要做到這點，必須要讓港人對未來有最大信心。他又列出與中國合作的三大工作：（1）在政治問題上加強合作；（2）繼續支持中國的經濟改革；（3）建立政府以外的聯繫。

11 月 4 日

◆ 中英聯合聯絡小組雙方首席代表在香港簽署關於香港新機場及機場鐵路整體財務安排的會議紀要。李鵬總理歡迎中英達成新機場財務安排協議，他指出凡是有助於保持香港繁榮穩定的協議中方都會支持。錢其琛副總理兼外長對達成協議表示高興，他相信關於臨機局和機鐵的財務安排亦會很快達成協議。港澳辦發言人表示，只要嚴格按照中英聯合聲明和中英過去達成的協議和諒解，對一些涉及香港長

1994年

遠利益的重大問題，雙方採取互諒互讓、共同磋商的合作態度，是能夠取得好的成果的。他説，新機場財務安排達成協議後，中方仍將一如既往地採取合作態度，就機場管理局條例及兩個財務支持協議等問題，與英方認真磋商，使香港新機場能如期完成。

11月6日 – 11月8日

◆ 預委會法律小組舉行第八次會議，首日會議審查了 13 條香港現有法例，除《版權條例》、《專利權註冊條例》和《聯合王國設計保障條例》屬英國法例需要進行本地化後才可為特區所用外，其餘 10 條基本上與基本法無抵觸，可採用為特區法律。中方組長邵天任表示，香港法例給予英國及英聯邦國家的特權 1997 年後都要廢除，但特權的定義及特權到何種程度須予廢除，須由特區政府作進一步研究決定。第二天會議審議了 12 條香港原有法律，小組認為，多數條例在名稱及內容上需作進一步修改，如《普通債券及證券條例》（香港）、《官方語文條例》、《外匯基金條例》、《貨幣兑換條例》、《保險公司條例》和《破產條例》等。一些條例還需要由經濟小組作進一步審查研究。小組又認為，《宣誓及聲明條例》的效忠對象

是英國女皇，基本上不能用，只能予以廢除。最後一天會議審查了 65 條法例，除了《區議會條例》予以廢除外，其餘 64 條基本上與基本法無抵觸，可採用為特區的法例。小組內地組長邵天任會後説，若港府在 1997 年前對與基本法無抵觸的法例進行重大修改，則修改後的法例需要重行審查，若與基本法抵觸，便要廢除。

11月9日 – 11月10日

◆ 預委會政務小組舉行第 12 次會議，會議討論了有關香港特別行政區司法機關組建等問題。小組委員指出，組建香港特別行政區司法機關是籌備成立香港特別行政區的一項重要工作，香港特別行政區終審法院應由籌委會根據基本法的規定組建。終審法院法官經過一個獨立委員會推薦，並徵得立法會同意後由行政長官任命。委員們還指出，原在香港實行的司法體制，在過渡成為香港特別行政區的司法體制時須作必要的調整，"最高法院" 應改名 "高等法院"，"上訴法院" 和 "高等法院" 分別改稱 "上訴法庭" 和 "原訟法庭"。除此以外，司法體制的其他方面予以保留。香港特別行政區成立前在香港任職的法官和其他司法人員均可留用，但需經過重新任命的程序。

在討論設立全國人民代表大會常務委員會香港特別行政區基本法委員會的問題時，委員們指出，全國人民代表大會有關決定已就基本法委員會的隸屬關係、任務、組成等項作了明確規定。基本法委員會委員必須擁護"一國兩制"方針，擁護並熟悉基本法。委員們還根據基本法的規定，對香港特別行政區行政長官、主要官員、行政會議成員、立法會議員、各級法院法官和其他司法人員就職宣誓的誓詞內容和宣誓程序提出了初步設想。

11月10日

◆ 中國外交部發言人就港英立法機關以"午夜立法"方式解決法律適應化問題回應記者提問時說："根據基本法的規定，香港特別行政區成立時，香港原有法律，除全國人大常委會宣佈為與基本法抵觸者外，都應該採用為香港特別行政區的法律。以後若發現有的法律與基本法抵觸，可依照基本法規定的程序加以修改或停止生效。如何解決香港原有法律採用為香港特別行政區法律的問題，完全是全國人大常委會的權力，由港英的立法機關'午夜立法'替香港特別行政區立法是越權行為。"

11月11日－11月12日

◆ 預委會經濟小組在北京舉行第11次會議。會上，委員們聽取了國務院港澳辦官員介紹中英關於成立香港與內地大型基建協調委員會磋商的情況，表示希望這個委員會早日成立，就與香港基建的銜接配合問題進行磋商，並作好相應安排。

11月13日－11月14日

◆ 預委會文化小組在北京舉行第七次會議，會上，委員們對學歷問題，經過深入瞭解和討論取得初步共識：1997年後香港的學位制度和承認學歷的政策，應由特區政府自行制定；本着公平原則，長期以來英國及一些英聯邦國家在學歷承認問題上享有特權的情況，沒有理由繼續下去。無論哪個國家或地區的學歷，一律將經特區有關學歷機構評審確認。委員們同時也認為，學歷和專業資格、執業資格是不同的，承認學歷不等於承認專業資格，更不等於承認執業資格。

會議還對一些其他問題達成共識，其中包括，基本法的跟進研究將進一步加強；1997年慶祝問題應及早研究；由於1997學年的教科書要在1996年由港英當局審定，因此建議將此問題提交中英聯合聯絡小組討論。

11月15日

◆ 港府將 125 名已接受遣返的越南船民由羈留中心轉到屯門望后石開放營，並允許他們在自簽的情況下出外工作，只須每三個月向入境處報到，其餘並無限制。屯門區議會就此舉行特別會議，議員譴責港府未經諮詢他們便作出這決定，並擔心會造成治安問題。

11月15日–11月17日

◆ 預委會社會及保安小組在北京舉行第七次會議，會議在 1997 年之後特區政府頒發除特區護照外的其他合法旅行證件、香港永久性居民中的中國公民在內地所生子女赴港等問題上，達成初步共識。

11月16日

◆ 新華社香港分社社長周南在出席香港管理專業協會周年晚宴上，以《保持香港經濟體制的重要性》為題發表了長篇演講。他說，過渡時期的任務主要有兩條：一是保持穩定；二是保持繁榮。而保持穩定是保持繁榮的先決條件。我們必須防止有人將基本法規定的行政主導的政治體制變為立法主導體制，防止有人隨意濫改香港行之有效的行政管理機制和與之相關的法律。在過渡期內做這樣的改變將嚴重損

害香港的穩定。他指出，香港持續穩定繁榮的兩個要素是：中國經濟的高速增長和香港的獨特經濟結構。他指出，令人不安的是有人企圖以冠冕堂皇的藉口對香港的經濟制度作出改變，這樣做必將會給香港的前途帶來嚴重的負面影響。有人假借"免費午餐"的幌子來大幅度提高福利和福利承諾。他強調，我們必須關注目前當局的各項開支。香港的前途將取決於我們的警惕性和洞察力，而最終將取決於我們堅決地按照基本法辦事的意志和能力。

11月17日

◆ 中英土地委員會舉行第 29 次會議，雙方就新機場和機場鐵路批地安排、補充批地計劃以及開發土地平均成本達成協議。

11月23日

◆ 預委會經濟小組在港舉行"1997後香港與內地經貿關係研討會"。周南社長為研討會致開幕詞，中國對外貿易經濟合作部部長吳儀為研討會作午餐演講。會上四位內地部長級官員和三位預委會港方委員作了專題演講，並就香港特別行政區的經貿和法律地位、兩地貿易及協調發展、兩地投資、內地稅制改革等問題進行

了廣泛的討論。港府四名官員也出席了研討會。長實集團主席李嘉誠在會上建議中國政府成立一個由副總理級官員主管的獨立而具權威性的商務諮詢及協調機構，為對外商務糾紛作出仲裁。他並建議"九七"後讓特區政府派出各方面的專家參與這個機構，協助港人到內地投資。中國經濟貿易委員會副主任俞曉松 24 日表示，李嘉誠的建議，預委會經濟小組將作磋商及向國務院提出建議。但即使成立，也不會在 1997 年前。他又指出，設立任何中央機構，都必須由國務院全體會議討論決定。

11 月 24 日

◆ 中國外交部發言人説，希望英方能在 1995 年底以前解決滯留在香港的越南船民問題。

12 月 1 日

◆ 中國外交部發言人指出，根據聯合國難民專員公署 1989 年 6 月通過的有關規定，香港不是越南船民的安置地，並且這個問題應在 1995 年底以前得到解決。至於其中少數船民經過鑒別，證明確實原來在中國大陸安置過，並且願意回到中國大陸的，中方將按照規定把他們接回。他

指出，英國政府決定把香港作為越南船民的第一收容港，那麼理應由英國承擔責任，中國政府無須對這件事情承擔義務。他強調説，中方注意到這一問題已經拖了很長時間沒有得到解決，我們將尋求途徑來推動英方及早解決香港船民問題。

12 月 2 日

◆ 英國外交部發言人表示，英國方面正在進行工作，確保越南非法入境者的問題，在中國接管香港之前得到解決。港府難民事務統籌專員白勵行重申，第一收容港政策不會因為主權移交而在 1997 年 7 月 1 日自動失效，因為這是由港府經英國政府核准後所採納的政策，實行第一收容港的政策是港府的決定，除非特區政府決定取消，否則此政策不會自動失效。

12 月 5 日

◆ 港府發言人宣佈，1995 年立法局選舉將在 9 月 17 日舉行，三種選舉方式（分區直選、功能組別和選舉委員）同一天舉行。6 日，港澳辦發言人發表聲明，重申"港英政府的三層政治架構到 1997 年 6 月 30 日將結束"。"中國政府對這個問題有堅定原則，此一立場並未改變。"

12月8日

◆ 全國人大常委會發言人周成奎表示，中方不會接受英方建議由中英雙方透過聯絡小組討論由律政署提交的法律適應化條例修改建議。他指出，法律適應化的工作，是特區政府自治範圍的事，不能讓英方修訂需要適應化的條例，否則是插手中國主權範圍內的事情。就算英方新方案是由律政署提交修訂建議，由中英雙方磋商達成共識，即中方也接納這些修訂內容，但仍然是由港英當局提出修訂內容，要特區立法會照着來進行修訂，中方認為這是不能接受的。

12月8日－12月10日

◆ 預委會在北京舉行第四次全體會議。8日，預委會主任錢其琛主持會議並致開幕詞。在當天上午的大會上，各專題小組組長分別向大會作了小組工作報告。在 10 日的閉幕會議上，預委會秘書長魯平作了關於 1995 年預委會工作設想的報告。錢其琛主任致閉幕詞。他說，各專題小組提交大會的 11 項建議、方案是與三次全會提出的指導思想相吻合的。這表明預委會的工作取得了一些成果。

會議通過的《香港特別行政區籌委會預備工作委員會第四次全體會議新聞

公報》稱：會議聽取和討論了五個專題小組提交的工作報告，並審議了有關問題的建議。近半年來，政務專題小組重點研究了與建立香港特別行政區直接有關的一些問題，主要有關於設立香港特別行政區籌委會、籌組香港特別行政區第一屆政府、設立香港特別行政區臨時立法會等問題；經濟專題小組重點研究了維持港幣聯繫匯率、香港退休保障制度、1997 年後香港與內地的經貿關係、香港的土地與房屋、香港與內地的大型基建協調以及土地基金等問題；法律專題小組着重研究並提出了處理香港原有法律的辦法；文化專題小組着重研究了教育、文化方面的問題，就香港公眾機構的名稱、徽號、旗幟、印章、公眾假日、榮譽名銜、郵票過渡性安排等提出了建議；社會及保安專題小組着重研究了香港永久性居民中的中國公民在內地所生子女赴港定居問題，以香港為永久居住地的有關規定問題，回流移民的永久性居民身份問題等。會議認為，各專題小組提出的建議符合 "一國兩制" 的方針，符合基本法和全國人民代表大會及其常委會有關決定，考慮到了香港的實際情況，兼顧了香港社會各方面的利益和要求。同時，會議對各小組的工作報告提出了一些修改意見。

會議對預委會成立一年半以來各專題小組的工作進展表示滿意，認為預委會的各項工作已全面鋪開，討論的問題涉及建立香港特別行政區政權和關係到香港經濟、文化及與其他民生問題有關的許多方面，為 1995 年的工作打下了良好基礎。會議希望各專題小組及其下設研究小組再接再厲，加緊工作，爭取更大成果。會議對 1995 年上半年預委會的工作作了部署，要求各專題小組根據這次會議提出的意見，對已提交的建議加以充實、完善，並加緊對工作規劃中所列的其他各項問題的研究，爭取在第五次全體會議上就所研究的大部分問題正式提出建議或方案。

12 月 9 日

◆ 中國外交部發言人再次重申中國政府對越南船民問題的立場。他說，有關香港作為越南船民第一收容港地位，完全是英國政府對聯合國作出的承諾，中國政府並不為此承擔任何義務，中國政府亦不認為"九七"後香港仍要繼續收容越南船民。

12 月 13 日

◆ 英國外相赫德在接受《明報》記者訪問時表示，英國不會收容 1997 年仍滯留在本港的越南船民，他希望船民問題

可在 1997 年主權移交前解決。但他迴避屆時若未能解決，特區政府應怎樣處理的問題。

12 月 14 日 – 12 月 16 日

◆ 中英聯合聯絡小組在倫敦舉行第 31 次會議。會後發表新聞公報稱：聯合聯絡小組討論了與香港有關的國際權利與義務、香港民航協定、香港防務與治安、跨越 1997 年的專營權合約及有關問題、香港排污計劃、香港與有關國家之間的投資保護協定、香港與有關國家之間的移交逃犯協定、香港同某些國家的刑事司法協助問題、香港與外國對等承認及執行民商事判決問題、法律本地化、法律適應化、終審法院問題、聯合聲明有關 1997 年後在香港居留權條款實施問題、互免簽證協定、公務員問題、退休保障及社會福利、政權交接問題、滯港越南船民和難民問題。

中方首席代表趙稷華表示，這次會議雙方已經開始磋商政權交接議題。中方還就加快聯絡小組工作進度提出意見。中方就港府對 125 名越南船民的處理向英方表示了關注，要求英方在"九七"之前完成處理越南船民問題，不要將問題留給特區政府。中方並向英方指出，近期港府

對一些香港法例進行修改，是不符合聯合聲明的做法，要求英方將有關修改交聯合聯絡小組討論。

12 月 16 日

◆《南華早報》説，歐洲議會 15 日晚批准撥款 180 萬美元在香港設立人權中心。此款在 1995 年初便可撥出，以幫助希望設立人權辦事處的一組律師。報道説，據認為，歐洲議會會繼續資助這個中心直至香港主權於 1997 年移交中方及以後。

12 月 17 日

◆ 港澳辦發言人發表談話説：日前，歐洲議會在個別英國議員的鼓動下，居然同意從明年初即撥款在香港資助一些人成立一個所謂的"人權中心"。據稱，在這個"中心"成立之後，歐洲議會還將繼續予以資助，一直到 1997 年之後。對此，我們感到十分驚訝。這不僅是對香港特別行政區基本法的嚴重挑戰，也是對中國內政的粗暴干涉。包括香港同胞在內的中國人民是絕不會接受的。

12 月 18 日

◆ 在中英聯合聲明簽署十周年之際，

錢其琛副總理和港澳辦主任魯平分別發表重要談話。錢其琛説，中英聯合聲明是一個用和平談判的辦法解決歷史遺留問題的偉大創舉，其核心是"一國兩制"。這一偉大構想的試驗是成功的。他説，"一國兩制"構想的提出，表明中國越來越強大，越來越發展，顯示中國完全有能力恢復對香港行使主權，並實現政權順利交接和平穩過渡。他指出，中英合作是香港平穩過渡的一個重要條件，但最根本的還是立足於自己的力量，也就是要靠強大的祖國和祖國人民，靠廣大的港人參與。魯平説，"一國兩制"的方針是中國政府從香港的歷史和現實出發，經過慎重考慮之後提出來的，是一項長遠國策。只要"一國兩制"能夠落實，香港就會更加繁榮穩定。他説，剛結束的預委會第四次全體會議，提出了堅持以我為主的方針，依靠自己的力量，實現香港平穩過渡。這再次表明，中國政府執行"一國兩制"的方針是不會動搖的，而"一國兩制"的事業是包括廣大香港同胞在內的全中國人民正在從事的一次偉大實踐。

12 月 19 日

◆ "中國政府對香港恢復行使主權倒計時牌"揭幕儀式在北京天安門廣場東側

的中國革命歷史博物館前隆重舉行。全國人大副委員長王光英致詞時表示，這塊倒計時牌寄託了包括 600 萬香港同胞在內的全國人民對香港回歸祖國的盼望。當前，首要的任務是團結各方面力量，群策群力，順利實現香港的平穩過渡，廣泛深入宣傳基本法，加強港人的團結，擴大愛國愛港的力量。

12 月 20 日

◆周南社長在《人民日報》海外版撰文《不可逆轉的歷史潮流》，紀念中英聯合聲明簽署十周年。周南批評英方近幾年來從聯合聲明的立場上大步倒退，企圖拿到在談判桌上拿不到的東西。周南強調，現在距離 1997 年香港回歸祖國只有兩年半的時間，我們一方面要保持清醒的頭腦，採取有效措施防止有人製造各種混亂，同時要加緊進行保證平穩過渡的各項準備工作。

12 月 28 日

◆《紫荊》雜誌刊登對錢其琛副總理的專訪內容。錢其琛說，"我們在香港問題上的基本原則主要有以下幾個方面：一是在 1997 年 7 月 1 日，按期對香港恢復行使主權，這一點在中英聯合聲明中已有了明確的規定。二是在 1997 年 7 月 1 日收回香港後，中國政府將按照 '一國兩制' 的方針，在香港設立特別行政區，直轄於中央人民政府；實行 '港人治港'、高度自治；現行社會、經濟制度不變，生活方式不變，法律基本不變；保持香港的長期繁榮和穩定。三是在香港過渡時期，要發揮各方面的積極因素，團結所有愛國愛港的力量，實現香港的平穩過渡。現在，距離香港回歸祖國的時日不遠了，籌組香港特別行政區有大量的工作要做，我們要把依靠自己的力量作為基本立足點，歡迎廣大港人積極參與到香港政權交接和平穩過渡的各項準備工作中來。"

1995年 ....

1月9日

◆ 新華社香港分社舉行聘請第二批香港地區事務顧問儀式，共有 263 人應聘，大部分是長期服務社區的活躍人士，其中 55 名是現任區議員和兩個市政局議員。周南社長在聘請儀式上致詞說，事實證明聘請區事顧問是組織廣大港人參與香港過渡期後半段各項事務的一種好方式。他強調，要保持清醒的頭腦，防止出現任何人為的混亂，又要加緊進行有關成立特區的各項準備工作。

1月9日－1月10日

◆ 預委會法律小組在北京舉行第九次會議，委員們審查了香港現有法律中的《新界條例》、《商標條例》等 26 個條例及附屬立法，並提出了一些初步意見。

1月10日

◆ 怡和控股有限公司常務董事文禮信發表演講，對怡和近年來的"某些行動曾經引起中國的誤會"表示"十分遺憾"。聲稱"無論在'九七'前或'九七'後，怡和比任何一家香港集團都更希望香港能安定繁榮，並與中國維持坦率開放、誠懇友好的關係"。他表示，如果中英雙方達成共識，將九號貨櫃碼頭專營權重新公開招標，怡和願意再參加投標。

12 日，中國外交部發言人就怡和致歉一事表示，包括怡和在內的其他集團在香港發展業務，應按照公平競爭的原則，並維護香港穩定繁榮，但要看他們的實際行動。

1月11日－1月12日

◆ 預委會政務小組在北京舉行第 13 次會議，討論香港特別行政區第一屆政府的機構設置和主要官員的範圍問題，又討論了法定組織和諮詢組織的問題。

1月13日－1月14日

◆ 預委會經濟小組在北京舉行第 12 次會議，主要討論了港英政府的"香港未來鐵路發展策略"、香港與內地大型基建協調以及如何加強與香港各界的聯繫等問題。

1月14日

◆ 港澳辦主任魯平表示，英方拒絕將公務員資料交給中國的中央政府，這嚴重違反了中英聯合聲明。魯平強調，將來所有的資料、所有的檔案、所有的財產都應由英國交給中國政府，不能如港府所說可直接交給特區政府，那樣將是私相授受，也會影響到將來中央政府任命現有的公務員擔任特區主要官員。

1月19日

◆ 中國外交部發言人指出，香港政府檔案的移交是 1997 年香港政權交接的一個重要組成部分，英方有責任將一切有關的香港政府檔案在 1997 年時移交給中國政府。他強調，這是一個是不是要執行聯合聲明的問題，也是考驗港英當局在香港的平穩過渡方面是否有誠意同中方進行合作。

1月20日

◆ 彭定康在立法局表示，如果中方需要公務員其他資料的話，應該透過聯絡小組提出，然後英方會正式回應。他指出，有些資料例如居英權，亦有法律限制，連他也不能透露，否則會觸犯法律。

1月23日

◆ 中英關於香港與內地跨境大型基建協調委員會在廣州舉行首次會議，通過成立鐵路、公路橋樑、空中交通和海上航道四個專家小組，分別研究兩地跨境基建計劃的銜接問題，專家小組將在三月初分別到珠海、深圳和香港作實地考察和舉行研討會，協調委員會第二次會議暫定四月在北京舉行。

1月26日

◆ 港澳辦發言人就港府批出新的排污

1995年

223

計劃第一期工程合約發表聲明，表示嚴重關注，堅決反對英方在中英雙方就排污計劃問題磋商一致前，單方面採取行動。如果港府執意按其原設計方案採取單方面行動，英方必須承擔由此產生的一切後果。聲明指出，英方堅持只同中方磋商第二期及以後的工程，拒絕共同評價論證第一期工程的立場，並執意在中英雙方達成一致意見前，全面展開第一期工程，其主要理由只是強調"九七"前香港由其管治，中方不能干預。事實證明，恰恰是英方將香港排污計劃問題政治化。

1 月 27 日

◆ 港府在憲報刊登批出的兩份第一期排污計劃工程合約，分別是由柴灣與將軍澳至觀塘污水隧道系統以及由觀塘與葵涌至將軍澳的污水隧道系統，價值為 4.9 億和 6.9 億元。第一期排污工程的全部合約共 15 份，迄今已批出 6 份，總值約 17 億元。

2 月 8 日

◆《快報》報道，政務科已草擬好一份"公開資訊守則"指引，協助各部門掌握守則的內容及予以施行。計劃下月開始在九個部門試驗推行。守則訂明 16 個受

豁免的資料範圍：國防安全；外交事務；國籍、入境及領事館事務；執法、法律程序及公安；破壞環境；經濟管理；公共事務管理；政策制訂的內部討論及顧問意見；官員及公眾服務人士的委任及聘請；有關資料將令致該人士獲得不正當利益；研究分析及統計；第三者資料；個人私隱資料；商業事務；過早要求的資料；法例及國際協議禁止公開的資料。指引指出，上述豁免範圍如涉及公眾利益，有關官員可酌情公開。

16 日，港府宣佈，由 3 月 1 日起，九個政府部門開始推行公開資訊守則計劃。直至 12 月為止，共有 57 個決策科和政府部門推行這一計劃。

2 月 13 日 – 2 月 14 日

◆ 預委會法律小組舉行第十次會議，繼續審議香港法例。

2 月 15 日 – 2 月 16 日

◆ 預委會政務小組舉行第 14 次會議，就有關公務員檔案移交、公務員的留用和留任安排、保留原有公務員制度、修改《公務員事務規則》等問題提出建議和意見。

◆ 預委會經濟小組舉行第 13 次會議，以座談會形式討論維多利亞港填海問題。九名來自內地和本港的專家出席了會議。港府規劃署署長潘國城在會上就港府填海目的和用途作了簡要的説明。與會者對大規模填海工程可能產生的負面影響表示關注。小組要求港府暫緩進行尚未開始的 12 個維多利亞港的填海工程計劃，並把有關計劃提交中英聯合聯絡小組討論。18 日，小組宣佈將於 5 月 18 日在香港舉行"邁向'九七'，加強香港國際金融中心地位"研討會。

◆ 預委會文化小組舉行第八次會議，討論了香港回歸的民間慶祝活動，討論了 1997 年後特區榮譽名銜的頒授問題，並提出了意見。

◆ 國際印支難民會議督導委員會預備會議在吉隆坡舉行。中國代表向與會代表派發"中國政府對滯港越南難民問題的立場"聲明，指第一收容港政策是英國政府強加於香港的，越南船民問題是英方強加於香港市民身上的負擔，英方應切實履行責任，按 1989 年通過的綜合行動計劃，在 1995 年前解決船民問題，更不要留給"九七"後特區政府承擔。

◆ 預委會社會及保安小組舉行第八次會議，繼續討論簽發特區旅遊證件的問題，並就特區旅遊證件種類和簽發範圍進行了討論。

◆ 港澳辦主任魯平表示，中英雙方很快就要開始討論財政預算案編製的程序和法理依據問題。他説，1996/1997 年度預算案的編製，直接影響到"九七"後特區政府的財政收支，故中英雙方應進行充分的磋商，而不僅僅是一種單純的諮詢關係。尤其是 1997/1998 年度預算案的制定，就更不是如麥高樂所説的僅是諮詢中方那麼簡單。因為那個年度的預算案，對港府來説不過僅三個月時間，其餘九個月是屬於特區政府的，"應該由特區政府為主來編制 1997/1998 年度財政預算案，由特區政府來諮詢中方，而不是由英方來諮詢。"由於"九七"前特區政府未成立，目前由中方代表特區政府與英方磋商有關事宜。然而，即使是中英之間的磋商，也

225

應該吸收香港人的參與。即將成立的專家小組中當然會有香港人。

3月5日

◆ 兩個市政局舉行選舉，投票率為 28.5%，較上屆高 2.7%，投票人數 56.19 萬人。在 59 個直選議席中，超過 60% 由三大政團囊括。愛國力量佔有兩個市政局一半議席。

3月6日 - 3月7日

◆ 預委會法律小組在北京舉行第 11 次會議，會議完成了對《釋義與通則條例》的討論。

3月8日

◆ 新華社香港分社周南社長在八屆全國人大三次會議廣東代表團發言強調，未來兩年香港工作的中心任務是力保香港的平穩過渡和順利回歸，並為 1997 年後全面貫徹實施 "一國兩制" 奠定堅實基礎。他說，在 1994 年香港形勢發展中，一個突出的特點是，"中國因素" 對香港經濟發展的主導作用愈來愈明顯。人們愈來愈清楚地看到，在保持香港穩定繁榮的諸多因素中，祖國的穩定發展和兩地的密切聯繫始終起着決定性的作用。另一個突出的特點是廣大香港同胞對實現香港的平穩過渡和 "一國兩制" 的信心不斷增強，從不同方面積極地關心和參與各項社會事務，並大力支持特區預委會的工作，熱心地為成立香港特別行政區的準備工作貢獻自己的力量。愛國愛港的力量不斷發展壯大，由外部勢力支持的反華分子的行徑愈來愈不得人心。在當前，主張與祖國內地加強溝通與合作，反對製造對抗；主張維護社會穩定，反對製造混亂；主張實現平穩過渡，反對設置人為障礙，已經成為廣大香港居民的人心所向和主流趨勢。

3月8日 - 3月9日

◆ 預委會政務小組在北京舉行第 15 次會議，討論了該小組屬下的選舉事務研究小組就特區立法會選舉問題提交的報告，並就設立基本法委員會提出具體方案。

3月10日

◆ 錢其琛副總理在中外記者會上說，目前在香港公務員檔案移交問題上存在一定程度的混亂。應該指出，香港問題由中英兩國政府經過談判，已達成協議，即到 1997 年 7 月 1 日，英方將把香港歸還給中國，中國恢復對香港行使主權。所以，無論財產、文件、檔案，所有移交工作都應發生於中英兩國政府之間。至於香港成為特別行政區，實行高度自治，是遵照《基本法》的規定，這是兩件事情。關於香港未來的行政長官和主要官員的確定，應按《基本法》的規定，行政長官由中央人民政府任命；行政長官提名一些高級官員，由中央政府批准。

3月10日－3月11日

◆ 預委會經濟小組在北京舉行了第14次會議，就港府最近公佈的1995/1996年度財政預算案及1997年前財政預算的編制問題進行了討論。

3月12日－3月13日

◆ 預委會社會及保安小組在北京舉行第九次會議，討論香港特別行政區的護照設計、特區旅行證件等有關問題。

3月13日

◆ 中共中央政治局常委、全國政協主席李瑞環在同港澳地區政協委員座談時作了重要講話。他説，如何看待香港回歸及回歸後的穩定繁榮問題要有三個非常重要的觀點：（1）要充分認識香港回歸的重要意義。收回香港，是彪炳史冊的大事，關

乎中國150餘年近現代史的興衰，關乎12億中國人民乃至全世界華人的榮辱。收回香港是一件異常複雜的工作，是重大的歷史轉折，難免會有些工作不妥善、不周到，也難免會有些人不習慣、不適應乃至涉及某些利益得失。但是，只要我們想到香港從此擺脱受英國殖民統治的屈辱地位而回到祖國懷抱，想到香港人從此不再是寄人籬下的“二等公民”而成為國家的主人，那麼就會由此而產生無限的歡欣和無比的自豪，就應該而且能夠正確看待、積極處理過渡期的各種矛盾和問題，自覺地肩負起歷史和民族所賦予我們的重大使命。（2）管好香港，事關中華民族的形象。在收回香港之後，如何繼續保持它在世界經濟貿易中的重要地位，並使它更加繁榮興旺，在我國對外開放中發揮更大作用，不僅關係到香港本身的利益，關係到我國的改革開放和經濟發展，而且關係到世界對我們這個民族的能力的評價。所以，我們必須十分嚴肅認真地對待這個問題，必須以對祖國、對民族、對歷史高度負責的精神，下決心、下力量，實現香港的長期穩定和繁榮，從而再一次向世界展示中華民族的智慧和才能。（3）實現香港的長期穩定和繁榮，需要付出極大的努力。現在離香港回歸只有841天，事情

中華兒女、各族人民，都在渴盼着"九七"香港回歸這一歷史時刻的到來。圖為矗立在北京天安門廣場東側中國革命博物館前的"中國政府對香港恢復行使主權倒計時"巨型顯示屏。

坐落在香港皇后大道東 387 號的新華社香港分社辦公大樓

228

很多，時間有限，必須重視起來、緊張起來，一要抓緊，二是精心。對各方面的工作都要進行認真細緻、深入的研究，對過程中可能發生的問題，都要想全、想細、想到底、想到萬一，以求儘可能地減少意外。要加強團結。香港人之間的團結，香港人同內地人民的團結，是實現平穩過渡和保持香港穩定繁榮的基本條件。

3月20日

◆ 中英土地委員會中方首席代表陳榮春接受中通社記者採訪，就港府本年度財政預算案中把特區政府土地基金納入其中期財政儲備預測一事發表看法。陳榮春指出，土地基金本來就屬於特區政府的資產，而不是港英政府的財政儲備。土地基金的管理、運作和移交，完全是中方內部的事。英方未徵詢中方意見，單方面把不歸它管理的土地基金納入港英財政預算的中期財政儲備預測，是一種越權行為。

3月21日

◆ 中英土地委員會中方辦事處發言人重申，港府在未諮詢中方的情況下將由中方管理的土地基金1997年結餘作出預測，是不負責的越權做法，對中方亦不公平。

3月31日

◆ 美國國務院向國會提交了《美國－香港政策法報告》。報告對香港的司法獨立、民主發展和新聞自由的未來前景表示憂慮，報告促請中國政府不要在1997年解散香港的三級議會。報告同時強調美國在香港的利益，包括美國希望香港能夠繼續穩定及繁榮、發展開放及可信賴的民主體制、保障民權法制、維持執法單位的緊密合作關係、保障美國企業及國民在港的利益、鼓勵美國貨品進口香港，以及協助美商在港作公平的競爭等，報告最後亦希望美國海軍艦隻可以在1997年之後繼續定期訪問香港。報告又透露，美國打算在駐港總領事館內開設情報組織辦事處，及加設一個聯邦調查局代表。據報道這份報告在發表前已交給彭定康。

4月6日，中國外交部發言人就此發表評論說：美國國務院3月31日向國會提交的《美國－香港政策法報告》中，"就香港問題發表不負責任的言論，企圖插手香港事務，干涉中國內政。美方這一行為不但無助於中英聯合聲明的實施，而且有損於香港的繁榮穩定，同時還會損害包括美國在內的與香港有着廣泛經濟和貿易聯繫的國家和地區的利益。中方對美國發表這樣一份報告表示強烈不滿。"他強調，香港問題在 1997 年 7 月 1 日以前是中國和英國之間的事情，由中英兩國根據關於香港問題的聯合聲明處理；自 1997 年 7 月 1 日起，香港事務則純屬中國的內政。

3月

◆ 英國政府向國會提交 1994 年度《香港事務年報》白皮書。英國外相赫德在白皮書的前言中說，1994 年是中英兩國在香港事務的合作方面取得了若干進展的一年。中英兩國政府盡力摒棄在香港憲制發展方面的分歧，並為逐步改善兩國在香港事務乃至更廣泛層面上的關係而作出了努力。香港在 1994 年內取得了顯著的進展。他說，香港政府在 1995 年內將繼續以富有成效的措施與認真負責的態度管治香港，我們並為此目標而致力與中國加緊合作。

4月4日

◆ 預委會文化小組在港舉行“基本法與香港”大型研討會，邀請了香港近三百名各界人士就基本法的各項工作展開廣泛的討論。

4月5日-4月6日

◆ 預委會文化小組在港舉行第九次會議，討論有關 1997 年後建立特區榮譽名銜制度和 1997 年後香港體育組織參加國際體育組織和體育比賽、活動的問題。

4月4日-4月7日

◆ 中英聯合聯絡小組在香港舉行第 32 次會議。會後發表新聞公報稱：聯合聯絡小組討論了與香港有關的國際權利與義務、香港民航協定及香港與台灣之間航綫協議安排續期問題、政權交接、公務員問題、香港防務與治安、跨越 1997 年的專營權合約及有關問題（包括香港填海計劃、鐵路發展策略和九號貨櫃碼頭等問題）、香港排污計劃、香港與有關國家之間的投資保護協定、香港與有關國家之間的移交逃犯協定、香港同某些國家的刑事司法協助問題、香港與外國對等承認及執行民商事判決問題、法律本地化、法律適應化、終審法院問題、聯合聲明有關 1997 年後在香港居留權條款實施問題、互免簽證問題、退休保障及社會福利、滯港越南船民和難民問題。

4月7日

◆ 憲報刊登《個人資料（私隱）條例草案》。7 月 29 日，立法局通過了條例草案。條例草案的適用範圍有兩個規定：

（1）條例對政府有約束力；（2）凡本條例任何條文與其他條例任何條文有任何衝突或不相符之處，則在該衝突或不相符之處（視屬何情況而定）的範圍內，本條例條文凌駕該條例的有關條文。條例草案的主要內容包括：（1）賦予個人可以向政府或私人機構查閱及改正其個人資料的權利，並限制對該等資料的使用。除豁免條文所載外，個人資料只能用於向資料當事人收集資料時所訂明的既定用途，或直接有關的用途。個人資料只能在當事人同意下才可作其他用途。（2）設立由港督委任的資料私隱專員。該專員是一個法定組織，負責法例的推廣及執行工作。資料私隱專員有權視察任何政府及私人機構的個人資料系統及調查涉嫌違反條例規定的個案。他亦可要求一些機構申報持有的個人資料種類及使用目的，並有權要求有關公司提供資料以便進行調查。法案如獲得通過，資料私隱專員可在 1996 年初委任。（3）資料使用者（政府及私人機構）須在收到市民發出的查閱個人資料的要求後 45 天內作出回應。如果要求被拒絕，或市民發覺個人資料在未得其同意的情況下作其他用途，可向資料私隱專員投訴。（4）資料私隱專員在調查期間，可向調查對象發出 14 日通知後，進入調查對象處視察有關個人資料系統。遇有發出通知會造成重大損害的情況下，專員可向裁判官申請手令，在無須事先通知的情況下進入調查對象儲存個人資料的處所。（5）資料使用者若不遵從資料私隱專員發出的執行通知，拒絕提交資料，可被罰款 2 萬 5 千至 5 萬元及監禁兩年；若資料當事人因有人違反條例草案而蒙受損害，可循法律途徑索取補償。（6）獲得豁免於《個人資料（私隱）條例草案》的範疇有 11 類：1. 由個人持有並只與私人事務、家庭事務、家居事務或消閑目的有關的個人資料；2. 與填補出缺或解僱有關的個人資料；3. 在條例生效前，由僱主擁有的僱員資料；4. 涉及法案所指定的"有關程序"，如頒授榮譽、獎學金等的個人資料；5. 與個人評介有關的個人資料；6. 與香港保安有關的個人資料；7. 與防止罪行或稅項評定有關的個人資料；8. 涉及當事人身體健康的個人資料；9. 受法律專業保密權保護的個人資料；10. 與新聞搜集和報道有關的個人資料；11. 與統計及研究有關的個人資料。

4月18日

◆ 中英兩國外長在紐約會晤，雙方就中英聯合聯絡小組的工作、設立香港終審法院、香港過渡期財政預算等問題交換了看法。兩位外長均表示，中英在香港問題上進行合作，符合中方的利益，符合香港的利益，也符合英國的現實和長遠利益。雙方都同意加快中英聯合聯絡小組的工作，加強雙方的聯繫。錢其琛外長說，自1994 年 9 月以來，中英雙方在香港問題上的合作有了一些新的進展。中方對英方表現出的任何合作意願及行動都持歡迎的態度。現在距離中國對香港恢復行使主權只有兩年多的時間，當前最重要的是中英雙方加強信任，在香港政權交接方面排除干擾，密切合作。根據中英關於香港問題的聯合聲明，香港政權的交接是中英兩國政府之間的交接，任何試圖把一些單方面的作法強加給未來香港特別行政區政府的想法和行動都是有害的，也是行不通的。英國外相赫德表示，香港政權將按時移交給中國，這不存在任何疑問。英方有信心在此問題上同中方加強合作，同時希望共同努力消除仍然存在的一些分歧。

4 月 19 日

◆ 錢其琛副總理在中國常駐聯合國代表團大樓內接受中文媒體採訪時表示，香港問題的障礙主要是港英當局想把一切都做完，然後把 "九七" 以後的事情它都安排好，這個恐怕超越了它的職權範圍。

在 1997 年 7 月 1 日以前它負責管治，這個我們贊成。但是超越這個期限的一些重大的事情，應該和中國商量。如果想把一切事情按照單方面的意圖一切都安排好了，然後讓未來的香港特別行政區政府照辦或者只能受這個約束，這就不好了，因為英國的管治不能管得那麼遠。

◆ 中英基建協調委員會第二次全體會議在北京舉行。委員會下屬的公路橋樑、海上航道、空中交通管制及鐵路四個專家小組分別匯報了各自召開的第一次小組會的情況。

4 月 19 日 - 4 月 20 日

◆ 預委會政務小組在北京舉行第 16 次會議。會議討論了香港特別行政區司法機關，主要是終審法院的組建問題。

4 月 20 日

◆ "迎接 '九七' 香港回歸祖國大型圖片展" 在北京中國歷史博物館開幕。江澤民主席在圖片展覽的前言中表示，中國從來沒有將維持香港繁榮和平穩過渡的希望，寄託在別人身上。港澳辦主任魯平、新華社香港分社社長周南等為展覽開幕式剪綵。

4月21日－4月22日

◆ 預委會經濟小組在北京舉行第 15 次會議，委員們在已討論通過的香港與內地經貿關係的基本方針和基本政策的基礎上，繼續討論了兩地經貿關係的有關具體政策問題。

預委會法律小組在北京舉行第 12 次會議，委員們審查了香港現行的 16 個法例。

4月23日－4月24日

◆ 預委會社會及保安小組在北京舉行第十次會議，討論內地與香港合作打擊犯罪的問題。

4月25日

◆ 港澳辦和新華社香港分社公佈第四批港事顧問 45 人名單。28 日在北京舉行了聘書頒發儀式。江澤民、李鵬、朱鎔基、錢其琛等領導人出席了聘書頒發儀式。江澤民對新受聘的第四批港事顧問說，港事顧問作為港人參與過渡時期事務的一種方式，發揮了重要的作用。不斷地加強港人的參與，是中央的一貫方針，這具有兩方面的意義，一方面是對中央處理過渡時期事務提出意見和建議。另一方面是通過廣大愛國愛港人士的參與，為實現"一國兩制"下的"港人治港"、高度自治做好充分的準備。江澤民希望各位香港事務顧問能本着對國家、民族負責的精神，對香港未來負責的精神，以主人翁的態度，知無不言，言無不盡，為處理好香港過渡時期的事務，為基本法的實施，為建立香港特別行政區建言獻策。港澳辦主任魯平在頒發儀式上致詞，新華社香港分社社長周南為新聘的港事顧問頒發了證書。李鵬總理 28 日晚宴請了第四批港事顧問。

4月26日

◆ 立法局以 19 票贊成、24 票反對、6 票棄權（3 票為官守委員）否決了陸恭蕙提出的"促請香港政府及英國政府要求中國政府澄清在 1997 年後中國共產黨在香港公開設立代表機構；若然，其職能為何"的動議。

4月27日

◆ 英國國會下議院辯論中英關係和香港問題。英國外相赫德在發言中強調，維持香港未來的法治和司法獨立，是英國最優先做的事。未來兩年有三項重要任務，其中一項是要與中國合作確保公務員順利過渡，並希望本港的政治架構延續到"九七"之後，其餘兩項是要儘快在香港設立終審法院以及與中方商討香港居留權及旅遊證件問題。他重申，在 1996 年特區籌委會成立以及特區候任行政長官產生後，港府將會盡力提供協助。前首相希思在發言中嚴厲批評英國政府錯誤估計中國形勢，導致英國對華政策損害中英關係及中英貿易，也造成了英國對港政策的錯誤。工黨外交事務發言人庫克表示全力支持彭定康在符合基本法和聯合聲明下進行政改和社會改革，並且鼓吹在香港推行民主政制改革並不足夠，英國政府必須確保這些制度在"九七"之後可繼續存在。

◆ 中國外交部發言人說，為了方便港台之間進行經貿往來及人民交往，中國政府原則上同意港台之間的航空公司在一個中國的原則下，作跨越"九七"的安排。中國認為首先應由中英聯合聯絡小組進行討論，由中英雙方就港台航綫續期，原則達成一致，然後由港台註冊的航空公司，按中英達成的這個原則進行具體商討。他強調，在這個過程中，港台之間只能由航空公司進行接觸，不能進行任何官方接觸；為確保港台航空公司達成的具體協議符合中英達成的原則，英方還要把港台航空公司達成的協議提交中國政府審查，待中國政府同意才可生效。

5月4日

◆ 第二批港事顧問續聘儀式在香港舉行，48 位港事顧問全部獲續聘。新華社香港分社周南社長致詞希望港事顧問一如既往，廣泛團結各界人士，更加積極地關心和參與過渡期內的各項重大事務，進一步加強與預委會聯繫，為籌備成立香港特別行政區獻計獻策。同時，中方也將繼續採取各種有效方式，使諮詢港事顧問意見和建議的工作更加有成效。

5月7日-5月8日

◆ 預委會文化小組在香港舉行第十次會議，討論了未來兩年在香港推介基本法的活動。

5月11日-5月12日

◆ 預委會社會及保安小組在香港舉行第 11 次會議，討論了小組將向預委會第五次全體會議提交的報告。

5月14日-5月15日

◆ 預委會法律小組在香港舉行第 13 次會議，討論小組將向預委會第五次全體會議提交的報告，又審查五個香港原有的法例。

5月15日

◆ 李鵬總理會見率領130多名英國企業家訪華的英國副首相邁克爾‧赫塞爾廷時說，"我們注意到，最近英國領導人在議會下議院表示希望與中國發展着眼於二十一世紀的長遠而現實的關係，使兩國關係每年都有改善和進展。對此，我們表示歡迎。"他說，中國希望赫塞爾廷的這次來訪能成為兩國改善關係的一個契機。他說，英國在香港有重要的經濟利益，兩國在香港問題上進行合作，不僅符合中國內地和香港的利益，也符合英國的現實和長遠利益。赫塞爾廷表示，他這次訪華肩負重要使命。梅傑首相和英國內閣讓他向中國領導人轉達這樣的信息：英國政府重視改善和發展對華關係，英國讚賞中國的經濟發展，對中國的政局穩定毫不懷疑，欽佩中國領導人在領導經濟轉軌和治理經濟活動中所表現出的膽略和藝術，認為發展對華友好合作關係是唯一正確的選擇。

5月15日－5月22日

◆ 魯平訪港。18日，他出席了預委會經濟小組主辦的"邁向'九七'，加強香港國際金融中心地位"研討會的午餐會並發表講話，就終審法院、出入境自由、居留權、公務員以及土地契約等五個問題闡述了中國政府的原則立場。19日，魯平應香港總商會會長鄭明訓的邀請，與15個國家的駐港領事和國際商會主席共進早餐，魯平強調，1997年後的香港一樣是一個法制的社會，外國投資者對此應有信心。22日，魯平出席港區全國人大代表、政協委員、港事顧問和區事顧問的座談會。魯平強調，中國政府對香港的政策不會改變。此外，魯平還出席了預委會有關小組在港舉行的會議。

5月16日－5月17日

◆ 預委會政務小組在香港舉行第17次會議，討論並通過了《關於組建香港特別行政區終審法院的原則性意見》，內容如下：

一、組建終審法院的指導原則

組建終審法院應遵守中英聯合聲明和基本法的有關規定，應符合香港特別行政區享有獨立的司法權和終審權的原則，以有利於增強港人和國際社會對香港維持法治的信心。

二、終審法院及終審法院審判庭的組成

建議終審法院由四名常設法官組成，其中一名為首席法官。另外設非常設法官若干名，非常設法官分為非常設香港法官和非常設海外法官（指香港以外的其他普通法適用地區的法官），總人數可考慮不超過 30 人。非常設香港法官和非常設海外法官各備有一份名單。特別行政區終審法院常設法官的人數可根據需要作適當增加。

終審法院在審理案件時組成審判庭，審判庭由五名法官組成，四名常設法官均應參加審判，另一名法官由首席法官根據案情需要從非常設法官名單中挑選。如常設法官中有人因故不能參加審判，應由首席法官從非常設香港法官名單中挑選法官替補。審判庭由首席法官或首席法官指定的常設法官擔任庭長。

三、法官的資格

建議終審法院常設法官從香港特別行政區高等法院或在香港執業十年以上的大律師中挑選，但在終審法院組建時，可將挑選範圍擴大到已退休的原港英最高法院法官。非常設法官從已退休的高等法院首席法官、現職或已退休的高等法院上訴庭法官、已退休的終審法院常設法官、在香港執業十年以上的大律師，或者其他普通法適用地區的現任法官或退休法官中挑選。至於在香港執業十年以上的律師是否有資格擔任終審法院常設法官或非常設法官，需進一步研究。

根據基本法的規定，終審法院首席法官必須是在外國無居留權的香港特別行政區永久性居民中的中國公民。

四、法官的任命及程序

根據基本法第八十八條、第九十條的規定，終審法院法官由行政長官根據當地法官和法律界及其他方面知名人士組成的獨立委員會的推薦，徵得特別行政區立法會同意後予以任命，並報全國人民代表大會常務委員會備案。

建議獨立委員會取名為"司法人員推薦委員會"，成員由行政長官從香港當地法官、法律界和其他方面知名人士中委任產生。終審法院首席法官產生之後，由其擔任委員會主席。在此之前，委員會的其他成員可在行政長官的主持下先推薦出首席法官的人選。

建議在第一屆立法會產生前，終審法院法官可在徵得臨時立法會的同意後任命。為此，建議籌委會對臨時立法會作出此項授權。

五、法官的任期和免職、辭職程序

建議終審法院常設法官的正常退休年齡定為 65 歲，常設法官的任期到正常退休年齡屆滿時為止。但行政長官也可根據實際需要，在常設法官到達退休年齡之後，將其任期延續，可考慮延續次數不超過兩次，每次續期為三年。鑒於終審法院組建時可能出現人手短缺的情況，行政長官也可任命年齡超過 65 歲的人士出任終審法院常設法官，任期三年。非常設法官採取任期制，每次任期三年，期滿後，由行政長官決定是否將其延期，延期次數不限。終審法院法官的任期延續，由行政長官根據首席法官的推薦作出決定。

根據基本法第八十九條的規定，終審法院法官只有在無力履行職責或行為不檢的情況下，才可由行政長官根據終審法院首席法官任命的不少於三名當地法官組成的審議庭的建議，予以免職；首席法官只有在無力履行職責或行為不檢的情況下，才可由行政長官任命不少於五名當地法官組成的審議庭進行審議，並可根據其建議，予以免職。上述終審法院法官的免職，還須徵得立法會的同意，並報全國人民代表大會常務委員會備案。

終審法院法官可以隨時以書面方式通知行政長官而辭職。

六、終審法院的管轄權

終審法院是香港的最高審判機關。根據基本法第十九條的規定，終審法院對國防、外交等國家行為無管轄權。除此之外，終審法院對其他各類上訴案件均有管轄權。

終審法院可維持、推翻或變更上訴所針對的原審法院的判決，或將有關事項或案件發回原法院處理。終審法院還可就有關事項作出其認為適當的其他命令。

根據基本法第十九條和第一百五十八條的規定，終審法院在審理案件中遇有涉及國防、外交等國家行為的事實問題時，應取得行政長官就該等問題發出的證明文件，而該證明文件對終審法院具有約束力。行政長官在發出證明文件前，須取得中央人民政府的證明書。如終審法院在審理案件時需要對基本法關於中央人民政府管理的事務或中央和香港特別行政區關係的條款進行解釋，而該條款的解釋又影響到案件的判決，在對該案作出終局判決前，終審法院應提請全國人民代表大會常務委員會對有關條款作出解釋，並在引用該條款時以全國人民代表大會常務委員會的解釋為準，但在此以前作出的判決不受影響。

七、訴訟程序

建議參照香港的現行做法，通過立法、附屬立法或其他方式，對終審法院的有關訴訟程序作出規定，以保障終審法院成立後的順利運作。

八、組建終審法院的程序

建議香港特別行政區終審法院在

1997 年 7 月 1 日特別行政區成立時成立。在候任行政長官產生後，由候任行政長官委任產生候任的司法人員推薦委員會。由候任行政長官根據該委員會提出的推薦名單，在徵得候任的臨時立法會同意後任命候任的終審法院法官。

5 月 18 日

◆ 預委會經濟小組在香港舉辦 "邁向'九七'，加強香港國際金融中心地位" 大型研討會。新華社香港分社社長周南致開幕詞時表示，在後過渡期以至 "九七" 後，維護香港經濟的穩定與繁榮，保持和加強香港的金融中心地位，不僅符合香港的利益，符合中國的利益，也符合國際工商界和投資者的利益。他指出，在看到香港的優勢和長處的同時，也要注意到當前國際金融環境下，香港的國際金融中心地位也面臨着各方面的挑戰。因此，必須堅持現行的行之有效的制度，不隨意加以改變。此外，如何順應潮流，審時度勢，揚長避短，既能確保金融市場穩定又能促進其健康發展，也是值得我們認真研究的一個重要課題。中國人民銀行董事長王啟人、中國人民銀行副行長陳元等分別在會上就 1997 年後內地與香港的金融關係發言，闡述了中國政府的政策。

5 月 19 日

◆ 中英土地委員會舉行第 30 次會議，雙方商定，香港 1995/1996 年財政年度的批地計劃為 132.93 公頃。其中，商業、住宅和工業用地 45.11 公頃；居者有其屋計劃、夾心階層房屋計劃、私人機構參建居屋計劃、香港房屋協會發展和鄉村屋宇用地 40 公頃；公用事業、教育、福利、宗教、康樂和其他用途用地 16.23 公頃；特殊需求用地 31.59 公頃。中英雙方還商定，另撥出五公頃土地作為補充批地計劃。但雙方未能就 9、10、11 號貨櫃碼頭批地問題達成協議。中方重申這個問題先交由中英聯合聯絡小組討論。

5 月 19 日－5 月 20 日

◆ 預委會經濟小組在香港舉行第 16 次會議，會議對小組 18 日主辦的 "邁向'九七'，加強香港國際金融中心地位" 大型研討會進行總結，22-23 日，小組向港區人大代表、政協委員、港事顧問和區事顧問通報小組工作，並與香港工商、專業和基層團體會晤。

5 月 23 日

◆ 港府發表聲明説，行政局同意政府根據預委會政務小組提出的組建特區終審法院的大部分建議修改終審法院條例草案，但不接納以下三點建議：（1）行政長官主持獨立委員會挑選首席法官的會議，政府認為這建議違反聯合聲明和基本法，獨立委員會如由行政長官出任主席，就難以稱得上獨立；（2）終審法官任期的延續，由行政長官根據首席法官的推薦，政府認為，這樣變成由首席法官推薦終審法院法官任期的延續，而非由獨立委員會負責，違反了聯合聲明和基本法；（3）不接受預委會就“國家行為”的定義所作的建議，認為“國家行為”的定義應由法院決定，聲明指出，政府考慮按預委會建議對條例草案再次修訂的做法，是表達誠意和合作的態度，希望此舉能促使終審法院專家小組下次會議就草案的討論有迅速的進展，及中方能對草案表示滿意。

6月1日

◆ 英國外相赫德在香港中英工商協會主辦的龍舟夜宴上發表講話談中英關係。他說，英國對中國政策的重點是發展兩國的合作關係，中英關係的核心是香港問題，目前如是，主權移交後亦相信如是。英方的原則是求同存異，在順利過渡的共同利益上，儘可能尋求一致的意見。他說，英方會與中方安排兩年後體面地交還香港主權的儀式，英國不希望繼續控制香港，但英國與香港的聯繫不會在1997年6月30日午夜結束，相反，英國會始終維持對香港的承諾，貫徹執行聯合聲明，再說，香港仍有超過300萬人持有英籍護照及1000家英國公司。他說，英國對香港負有特殊職責，就是維護600萬港人的利益，以維護港人所創造的這個具有不尋常的經濟和政治的香港社會。談到中國問題時，他說，中國不會分裂或陷入紛亂，中國法制及政制正在演變，相信有一天中國的人權狀況會改善。

6月6日

◆ 美國助理國務卿洛德在參議院外事委員會一個有關香港問題的聽證會上發言強調，美國對香港的政策，是決心保障香港的穩定繁榮及生活方式，“美國對於香港平穩及順利過渡的關注，是強烈及清楚的，我們在商業、文化及社會方面與香港有重要及突出的聯繫。”他說，美國對香港關注有兩大方面：一是包括立法局在內的港府架構，美國希望中國及香港政府能在這方面的高度平穩過渡達成協議，“保障順利過渡及信心的最佳方法，就是讓那些在1995年選出的議員能完成任期”。二是法制方面，美國關注兩方面的問題：

第一，"我們相信在 1997 年前對香港繼續維持有效法治及不致出現司法真空的信心極為重要"，第二，關注到香港有大概 600 條法例及 1000 條有關法律項目與基本法抵觸，美國呼籲中英雙方加緊有關工作，避免出現不明朗情況。

6月9日

◆ 中英雙方就終審法院問題達成協議，中英聯合聯絡小組雙方首席代表簽署協議。

英國佔領香港後，倫敦樞密院一直控制着香港的終審權。1984 年 12 月，中國政府在中英聯合聲明中提出了 1997 年後對香港問題的基本方針，並明確指出未來的香港特別行政區享有獨立的終審權。1990 年 4 月通過的《中華人民共和國香港特別行政區基本法》以法律形式對此作出了明確規定，香港終審法院問題由此產生。

為了使香港終審法院能有一個積累經驗的過程，以利於 1997 年後的順利運作，1990 年夏，中方同意並開始與英方就 1997 年前設立香港終審法院問題展開磋商。

1991 年 9 月，中英聯合聯絡小組第 20 次會議在以前的四次專家小組會議的基礎上，根據與基本法相銜接的原則，就此問題達成了原則協議。雙方同意在 1997 年前的適當時候在香港設立終審法院。在籌備設立終審法院的每一階段，雙方均應進行充分的磋商；同意香港終審法院由四名常設法官組成，並備有兩份非常設法官名單，其中一份為非常設本地法官，一份為非常設海外法官；審案時，審判庭由四名常設法官和一名非常設法官組成，這一名非常設法官可在這兩份名單中挑選。

1991 年 10 月，本來只是一個諮詢機構的港英立法局通過一份所謂的"動議"，要求日後終審法院安排法官時，不採取中英原則協議中的安排，致使設立終審法院的問題被擱置起來。

1994 年 5 月，英方重新提出 1997 年前儘快設立香港終審法院的問題，並向中方提交了條例草案。同年 12 月前，中方先後向英方提出了三份涉及設立香港終審法院的問題清單，請英方作出解釋和回答。1995 年 1 月底，英方將經再次修改後的條例草案最新文本提交中方。

1995 年 3 月，在中斷三年半之後，中英聯合聯絡小組舉行了關於香港終審法院問題的第五次專家會議，中方提出雙方磋商應圍繞七個方面進行的積極建議，並要求英方就“雙方達成協議前不採取單方面行動”作出承諾，但遭到英方的拒絕。

5月中旬，香港特別行政區預委會政務專題小組就香港終審法院問題提出八項原則性意見。這前後的4月至6月，中英雙方連續進行了三次專家會議。在5月底的第七次專家會議上，中方提出了富有建設性的一攬子解決問題的方案，得到英方積極回應。中英雙方經過長時間的磋商後，6月9日就此問題達成共識。同日下午，雙方首席代表代表兩國政府簽署了協議。

港澳辦發言人就中英簽署終審法院問題協議發表談話說，中方對中英這一合作成果感到高興。他強調，終審法院在1997年由香港特別行政區候任班子為主導負責籌組，這既能實現香港特別行政區成立時就有終審法院的目標，又能充分體現“港人治港”的原則，籌組工作要在1997年7月1日之前進行，我們歡迎英方的參與和協助。他說，《終審法院條例草案》成為法例後，在1997年6月30日前不予實施；要成為香港特別行政區法律，仍有待於採取必要的措施對有關的用語和程序作一些修改和調整，以使之完全符合基本法。他說，在協議中，英方同意把基本法第十九條關於“國家行為”的表述寫入《終審法院條例草案》，中方認為，這是使該條例草案符合基本法的一項重要舉措。只有按照基本法第十九條的規定對管轄權問題作出表述，才能使特別行政區終審法院與特別行政區的地位相適應。

彭定康就中英簽署終審法院協議在立法局發表聲明，並宣佈在憲報刊登《終審法院條例草案》，14日將草案提交立法局。聲明強調協議“符合香港的利益”，“是一份好協議。根據這份協議成立的終審法院，將完全符合聯合聲明和基本法的規定，並於1997年7月1日準備就緒，開始運作。此外，此份協議使終審法院有希望在符合基本法的規定下，具有跟現時樞密院司法委員會一式一樣的職能和司法管轄權。”

◆ 憲報刊登《強制性公積金計劃條例草案》，草案是設立強制性公積金的主體法例，港府將於14日提交立法局進行首讀，港府發言人表示，未來幾個月，當局會諮詢社會各界的意見，以研究強制性公積金的各項細節，在日後的附屬法例內作出規定。

16日，中國外交部發言人說：“港英當局推出的私營公積金計劃，涉及香港各界人士的利益，影響深遠；而且該計劃在

1997 年後才能實施，將涉及香港特區政府的責任和義務。按照聯合聲明的規定，此問題須經中英雙方磋商一致後方能實施。英方於今年 5 月底將該計劃的條例草案交中方徵求意見，但卻於 6 月 9 日將該草案刊登憲報並將提交立法局討論。英方在如此短暫的時間內要求中方表態，說明其並沒有與中方磋商的誠意。""中方必須明確指出，對於英方採取單方面行動所做的安排，香港特區籌委會將保留重新審查的權利。"同一天，中英聯合聯絡小組中方代表處發言人也就有關問題發表了講話。

7 月 27 日，立法局經過九小時辯論以 31 票贊成、22 票反對、3 票棄權三讀通過《強制性公積金計劃條例草案》，同時通過唐英年提出的所有附屬法例須由立法局批准才可生效的修訂。

6 月 15 日

◆ 新華社香港分社周南社長在香港前高級公務員協會舉辦的宴會上，發表題為《保持公務員隊伍穩定性》的演講。他指出，基本法為香港公務員隊伍的平穩過渡提供了法律上的保證。中國政府將嚴格按照基本法辦事，因此根本不會出現有些人擔心的"大換班"的現象，廣大公務員的待遇也會得到充分的法律保障，他強調，在"九七"前英國管治的時期，公務員隊伍只不過是政策的執行者，而不是具體政策的制定或決策者，因此，他們對某項政策的決定並不負有任何責任，當然也就根本不存在什麼"秋後算賬"和"追究責任"的問題。

周南指出，一個時期以來，有不少公務員表達了他們不是出於自己的本願而是被迫捲入政治漩渦和不得不就一些敏感的政治問題表態的煩惱，對此我們完全能夠理解和體諒。我們主張今後必須保持公務員非政治化的制度，而不使之受到衝擊和改變，只有這樣才有利於為廣大公務員能夠正常和高效地進行本職工作創造條件。周南說，與此相關的另一個重要問題，就是必須按照基本法的規定，堅持行政主導的原則，保持公務員在這種體制中原有的地位和作用。他指出，香港的歷史和現實證明，以行政為主導的原則有利於香港的繁榮穩定，依此原則建立起來的政治體制是一個行之有效的政治體制。

6 月 20 日

◆ 行政局決定廢除根據《緊急情況規例條例》制訂的附屬規例，但《緊急情況規例條例》則保留。23 日憲報刊登了六項附屬規例的廢除令:《1995 年緊急情況規例(廢除)令》、《1995 年緊急情況(遞解出境及拘留)(表格)(廢除)令》、《1995 年緊急情況(遞解出境及拘留)(諮詢審裁處)(廢除)規則》、《1995 年指定羈押場所(綜合)(廢除)公告》、《1995 年緊急情況(徵用)(廢除)令》及《1995 年防衛(射擊練習區)條例(修訂附表一)令》,並於 28 日提交立法局省覽。港府發言人 23 日說,上述被廢除的附屬規例是遠在 1940 年代後期及 1960 年代制訂的,目的是為了應付香港歷史上該段時期內發生的事件,今天對香港來說已不再適用。"廢除這些規例並不會影響香港應付緊急情況的能力。根據條例制訂規例的權力將不會改變。萬一出現緊急情況,嶄新的、適合現代社會的規例也可迅速制訂。""我們相信我們的處理方法將能夠讓我們在出現任何緊急情況時用符合《人權法案條例》及《公民權利及政治權利國際公約》適用於香港的規定的方法保護公眾。"

6月22日-6月24日

◆ 預委會在北京舉行第五次全體大會。22 日,預委會主任錢其琛致開幕詞,副主任魯平作了第五次全體會議日程

安排的說明。錢其琛說,最近中英兩國政府就香港終審法院問題達成了協議,這是對中英在香港問題上的合作和中英兩國關係都有積極意義的一件事,其中包含着預委會工作的成果。他說,終審法院問題是香港各方面關注的一個焦點。政務小組討論並及時提出了組建特別行政區終審法院的八點原則性意見,這些意見符合聯合聲明和基本法的規定,符合香港的實際情況,有利於維護香港的法治,在中英關於終審法院問題的談判中完全被採納了,從而為最終達成協議起到了重要的推動作用。錢其琛指出,預委會的建議在中英協議中得到採納,這是預委會的工作得到香港社會普遍接受和認同的明證,有助於推進中英雙方的合作。

在當天的會議上,錢其琛代表國務院宣佈了中央人民政府確定的處理"九七"後香港涉台問題的七條基本原則和政策。

中央人民政府確定的處理"九七"後香港涉台問題的基本原則和政策是:

(1)港、台兩地現有的各種民間交流交往關係,包括經濟文化交流、人員往來等,基本不變。

(2)鼓勵、歡迎台灣居民和台灣各類資本到香港從事投資、貿易和其他工商

1995年

243

活動。台灣居民和台灣各類資本在香港的正當權益依法受到保護。

（3）根據"一個中國"的原則，香港特別行政區與台灣地區間的空中航綫和海上運輸航綫，按"地區特殊航綫"管理。香港特別行政區與台灣地區間的海、空航運交通，依雙向互惠原則進行。

（4）台灣居民可根據香港特別行政區法律進出香港地區，或在當地就學、就業、定居。為方便台灣居民出入香港，中央人民政府將就其所持證件等問題作出安排。

（5）香港特別行政區的教育、科學、技術、文化、藝術、體育、專業、醫療衛生、勞工、社會福利、社會工作等方面的民間團體和宗教組織，在互不隸屬、互不干涉和互相尊重的原則基礎上，可與台灣地區的有關民間團體和組織保持和發展關係。

（6）香港特別行政區與台灣地區之間以各種名義進行的官方接觸往來、商談、簽署協議和設立機構，須報請中央人民政府批准，或經中央人民政府具體授權，由特別行政區行政長官批准。

（7）台灣現有在香港的機構及人員可繼續留存，他們在行動上要嚴格遵守《中華人民共和國香港特別行政區基本法》，

不得違背"一個中國"的原則，不得從事損害香港的安定繁榮以及與其註冊性質不符的活動。我們鼓勵、歡迎他們為祖國的統一和保持香港的繁榮穩定作出貢獻。

錢說，要特別說明的是，以上各項政策的依據是"一個中國"的原則和"一國兩制"的方針。我們要求台灣當局認清形勢，面對現實，採取務實的態度，消除各種障礙，不要企圖在港台關係上搞"兩個中國"、"一中一台"的活動。我們也要求台灣在港的機構和人員嚴格遵守《中華人民共和國香港特別行政區基本法》，用以規範自己的行為，不違背"一個中國"的原則，不從事有損香港安定繁榮的事。

6月23日

◆ 受聘為中英聯合聯絡小組關於香港過渡期財政預算編制及有關問題中方專家顧問的四位預委會成員：鍾士元、方黃吉雯、邵友保及黃宜弘，舉行宣誓儀式，向中英聯合聯絡小組中方首席代表趙稷華宣誓，誓詞內容大致如下：在擔任1997/1998年度香港財政預算案中方專家顧問時保守機密。決不直接或間接洩露被列為機密的文件及敏感材料，不以職務之便為本人或協助他人謀取私利。

6月30日

◆中英就港府擬與香港機場管理局及地下鐵路公司簽訂的兩份財務支持協議達成共識，中英聯合聯絡小組雙方首席代表簽署了《聯合公報》。同一天，中英聯合聯絡小組機場委員會舉行會議，就香港新機場航空貨運服務專營權問題達成協議。聯絡小組雙方首席代表簽署了《會議紀要》。

7月4日

◆布政司陳方安生在出席行政局會議後向新聞界透露，她應魯平邀請，在赴歐洲休假結束返港前曾到北京訪問三天，期間與中國副總理兼外長錢其琛及港澳辦主任魯平會面，討論了一系列與過渡期有關的事項包括公務員過渡、特區籌委會的工作範疇、未來行政長官的選舉、及特區政府官員的任命等。她說，錢其琛和魯平在會面中向她表達對公務員問題的關注，並表示確保公務員體系延續十分重要，希望大部分公務員在 1997 年後能夠繼續留任，而她回應說，現時港府的司級官員均能勝任及有資格在 1997 年後留任，關於她本人亦希望在 1997 年後能夠繼續為香港市民服務。她說，在與籌委會合作的問題上，她向中方官員重申港府將會提供充

分合作，合作的形式將有待日後再詳細討論，而中方目前亦並未在有關問題上作出決定。她表示，這次訪問北京有助建立正面的合作關係和加強彼此間的溝通；令人鼓舞的是雙方同意在日後增加兩地高層官員的定期接觸，除了她本人與魯平將會作定期會面外，港府高層官員前往北京時也會拜訪港澳辦公室的官員。她指出，錢其琛曾表示歡迎她於任何時間到內地訪問。她認為這次訪問是一個好的開始，有助港府與中方建立正面的合作關係，對穩定公務員隊伍亦具有很大作用。她又表示，她曾代表彭定康邀請錢其琛和魯平訪港。12 日布政司陳方安生以政府聲明形式向立法局交代訪京之行。她在聲明中表示，她與魯平的會面商談達個半小時，與錢其琛的會面亦歷時約 50 分鐘，二次討論都是在積極和友好的氣氛中進行。她再次向議員保證，會面期間並無秘密協議，也無公開協議；唯一目的只是讓雙方有機會加深彼此的瞭解及建立溝通渠道，以加強雙方的接觸；陳方安生形容她此次訪問"將冰破開"，日後雙方溝通定會更多。陳方安生理解到訪問未有事前公佈，有議員對此表示保留，她希望以後司級官員及高級公務員訪問時，可按慣常做法作出公佈。陳方安生在回答問題時只重申，她與中國

副總理錢其琛及國務院港澳辦主任魯平只就設立籌委會，挑選候任特區首長及中港官員日後溝通等問題進行概括性討論。

7月4日-7月7日

◆中英聯合聯絡小組在倫敦舉行第33次會議，會後發表新聞公報稱：聯合聯絡小組討論了香港政權交接問題，包括過渡期財政預算案編制及有關問題、檔案交接等；與香港有關的國際權利與義務；香港民航協定及香港與台灣之間航綫協議安排問題；公務員問題；香港防務與治安；跨越1997年的專營權、合約及有關問題，包括香港填海計劃、鐵路發展策略、集裝箱碼頭；香港排污計劃；香港與有關國家之間的投資保護協定；香港與有關國家之間的移交逃犯協定；香港同某些國家的刑事司法協助問題；香港與外國對等承認及執行民商事判決問題；法律本地化；法律適應化；終審法院問題；聯合聲明有關1997年後在香港居留權條款實施問題；免辦簽證問題；退休保障及社會福利；滯港越南船民和難民問題；知識產權問題；移交被判刑人問題。

7月6日

◆中國外交部發言人表示，中國對赫爾塞廷任英國副首相、里夫金德任外交大臣表示祝賀。中國希望英國新內閣與中國保持合作關係，特別在香港問題上能夠繼續合作。

◆英國新任外相里夫金德發表就職演說，確保香港順利過渡是目前外交部優先處理的問題。他關注香港主權移交問題，將與彭定康緊密合作。

他已與彭定康通了電話，就最近的情況交換看法和意見。他表示，他歡迎中英兩國政府最近在香港問題取得的實質進展，並期望取得更多進展。

◆《經濟日報》刊登了該記者對彭定康的訪問。彭重點談了陳方安生訪京的問題。他說，陳方安生訪京"不公開宣傳及避免爭論是合理的做法"，但與柯利達的秘密外交不同，第一，訪問的是陳方安生，不是英國外交部官員，陳方安生訪京是"港人治港"；第二，最近取得的進展，使中方"終於明白我們（在所有談判中）的確有底綫"。他強調，他會逐漸退居後座，讓更多的本地官員出來。曾蔭權、任志剛，他們扮演越來越重要的角色，與中方官員討論。"我在港的部分責任是監守着那些底綫，留意有沒有人逾越。不是用對抗手法，而是清晰、果斷和勇敢地表達出來。"他說，他不擔心陳方安生取得與中方的直接聯繫後會繞過他，並高度讚揚陳方安生訪京的成就，形容她是一個"堅強、聰穎、能幹、專業而又對中國及香港都忠心耿耿的女性"。

7月13日

◆ 新華社香港分社在港隆重舉行第三批共 133 位區事顧問聘請儀式，使區事顧問人數總數達 670 名。周南社長致詞時強調，希望區事顧問加倍努力，充分運用自己的智慧、經驗和影響力，進一步支持預委會和即將成立的特區籌委會的工作，按照"一國兩制"的方針，共同促進政權的順利交接，在實現香港順利回歸祖國的偉大事業中做出自己應有的積極貢獻。

7月17日－7月18日

◆ 預委會法律小組在北京舉行第 14 次會議，委員們對香港原有法律《私人法案條例》中的部分條例進行了審查。委員們在會上對 1995 年 6 月 20 日港英政府廢除《緊急情況規例條例》的全部附屬規例一事表示關注，並進行了討論，認為港英政府在過渡時期未與中方磋商，一再對香港原有法律單方面作出重大修改，違反了中英聯合聲明中關於香港原有法律基本不變的原則，破壞了香港法律的完整性和連續性，這樣做不利於香港的平穩過渡，我們表示堅決反對。法律小組對此問題將加以研究，並就必須採取的措施提出建議。

7月19日

◆ 立法局通過《1994 年公安（修訂）條例草案》。新法例放寬集會遊行規限，凡少於 30 人的遊行活動或少於 50 人的公眾集會，無須事先通知警方；警務處長需要在有理由相信要維持公眾秩序及保障公眾安全時，才可以行使規管公眾集會條文賦予的權力，與及規定管制公眾地方播放音樂及言論的警務人員必須為總警司或以上職務的警務人員。若不滿警方決定，可向一個獨立上訴委員會投訴。該委員會由退休法官或超過十年資歷的裁判官出任，15 名成員由港督委任。但該委員會處理上訴的範圍不包括少於七天的公眾集會通知而提出的上訴。

7月19日－7月20日

◆ 預委會政務小組在北京舉行第 18 次會議。會議建議特區第一屆政府推選委員會將提前於 1996 年第二季度成立。在此之前的政務小組會議中，委員們曾提議推選委員會在 1996 年第三季度成立。小組並提出，推選委員必須是香港永久性居民，而且要擁護"一國兩制"方針，擁護基本法。

7月21日

◆ 英國政府向聯合國提交香港根據《公民權利和政治權利國際公約》所作的第四份報告。報告詳述了香港加強保障人權的方法：(1) 制訂《人權法案條例》及其後修訂 29 項法則以配合人權法；(2) 將聯合國兒童權利公約援引至香港；(3) 制訂《性別歧視條例》，規定成立平等機會委員會；(4) 擴大申訴專員公署的權力；(5) 涉及人權法的案件可申請法律援助；(6) 改善處理有關投訴警察的制度；(7) 增加資源，推廣人權教育。

7月21日－7月22日

◆ 預委會經濟小組在北京舉行第 17 次會議，委員們討論了《關於"九七"後香港與內地經貿關係的基本原則和基本政策的建議（討論稿）》、《關於"九七"後香港與內地金融關係的基本原則和基本政策的建議（討論稿）》，以及下半年小組工作重點的有關具體安排等。委員們還聽取了關於中英基建協調委員會近期工作進

展情況的通報。

7月22日－7月23日

◆ 預委會文化小組在北京舉行第 11 次會議，會議討論了"九七"香港回歸的民間慶典及"九七"後香港民間組織參加國際組織和國際會議等有關問題。

7月23日－7月24日

◆ 預委會社會及保安小組在北京舉行第 12 次會議，委員們討論研究了香港回流移民的問題和有關香港紀律部隊問題。

7月26日

◆ 立法局經過 12 小時的辯論，以 38 票贊成，17 票反對，3 票棄權三讀通過由港府依據中英有關協議提出的《終審法院條例草案》。

8月14日－8月15日

◆ 預委會法律小組舉行第 15 次會議，繼續審查香港原有法律。

8月16日－8月17日

◆ 預委會政務小組在北京舉行第 19 次會議，討論了有關公務員平穩過渡的若干問題。

◆台灣"行政院"通過《港澳關係條例草案》，確立 1997 及 1999 年以後，台處理台港澳關係的原則。台灣"陸委會"港澳處處長鄭安國表示，《港澳關係條例草案》通過後，近日將送至"立法院"審議，預定在 1996 年底以前完成立法工作，再以半年的時間訂定相關的施行細則，希望在 1997 年 7 月 1 日，同時施行港澳關係條例與其施行細則。他指出，《港澳關係條例草案》的重點如下：（1）有關港澳人民的定位與權益，在英、葡結束治理前，取得港澳華僑身份者，予以特別優惠。（2）在兩岸三通前，港澳地區仍被視為不同於兩岸的第三地，台港澳之間仍保持直接通航與通商。（3）1997 及 1999 年以後，港澳地區的貨幣可在台流通；港澳企業的中資控股比例超過 20% 以上者，有關機關不予許可來台。（4）因為政治原因，使得港澳人民的自由與安全受到威脅時，台灣將予以必要的援助。（5）當港澳地區的情況發生變化時，授權"行政院"可以終止該法一部分或全部之適用性，但要"立法院"追認。

8月18日

◆預委會經濟小組在北京舉行第 18 次會議，討論了"九七"後香港與內地的經貿關係等問題。

8月20日－8月21日

◆預委會社會及保安小組在北京舉行第 13 次會議，委員們就香港紀律部隊人員所關注的問題、香港"回流移民"問題提出了若干意見和建議。會後公佈了《對紀律部隊人員所關注問題的若干意見》和《關於"回流移民"問題建議的說明》。

9月2日

◆專責香港事務的英國外交部次官韓俊明履新後首次訪港至 6 日，瞭解港府準備將來如何與特區籌委會合作。在港期間，韓俊明會見了彭定康、布政司陳方安生和新任財政司曾蔭權，出席了行政局會議。4 日，韓俊明在香港出席香港總商會和香港英商會主辦的午餐會上致詞重申，保持香港"成功而有體面地"過渡，是英國外交政策上重要的工作。中英關係進展令人鼓舞，英方希望在現有基礎上解決更多問題。英方不會採取與中方對抗態度，但亦會堅定地維持香港利益。他強調，英國對香港的責任是跨越"九七"的，除了道義上的責任外，英方在聯絡小組亦將會工作至 2000 年，而香港作為英國未來在

1995年

亞洲的中心，故此英國向香港負責，是符合英國的國家利益與商業利益的。

9月7日

◆ 中國外交部發言人指出，滯港越南船民和難民必須在 1997 年前全部離港，中國政府絕不承擔把香港作為第一收容港的責任。

9月17日

◆ 港英最後一屆立法局選舉。分區直選的投票人數為 92 萬人，比 1991 年立法局選舉增加 22.7%，但投票率只有 35.79%，比 1991 年的 39.15% 少了近 4 個百分點。功能組別的投票人數為 46 萬人，投票率為 40.42%。

9月18日

◆ 李鵬總理接受法新社社長訪問時強調，中國不會承認與聯合聲明或基本法相違背的任何事務。同一天，港澳辦和新華社香港分社發言人分別就立法局選舉發表談話。港澳辦發言人表示：中國政府在港英最後一屆立法局選舉問題上的立場是一貫的。港英的最後一屆立法局選舉是在中英有關選舉安排的談判破裂的情況下進行的，它所依據的「政改方案」和有關

法例違反了中英聯合聲明、與基本法銜接的原則和中英已達成的有關協議和諒解。因此，港英最後一屆立法局的議員不能坐「直通車」，過渡成為香港特別行政區第一屆立法會的議員，也不存在「部分直通」的可能性。中英聯合聲明規定，中華人民共和國政府決定於 1997 年 7 月 1 日對香港恢復行使主權；聯合王國政府聲明於是日將香港交還給中華人民共和國。根據第八屆全國人大常委會 1994 年 8 月 31 日通過的決定，港英最後一屆立法局將於 1997 年 6 月 30 日終止，香港特別行政區第一屆立法會將由香港特別行政區籌委會根據全國人大的有關決定組建。中國政府的上述立場是堅定不移的，不受選舉結果的影響。

新華社香港分社發言人重申，港英單方面搞的三級架構不可能跨越「九七」。「九七」以後香港特別行政區的三級架構將依據全國人大有關決定和基本法有關規定組建。發言人指出，這次選舉是按照彭定康的違反中英聯合聲明、違反與基本法相銜接的原則、違反中英雙方已經達成的諒解和協議的「政改方案」進行的，是不公平、不合理的。儘管如此，愛國愛港人士通過參與，得到了鍛練，積累了經驗。整個選舉表明，擁護香港回歸、希望平穩

過渡和愛國愛港是香港的主流趨勢。

19 日，中國外交部發言人也就此發表了評論，重申了中國政府的立場。29日，錢其琛副總理重申，立法局選舉是港英單方面進行的，立法局將隨着英國的管治結束而終止。英國和港英是根據他們的願望來度身訂造，所以選舉並不公正。

9月18日－9月19日

◆ 預委會社會及保安小組舉行第 14 次會議，就有關延續香港現有社會福利制度和香港公營房屋問題進行討論，並就準備提交全體會議的三個建議進行了重新審議，並做了一些修改，這三個建議是《關於永久居民中的中國公民在內地所生子女赴港定居問題的建議》、《關於以香港為永久居留地問題的建議》和《關於簽發特區護照和旅行證件問題的建議》。

9月20日－9月21日

◆ 預委會政務小組在珠海舉行第 20 次會議。20 日的會議討論了香港特別行政區第一屆政府推選委員會的籌組問題，討論了推選委員會委員的資格、推選委員會產生的時間和具體辦法等。21 日的會議討論了公務員事務研究小組提出的關於香港特別行政區政府部門機構名稱和主管職位名稱的建議。

9月22日－9月23日

◆ 預委會法律小組在珠海舉行第 16 次會議，討論了《香港人權法案條例》，會後發表新聞稿，詳細闡述了小組就《香港人權法案條例》問題形成的意見。

◆ 預委會經濟小組在珠海舉行第 19 次會議。委員們聽取了港府拓展署官員關於未來幾年香港主要基建工程計劃的情況介紹，討論了“九七”前後香港基建的銜接問題。

9月24日－9月25日

◆ 預委會文化小組在珠海舉行第 12 次會議，主要討論了“九七”後香港民間組織參加國際組織和國際會議等問題。

10月3日

◆ 錢其琛副總理訪問英國，分別與英國首相梅傑和外相里夫金德會談，就加強中英關係取得三項協議：（1）原則上同意互設總領館，英國在廣州將增設總領館，有關細節將通過正常外交渠道繼續討論。（2）英方同意就對華貿易方面向中國提供第四筆優惠融資安排。（3）同意在共同關注的國際事務上發展對話關係，這包括國際問題、聯合國事務等。香港問題方面，里夫金德宣佈了在會談中與錢其琛取得的四點共識：（1）原則上同意香港高級公務員與中方接觸，具體細節將通過中英聯合聯絡小組磋商。（2）大體上同意港府與香港特別行政區籌備委員會的工作關係。港府建議成立一個聯絡辦事處，負責與籌委會接觸和聯繫事宜。（3）同意就"九七"政權移交儀式成立政權交接儀式專家小組。移交儀式應是莊嚴和隆重的。（4）同意共同努力，就香港貨櫃碼頭問題尋求解決辦法。中英聯合聯絡小組 1995 年稍後將召開會議。

錢其琛在里夫金德宣佈的四點共識外，還補充一點，就是滯留香港的越南船民和難民問題應在 1997 年 7 月 1 日前解決。錢其琛形容今次會談是積極、有意義和富有成果的，令雙方瞭解增加，有利中英關係的進一步發展。錢其琛宣佈，中英雙方已決定繼續保持兩國高層互訪的勢頭。他說，他已邀請里夫金德下一年訪華，並歡迎赫塞爾廷副首相下一年訪華。

錢其琛說，香港政權交接的準備工作是中英兩國政府所面臨的一項重大而迫切的任務，中方希望英方提供切實有效的合作，特別是在政權交接儀式、防務移交、過渡期財政預算、政府檔案和資產交接等方面，雙方通過磋商，做出妥善安排，以利於香港政權的順利交接。中方認為，香港政權交接是中英兩國政府間的事，有關香港政權的交接和順利過渡問題應該由中英聯合聯絡小組協商處理。雙方還同意成立以中英聯合聯絡小組雙方首席代表為首的政權交接儀式專家小組，具體研究交接儀式的安排。被問及中國對香港剛選出的立法局的立場，錢其琛重申了該屆立法局不能直接過渡到"九七"之後的立場。

里夫金德表示，確保 1997 年香港政權的順利交接和平穩過渡是英國政府的優先任務。梅傑首相和他本人都決心同中方緊密合作。他表示相信，通過錢其琛此次來訪，雙方將在有關香港順利過渡的其他相關問題上取得進展。他重申，英國無意對香港的法律做任何重大改變。里夫金德說，英國在台灣問題和西藏問題上的立場沒有任何變更。英方重申台灣是中國的一個省，中華人民共和國政府是中國的唯一合法政府，英國不同台灣發展任何官方關係。英國承認西藏是中國領土不可分割的一部分。英國政府不會承認任何西藏流亡政府和在英國的代表處或辦事處，里夫金德接受了錢其琛的邀請，下一年到中國訪問。他表示，英政府歡迎中國政要和高層官員來英訪問。

◆ 錢其琛副總理在英國皇家國際事務研究所發表了題為《中國的發展與中英關係》的演講，重申中國對香港的政策決不會改變，並列舉四點理由說明香港的長期穩定繁榮是有充分保障的：首先，中國政府將堅定不移地堅持“一國兩制”的方針，貫徹中英聯合聲明和香港特別行政區基本法，在香港實行高度自治、“港人治港”；保持香港的現行社會、經濟制度和生活方式不變，法律基本不變；繼續保持香港的國際金融、貿易和航運中心的地位；保持香港的自由港和單獨關稅地區的地位；英國和其他國家在港的經濟利益將得到照顧。中國對香港的上述政策將 50 年不變。由鄧小平先生創造性地提出的“一國兩制”方針，就是在一個中國的前提下，中國大陸作為國家的主體堅持社會主義制度，香港保持原有的資本主義制度不變，兩種制度都不變，誰也不取代誰。這是解決香港問題，保持香港長期穩定繁榮的唯一正確的方針。這一方針不僅得到包括香港同胞在內的中國人民的擁護，而且還受到國際社會的肯定和讚許。中國政府不僅要按照“一國兩制”方針解決香港問題，還要按照這一方針解決澳門問題和台灣問題。“一國兩制”方針關係到中國

的統一大業，中國政府決不會改變。其次，中國政府對香港的政策 50 年不變，是同中國要在下一個世紀前半葉接近中等發達國家水平的長遠經濟發展戰略相聯繫的。這些年來，香港對中國內地經濟的發展起了積極的作用。為了實現現代化的發展戰略，中國需要香港繼續作為改革開放的窗口和通往世界貿易的渠道。鄧小平先生說：保持香港的繁榮穩定是符合中國的切身利益的。所以我們講 50 年不變，不是隨隨便便、感情衝動而講的，是考慮到中國的現實和發展的需要。第三，中國內地的改革開放與發展已經成為香港經濟繁榮的十分重要的因素。近 16 年來，香港經濟的繁榮是與中國內地的改革開放同步發展的。香港製造業大量遷入內地，大大降低了產品成本，使香港產品在國際上具有競爭力。同時，香港的轉口貿易額近 90% 是與內地有關的，這是香港在前幾年西方經濟不景氣的情況下得以繼續保持較快發展的重要因素。今後，中國的穩定和持續發展，仍將為香港的繁榮穩定提供可靠的保證。第四，保持香港的長期繁榮穩定，是香港人的共同心願。香港人勤勞刻苦，富有智慧。他們既然過去能創造香港經濟騰飛的奇跡，也一定能保持香港的長期繁榮穩定。而香港的長期繁榮和穩

定，也符合英國、特別是英國工商界以及在香港有投資的其他國家的利益。

錢其琛副總理在演講中還就今後處理中英關係提出四點原則：一、着眼長遠，面向未來；二、相互尊重，求同存異；三、平等互利，發展合作；四、信守協議，加強磋商。

10 月 4 日

◆ 英國外交部在錢其琛副總理結束訪問離開英國之後發表聲明說，英方在立法局過渡問題上的立場人所共知，至今沒有改變。要解散 9 月 17 日選出的立法局是毫無道理的，這次選舉的安排已經由立法局在 1994 年 2 月和 6 月通過。選舉完全符合聯合聲明和基本法，以及中英之間其他協議和共識。聲明又說，9 月 17 日的選舉證明政改在香港受到廣泛支持，如果中國堅持解散立法局，就必須向香港和國際輿論解釋為什麼這樣做。

10 月 5 日

◆ 中英聯合聯絡小組雙方專家舉行會晤，中方正式向英方通報並提交了中華人民共和國香港特別行政區護照樣本。雙方專家並就簽發特區護照的準備工作交換了意見。

◆ 中英聯合聯絡小組關於香港知識產權制度問題第二次專家會議結束。雙方在三方面達成共識：專利國際條約"九七"後繼續適用於香港問題；香港專利制度本地化問題；香港註冊外觀設計制度本地化問題。中方認為香港須要建立一個獨立和完善的知識產權制度。

英方代表港府知識產權署署長謝肅方表示，中英雙方在知識產權制度方面達成協議後，香港將可以依據本身的情況草擬有關的法例。

10 月 9 日 – 10 月 10 日

◆ 預委會文化小組在北京舉行第 13 次會議，討論了有關公民教育基本原則的問題，並總結小組的工作和整理工作報告。

10 月 11 日

◆ 彭定康發表施政報告。他在《與中國通力合作》部分中強調與特區籌委會及候任行政長官合作。"我們預期須將大量有關政府各個決策科和部門工作的資料，給予籌備委員會。這是一項艱巨的工作，因此，我們已建議成立一個聯絡處，處理香港政府在這方面須負責的工作，以及作為一個有效率的聯絡中心，向籌備委員會提供協助。中英兩國外長會面時已同意這項建議。聯絡處將是香港政府內的一個機構，由憲制事務司負責，其他職位由公務員出任。聯絡處會直接向布政司和我負責。我們預期聯絡處和籌備委員會秘書處，將會定期舉行會議。至於候任行政長官，由於他／她要為特別行政區成立後就任行政長官之職，作出多方面的準備，我們預期他／她會需要很多行政方面的支援和實際協助。我們已初步考慮提供協助的形式。日後與中方進行討論時，我們會進一步商談這事。" "我非常樂意向候任行政長官伸出友誼之手，並盼望與他／她衷誠合作。"

10月11日 – 10月12日

◆ 預委會經濟小組在北京舉行第20次會議，討論了有關"九七"後香港與內地航運聯繫的基本原則和基本政策、香港維多利亞港填海問題、香港與內地知識產權保護問題，以及港府施政報告中有關經濟部分。

10月13日 – 10月14日

◆ 預委會政務小組在北京舉行第21次會議，討論香港特別行政區臨時立法會問題。會議建議，臨時立法會成員須擁護基本法、願意效忠特區並符合基本法有關規定。會議建議，"九七"後區域組織應恢復委任議席。

10月15日 – 10月17日

◆ 預委會法律小組在北京舉行第17次會議，會議進一步討論了《香港人權法案條例》的問題，建議取消《人權法案條例》第二條第三款、第三條和第四條，即取消其凌駕香港所有法律的地位，以及取消其將《公民權利和政治權利國際公約》適用於香港部分納入為香港法律的規定。至於人權法條例存在的其他問題，則留待特區政府處理，預委會法律小組建議，現時按人權法案條例修訂的法律共有40多條，其中有些未與基本法抵觸，可採用為特區法律，但這些法律將來還要逐條再審議一次；修改後對香港未來有重大影響的法律則取消，"九七"後恢復這類法律未修改前的本來面目。法律小組建議"九七"後恢復本來面目的法例包括：《1992年社團（修訂）條例》；《1993年電視（修訂）條例》；《電訊條例》1993年的修訂；《廣播事務管理局條例》1993年的修訂；《1995年公安（修訂）條例》；1995年第251號至255號法律公告對《緊急情況規例條例》附屬立法的修訂。

1995年

10 月 16 日

◆ 港澳辦舉行新聞發佈會，宣佈：香港特別行政區護照樣本的設計和製作工作已經完成。香港特區護照採用一種形式，名稱為：《中華人民共和國香港特別行政區護照》。護照規格採用國際民航組織推薦的標準規格，即 125mm×88mm；製成 32 頁普通型和 48 頁加厚型兩種款式；文字採用香港同胞熟悉的中文繁體字和英文。封皮為深藍色的軟皮，封面印有燙金的中華人民共和國國徽圖案和中、英文護照名稱。護照內頁採用萬里長城圖案的專用水印紙，底色圖案為藍、橙兩色彩虹印刷的紫荊花放射形圖案。根據基本法的有關規定，特區護照的簽發範圍是持有香港特別行政區永久性居民身份證的中國公民。特區護照的有效期為十年，由於特區護照不設偕行兒童頁，簽發給 16 歲以下兒童的有效期為五年。

10 月 18 日

◆ 中國外交部駐港機構大樓舉行奠基典禮。外交部副部長姜恩柱致詞時表示，1997 年中國外交部駐港機構的設立，是中國對香港恢復行使主權的重要象徵。這一機構將負責處理由中央人民政府負責管理的、與香港特別行政區有關的外交事務。

10 月 19 日

◆ 中國外交部發言人重申，人權法案條例凌駕於香港其他法律之上，還據此對某些現行法律作重大修改，嚴重違反中英聯合聲明和基本法。中國不承認港英單方面修改的法律。中國保留在"九七"年後按照基本法有關規定，對港英重新修訂的法律和人權法案條例進行審議的權利。24 日，外交部發言人再次重申中方的立場。

10 月 26 日

◆ 應港澳辦和新華社香港分社的邀請，預委會法律小組內地組長邵天任、委員蕭蔚雲和吳建璠等三名內地法律專家抵港。27 日和 30 日就預委會法律小組對《香港人權法案條例》有關問題提出初步意見和建議的問題，分別向港區全國人大代表、政協委員、港事顧問以及區事顧問進行通報，28 日又與香港主要傳媒單位負責人進行座談。張浚生副社長和秦文俊副社長分別主持了通報會。邵天任等在通報會上明確指出，中方並不反對人權公約，也不反對人權法案，只是反對港英《香港人權法案條例》中第一部分的內

香港特別行政區護照，是體現中國對香港
恢復行使主權的重要標誌之一。這是國務
院港澳辦副主任王鳳超 1995 年 10 月 16
日向中外人士介紹香港特別行政區護照樣
本。

1997 年 7 月 1 日，中國政府恢復對香港
行使主權之後，在香港保持資本主義制度
50 年不變；香港的現行社會、經濟制度
不變，生活方式不變，法律基本不變；香
港自由港的地位和國際貿易、航運、金融
中心的地位也不變；馬照跑，舞照跳，股
照炒。圖為在香港賽馬場上的騎師們正激
烈角逐。

容，第一部分即導言部分一共有七條，這個部分是國際人權公約所無的，是英國人單方面加上去的私貨。《香港人權法案條例》的第一部分，授予香港各級法院包括裁判署的法官依據《香港人權法案條例》否定香港原有法律的權力，這對香港原有法律架構和運作方式造成了巨大的改變，這等於是把英式法律改為美式法律，而且比美式法律走得更遠。美國只有聯邦最高法院行使違憲審查權，其他法院沒有。而香港各級法院包括裁判署法官也有此權力，極不正常。中英談判時，英方提出，按英國制度和習慣，香港要執行兩個人權公約，透過普通法法律執行，通過行政措施執行，不需要另外制訂單行法。雙方在此基礎上達成協議，到 1991 年，英方突然制訂《香港人權法案條例》單行法例。英方在此問題上出爾反爾，現在問題是要不要維護雙方已達成的協議。英方推出違反中英聯合聲明和基本法的《香港人權法案條例》，企圖讓中方一點不動地將其接受為特區法律，這是辦不到的。法律小組的建議是有根據的，是正確的，是為香港市民着想，為特區的穩定繁榮着想。法律小組的建議是針對英國人的，絕對不是針對香港人的。

◆ 中英聯合聯絡小組在北京舉行第 34 次會議，會後發表新聞公報稱：聯合聯絡小組討論了香港政權交接問題，包括過渡時期財政預算編制及有關問題、檔案交接、政府資產、政權交接儀式等；與香港有關的國際權利與義務；香港民航協定及香港與台灣之間航綫協議安排問題；公務員問題；香港防務與治安；跨越 1997 年的專營權、合約及有關問題；包括香港填海計劃、鐵路發展策略、集裝箱碼頭；香港排污計劃；香港與有關國家之間的投資保護協定；香港與有關國家之間的移交逃犯協定；香港同某些國家的刑事司法協助問題；香港與外國對等承認及執行民商事判決問題；法律本地化；法律適應化；終審法院問題；聯合聲明有關 1997 年後在香港居留權條款實施問題；免辦簽證問題；退休保障及社會福利；滯港越南船民和難民問題；知識產權問題；移交被判刑人問題。

中方首席代表趙稷華在會後的記者會上說，這次會議"在不少議題上取得了不同程度的進展"，但在涉及與政權交接直接有關的一些議題，如檔案交接問題在這次會議上沒有能夠取得進展，是"令人失望"的。為加快工作步伐，雙方商定

1996 年增加一次全體大會，即 1996 年舉行四次全體會議。趙稷華表示，在聯絡小組第 34 次全體會議舉行前，英方提出要把人權法案條例問題當作正式議題在會議上討論，中方不同意。我們說如果要列入議題的話，應該在重大法律修改的議題下正式討論這個問題，英方不同意，最後是大家在會議開場發言中，就《香港人權法案條例》問題各自闡述了立場和觀點，中方指出，英方在未與中方磋商一致情況下作出重大修改的法律，中方是不能承認的，同時中方並保留在"九七"後適當的時候，按照基本法有關規定，對這些法律進行審查的權力。中方着重指出以下幾點：（1）英方不顧中方的強烈反對，單方面在香港推出人權法案，又據此對香港現行法律進行大面積的修改，這違反了中英聯合聲明，也背離了 1984 年中英談判時英方所做的有關說明，即香港現行的實施兩個國際人權公約的制度是通過現有的法律來實施而不需另立新的法律。（2）現在的這個人權法案條例的若干規定直接與基本法相抵觸，其中一個關鍵問題是，這個條例被賦予凌駕於香港其他法律之上的地位，與基本法是未來香港特別行政區根本大法的地位相抵觸。（3）中國對香港恢復行使主權後，中方對人權法案條例進行

審查和處理是中方的主權權力。（4）中國政府為維護中英聯合聲明，保證香港現行法律基本不變，實現"九七"年的平穩過渡，保持香港的繁榮和穩定，長期以來一直要求將法律的重大修改這個問題列入中英聯合聯絡小組的正式議題進行討論。但英方一直拒不接受中方的要求，反而不斷採取單方面的行動，加速法律的修改，才導致目前的局面。所以責任完全在英方。（5）香港特別行政區籌委會預委會法律專題小組最近提出的有關的建議與中國政府多次表達的立場是一致的，而且是十分克制和寬鬆的。

11月4日－11月5日

◆ 預委會社會及保安小組在北京舉行第 15 次即最後一次會議，本次會議回顧了小組自成立以來的工作情況，討論了提交預委會第六次全體會議的工作報告。

11月6日－11月7日

◆ 預委會法律小組在北京舉行第 18 次即最後一次會議，會議討論了小組向下次預委會全體會議提交的工作報告，並繼續審查了 27 條香港原有的法律條例，並提出了相應的建議。

11月9日

◆ 預委會政務小組在北京舉行第 22 次即最後一次會議。委員們總結了兩年半以來小組所做的工作,討論、審定了小組向 12 月舉行的預委會最後一次全體會議提交的工作報告。

11月10日-11月11日

◆ 預委會經濟小組在北京舉行第 21 次即最後一次會議,主要討論了向預委會第六次全體會議提交的小組工作報告及其附件。

11月12日

◆ 新華社香港分社副社長張浚生在參加一個公眾活動時,披露了首席大法官楊鐵樑 10 月 24 日在香港青年協會的晚宴上發表了有關 "人權法破壞了本港法律體系" 的意見。13 日清晨,彭定康約見布政司陳方安生,對楊鐵樑的言論表示關注。陳方安生隨即約見楊鐵樑,先是閉門聽取楊鐵樑與中方官員就人權法交談的經過,會後又要求楊鐵樑遞交書面報告說明原委。陳方安生這種以行政手段干預司法的做法,立即受到輿論的批評。17 日,楊鐵樑發表書面聲明,闡述他對《人權法案條例》的意見,聲明說,《人權法案條例》的第三(二)條,有兩處地方引起關注:(1)有關條文 "並沒有維持司法機構和立法機構界的清楚劃分","廢除法例的權力,本屬立法職能,而非司法職能。雖然條例沒有作出明確說明,但事實上,第三(二)條的條文,卻賦予法院立法的權力。實際的困難是:裁判官甲和裁判官乙可能會就相同問題在不同案件持有不同意見,其中所引致的混亂情況,自不待言。"(2) "有關條文實際上提高該條例的地位,使其高於一般法例。故此,在實際運作上,該條例在基本法(由 1997 年 7 月 1 日起)與一般法例之間,佔據了一個位置。" "雖然《人權法案條例》與任何法規一樣可被廢除或修訂(這與加拿大人權憲章不同,因加拿大人權憲章已納入加拿大憲法之內),但這條例第三(二)條的真正作用是要將這條例提升至香港一般法例之上。因此,人權法的加入使 '兩層' 體制(即基本法與一般法例)變成三層體制。" 聲明還說,"本人和任何其他法官一樣都忠實地應用目前的法律。《人權法案》是香港法律的一部分,每當有需要時,法庭必定遵從該法律的條文。"

23 日,律政司馬富善發表聲明,對楊鐵樑的聲明作出回應,辯稱人權法並無凌駕其他法例的地位,亦沒有削弱港府的管理能力，港府就人權法而作出的法律修改"是符合聯合聲明和基本法的"。

◆港府發表聲明，重申人權法並無違反基本法。署理律政司溫法德的聲明說，"人權法完全符合適用於香港的《公民權利和政治權利國際公約》，並無任何方面抵觸基本法。我們沒有理由干預人權法。"溫法德表示，隨着人權法制定後，各項條例所作出的修訂均符合適用於香港的《公民權利和政治權利國際公約》。中英聯合聲明及基本法均列明有關公約在1997年後繼續適用，沒理由要廢除這些符合基本法的修訂。

14日，新華社香港分社發言人作出反駁，指出英方自己的文件已多次承認《香港人權法案條例》確有凌駕性，港英政府的聲明是在繼續欺騙港人，誤導輿論。發言人說，1995年英國向聯合國人權委員會提交的《大不列顛及北愛爾蘭聯合王國有關香港的第四期定期報告》的甲部第三節中有關《香港人權法案條例》的段落稱："該條例載列一套詳盡的人權法案，其條款大致上與《公民權利和政治權利國際公約》的條款相對應，並規定儘可能與人權法案相符；至於那些在解釋方面未能與人權法案相符的任何現有法例，則人權法案會凌駕於其上。"發言人最後說，上述內容見之於英方正式文件，白紙黑字，鐵證如山，一紙抵賴的"聲明"豈能遮掩！

◆中國外交部就香港特別行政區護照一事發佈公告稱：中華人民共和國將自1997年7月1日對香港恢復行使主權之日起，啟用中華人民共和國香港特別行政區護照。根據《中華人民共和國香港特別行政區基本法》第一百五十四條的規定，中華人民共和國政府授權香港特別行政區政府依照法律向持有香港特別行政區永久性居民身份證的中國公民簽發中華人民共和國香港特別行政區護照，此外，按照國際慣例，中華人民共和國駐外國的外交代表機關、領事機關和中華人民共和國外交部授權的其他駐外機關也可辦理簽發香港特別行政區護照的有關事宜。中華人民共和國外交部已開始通過外交或其他途徑向世界各國提供中華人民共和國香港特別行政區護照樣本及有關說明材料，並積極準備與有關國家和地區就香港特別行政區護照持有者免辦簽證事宜進行商談。中華人民共和國外交部希望各國和地區積極考慮給予中華人民共和國香港特別行政區護照持有者免辦簽證的待遇。

11月19日

◆ 江澤民主席對出席亞太經濟合作組織會議的港英財政司曾蔭權重申，中國是會履行"一國兩制"的承諾，並強調"港人治港"乃中國的國策，這不只是他（江）的政策，也是整個中國領導層的政策。江澤民說，中國重視香港的繼續繁榮與穩定。江澤民主席並應曾蔭權要求題詞："港人治港，一國兩制，保持繁榮穩定。"

11月20日

◆ 新加坡總理吳作棟在大阪舉行記者招待會上宣佈，新加坡政府將於1997年後給予持香港特區護照的香港人免簽證入境。有關細節安排仍需由新加坡、中國及香港政府繼續討論。他又指出，新加坡為香港而設的移民計劃，1997年後不會受任何影響。中國外交部發言人21日表示，中國注意到新加坡領導人關於"給予香港特區護照免予簽證待遇"的講話，中國對此表示歡迎。

11月24日

◆ 中英土地委員會舉行第31次會議，雙方就調整1995/1996年度批地計劃等問題達成了協議。根據協議，雙方同意調整1995/1996年度批地計劃，在特殊需求類別中，同意批出67公頃土地作為興建屯門內河貨運碼頭項目用地；同意增批5公頃土地，作為將軍澳第三工業邨擴建用地。中英雙方商定，1995/1996年度開發土地平均成本為每平方米5093港元。

11月29日

◆ 中英聯合聯絡小組機場委員會舉行會議，就機場管理局條例，機場管理局成員，以及新機場航機膳食服務、飛機燃料供應服務兩項專營權等達成共識，並由聯絡小組中英雙方首席代表在會上簽署四項會議紀要予以確認。根據會議紀要，雙方確認機場管理局條例符合雙方所達成的共識，雙方相信，機場管理局條例的實施，將有利於新機場的建設和營運。根據會議紀要，機場管理局共有17名成員，其中11位為非官方成員，而主席及副主席分別由黃保欣及盧重興出任，其他成員包括葛達禧、葛賚、何世柱、梁錦松、羅康瑞、譚惠珠、黃景強和黃宜弘，而機場管理局行政總監會為當然成員，六名官方成員包括經濟司、庫務司、工商司、民航處處長、新機場工程統籌署署長和金融管理局總裁。根據會議紀要，有關兩項專營權的合約會得到中方確認，這些合約在 1997 年 6 月 30 日後繼續有效，並將得到香港特別行政區政府的承認和保護。

11 月 30 日

◆ 根據中英兩國外長 1995 年 10 月於倫敦會晤時達成的有關共識，中國政府官員與香港高級公務員的首次非正式聚會在港舉行。

12 月 1 日

◆ 機場管理局正式成立，以取代五年多以前設立的臨時機場管理局。機管局舉行第一次董事會議後，立即與香港政府簽署《批地文件》和《財務支持協議》。

12 月 5 日

◆ 江澤民主席在深圳會見了香港社會知名人士李嘉誠、李兆基、吳光正、查濟民、唐翔千、郭鶴年、邵逸夫、鄭裕彤、徐展堂、徐四民、黃建華、郭炳湘、曾憲梓、莊世平及黃克立等 15 人，並作了重要講話。

江澤民在談到關於堅持“一國兩制”方針時表示，“一國兩制”是完成祖國統一大業的一項基本方針，不是權宜之計。

用“一國兩制”方針解決香港問題，一方面，我們恢復對香港行使主權，雪洗一百多年的民族恥辱；另一方面又照顧到香港的歷史和現實，有利於保持香港的長期繁榮穩定。這一方針也是同我們國家的長遠發展戰略相一致的。

談到中英在香港問題上的合作問題時，他表示，最近一個時期，中英關係和雙方在香港問題上的合作有了一定的改善。10 月初錢其琛副總理成功地訪問了英國。我們希望英方能把握住這一契機，認真履行自己的承諾，切實與中方加強磋商合作，不要再製造什麼麻煩。香港問題是中英關係的核心問題。雙方在香港問題上合作得好，兩國關係就得到發展，否則就會出現困難。

12 月 7 日－12 月 8 日

◆ 預委會在北京舉行第六次全體會議。這是預委會結束前的最後一次會議。預委會主任錢其琛致開幕詞和閉幕詞。他在閉幕詞中強調三點：

第一，要堅定不移地堅持“以我為主”的方針，並在聯合聲明的基礎上爭取英方的合作。第二，在籌建香港特別行政區的過程中，必須面向港人、依靠港人，為“港人參與”創造條件。第三，必須從為全面完成祖國統一大業樹立典範的高度，在香港問題上成功地進行落實"一國兩制"的實踐。香港問題是實現祖國統一大業征途中的第一站，我們在香港問題上做得怎樣對統一大業有重大的影響。

會議新聞公報稱：會議聽取和討論了政務、經濟、法律、文化、社會及保安五個專題小組的工作報告，討論了五個專題小組就與 1997 年香港政權交接和香港的平穩過渡有關的事項提出的 46 份書面建議和意見，通過了《關於預委會各專題小組的建議和意見的決議》，會議決定發表《香港特別行政區籌委會預備工作委員會關於保持香港公務員隊伍和制度穩定的若干意見》。會議全面回顧和總結了預委會成立以來所做的工作。兩年半來，各專題小組就涉及香港政權交接和平穩過渡的一系列重大問題進行了認真的調查研究，廣泛諮詢了香港各界人士的意見，從我國政府對香港恢復行使主權、確保香港平穩過渡的實際需要和香港的實際情況出發，提出了有關建議和意見。會議認為，各專題小組所提的建議和意見符合"一國兩制"的方針和我國政府對香港的一系列政策，符合基本法，也符合全國人大及其常委會的有關決定。會議並認為，預委會的工作為即將成立的香港特別行政區籌委

會及其工作奠定了良好基礎。會議認為，鄧小平同志關於香港問題的一系列重要論述對預委會的工作起到了方向性的指導作用，預委會在工作中貫徹了"以我為主"和"面向港人，依靠港人"的方針。會議指出，廣大港人的關心、支持和參與，是預委會的工作取得成功的重要原因。會議向參加預委會各專題小組屬下研究小組的人士致以謝意，並向所有對預委會工作給予關心和支持的人士表示感謝。根據全國人大常委會關於設立香港特別行政區籌委會預備工作委員會的決定，香港特別行政區籌委會預備工作委員會將在籌委會成立時結束工作。

12月8日

◆ 江澤民主席會見出席預委會第六次全體會議的預委會全體委員時，重申香港問題堅持三條："一國兩制"、"港人治港"、保持香港穩定繁榮。他稱讚預委會取得的豐碩成果，是一個里程碑，為籌委會的工作打下了很好的基礎。他說："香港的繁榮穩定首先要依靠祖國的繁榮穩定，沒有祖國繁榮穩定這個大前提，香港就很難保持繁榮穩定；反過來，香港本身的繁榮穩定也為祖國的改革開放和各方面的經濟繁榮提供了很好的條件。兩方面是辯證

每個工作日的清晨 7 點正,新華社香港分社職員在辦公大樓天台升起國旗。1997 年 7 月 1 日之後,特區不少機構和公共場所之上也將飄揚五星紅旗。

高歌一曲迎回歸

的關係，但首先要看到祖國的繁榮穩定是一個很大的前提。"江澤民還希望英國政府信守諾言，遵守自己所作的承諾，與中國政府一起解決好這一歷史遺留的問題。

12月14日

◆ 中國政府官員與香港高級公務員的第二次非正式聚會上午在跑馬地馬會遴選會員廂房舉行。

◆ 美國國會參議院會透過包含修改"台灣關係法"、"美國香港政策法"，將"台北駐美國經濟文化代表處"易名，以及設立西藏特使條文的"外交關係重振法案"。法案修訂"美國香港政策法"部分，則將"美國香港政策法"規定之美國國務院兩年一次送交國會的關於香港經貿狀況報告，增為每年一次，並延伸至公元2000年以後；而且範圍增至報告中英香港聯合公報的詳細實施情形；香港選舉之是否公平、公開；司法是否獨立等。

12月16日

◆ 中英關於香港與內地跨境大型基建協調委員會第四次全體會議於港結束，會後，雙方發表聯合公報說，雙方對屬下各個專家小組於過去一年的工作進度表示滿意，並同意進一步就增闢落馬洲與皇崗新過境通道的安排作磋商，及對銅鼓航道西綫方案的建議作工程可行性研究。中方重申，積極支持本港鐵路運輸的進一步發展，雙方已同意要由中英聯合聯絡小組討論有關西部走廊鐵路落馬洲支綫的建設事宜。

12月21日

◆ 中國政府官員與香港高級公務員的第三次非正式聚會在跑馬地馬場遴選會員廂房舉行。

12月26日

◆ 預委會主席錢其琛，向八屆全國人大常委會第17次會議報告了預委會的工作情況。錢其琛說，兩年半來，預備工作委員會對涉及香港政權交接與平穩過渡的一系列重大問題進行了研究，並廣泛諮詢了港人意見，在此基礎上提出了大量建議和意見，為香港特別行政區籌委會的設立奠定了良好的基礎。實踐證明，預委會的工作能夠順利進行，是與廣大港人的關心和支持分不開的。1997年前的港人參與是1997年後"港人治港"、實現高度自治所必不可少的。錢其琛說，預委會的成立及其有效的工作，不僅為籌委會奠定了良好的工作基礎。而且，它像一部發動機，動員了香港社會的各個方面都來關注建立香港特別行政區的事情，深化了港人參與。它把愛國愛港人士更緊密地聚集在"一國兩制"的旗幟之下，形成了維護香港平穩過渡的巨大社會力量。它向香港居民，全國人民和國際社會昭示了中國政府按期對香港恢復行使主權、確保香港平穩過渡的信心、決心和能力。

◆中國外交部發言人證實，外交部已向各國駐華大使館發出外交照會，告知在 1997 年後會根據基本法而決定是否延續這些國家駐港領事館的地位，至於若干與中國沒有邦交的國家，北京當局會以一個中國的大原則與他們磋商"九七"後駐港領事館的問題。發言人亦證實，中國政府曾向五個與台灣有邦交的國家提出他們駐香港的領事館在 1997 年後可能會降級成為代辦，中國現在正在與這些國家磋商有關事宜。這些國家包括南非、哥斯達尼加、巴拿馬、多明尼加和非洲的幾內亞比紹。

12 月 28 日

◆八屆全國人大常委會第十七次會議經表決，批准了全國人大常委會委員長會議提出的人選，150 位香港和內地的各界人士，被任命為全國人民代表大會香港特別行政區籌備委員會委員。國務院副總理錢其琛同時兼任籌委會的主任委員，王漢斌、安子介、霍英東、魯平、周南、王英凡、李福善、董建華、梁振英被任命為這個委員會的副主任委員。籌委會秘書長為魯平；副秘書長為秦文俊、陳滋英、邵善波。籌委會 150 位成員中，內地委員 56 人，約佔 37%；香港委員 94 人，約佔 63%。內地委員人選主要是同香港事務有較多聯繫的中央和地方有關部門負責人，以及專家、學者。94 位香港委員都是香港永久性居民，其中工商界 34 人，包括香港工商界的代表人物；專業界 33 人，包括香港五大學府的校長和各主要專業的知名人士；宗教、基層、社工、鄉事界等 16 人，包括香港宗教界的領袖人物和工、青、婦以及新界有關社團的知名人士；政界（包括原政界）11 人。

1996年··············

1月6日-1月9日

◆ 英國外相里夫金德訪港，主持了英國駐港總領事館的平頂儀式，他說，"這座興建中的全世界最大的英國領事館，象徵着英國政府'九七'後對香港的承擔"。他接着來到立法局，接受立法局議員的提問，離開香港到北京訪問前還舉行記者會。他談了以下問題：(1)強調英方的目標遠超出順利過渡，把治港權杖移交中方，最終目標"是能夠保護和推廣港人基本權利及自由，過渡'九七'"。他表示，英國對"九七"後的香港除了存在着道義上的責任外，英國本身在香港仍有巨大的經濟利益，故此英國不會因為主權移交而與香港斷絕聯繫。他說，英國在香港存在巨大的商業利益，比起英國在中國內

地的商業利益更大。英國1995年向中國輸出貨品總值8億英鎊，但同期向香港輸出貨品總額則為27億英鎊；同樣，英國在中國的投資雖然是所有歐洲國家之冠，達40億英鎊；但英國在香港的投資更達700億英鎊。他明確指出，英方衡量主權過渡工作是否成功，並非只着眼於未來18個月香港的情況，而是1997年7月1日之後香港能否繼續維持現有的經濟繁榮、法治制度以及港式生活。無論是為了道義責任還是經濟利益，英國都會竭力維持英國現在的成功體制在1997年後繼續運作。(2)承認1997年將終止主權國身份的英國政府，對中方打算解散立法局感到無能為力，港人不應幻想英方有任何神奇處方可令中方改變主意。他表示，若中

方解散有民主基礎的議會，將造成很大的破壞。（3）有關船民問題的決定，是由香港行政局所作出的，英國政府只是作為香港的外交代表負上責任與越南交涉。

1月9日

◆ 錢其琛副總理與來訪的英國外相里夫金德舉行會談，雙方回顧了中方官員與香港高級公務員會晤，港英政府同籌委會合作，簽發特區護照的前期準備工作、香港民航協定、居留權、滯港越南船民的遣返以及貨櫃碼頭的建設等問題，雙方對於取得的進展表示滿意。里夫金德說，實現香港政權的順利過渡是英中兩國的共同目標。英國願意以建設性的和友好的精神與中方合作，使這項工作獲得成功，這對英國在目前和將來都是十分重要的。會談就以下五個事項取得進展。第一項是中方宣佈同意籌委會秘書處香港辦事處將會與港府的聯絡機構建立聯繫，細節安排將會由中英聯合聯絡小組再進行討論。第二項是在興建九號貨櫃碼頭問題上，中方同意英方的建議，只要有份參與計劃的公司相互之間能夠達成協議，中英兩國政府將會予以確認。第三項是中英已就簽發特區護照問題同意簽署會議紀要。英方將會根據紀要，就是否給予特區護照持有人免簽證入境待遇作出考慮，預期英國政府會在未來兩至三個月內就這個問題進行研究。第四項是有關香港居民身份方面，中方確認所有目前在香港享有永久居民身份的人士，他們在 1997 年 7 月 1 日以後將可以保持這個身份。第五項是中方確認了中英雙方官員在較早前就香港與新加坡和香港與南韓之間達成的民航協訂。

雙方還談了以下問題：關於居留權問題，錢其琛表示要在基本法及國籍法基礎上，靈活地、務實地加以解決。里夫金德在會談後證實中國政府已確認所有目前在香港享有永久居民身份的人士在 1997 年 7 月 1 日後可繼續保持這一身份。記者問上述政策是否包括已移民海外的香港居民，里夫金德表示，錢其琛當時沒有提及附加條件。關於越南滯港船民遣返問題，錢其琛要求英國政府有不可推卸的責任在 1997 年 7 月 1 日前解決這一問題，以免給未來特區留下歷史包袱。英方表示將繼續做出努力，以按時完成遣返計劃。關於立法局是否在"九七"後解散問題，錢其琛表示在此問題上中方的立場沒有改變，也不會改變，即英國單方面安排的三級架構將在 1997 年 6 月 30 日終止，中國全國人大已就此作出相應決議。英方則表示希望中方重新考慮對此問題的立場。

10 日，李鵬總理會見了里夫金德，雙方就雙邊關係、兩國經貿關係和香港前景等問題交換了看法。李鵬總理指出，中國政府對香港實現平穩過渡和政權的順利交接以及今後保持穩定與繁榮的前景充滿信心，香港的前途不取決於香港少數人的"說三道四"，而在於廣大香港居民的共同努力。李鵬強調中國政府將堅定不移地執行"一國兩制、高度自治、港人治港"的方針，中央不會派任何官員去香港特別行政區政府任職，也不會從香港拿走一分錢。

11 日，江澤民主席會見了里夫金德。他指出：中英兩國保持良好的合作關係符合各自的現實和長遠利益，希望雙方繼續共同努力，為維持和發展中英關係作出努力。他指出，當前我們兩國最重要的任務是在後過渡期的最後年半時間裡，認真履行各自在聯合聲明中所做的承諾，加強合作，通過磋商和對話把還沒有解決的問題儘快解決好，為"九七"香港政權的順利交接和平穩過渡創造條件。

1 月 10 日

◆ 中英聯合聯絡小組就"關於簽發香港特別行政區護照準備工作的會議紀要"舉行草簽儀式，雙方在紀要中達成 17 項諒解和共識，其中包括將來特區護照的簽發機關將為香港特別行政區入境事務處；按照國際慣例，中國駐外國的外交代表機關等，可為在中國境外合資格的申請人簽發特區護照；港英政府將制定計劃，以便做好為符合資格領取特區護照的申請人穩妥地簽發這些護照的準備等。

◆ 公務員事務司施祖祥在立法局以書面回答議員的問題時表示，關於載有高級公務員個人資料的檔案移交問題，港府的立場極其明確。此類檔案與香港政府所儲存的其他檔案並無分別。英方是會按照與中方在 1990 年達成的協議，把所需的檔案全數移交中方，使日後的特別行政區可以有效運作。這些檔案是不會運走的。載有公務員個人資料的檔案，將會與其他檔案同樣處理。這些個人檔案所存放的各類資料都不會送往英國。他又表示，為方便候任行政長官提名委任主要官員，港府會在 1997 年前，及早向其提供所需的個人檔案及資料。

◆ 港府向立法局提交政府物業清單。清單共分四冊，列出了截至 1995 年 11 月 1 日為止的港府 43 個部門 2442 項物業的名稱、地址、類型、面積，但未列出估價，也未列明如何交給特區政府。

◆ 中國政府官員與香港高級公務員第四次非正式聚會在跑馬地馬場遴選會員廂房舉行。

◆ 中英聯合聯絡小組防務及治安專家小組舉行第 19 次會議，雙方就香港 14 幅軍事用地的文件、圖紙、資料交接的具體時間及程序性安排達成了共識。中方專家組組長陳佐洱說，19 次專家會議，使得軍事用地的具體交接問題告一段落，未來將要舉行的第 20 次專家會議，雙方會就香港防務交接的一些新的重要議題展開磋商。

◆ 李鵬總理會見了香港明天更好基金訪京團，在會見中，李嘉誠談到港人非常關心"九七"以後中國政府將採用什麼措施保證"一國兩制"方針在香港的順利實施。對此，李鵬談了四個方面的內容。李鵬指出，1997 年後香港實施"一國兩制"方針是有完全保證的。首先，"一國兩制"方針是鄧小平提出的一個偉大構想，現在這個構想已成為我國的一項基本國策。第二，基本法是具有歷史意義和國際意義的重要法律，把中國政府對香港的一系列方針政策以法律的形式明確規定下來。第三，籌委會的組成標誌着籌備香港特別行政區的各項工作將進入具體落實階段。他相信籌委會一定會不負重託，為"一國兩制"方針的貫徹發揮重要的保證作用。第四，內地政局保持穩定和經濟持續發展，也是確保"一國兩制"方針和關於香港問題一系列政策貫徹落實的重要條件和保障。

◆ 中國政府官員與港府高級公務員第五次非正式聚會在跑馬地馬會遴選會員廂房舉行。

◆ 全國人民代表大會香港特別行政區籌備委員會在北京成立。全國人民代表大會常務委員會委員長喬石向 150 位委員頒發了任命書。喬石表示："籌委會的正式成立是香港回歸祖國歷史進程中的一件大事，標誌着成立香港特別行政區的各項籌備工作進入具體實施階段。"國家領導人江澤民、李鵬、喬石、李瑞環、劉華清、胡錦濤、榮毅仁、田紀雲等會見了與會的全體委員，江澤民主席作了重要講話。江澤民說，鄧小平指出，必須由以愛國者為主體的港人來治理香港。他對"愛

1996 年 1 月 26 日，全國人民代表大會香
港特別行政區籌備委員會在北京成立。圖
為國家主席江澤民就特區籌組問題作重要
指示。

國者"有過清晰而精闢的概括。他説，愛國者的標準就是尊重自己的民族，誠心誠意擁護祖國恢復行使對香港的主權，不損害香港的繁榮和穩定。可見，愛國愛港的範疇是十分廣泛的。當然，我們還要依靠全國人民的支持。江澤民指出，今後的基本法律依據很清楚，就是基本法，基本法不僅港人要尊重，凡是涉及香港的問題，都要按基本法辦事。全國人民都要有這種合法意識。他強調，中國對香港恢復行使主權，是祖國統一大業征途的第一站，日後還有澳門和台灣問題，他希望委員們在香港問題上為"一國兩制"率先垂範的作用，使今後祖國統一大業有個美好、廣闊的前景。

27 日晚，李鵬總理設宴款待籌委會全體委員時重申，中國政府不僅不會改變對香港的方針和一系列政策，而且會全力確保有關方針、政策得到認真、切實的貫徹。"香港特別行政區依照基本法享有的高度自治必須得到充分的保障，中央各部門、任何地方不得加以干預。"

1月26日 - 1月27日

◆ 籌委會召開了第一次全體會議。籌委會主任錢其琛致開幕詞説，籌委會是全國人民代表大會設立的機構，其職責和任務是負責籌備成立香港特別行政區的有關事宜，因此，籌委會既是一個權力機構，又是一個工作機構，1996 年是籌委會工作的關鍵性的一年，首先要組建全部由香港永久居民組成的 400 人的推選委員會，推選委員會組成後，將以協商或協商後提名選舉的方式推舉出第一任行政長官人選，報請中央人民政府任命。之後還有行政長官着手籌組特區第一屆政府的工作。以及籌建行政會議、臨時立法會和終審法院，確保香港經濟、金融、法律、文化及社會各個方面平穩過渡所需的有關準備工作。"我們必須確保我們的各項工作任務有計劃、有步驟地按時完成"。錢其琛説，籌委會要堅持"以我為主，面向港人，依靠港人"的方針，立足於依靠我們自己的力量，做好籌建特區的各項工作，並為九七年後實現"港人治港"、高度自治打基礎、做準備。

27 日，錢其琛致閉幕詞時，就籌委會的工作對委員們提出三點希望和要求：第一，要在具體工作中貫徹落實"一國兩制"的方針，嚴格按照基本法和全國人大及其常委會的決定辦事。第二，要從愛國愛港相一致的原則出發，以整體利益為重，樹立全局觀念。作為籌委會的委員，在參與決策、行使職權時，應當立足於國

1996 年 1 月 26 日，全國人大常委會
委員長喬石向籌委會主任委員錢其琛
頒發任命書。

1996 年 1 月 26 日，香港特別行政區籌委會正式成
立並舉行第一次全體會議。從此，成立香港特別行
政區的各項籌備工作進入具體實施階段。圖為江澤
民、李鵬、喬石、李瑞環、劉華清、胡錦濤、榮毅
仁等黨和國家領導人與籌委會委員合影。

家和香港的整體利益。第三，要充分發揚民主，廣納港人意見，進一步貫徹"面向港人，依靠港人"的方針。這次會議通過的籌委會的工作規則規定了集體負責制和保密原則。籌委會實行集體負責和保密制與籌委會要充分發揚民主、委員充分表達意見以及廣泛聽取港人意見是不矛盾的，而是相輔相成的。實行集體負責制和保密制是籌委會作為國家的一個權力機構和工作機構的性質所決定的。這樣做恰恰可以保障籌委會委員在籌委會內自由地發表意見。他說，籌委會作出的每一項決策，都必須建立在廣泛徵詢港人意見的基礎上。在香港當地有必要開展諮詢港人意見的活動。

會議發表的新聞公報稱：會議討論通過了籌備委員會的工作規則。會議期間還召開了籌備委員會主任委員會議，決定籌備委員會先設推選委員會小組、第一任行政長官小組、臨時立法會小組、法律小組、經濟小組、慶祝活動小組等六個工作小組，並確定了各組的組成。委員們還就籌備委員會如何開展工作等提出了許多建議和意見。

1月28日

◆ 國務院和中央軍委發表公告，宣佈中國人民解放軍駐港部隊組建完成。公告說："駐香港部隊由中國人民解放軍陸軍、海軍和空軍部隊組成，隸屬中華人民共和國中央軍事委員會領導。這支部隊將於 1997 年 7 月 1 日零時正式進駐香港。中央人民政府派駐香港特別行政區負責防務的軍隊不干預香港特別行政區的地方事務。香港特別行政區政府在必要時，可向中央人民政府請求駐軍協助維持社會治安和救助災害。駐軍人員除須遵守全國性的法律外，還須遵守香港特別行政區的法律。駐軍費用由中央人民政府負擔。"

駐香港部隊司令員劉鎮武，政治委員熊自仁，副司令員周伯榮、苑世軍，副政委王玉發，參謀長蔡家作，政治部主任賀賢書。劉、熊兩位駐軍負責人表示，按照中央軍委命令和香港特別行政區基本法第二章第十四條的規定，香港駐軍的任務是：（1）負責管理香港特別行政區的防務，捍衛祖國在香港地區的領土、領海和領空；（2）協助香港特別行政區政府維護社會治安；（3）協助香港特別行政區政府救助災害。執行第二、三項必須有兩個前提：由特區政府提出申請，經中央人民政府批准。香港駐軍將實行封閉式管理，不干預香港特別行政區的地方事務。

錢其琛副總理為駐港部隊題詞："主

1996 年 1 月 28 日，中華人民共和國駐香港特別行政區部隊組建完成。這是英姿颯爽的駐港部隊。

香港特別行政區籌委會有八名女性參與。圖為新華社香港分社周南社長與她們合影。左起：譚惠珠、李國華、林貝聿嘉、方黃吉雯、周南、汪明荃、劉延東、張永珍及范徐麗泰。

權的象徵，穩定的因素，祝駐港部隊組建成立。"

◆ 新華社報道，中共中央總書記、國家主席、中央軍委主席江澤民 1995 年12 月 6 日視察駐港部隊時，題詞："保持人民軍隊本色，維護香港繁榮穩定"。

◆ 剛剛組建完成的中國人民解放軍駐香港部隊在深圳正式亮相，香港特別行政區籌委會成員、港區人大代表、政協委員及港事顧問等近 300 名代表參觀了駐港解放軍部隊，並觀看了軍事表演。軍事表演結束後，錢其琛代表香港特別行政區籌委會、香港地區全國人大代表、政協委員、港事顧問向駐香港部隊贈送了"威武之師、文明之師"的錦旗。駐港部隊司令員劉鎮武和政委熊自仁接受了錦旗。

◆ 駐港部隊司令員劉鎮武、政委熊自仁、副司令員周伯榮舉行記者會，介紹駐港部隊情況。他們表示，部隊進駐香港後，將按照中國人民解放軍在建設發展過程中形成的一整套行之有效的管理制度進行管理。同時，還將根據香港特別行政區基本法和有關法律，根據香港實際情況和駐軍特點，制定一些相應的規章制度。"請香港同胞放心，我們一定會嚴格依法

治軍，加強部隊管理，不會干預香港特別行政區的地方事務。"在談及 1997 年後駐軍與特區政府的關係時，劉鎮武指出，兩者各自按照自己的系統進行運作，互不隸屬，互不干預，但這絕非説不相往來。"對於我們在執行基本法中規定的搶險、救災任務時，就需要得到地方政府和人民的支持、保障，因此我們以後要和香港特別行政區政府處理好關係，加強聯絡和溝通。"

◆ 籌委會秘書處香港辦事處正式掛牌辦公。

◆ 李鵬總理接見了《文匯報》、《大公報》和《香港商報》負責人，就內政、外交、香港及台灣問題發表了內容廣泛的談話，其中有關香港問題談了以下內容：（1）英國對香港的基本政策還沒有實質性的改變，但是在某些做法上，它也許會接受過去的教訓，會有所改變，以符合英國自身的利益。我們還是要聽其言，觀其行。（2）將來中央政府各部門與香港特別行政區之間不存在上下級關係，香港特區實行高度自治，我們不允許各部委插手

香港事務。各省市要和香港特區聯繫，還得通過港澳辦歸口和協調。各省、市跟香港特區之間，也不能像內地省市之間的關係，並非像南京人可以隨意去上海那樣。"港人治港"，我講了兩條：我們不派一個幹部到香港特區政府當官；不花香港財政的一分錢，包括駐軍軍費都是由中央政府負擔。還有一條很重要，就是香港的繁榮穩定與內地的經濟發展有很大的關係。隨着中國經濟發展，"一國兩制"、"港人治港"的實現，香港必有非常光明的前景。(3) 香港在 "一國兩制" 下實行資本主義制度。在這種特殊情況下，工人階級應該為維護香港的繁榮穩定作貢獻，這與工人階級的根本利益和長遠利益是一致的。香港的工人階級應該胸懷大志，使香港繁榮穩定，使祖國富強起來，這跟自己的利益完全一致。應該把工人階級眼前的利益和長遠利益很好地結合起來，共同為香港繁榮穩定作貢獻。(4) 兩岸關係緊張不會影響香港。香港作為海峽兩岸交通、郵電的中轉站，在直接 "三通" 之前，還將繼續發揮作用。我們應該搞好 "一國兩制"，搞好香港政權的順利交接，這對完成祖國統一大業具有深遠的影響。香港順利交接，並且保持穩定繁榮，那麼中央就可以用更多的精力將台灣的和平統一列入議事日程。同時香港作出榜樣，在回歸祖國後，確實保持了繁榮穩定，確實實行 "一國兩制"，香港人仍然能夠按照自己的方式來生活，那就必然促進台灣的和平統一。

2月1日

◆ 中國政府官員與香港高級公務員舉行第六次非正式聚會。

2月5日

◆ 新華社播發通訊《深情的囑託　殷切的期盼——記江澤民主席關懷駐香港部隊建設》。文章透露，江澤民多次對駐港部隊作出重要指示。1990 年 10 月 2 日，江澤民在《關於組建駐港部隊的報告》中，寫下了他對駐香港部隊的第一個批示：關鍵是進駐的部隊政治上要特別過硬，事先要做過硬的思想工作。1994 年間，江澤民多次向軍委副主席劉華清、張震談到：中國人民解放軍進駐香港，不同於全國解放時大軍南下，不同於 "好八連" 進南京路，歷史背景不一樣。1997 年中國對香港恢復行使主權，是按 "一國兩制" 的原則辦事，香港是 "港人治港"，對此駐香港部隊思想上要有充分認識。江澤民在幾次會見廣州軍區部隊領導的談話中，都談到駐香港部隊建設問題，希望將來派到香港的部隊，在香港市民中樹立一個非常好的形象。1995 年 3 月，八屆全國人大三次會議在北京召開。江澤民主席在解放軍代表團會議上講話時，系統地提出了駐香港部隊的建設標準：駐香港部隊建設必須高標準，嚴要求，在政治思想、軍事訓練、作風紀律、管理教育等方面，都應該是一流的，一定要充分顯示中國人民解放軍是一支威武之師、文明之師。人大會議後，江澤民到湖南視察，與廣州軍區政治委員史玉孝談起對駐香港部隊建設的一些設想。江澤民主席說，除了要保證駐香港部隊的兵員質量外，還要實行封閉式管理，組織官兵學一點香港這一百多年的歷史；掌握一些香港有關的法律；還要瞭解香港市民的風俗習慣。1995 年 12 月 6 日，江澤民視察駐香港部隊，題詞"保持人民軍隊本色，維護香港繁榮穩定"，並發表了講話，他說，1997 年 7 月 1 日，我們就要恢復對香港行使主權。到那時，中國人民解放軍駐港部隊就要莊嚴地履行駐守香港的使命。你們駐守香港之後，香港各界都會關注你們。你們一定要以實際行動作出好樣子，在香港市民中樹威武之師、文明之師的形象。

◆中英聯合聯絡小組在香港舉行第 35 次會議。會後發表新聞公報稱："聯合聯絡小組討論了香港政權交接問題，包括過渡時期財政預算編制及有關問題、檔案交接、政府資產、政權交接儀式等；與香港有關的國際權利與義務；香港民航協定及香港與台灣之間航綫協議安排問題；公務員問題；香港防務與治安；跨越 1997 年的專營權、合約及有關問題，包括香港填海計劃、鐵路發展策略、集裝箱碼頭；香港排污計劃；香港與有關國家之間的投資保護協定；香港與有關國家之間的移交逃犯協定；香港同某些國家的刑事司法協助問題；香港與外國對等承認及執行民商事判決問題；法律本地化；法律適應化；終審法院問題；聯合聲明有關 1997 年後在香港居留權條款實施問題；免辦簽證問題；退休保障及社會福利；滯港越南船民和難民問題；移交被判刑人問題。"

中英聯合聯絡小組中方首席代表趙稷華介紹說，這次會議所取得的新成果和新進展主要有以下五個方面：一是關於國際公約"九七"後繼續適用於香港的方式問題。雙方就適應方式的框架達成原則上的協議，並同時認為，雙方專家今後要繼續努力、繼續磋商，以求早日在整個問題上取得共識。二是關於香港法律適應化的問題。中方一直重視這個問題，但由於長期以來雙方在此問題上存在分歧，因此過去一直沒有進展。這次會議研究決定，在適當時候在專家層面非正式向英方通報籌委會就這一問題的建議，中方願意聽取英方的意見。三是關於專營權合約問題。雙方就批出獅子山等四個隧道的專營權達成協議。四是關於香港民航協議問題。會議確認了雙方專家開會達成的原則協議和解決了有關遺留的問題；正式確認和解決了香港與新加坡、香港與韓國簽訂民航協議的問題。五是關於國際權利與義務方面包括雙邊協定方面的問題。中方同意英方正式授權港府與幾個國家開始就移交被判刑人士的問題進行談判。雙方還就三個國際公約（國際民用航空公約，國際航班過境協定，海員培訓、發證和值班標準國際公約）繼續適用於香港達成協議。趙稷華說，這次會議回顧了從上次會議至今在各個專家層面接觸當中所取得的成果，雙方對這些成果予以確認。

趙稷華表示，中英雙方今後還需繼續努力解決一些尚未解決的問題，這包括：

與政權交接有關的問題。中方將繼續敦促港府就政府資產、檔案交接問題，儘快成立專家組進行討論。中方認為，這一問題拖延下去將會影響香港的平穩過渡及港人的信心，希望英方對此問題給予重視。

關於專營權中的九號貨櫃碼頭問題。中方對此一直持積極態度，認為對於跨越"九七"的專營合約，中方有責任考慮將來特區的利益，出於負責的態度來審查有關專營權的問題。在這次會議期間英方仍未能提出一個成熟的方案供中方討論，中方希望加緊努力、找到一個各方都能接受的方案。

關於個人通訊服務專營權的問題。中方對跨越"九七"的重大專營權問題，一直採取認真負責的態度。這次會議在隧道專營權等方面取得的重要進展，也印證了中方所持的積極態度。中方希望英方提供有關個人通訊服務專營權的資料，並建議雙方在本月內進行討論。

關於香港居留權的問題。中方一貫立場清楚，致力尋求一個在符合聯合聲明、基本法及中國國籍法的前提下，儘可能採取寬鬆的處理方式。香港出入境情況複雜，因此制定一個穩妥的、能解決各種情況的通盤方案，是需要時間的。

2月14日

◆籌委會行政長官小組在北京舉行第一次會議。會議介紹並討論了預委會政務專題小組關於香港特別行政區第一任行政長官產生的建議和意見，並討論了香港特別行政區第一任行政長官必須在 1997 年 7 月 1 日前做好準備的各項工作。

2月15日

◆籌委會推選委員會小組舉行首次會議。會議就預委會政務小組對推選委員會的籌組問題提出的建議進行了討論，委員們認為"建議"為下一步研究推選委員會的籌組提供了良好的基礎。委員會同意推選委員會委員的資格至少應當包括：必須是香港永久性居民；擁護"一國兩制"方針，擁護基本法；推委會的組成必須符合全國人大有關決定的規定，必須具有廣泛代表性；委員只能以個人身份參加推選委員會，而不向所屬界別、團體負責。

2月29日

◆李鵬總理晚上在曼谷會晤了一同參加亞歐首腦會議的英國首相梅傑。

李鵬總理指出，經過雙方共同努力，中英關係已經出現了改善的勢頭，我們希望保持這一勢頭，隨着兩國關係的改善，雙邊經貿關係也能得到更大的發展。他說，中英兩國在維護世界和平和促進經濟發展方面有許多共同利益，在實現香港政權的順利交接與平穩過渡、維護香港的繁榮與穩定方面負有共同責任。近一年多來，通過雙方的共同努力，中英在香港問題上的合作有所增加，在一些問題上達成了共識，現在是香港過渡時期最關鍵的階段，我們希望英方同中方密切合作，共同把尚未解決的問題解決好。為此，我們兩國政府應建立信任，增加合作。

梅傑表示，英方願與中方合作，共同實現香港政權的順利交接。

3月2日

◆英國首相梅傑晚上抵港訪問至 4 日。訪港期間，梅傑宣佈了對香港的五項保證："第一，英國對香港的承擔，絕不會在 1997 年夏天畫上休止符，仍會持續下去。英國的承擔，既出於道義上的責任，亦絕對與英國本身的利益相符。第二，假如日後有任何違反《聯合聲明》的跡象，我們定會動員國際社會的力量，循一切法律途徑及其他可行途徑去處理。第三，我們會容許特區護照持有人免簽證入境。第四，我們可以向少數族裔保證，如果他們在 1997 年後遭受壓力而須離開香港，他們定能進入聯合王國定居。第五，我們會促使國會通過非官方議員條例草案，將英國公民身份給予曾經參戰的香港退伍軍人妻子或遺孀。"

3月5日

◆ 李鵬總理向八屆全國人大四次會議作報告時表示，香港特別行政區籌備委員會已經成立，籌組香港特別行政區的工作進入具體落實階段。李鵬重申，中國在香港和澳門恢復行使主權後，其現行社會經濟制度不變，享有高度的自治，繼續保持自由港地位，保持香港的國際金融、貿易、航運中心地位。

◆ 英國外相里夫金德在巴黎發表演講，建議歐盟委任一名高級專員，統籌歐盟的外交政策工作，會有助歐盟關注香港的問題。

3月6日

◆ 財政司曾蔭權在其首份財政預算案 "諮詢中國政府" 一節中表示，港府在編制 1997/1998 年度的財政預算時，將會作全面諮詢，並加強與中方合作。曾蔭權在記者會上承認，預算案大部分建議涉及的財政承擔將跨越 "九七"，所以必須交由未來香港特區政府考慮，並且將由

庫務司與中英過渡期預算案專家小組，商討那些影響 1997/1998 年度財政預算案開支部分的建議。曾蔭權表示，在候任行政長官選出後，他樂意親自向他解釋上述建議。

15 日，彭定康強調，當港府就下個財政預算案作出重要決定時，談判桌對面的主要對手，將是候任行政長官及其主要官員班子。對於是否給予中方否決權，彭表示，若港府或特區政府離開會議桌不談，或社會不接受 1997 年度預算案，最後立法局也要投票決定接受或不接受預算案。

同一天，新華社香港分社副社長張浚生在回答記者提問時重申，1997/1998 年度財政預算案的編制要以中方為主，共同編制為原則，這是一種大家磋商、共同合作把預算案編制好的做法。他被記者問及彭定康指中方在制訂 1997/1998 年度預算案方面沒有否決權的問題時說："大家都知道，1997/1998 年度財政預算案制訂出來以後，在港英管治下實施三個月，後面九個月都是在特區政府管治下實施。在特區政府還未成立的時候，當然是由中方代表特區政府來做好這方面的工作，這是很自然的事情。如果説真是為香港的平穩過渡及將來長期的穩定繁榮着想，這些

問題是不需要什麼爭論的。"

3月9日

◆ 國務院副總理、籌委會主任錢其琛出席全國人大廣東省代表團會議時說，現在英國人處處以香港人利益代表的身份出現，完全是不確實的。真正關心香港穩定繁榮、關心港人利益的是中國政府。中國恢復對香港行使主權，就一定要保障香港在經濟發展方面具備更良好的條件，與國際交往更加方便。他強調，愛國愛港利益是一致的，港人利益和國家全民利益是一致的，只有在這種情況下，我們才能做好收回香港的工作。

3月11日

◆ 江澤民主席在八屆全國人大四次會議解放軍代表團全體會議上講話說：中國人民解放軍進駐香港，是中國政府對香港恢復行使主權的象徵，政治影響很大。我們要按照第一流的標準，加強駐香港部隊的全面建設，確保這支部隊在1997年7月1日以威武、文明的形象，出現在香港社會。

◆ 全國政協主席李瑞環在政協港澳代表討論會上發表談話強調，實現香港平穩過渡、保持長期穩定的一個重要條件是

認真學習、準確領會、堅決貫徹香港特別行政區基本法。由於歷史和社會方面的原因，港人同內地人民之間在生活方式、思想方式乃至語言習慣等方面都有所不同，對香港回歸有關問題的感受和認識也不盡一致。這種情況將會長期存在。內地人不要試圖按自己的標準去改造港人，港人也不要希冀按自己的標準去改造內地人。但是，在遵循基本法這一點上雙方必須相同，必須一致。因為只有這樣，大家說話辦事才有共同的依據。要通過普及基本法，促使兩地人民增進瞭解、增加共識、增強團結，從而為實現香港平穩過渡、保持穩定繁榮營造良好的社會和人際環境。不能似是而非，你聽我說我聽你說，要對基本法上面說的力求弄懂。從中央來說，貫徹基本法，實現香港高度自治的決心是堅定不移的。我們認為，在處理香港事務中嚴格按基本法辦事，不僅是香港特別行政區的事，更是中央政府的事，不僅應當以此要求港人，更應當以此要求自己。我相信，有"一國兩制"方針的指引，我們和內地人民一定能緊密團結起來，正確處理收回香港過程中可能出現的各種矛盾和問題，勝利完成歷史賦予我們的重大使命。

◆ 錢其琛副總理在記者會上指出，對

於中英之間達成的協議，應該認真執行，如果在執行過程中出現了一些問題，已經形成一種局勢，或者已經解決了的問題，不應該再拿出來討論。他批評英方現在經常將沒有直通車的安排與香港穩定拉上關係，實際上在擾亂民心。他說：「現在港英政府經常提到這個問題，似乎把這個問題看作是對香港穩定很重要的問題，'早知今日，何必當初'呢。但是，'生米已煮成熟飯'，這個問題再提出來，不就是'擾亂民心'嗎？」他希望英方在這方面多做實際事情，發揮建設性作用，不要再發表蠱惑人心的講話去擾亂民心。

3月13日－3月14日

◆ 中英聯合聯絡小組過渡期預算案專家舉行會議，中方代表陳佐洱會後公佈雙方達成三項共識，作為日後編制1997/1998年度財政預算案的基礎。（1）雙方認為需要制訂一個共同工作時間表，而4月份的工作已有共識。雙方專家將會每月舉行一次會議，將1997/1998年度財政預算案的"重要收支政策"及其他一些重要問題，一起討論，以便作出決定。（2）在中英磋商有一致意見後，才進入相應的編制程序，具體編制工作，由港府各部門負責，而預算案每個編制階段工作的

結果，要經過中英雙方考慮及通過。（3）中方向英方重申，中方聘請四名籌委會成員作為顧問，讓他們提出具體意見的重要性，已得到英方接受。

3月14日－3月15日

◆ 中國政府官員與香港高級公務員第七、八次非正式聚會在跑馬地馬會遴選會員廂房舉行。

3月20日

◆ 特區籌委會屬下的臨時立法會小組首次會議在北京召開，小組討論了預委會政務專題小組關於設立香港臨時立法會所提的建議。委員們認為，鑒於香港立法機構組成的過渡安排已因英方的單方面行動而不能實現，根據全國人大常委會1994年8月31日的決定，為確保香港的平穩過渡和特別行政區的正常及有效運作，設立香港特別行政區臨時立法會是必要的。根據《全國人民代表大會關於香港特別行政區第一屆政府和立法會產生辦法的決定》，籌委會有權決定設立臨時立法會。小組還對臨時立法會的組成、產生、議員資格、工作時間及其任務進行了討論。最後，小組通過了向籌委會提交設立臨時立法會的建議。

◆籌委會法律小組結束一天的會議。會議討論了《中華人民共和國國籍法》在香港特別行政區的具體實施問題。

◆籌委會慶祝活動小組首次會議在北京舉行，會議討論並通過了小組工作規劃。委員們確定，小組的任務是：發動香港各界團體和人士廣泛參與並統籌、協調、指導在香港舉行的民間慶祝活動，在此過程中進一步推介"一國兩制"方針和香港特別行政區基本法，向世界充分推介香港，促進香港的繁榮與發展。

３月22日

◆特區籌委會屬下的推選委員會小組在北京舉行特別會議，推委會小組就下月13、14日於港召開的諮詢會議期間，四個分組諮詢的界別達成共識，以儘量放寬規限、廣泛諮詢港人為原則。

３月23日－３月24日

◆籌委會舉行第二次全體會議。籌委會主任錢其琛致開幕詞和閉幕詞。會後發表的新聞公報稱："會議聽取並審議了推選委員會小組、第一任行政長官小組、臨時立法會小組、法律小組和慶祝活動小組工作情況的報告。會議討論通過了《全國人民代表大會香港特別行政區籌備委員會關於設立香港特別行政區臨時立法會的決定》、《全國人民代表大會香港特別行政區籌備委員會關於1997年下半年和1998年全年香港公眾假日安排的決定》、《全國人民代表大會香港特別行政區籌備委員會關於成立香港各界慶祝香港回歸祖國活動委員會的決定》和《全國人民代表大會香港特別行政區籌備委員會關於對〈中華人民共和國國籍法〉在香港特別行政區實施作出解釋的建議》。

"會議指出，鑒於原香港最後一屆立法局議員經確認成為香港特別行政區第一屆立法會議員的過渡安排，因英方破壞了中英雙方達成的協議而不能實現，全國人民代表大會常務委員會於1994年8月31日作出了港英最後一屆立法局於1997年6月30日終止的決定。在香港特別行政區第一屆立法會不可能在特別行政區成立時及時產生的情況下，設立香港特別行政區臨時立法會是確保香港的平穩過渡和特別行政區成立後有效運作而需採取的必要措施。籌委會決定設立臨時立法會的權力，已包含於《全國人民代表大會關於香港特別行政區第一屆政府和立法會產生辦法的決定》第二條規定的由籌委會'負責籌備成立香港特別行政區的有關事宜'的授權中，因此籌委會決定設立臨時立法會是有充分的法律依據的。

"會議指出，香港居民的國籍問題是一個較為複雜並且為香港社會普遍關注的問題，直接關係到廣大港人的切身利益。要解決好這一問題，應當根據我國國籍法和香港特別行政區基本法，以及我國政府對香港居民國籍問題的一貫政策，結合香港的歷史和現實情況，對我國國籍法在香港特別行政區的實施作出相應安排。為此，會議建議全國人民代表大會常務委員會對我國國籍法在香港特別行政區的實施作出解釋。

"會議指出，1997 年下半年和 1998 年全年香港公眾假日安排問題是香港社會提出的一項迫切需要解決的問題。籌委會對此作出過渡性安排是必要的。

"會議指出，1997 年 7 月 1 日我國對香港恢復行使主權，是實現祖國和平統一的重要里程碑。香港廣大同胞和社會各界普遍希望屆時在香港舉辦各類慶祝活動，因此成立香港各界慶祝香港回歸祖國活動委員會，將有利於統一籌劃、組織全港性民間慶祝活動。"

3 月 25 日－3 月 26 日

◆ 籌委會經濟小組舉行首次會議。

會議根據近期的工作需要，決定在經濟小組下設政府資產和債務清理、大型基建、財政金融以及香港經濟發展方向等四個專責小組開展工作。委員們認為，香港 1997/1998 年度財政預算案是一個跨越"九七"的預算案，且預算執行的時間大部分在 1997 年 6 月 30 日以後，作為一項與政權交接直接有關的重大事宜，在特區政府產生以前，理應由中方協同日後產生的特區候任行政長官和候任班子，與英方共同編制。編制預算案的原則，要符合基本法的有關規定，量入為出，力求收支平衡，預算開支的增長要與當地生產總值的增長相適應，財政資源的分配要有利於香港經濟的長遠發展。希望中英雙方共同編制出一個完整的、審慎的、並能兼顧各方面利益的預算案。委員們認為，預委會經濟專題小組提出的 12 項建議和意見，進一步明確了處理 1997 年後內地與香港經濟關係中的若干重要問題的基本原則和政策，對香港經濟生活中的一些重大問題提出了很好的意見，為籌委會進一步研究有關問題提供了良好的基礎，經濟小組將逐項研究後按問題性質分別建議由中央政府主管部門研處或提交給特區政府參考。

4月1日

◆籌委會秘書處香港辦事處負責人就港府與籌委會合作事宜與香港政府聯絡處負責人進行了首次會晤。香港辦事處負責人將籌委會秘書處提出的希望港府向籌委會提供合作的有關事項的如下清單轉交給香港政府聯絡處負責人:(1)為籌委會提供香港電台(包括電視廣播)的播、映時間。(2)為籌委會在香港的活動提供協助,包括安全保衛、為籌委會委員進出香港提供方便等。(3)為籌委會籌組推選委員會的諮詢工作提供協助,包括提供有關專業團體、功能團體的情況和資料。(4)為推選委員會的活動提供方便。(5)在候任行政長官產生後,為其提供辦公地點和資料。(6)為臨時立法會提供會議地點和其他必要的協助。(7)提供自1984年以來港府單方面修訂和新制定的法例和行政法規的清單。(8)為組建香港特別行政區終審法院提供必要的協助。(9)提供近年來各政府部門及其職能變動的情況和現狀的資料。(10)根據籌委會工作進展的需要提供其他必要的協助。

4月2日

◆彭定康在行政局會議後表示,港府須就清單內部分要求向籌委會作進一步查詢,然後才能向籌委會作具體回應。彭定康希望籌委會亦能夠給予港府協助,例如通知港府有關籌委會及各小組的會議時間表和整體工作計劃。他強調,任何的合作都要符合三項原則:(1)要符合中英聯合聲明及基本法;(2)不能削弱港府威信,直至1997年6月30日,香港只能有一個政府,一個權力中心;(3)不能容許公務員有雙重效忠,以免使他們的誠信受損。彭定康相信中方亦會同意他所提出的三點原則。

◆中國外交部發言人表示:香港特區政府候任班子產生以後,就要對設立的特區臨時立法會負責,這就意味着任何現任的香港高級公務員,如果有意參加特區政府工作的話,就要認同臨時立法會,並同臨時立法會合作。

4月9日

◆新華社香港分社周南社長應邀出席香港工業總會周年晚宴,並就香港經濟問題發表題為《抓住機遇　再創奇跡》的演講。周南在演講中首先肯定一百多年來華人工商界對香港和內地經濟發展所作的貢獻,並分析了目前香港工商界面臨的新挑戰以及解決的途徑。周南認為,香港回歸祖國以後,香港經濟將進一步走向繁榮。

他希望香港工商界抓住機遇再創奇跡。

4月11日

◆ 籌委會副主任兼秘書長魯平、副秘書長陳滋英以及 18 名籌委會內地委員來港參加一連八天的活動，包括籌委會推選委員會小組舉辦的諮詢會等。12 日，魯平在"邁向'九七'香港經濟發展研討會"上發表午餐演講，闡述和解釋了籌委會通過的關於中國國籍法在香港實施以及香港居民居留權的建議。魯平説，籌委會建議的主要內容包括：在中國領土出生的中國血統人士都是中國公民，這些人士中如有人持有外國護照，我們將視其為"在外國有居留權的特別行政區的中國公民"，他們可使用外國政府簽發的有關證件去其他國家或地區旅行，但在香港特別行政區和中國其他地區不享有外國領事保護。同時，考慮到他們中有些人可能希望保留外國公民的身份，籌委會進一步建議，香港特別行政區的中國公民的國籍發生變更，可憑有效證件向特區受理國籍申請的機關申報。魯平表示，籌委會的以上建議是一個整體，它妥善地解決了香港居民的國籍問題，進而解決了居留權問題。他同時重申，中國政府一向不承認"英國屬土公民"身份，不承認因"居英權計劃"取得的英國公民身份，所以持"英國屬土公民護照"或"英國國民（海外）護照"以及因"居英權計劃"取得英國護照的人，不能以此申請變更國籍。中國政府反對"居英權計劃"的立場是針對英方的錯誤行徑，對參與"居英權計劃"的香港同胞不會歧視，也不需要進行登記調查或做任何處理，他們仍是中國公民，享有基本法規定的合法權利，如放棄在英國的居留權，也符合基本法中規定的"在外國無居留權"的任職條件，可以出任行政長官或主要官員等職務。

◆ 中國政府官員與香港高級公務員舉行第九次非正式聚會。

4月12日

◆"邁向'九七'香港經濟發展研討會"在香港舉行。新華社香港分社社長周南致開幕詞，闡述了未來香港發展方向的四個重要因素：首要的是"中國因素"；第二個因素是"一國兩制"方針政策的貫徹落實；第三個因素是"港人治港"的真正體現；最後一個因素是必須致力於維護香港社會的穩定。他強調香港歷來是一個經濟中心，而不是什麼政治中心，這正是它的優勢和價值之所在。因此，廣大香港同胞都不願意看到香港變成一個政治鬥爭的中心。因為不管打着什麼旗號來圖謀改變香港作為經濟中心的地位，都只會破壞香港的穩定，從而也將損害香港的繁榮，損害它作為國際金融、貿易和航運中心的地位。現在愈來愈多的香港同胞已經在這一問題上取得共識，並決心為維護香港的穩定而努力，這將有利於維護和促進香港的長期繁榮穩定。

◆ 中國政府官員與港府高級公務員舉行第十次非正式聚會。

4月13日

◆ 周南社長代表國務院港澳辦和新華社香港分社宣佈續聘第一、第三批港事顧問至 1997 年 6 月 30 日。周南在致詞時呼籲港事顧問"一如既往，再接再厲，為香港的平穩過渡和籌備成立特別行政區的工作獻計獻策，並充分發揮自己的社會影響力，團結一切可以團結的力量，把過渡期最後階段的工作做好，為香港的平穩過渡和穩定繁榮而共同努力。"

◆ 籌委會推選委員會小組一連兩天在香港開展諮詢活動。推選委員會小組分成工商、金融界，專業界，勞工、基層、宗教等界及原政界人士等四個分組舉行了 16 場諮詢會，有 362 個團體、1000餘人出席了諮詢活動。參加諮詢會的社會

各界人士普遍認同推委會的兩個職責，即推舉首任行政長官及選舉產生臨時立法會的 60 名成員。各界人士就推委會的產生方法和成員資格提出了許多建設性意見和建議。

15 日，籌委會推選委員會小組召開第二次會議，小組召集人譚耀宗説，在推委會組成方面，各界人士普遍認為應符合全國人大有關決定的規定，應具有廣泛的代表性，並要體現公平、均衡參與的原則。

4月17日

◆ 籌委會經濟小組第二次會議在港結束。會議討論並通過了預委會經濟專題小組提出的五項建議：《關於處理香港特別行政區與內地經貿關係的基本原則和基本政策的建議》、《關於處理香港特別行政區與內地金融關係的基本原則和基本政策的建議》、《關於處理香港特別行政區與內地航運關係的基本原則和基本政策的建議》、《關於 1997 年後香港與內地避免雙重徵稅問題的建議》、《關於 1997 年後香港與內地統計關係問題的建議》。這些建議提交籌委會全體會議通過後，將建議國務院有關部門考慮據此制訂必要的政策法規。經濟小組並就該小組未來工作計劃進

行了研究和討論，最後小組決定分四個專責組，專責研究相關的經濟問題。這四個專責組是政府資產及債務清理專責小組；大型基建專責小組；財政金融專責小組以及香港經濟發展方向專責小組。經濟小組會議結束後，四個專責小組進行分組討論，主要是制定出各專責組的工作計劃，以便日後儘快就專項課題展開研究工作。會議期間，香港金融管理局總裁任志剛向經濟小組介紹了設立按揭證券公司的設想，並詳細地回答了委員們提出的問題。委員認為這一計劃旨在促進銀行體系穩定、幫助經濟整體發展，原則上應予以支持，但在政府監管的角色衝突等問題上還應廣泛徵詢社會各方面的意見。

4月18日

◆ 布政司陳方安生應新華社香港分社周南社長的邀請，與魯平共進晚餐。餐後，陳方安生召開記者招待會。陳方安生表示與魯平、周南討論到有關中英雙方合作問題，彼此同意集中合作，以令香港達到平穩過渡的目的，更透露她將於短期內到北京訪問，與魯平見面，討論關於港府與未來特區首長和籌委會合作的具體模式。她並希望往後能與中方領導人繼續保持對話。19日，陳方安生向彭定康匯報

與魯平私人會晤情況，雙方傾談了一個多小時，及後陳方安生引述彭定康的說話表示，很高興看到布政司和魯平以及周南社長在友好與輕鬆的氣氛下，討論一系列和過渡期有關的事宜，彭定康並期望布政司能儘快與魯平再會面，商談過渡期的合作問題。陳方安生表示，希望能儘快安排上京與魯平會晤，就具體的過渡期事務達致成果。

◆ 籌委會副主任兼秘書長魯平接受新華社記者訪問時談了以下問題：一、魯平說，籌委會推選委員會小組在港開展的諮詢活動充分發揚了民主，廣泛聽取了各方面的意見，各界人士提出的絕大多數意見都是積極的。二、關於公務員隊伍穩定和過渡問題，魯平強調，希望中英雙方一起創造條件，使香港公務員隊伍能平穩過渡到1997年之後，不要給公務員出難題，不要製造困難。要做到這一點，英方就應實事求是地承認現實，不要使公務員為難，不要向他們施加壓力，公務員如果現在已表示反對臨時立法會的態度，到1997年後卻又不得不接受臨時立法會的現實，他們將難以向公眾交代。三、在中英合作問題上，魯平強調，我們希望與英方合作，但我們不把希望寄託在與英方的合作上。我們的工作方針是"以我為主，

香港特別行政區的外交和國防事務由中央人民政府管理。圖為中華人民共和國外交部駐香港特派員公署辦公大樓。

中國人民解放軍駐港部隊的昂船洲海軍基地

1996年

面向港人，依靠港人"，一方面儘量爭取合作，另一方面堅持"以我為主"。"以我為主"的這個"我"不僅是中國政府，還包括港人在內，也就是堅持與港人一起共同做好籌組特區的工作。

◆ 中英兩國外長在海牙會晤，雙方均認為此次會晤"重要而有益"。關於香港問題，雙方在會談中均表示嚴格履行各自在中英聯合聲明中所作的承諾，加快中英聯合聯絡小組的工作，妥善處理與香港政權交接有關的問題，共同把尚未解決的問題解決好。

會談中，中英兩國外長還討論了港府與籌委會合作、公務員、香港政權交接儀式等問題。中英雙方在公務員問題上取得了重要共識。錢其琛表示，廣大香港公務員都可以在"九七"後繼續留任，為香港特區政府服務。

中英雙方在有關臨時立法會問題上未能取得任何進展，雙方均坦承在這一問題上存在根本分歧。錢其琛在會談中表示這是一個"已經了結的問題"，"九七"後立法局必須解散，希望英方面對現實。

◆ 布政司陳方安生訪問北京。

陳方安生與魯平晚宴後會見記者，並宣讀了十點聲明：（1）雙方就一連串過渡事務進行了坦率的意見交流，包括在政治和經濟範疇；（2）雙方就港府如何向特區籌委會提供支援作了初步磋商，港英當局重申全心全意提供全面合作，有些事務已經提供協助，並會繼續支援籌委會工作；（3）其他部分事項仍待中方作出澄清，雙方已同意正式透過港府聯絡處和籌委會秘書處繼續進行磋商；（4）雙方同意公務員保持政治中立，"九七"後繼續效忠，服務港人，所有公務員"九七"後均可留任，雙方並致力為維護公務員士氣和信心的共同目標攜手合作，確保順利過渡；（5）就港府對候任特區行政首長辦公室提供支援問題進行了初步的意見交流，布政司重申必須在提供支援同時維持港英政府的士氣和有效管治；（6）對臨時立法會的立場仍然是雙方的基本分歧，但雙方同意求同存異，顧全大局極為重要；（7）魯平保證籌委會不會成為第二個權力中心，更不會在任何情況下干預港英政府的有效管治；（8）魯平再次確認香港享有經濟自主權，繼續現時在中英聯合聲明及基本法承諾的經濟和金融事務自主權；（9）

布政司提出了私人流動電話牌照問題已經延誤多時,魯平答應會瞭解箇中原因,布政司形容這方面意見交流,十分有益;（10）布政司又提出關於新機場第二條跑道需求的研究交由機管局進行,因機管局在興建機場的成本效益叫人十分滿意,魯平表明中方對興建第二條機場跑道無異議,但他建議港府正式向機場委員會提交此建議前,應先向籌委會經濟小組作簡報,布政司答應儘早安排簡報會。

29 日,陳方安生向彭定康匯報訪京之行的成果,匯報用了兩個半小時。彭定康表示,陳方安生已經將她訪京的內容全部向他匯報,其中包括她與魯平的 15 分鐘私下會面的內容。彭定康強調,他相信他的布政司,而他的布政司亦相信他,所以可以保證陳方安生與魯平之間,並沒有秘密協議存在。

4月29日

◆ 錢其琛副總理接受路透社訪問說,1997 年香港移交後廢除立法局一事"米已成炊","臨時立法會的問題已經解決。"他說:"我相信所有香港問題可以說已經解決了。""香港順利過渡可以說是已經是一種現實。"錢其琛說,為了解決移交儀式方面的一些分歧,雙方可以達成一個妥協方案。"我想達成一個協議是不難的,既不大,又不小,而是適中。"

4月30日

◆ 港府發言人晚上表示,港府已把籌委會十項要求的書面回覆,交予籌委會香港辦事處。發言人表示,布政司 4 月 26 日與魯平見面時,已就合作清單作出初步回應,重申港府在三項確定範圍內,包括符合基本法、符合中英聯合聲明及不影響港府有效管治的情況下,樂意與籌委會合作。

5月1日

◆ 布政司陳方安生出席立法局答問大會,就她與魯平主任會晤以及港府和籌委會合作等問題接受議員的質詢。她明確表示了三點:(1)港府不會與臨時立法會合作。(2)港府願意與候任行政長官"全面提供合作",但不能影響公務員的士氣及港府的有效管治。(3)只要在"不損害港府運作、不影響公務員士氣、符合聯合聲明和基本法"這三項原則下,以及在沒有抵觸《廣播條例》的情況下,香港電台會向籌委會提供協助。

◆ 籌委會秘書處香港辦事處負責人就港府對籌委會提出的十項協助要求作出

回應一事發表談話說，就港英政府提供協助，1995年10月中英兩國外長在倫敦已經達成共識，1996年初，英國外相里夫金德來港時也作出過將對籌委會的工作提供全面的、切實的協助的承諾。對此，港英政府應貫徹落實。而且，這種協助應該是全面的、無條件的，不應該是有選擇性的。現在，港英政府拒絕籌委會提出的部分協助要求，是毫無道理的。這既不符合中英聯合聲明的精神，又違背了中英兩國外長達成的共識和英國政府所作的有關承諾，再次證明英方對合作缺乏誠意，令廣大市民失望。特別是港英方面藉答覆籌委會秘書處希望提供協助的項目之機，再次攻擊籌委會有關成立臨時立法會的決定，更是十分荒謬的。對此，我們深感遺憾。

5月1日－5月10日

◆ 彭定康訪問加拿大和美國，先後會晤了加拿大總理和外長以及美國總統克林頓和副總統戈爾。他在美加訪問期間，先後在多個公開場合發表談話。他的言論主要有以下幾點：（1）1997年撤離香港後，根據中英聯合聲明，英國有責任維持香港50年不變，會繼續過問香港事務，以確保中國實踐對香港的承諾。如果發現中國違背聯合聲明，英國便會向中國採取行動，如有需要，更會向國際尋求支持；（2）中國政府"似乎正拆毀中英聯合聲明"，"九七"後給予港人的是"一個降低了的自治"，故此，對"九七"後的香港萬分重要的，是特區政府的官員、社會領袖及商界領袖在中方侵犯特區應有的權利時，能無畏地提出反對；（3）他會治理香港至1997年6月30日。誰人代表英方主持移交儀式，英方會自行挑選。如果移交大典儀式中英未能妥協的話，就會各走各路；（4）港府準備及願意與候任行政長官合作，但不會與其他透過委任產生的組織合作，港府不會向臨時立法會提供任何協助，因為此舉會損害現時的立法局；（5）針對中方指香港只能成為經濟中心，不能成為政治城市的說法，彭定康形容香港的政治形態是"溫和、有禮、不具威脅"的，只有出現政治干預，港人的政治權利不被尊重，香港才會變成政治城市。一些低級中方官員將會設法干預香港事務，屆時便需要香港的管治者捍衛香港利益。未來的特區行政長官必須站起來，爭取香港的高度自治；（6）指責一些被中方委任公職的中方"友好人士"所發表有關香港未來的意見，是中方喜歡聽的"擦鞋"話，無助中國瞭解香港的實際情況，又指責部分籌委會成員的所言所行，極之愚蠢，並損害香港利益。他說，假如籌委會真的希望港人及海外的人士加強對香港未來的信心，那便應該去聆聽民主派人士，諸如民主黨主席李柱銘等的意見；（7）香港應該由香港人主持過渡。中方解散立法局，正是恐怕立法局內有太多民主派留任過渡。未來治港人才是民主黨黨魁李柱銘，而不是那些只對中方唯命是從，企圖拆毀香港民主人權的人。他表示，李柱銘一直以來持久地與英國政府攜手合作爭取民主，民主黨是愛國人士，象徵着香港未來。11 日，彭定康訪美加後返抵香港，在機場受到 10 多個團體代表 200 多人的示威抗議，指責他假藉爭取美國延續中國最惠國待遇，實際是要破壞內地與香港關係，分化港人，抹黑工商界，損害香港利益。

針對彭定康說英國在 1997 年後繼續過問香港事務的言論，中國外交部發言人 9 日指出，香港問題在 1997 年 6 月 30 日之前是中英兩國政府之間的事，1997 年 7 月 1 日之後，香港問題是中國的內政。英方要做的事是切實履行中英聯合聲明中的承諾，為香港平穩過渡多做些有利的事和發表多些有利的言論。同一天，新華社香港分社發表聲明指出，彭定康名義上是到美國游說延續中國最惠國待遇，實際上是打國際牌，爭取美國政界某些人支持他所堅持的錯誤立場，以使香港問題國際化。聲明說，彭定康無視事實，竭力貶損香港的形象，無端指責香港工商界，在工商界和專業界人士中製造矛盾，並挑撥港人與中國政府的關係。這樣做是在破壞香港的國際形象，令不明真相的外國人對香港、對中國政府產生誤解，對維持香港的繁榮穩定是毫無好處的。聲明稱，彭定康還多次曲解中英聯合聲明，揚言英國要過問 1997 年後香港事務。眾所周知，香港問題 1997 年前是中英兩國之間的事，1997 年之後是中國的內政。任何使香港問題國際化，干預中國內政的企圖都將是徒勞的。

5月2日

◆ 中國政府官員與香港高級公務員舉行第 11 次非正式聚會。

◆《明報》報道，港府為部署英國政府逐步撤退，把政治顧問辦公室及與英國管治權有關的保安科職位，集中轉往隸屬港督府；涉及的職位由政治顧問至司機、通訊員、秘書、機密檔案的助理等共 34 人，他們於 1997 年主權移交時會隨港督一同撤退。港府已向立法局財務委員會屬下的人事編制小組委員會提出申請。港府的改組計劃具體建議：（1）將政治顧問辦公室及保安科編制中，職務直接源自英國管治權而會在 1997 年 6 月 30 日結束的職位集中，一併轉撥港督府；（2）在港督府政治顧問辦公室開設一個副政治顧問編外職位，專責處理與管治權有關的公務員事務，如解散英國政府海外人員的事宜；實施補償計劃及安排；為未來主權國的公務員事務提供意見，包括以某些規例取代殖民地規例、修改公職職銜以配合特區政府架構、檢討政府制服和領章設計；在過渡期提供公務員事務意見等。薪級為首長級第二點；職位隨主權移交終結；（3）轉撥邊境聯絡工作予憲制事務科，兩位屬政治顧問辦公室的高級政務主任和一位一級行政主任因此轉撥憲制事務科；（4）在憲制事務科開設一個專責統籌邊境聯絡工作及處理其他中港聯絡事務的職位，薪級為首長級第二點；至 1997 年 6 月 30 日再檢討職位的需要；（5）把公務員事務科一位一級私人秘書職位轉撥保安科。重組下的政治顧問辦公室，將有四名副政治顧問，兩人專責保安及機密檔案，一人負責公務員事宜，另一人負責總務。

◆ 英國工黨影子外相庫克結束在港的三天訪問。他拜會了彭定康，出席了立法局答問大會，並與新聞界見面，闡述了工黨對香港的政策。他強調，工黨希望與中國建立建設性的合作關係，若工黨明年大選後上台，會將香港問題列為首要外交事務課題，並與中方通過對話來解決，聲稱工黨對香港的政策是確保聯合聲明和基本法在"九七"繼續執行，確保香港"成功過渡"。他反對臨時立法會，聲稱英國政府有責任以任何方法"捍衛"立法局，若工黨上台執政，將會採取比保守黨更強硬的措施，如聯同國際社會抗議中國成立臨時立法會，並通過聯合國向中國施壓。他又表示不認同中國對彭定康的孤立政策，強調即使工黨在主權移交前上台執政，也不會撤換彭定康。在越南船民問題上，他認為英國雖有道義責任解決滯港船民問題，但沒有道義責任接收船民。

5月3日

◆ 中國政府官員與港府高級公務員舉行第 12 次非正式聚會。

◆ 憲制事務司吳榮奎向立法局提交向中方提交闡明有關立場的兩份説帖副本，分別就港府與籌備委員會合作事宜及臨時立法會闡明港府反對的立場。

5月6日

◆ 錢其琛副總理兼外長、全國人大委員長喬石、港澳辦主任魯平分別會見了到訪的英國工黨影子外相庫克。庫克重申工黨反對成立臨時立法會的立場，並強調工黨願意和中國政府合作，但即使工黨上台，亦不會改變英國現時的政策。錢其琛強調，中國政府有決心、有信心保證香港的平穩過渡和政權的順利交接，並保證香港未來的長期繁榮穩定。又說，大部分現任立法局議員都可以過渡成為臨時立法會成員。喬石表示，中國願意與包括英國在內的世界各國發展經濟合作，中國沒有偏見，只要英國有競爭力，英國與中國的經貿合作是會有大發展的。香港有可能成為中英兩國長期合作的一座橋樑。但事在人為，要靠雙方的共同努力。

5月7日

◆ 香港《經濟日報》和《東方日報》報道，彭定康在較早時接受美國《新聞周刊》訪問時，指摘香港工商界自私，只顧協助中方出賣香港的民主發展。他表示，香港財閥對北京言聽計從，準備以一切辦法，窒息香港大部分人的意見，又指責籌委會正將立法局內反對中國的聲音排除，將香港民主發展及個人自由保障顛倒

過來。他並諷刺商界："若非他們不是在後袋插着一本外國護照，他們才不會這樣做！"彭定康的言論引起香港工商界的強烈不滿。20日，香港總商會、中華總商會、香港工業總會、香港中華廠商聯合會、香港工商專業聯會、香港出口商會、新界工商業總會等七大商會聯署致函英國首相梅傑，對彭定康的言論表示極度失望，批評彭定康的言論抹殺了工商界一直以來對香港的發展和社會民生所作的巨大貢獻，這些言論對香港造成了莫大的損害。21日，田北俊以香港總商會主席的名義致函彭定康，強調商界關注港府對臨時立法會的態度，要求港府面對現實承認臨立會，並借調部分港府高層官員協助特區行政長官，但遭到彭定康的拒絕。23日，英國首相梅傑覆信給七大商會，措辭強硬地反駁了七大商會指摘彭定康"抹黑"工商界的指控，聲稱彭定康美加之行已盡力推介香港和維護香港的利益。27日，七大商會再次發表致梅傑的公開聲明，對梅傑的覆信表示失望，再次希望梅傑和彭定康採取澄清行動，駁斥那些刊於《新聞周刊》內的負面報道，以免香港在國際間留下負面印象。

5月9日

◆ 英國工黨影子外相庫克在英國《獨立報》表示：1997年香港政權移交，應該是英中建立溝通橋樑的機會，而不應成為雙方政治互相理解的障礙。

5月10日

◆ 沙田白石船民中心凌晨發生歷來最嚴重的船民騷亂事件，近千名船民在船民中心內四處縱火，把26座營房包括行政大樓、職員宿舍和儲物室，以及50多輛車輛全數燒燬。

14日，中國外交部發言人就記者問最近在香港的越南船民營再次發生船民抵制遣返的騷亂事件，中國如何看待此事時表示，滯港越南船民和難民問題是英國政府承諾把香港作為第一收容港的政策造成的。最近在越南船民營再次發生船民使用武力抗拒遣返的嚴重騷亂，影響了香港社會的安定。中國政府對此表示嚴重關注，希望港英政府採取有力措施，加速滯港越南船民的遣返工作，使這一問題在1997年前儘早全面徹底地得到解決。

5月12日

◆ 籌委會慶祝活動小組在北京舉行第二次會議。會議討論了"慶委會"的組成方案和香港民間慶祝活動總體方案，還討論了預委會文化小組關於建立香港回歸紀念碑的建議。

5月13日

◆ 中英聯合聯絡小組中方首席代表趙稷華、英方首席代表戴維斯在港進行了會晤，雙方就香港赤鱲角新機場外勤維修及基地維修專營權和停機坪飛機服務專營權問題進行了討論，並取得了一致意見。中英雙方共同審議並通過了有關上述三個專營權的六份合約，包括：機場管理局將批出兩項飛機外勤維修服務專營權予中國飛機服務有限公司及泛亞太平洋航空服務有限公司，為期10年。機管局還批出一項飛機外勤及基地維修服務專營權予香港飛機工程有限公司，為期20年。機管局亦將批出三項停機坪飛機專營權予香港新機場地勤服務有限公司、赤鱲角機場地勤服務有限公司及奧格登航空（香港）有限公司，為期10年。上述服務均於1998年4月投入營運以配合新機場正式啟用。中方確認，根據《關於香港新機場建設及有關問題的諒解備忘錄》的有關規定，該六份合約在1997年6月30日後繼續有效，並將得到香港特別行政區政府的承認和保護。會議認為，雙方首席代表簽署有關會議紀要後，機場管理局很快就可以與有關的專營者簽訂合約。

5月13日－5月14日

◆ 籌委會推選委員會舉行第三次會議，小組就推選委員會委員的身份、資格和條件、產生辦法以及提名途徑等若干原則設想形成了共識，並決定向5月底召開的籌委會第三次全體會議報告這些設想，以便為最後制定推選委員會的具體產生辦法奠定必要的基礎。

5月14日

◆ 中英土地委員會舉行第32次會議，雙方商定1996/1997財政年度的批地計劃為153.01公頃，其中商業、住宅和工業用地46.54公頃，主要在屯門十六區、深井填海地，以及機場鐵路三個車站（包括中環、大角咀和東涌）；居者有其屋計劃、夾心階層房屋計劃、私人機構參建居屋計劃、香港房屋協會發展和鄉村屋宇用地42.64公頃；公用事業、教育、福利、宗教、康樂和其他用途用地16.31公頃；以及用以興建嶺南學院和教育學院校舍、運動場之類的特殊需求用地47.52公頃。另外，中英雙方並商定，另撥出5公頃土地作為補充批地計劃。

5月15日

◆ 八屆全國人大常委會第十九次會議通過了關於中國國籍法在香港特別行政區實施的幾個問題的解釋。

5月15日－5月16日

◆ 籌委會法律小組在北京舉行第二次會議，小組認為，在香港原有法律下有效的文件、證件、契約和權利義務，在不抵觸基本法的前提下繼續有效。此外，在審查香港原有法律時，小組針對預委會建議全部廢除的26項法律，進行重新審核工作。小組本着香港法律基本維持不變的原則，提出原預委會建議全部廢除的《司法人員敍用委員會條例》可在修改後保留使用。至於《英國國籍（雜項規定）條例》，原則上同意廢除，不過還要詳細考慮廢除後所產生的影響，例如現時一些公營機構中根據條例規定董事局內需要有一定的英籍人士擔任，這些都需再進一步研究。關於條例或附屬立法中與基本法不相符合的名稱和詞句的處理問題，小組認為，可分兩個階段解決，一是根據基本法對這些名稱和詞句規定一些相應的替換原則，由人大常委會於1997年7月1日宣佈有關指引；二是待特區成立後，由特區政府逐項對所有香港原有法律進行名詞替換修改，這樣會更細緻地解決問題，同時也要考慮到法律中名詞替換後是否符合其原意。在會議中，委員們一致同意，法律小組將遵循以下原則對香港原有法律作進一步研究：第一，嚴格遵循基本法的有關規定。基本法第八條和一百六十條這兩條規定是處理香港原有法律的法律依據。第二，保持香港法律的連續性。法律小組高度重視香港法律制度對社會生活的影響，將按照香港法律和法律制度基本不變的原則做好香港原有法律的審查工作。第三，對於香港原有法律中存在的極少數與基本法相抵觸的情況，法律小組將分輕重緩急，有步驟地加以研究，並合情、合理、合法地提出處理意見。

赫塞爾廷專程到珠海與江澤民會面。江澤民説："我們認為中英長期穩定的友好合作關係只能建立在着眼長遠、面向未來，相互尊重、增加合作的基礎上，因此兩國領導人應從戰略的高度、從世界大局和二十一世紀的角度看待和處理包括香港問題在內的中英關係。"江澤民説，香港問題是中英兩國都十分重視的問題。雙方應該努力把目前的合作勢頭保持下去。江澤民重申，中國政府對香港恢復行使主權後，將一如既往地嚴格履行中英聯合聲明，堅定不移地執行"一國兩制"的方針，在香港特區實行"港人治港"、高度自治。這絕非權宜之計，而是中國實現祖國統一和國家富強的一項基本國策。

5月18日

◆ 英國副首相赫塞爾廷率領一個270人的英國經貿代表團訪問北京和上海至24日。在京期間，李鵬總理和李嵐清副總理分別會見了赫塞爾廷。李鵬指出，香港問題是中英關係中的首要問題，我們十分重視香港政權的順利交接和香港的平穩過渡。他説，一年多來，兩國在香港問題上增加了合作，取得一些進展。我們希望英方加強與中方的合作，採取積極的步驟，把尚未解決的問題解決好。24日，

5月23日

◆ 中英聯合聯絡小組中方代表處宣佈，中英聯合聯絡小組雙方已就香港郵政署於1997年初發行一套新的通用郵票的事宜達成協議，這套新通用郵票將取代現有的帶有英女王肖像的郵票。新通用郵票共有16枚，面值從一毫到五十元港幣不等，整套郵票組合在一起，可以展現香港島北岸的全貌。雙方還就新的郵資蓋印機印模的設計達成了協議。新的郵資蓋印機印模將取代現行的帶有皇冠圖案的郵資蓋

印機印模。

◆籌委會發表了《籌委會推選委員會小組香港諮詢情況報告》。報告說：

本次諮詢活動主要採取舉行諮詢會議的方式。諮詢會議由推選委員會小組下設的工商、金融界，專業界，勞工、基層、宗教等界和原政界人士等四個分組分頭舉行。四個分組每半天各舉行一場諮詢會議，共舉行了 16 場。實際參加諮詢會議的團體為 366 個，團體代表 447 人；以個人身份應邀參加的有 626 人次。總數為 1073 人次。諮詢期間，還收到各界人士的書面意見一百多份。此外，香港各界人士在報刊、電視、電台等傳媒中發表的有關意見也得到推選委員會小組的重視。各界人士發表的意見歸納起來主要有以下幾個方面：

（1）制定推選委員會的具體產生辦法應遵循的原則：1. 推選委員會的組成必須具有廣泛代表性。2. 推選委員會的籌組必須符合全國人大有關決定的規定。3. 推選委員會的籌組要體現民主、公正、公開等原則。

（2）關於推選委員會委員的資格和資格審查：各界人士普遍認為，推選委員會委員必須具備一定的資格和條件。各界人士就資格和條件提出的比較一致的意見

5月24日－5月25日

◆籌委會在珠海舉行第三次全體會議。會議聽取並審議了推選委員會小組、經濟小組、法律小組和慶祝活動小組的工作報告。會議認為，推選委員會小組 4 月 13 日和 14 日在香港開展的諮詢活動貫徹了籌委會"面向港人，依靠港人"的方針，增進了港人與籌委會的溝通。小組廣泛聽取了香港各界人士對推選委員會的產生辦法的意見，諮詢是成功的。根據委員們的建議，主任委員會議決定發表《籌委會推選委員會小組在港諮詢情況報告》。會議並認為，推選委員會小組提出的《關於推選委員會產生辦法的原則設想》吸納了香港各界人士的意見，符合基本法和全國人大有關決定的規定，為制訂推選委員會具體產生辦法奠定了良好基礎。會議通過了《全國人民代表大會香港特別行政區籌備委員會關於推選委員會產生辦法的原則設想的決議》、《全國人民代表大會香港特別行政區籌備委員會關於建立香港回歸祖國紀念碑的決議》、《全國人民代表大會香港特別行政區籌備委員會關於教科書問題的決議》。

1996年

1996 年 5 月 24 日，國家主席江澤民在珠海會見出席香港特別行政區籌備委員會第三次全體會議的內地和香港委員，並發表重要講話。大會通過籌委會關於推選委員會產生辦法的原則設想等三個決議和會議新聞公報。

有：必須是香港永久性居民；擁護“一國兩制”方針和基本法；認同推選委員會的兩項任務即推舉產生第一任行政長官人選和選舉產生臨時立法會。

（3）關於推選委員會的具體產生辦法：大家集中提出意見的問題包括：推薦方式；如何確定有推薦資格的團體；是否分配推薦名額的問題；能否跨界別推薦的問題；一個人能否由多個界別和團體推薦的問題；各團體如何決定其推薦或提名人選的問題；篩選的機構和過程；籌委會全體會議作出決定的方式等。

（4）與推選委員會的具體產生辦法有關的問題：1. 各界人士普遍指出，推選委員會委員只能以個人身份參加推選委員會，不代表其所屬的界別和團體。2. 關於宗教界人士的推薦辦法，應避免由宗教界的組織直接向籌委會推薦人選。3. 關於公務員能否加入推選委員會的問題，有的公務員團體提出，18 萬公務員如有代表參加推選委員會，有助於體現推選委員會的廣泛代表性。有關的具體方法是，公務員循其所屬專業界別或宗教等其他界別參加推選委員會。

5月26日－5月27日

◆ 籌委會經濟小組在珠海舉行第三次會議，會議就香港新機場第二條跑道、西北鐵路等問題進行了討論。小組聽取了港府經濟科的主管官員和機場管理局負責人關於興建新機場第二條跑道問題的情況介紹。小組對港府和九廣鐵路公司未有應邀派員到會介紹西北鐵路計劃表示遺憾。委員們表示，發展西北鐵路符合香港的長遠利益，委員們對此持積極態度，但由於該計劃跨越“九七”，耗資巨大，且實際動工時間在特區成立之後，因此，建議英方將該計劃的詳細資料儘早提交中英聯合聯絡小組進行充分磋商。

此外，籌委會經濟小組屬下的政府資產和債務清理專責小組討論了關於港英政府資產移交的範圍和辦法問題。他們認為港府提交給中方的資產清單是很不完整的。他們認為，範圍應包括有形、無形、政府公營、海外及物料資產等。他們建議將來移交的除總清單外，還應包括目前各政策科都應有一份其管轄的資產清單，由各政策科提出及由核數署簽署方算完整。

財政金融專責小組則討論了預算案中十個政策組別的開支情況，並提出各組別開支應遵循的原則及優先次序。香港經濟發展方向專責小組則討論了香港如何面向二十一世紀，如何參照內地經濟發展，結合香港發展情況，作出長遠經濟發展情況的政策性意見。

5月28日

◆ 英國駐港三軍司令鄧守仁應駐港解放軍總司令劉鎮武少將的邀請到深圳軍營訪問兩天後返港表示，雙方就移交防務安排問題進行了磋商，中英聯合聯絡小組將成立一個由駐港英軍和駐港解放軍代表組成的有關防務交接的聯絡組，負責商討政策性以外的實務性問題，為1997年的防務移交作好準備。他說，中方官員透露未來駐港解放軍人數約為9000至10000，與英軍的駐軍人數相若；解放軍不會在港從事商業活動及不能擅自離開軍營。他邀請劉鎮武在1997年6月30日前訪問香港。

5月30日

◆ 中英聯合聯絡小組雙方首席代表就興建香港新機場第二條跑道及有關設施簽署了會議紀要。機管局獲授權向外舉債43億元，於1998年10月前建成第二條跑道。紀要說：雙方根據《關於香港新機場建設及有關問題的諒解備忘錄》的條文，達成以下共識：（1）機場管理局可立即進行第二條跑道（及有關設施）工程的設計和建造工作，以期儘快在新機場（第

一條跑道及有關設施）工程完成後試行運作，但進行這些工程不得對新機場（第一條跑道及有關設施）的完工日期造成任何負面影響。（2）在新機場（第一條跑道及有關設施）工程完成之前，機場管理局就第二條跑道（及有關設施）工程所支付的一切費用，將透過舉債提供。這些舉債不需要香港政府作出擔保和償還，而由機場管理局承擔償還的全部責任。這些舉債與政府和機場管理局在1995年12月1日簽訂的財務支持協議所界定的工程舉債無關，並且不受該協議的條款約束。

6月5日－6月7日

◆ 中英聯合聯絡小組在倫敦舉行第36次會議。會後發表新聞公報稱："聯合聯絡小組討論了香港政權交接問題，包括過渡時期的財政預算編制及有關問題、檔案交接、政府資產、政權交接儀式等；與香港有關的國際權利與義務；香港民航協定及香港與台灣之間航綫協議安排問題；公務員問題；香港防務與治安；跨越1997年的專營權、合約及有關問題，包括鐵路發展策略和集裝箱碼頭；香港與有關國家之間的投資保護協定；香港與有關國家之間的移交逃犯協定；香港同某些國家的刑事司法協助問題；香港與外國對

等承認及執行民商事判決問題；法律本地化；法律適應化；終審法院問題；聯合聲明有關 1997 年後在香港居留權條款實施問題；免辦簽證問題；退休保障及社會福利；滯港越南船民和難民問題。"

這次會議中英雙方就下列事項取得了進展：(1) 在與 1997 年香港政權移交直接有關的問題上，雙方就 1997/1998 年度香港財政預算案的方式和程序，取得了新的進展。雙方同意按照兩國領導人在會晤時指出的目標，繼續在專家層面討論如何共同舉辦政權移交儀式，以期謀求一項雙方都能接受和滿意的方案。(2) 就香港居民出入境安排的問題，雙方肯定了中方通過非正式的專家會的方式向英方通報中國人大常委關於中國國籍法在香港實施的解釋，雙方肯定了該次通報和聽取意見是有益的，並將繼續這種會晤。(3) 防務治安方面，中方表示雖然關於今後中國在香港駐軍的"駐軍法"是中國主權範圍內的事情，但中方還是表示願意採取靈活做法，在適當的時候，用非正式方式向英方通報該法例的制訂情況，並且非正式地聽取英方意見。(4) 民航協定方面，雙方就香港 / 意大利的民航協定達成協議。雙方專家亦展開了香港和其他國家的民航過境協定的磋商。(5) 雙方就香港 / 台灣的民

航協定的續約問題達成共識，同意該協定可以簽署。(6) 關於跨越"九七"的專營權問題，雙方在個人通訊服務（PCS）的發牌問題上，同意在 6 月中、下旬馬上開始第二次專家會，中方表示對解決這個問題持積極態度。(7) 就香港法律的適應化問題，雙方決定通過非正式專家會方式，就適應化的機制問題，由中方向英方通報，並聽取英方意見。(8) 就法律本地化問題，雙方就"海底電纜電報法"的本地化達成了協議。(9) 在香港的國際權利和義務方面，雙方同意香港將繼續參與國際紡織品和服裝局及世界氣象組織兩個國際組織。最後，雙方還就未來香港特區政府駐倫敦經濟和貿易辦事處的特權和豁免權達成了協議。

中方首席代表趙稷華表示，中方對英方在香港政府資產和檔案移交工作上未採取積極態度，使這個問題拖而未決而感到遺憾。他說，"實際上中方提出的要求還是程序性的，中方只要求就兩方面的問題儘早召開專家會議來具體磋商和具體安排。"就西北鐵路問題，趙稷華表示，英方以未做好準備為由，尚未向中方提出方案。中方認為這個實際上在 1997 年後才能動工的、成本次於新機場的另一個大型基建項目，英方應就此問題和中國進行全

1996年

面的磋商，包括從評估到設計及動工，所有批出合約的所有過程，都應進行磋商。

6月10日

◆ 港澳辦主任魯平表示，中英聯合聯絡小組已達成共識，讓港府繼續簽發跨越"九七"的身份證明書（CI）和簽證身份書（DI），它們在有效期內無須補辦任何手續，可於"九七"後繼續使用。港澳辦香港政務司徐澤説，這些證件在1997年後有效期屆滿時處理方式或繼續生效的方法由特區政府決定。

11日，外交部發言人對魯平表示的有關港人身份證明書和簽證身份書可在"九七"後繼續使用的説法作進一步闡釋時指出，1997年6月30日之前由港英政府簽發的有效期十年的香港身份證明書和有效期七年的香港簽證身份書均可在1997年7月1日後繼續使用，直到證件有效期滿為止。屆時如果有些國家和地區對證件有效性提出質疑時，相信特區政府會採取必要措施通過適當渠道加以説明，或者在有關證件上加以簽註，以保障港人出行便利。

6月12日

◆ 九廣鐵路公司公佈西北鐵路首期

工程全長51公里，耗資750億港元建成，有關融資計劃包括抽調九鐵內部儲備60億港元，向外舉債250億港元和由政府注資440億港元。據九廣鐵路的建議書估計，西北鐵路的工程費約為750億元，另加收地費用50至60億元，鐵路的終點延長費用57億元，支綫延長需23億元，總計約900億元。此外，在西北鐵路尚未落實建造之前，九廣鐵路已經花費4.3億元多做顧問研究，未來還要花7.5億元就西北鐵路的20份合約做顧問報告。

同一天，運輸科正式將九廣鐵路公司有關西北鐵路計劃共六冊，2000頁的建議書交予立法局議員和中方，但抽起部分涉及商業性的敏感內容，包括收地土地圖則和招標預算，以免引起炒地風氣及影響九鐵洽談投標事宜。署理運輸司梁世華和財政司曾蔭權均表示，這只是九鐵的建議，港府會請顧問公司詳細研究後再作決定，並在有了立場後才會徵詢中方意見，他估計港府最早也要到1996年底或1997年初才有一個立場。

◆ 美國眾議院以大比數通過對《1992年美國－香港政策法》的修訂，要求總統對中國以委任的臨時立法會取代由選舉產生的立法局、基本法實施進展、行政首長以公開及公正方式選舉產生、政黨的遭遇、司法獨立及人權法，都要作出監察。有關安排，將使國會掌握足夠資料，擬定對中國和香港的政策，包括在國會認為有需要時，作出制裁，確保香港在 1997 年移交中國後續享自由和自治。按草案規定，總統克林頓須於 1997 年 3 月底之前向國會提交報告。

中國外交部發言人 13 日就此事回答記者提問時表示，香港的事務不需要美國來關注。香港的老百姓也不會同意美國國會關注香港事務。而事實證明，制裁對於中國這樣的大國來說，"不會起到任何作用"。

6月22日

◆ 新華社香港分社周南社長接受美國《時代周刊》記者訪問，其中談到的幾個主要問題內容如下：

（1）關於"九七"後新華社的地位問題。他說，新華社香港分社在過去很長一個時期在溝通內地同香港的兩地關係與促進雙方的交流方面都起了很大的積極作用。我個人認為 1997 年之後新華社香港分社還要繼續存在，但職能會作出一些必要的調整。總之新華社香港分社絕不會干預由特區政府負責的高度自治範圍內的事務。

（2）關於"九七"後香港政黨活動問題。他說，1997 年之後，目前在香港進行公開活動的由香港本地人組成的政治團體，在基本法範疇內可以繼續存在，並享有進行活動的自由，包括可以參加立法會、市政局、區域市政局、區議會的選舉在內。但有一條要說清楚：根據中英聯合聲明和基本法的規定，香港特別行政區將來要繼續實行"行政主導"，而不是"立法主導"的制度。任何一個政治團體即使取得立法會多數席位，也不能由它執政組閣。要知道，香港是中國的一個特別行政區，而不是一個獨立的國家，這同西方國家是不一樣的。

（3）關於"九七"後新聞和集會等自由問題。他說，基本法已經明確地保證，香港居民將享有充分的人權和自由，包括新聞、集會、結社自由等等。這些都將充分兌現。基本法有個第二十三條，是關於禁止叛國、分裂國家和顛覆中央政府等的條款。這是毫不足奇的，因為任何一個主權國家都在法律上有類似的規定。據我所知，現在港英政府也有類似的法律。至於這條將如何實施，基本法也講得很明白，即將由香港特別行政區自行立法予以貫徹執行。我相信將來香港特區一定會按照這一條的要求和精神對此作出妥善處理。對於集會和結社的自由，基本法也有明確規定。只要不違反基本法，集會和結社自由是不會受到限制的。

（４）關於外國包括外國傳媒對中國處理香港過渡問題的批評問題。他說，香港回歸祖國是近代史上一件大事，也是全世界炎黃子孫十分關心的大事。"一國兩制"這樣一個構想的實施是史無前例的，是全世界關注的一件大事。鄧小平先生曾講過，"一國兩制"這個構想也為國際上以和平方式解決歷史遺留的問題提供了經驗。因此，國際輿論對此表示關注是理所當然的。我看在未來一個時期內，世界上會有各種各樣的人，包括各種傳媒在內，出自各種各樣的目的，對香港前途做出各種各樣的評論，這是完全可以理解的，我們也不會介意。另一方面，中國外交部發言人已多次聲明，1997 年前香港問題是中英兩國之間的事，1997 年後香港事務純屬中國的內政。外國傳媒有評論是一回事，但如果任何外國政府今天發表一個聲明，明天發表一個講話，指手畫腳，說中國應該做這個，應該做那個的話，那就形同干預了。我相信任何一個主權國家都不會接受這種做法。我希望一切負責任的政府對此都會採取明智和審慎的態度。

6 月 25 日－6 月 26 日

◆ 籌委會法律小組在北京舉行第三次會議，討論了基本法第二十四條有關香港永久性居民規定的實施問題。

委員們認為，中國國籍法和全國人大常委會關於國籍法在香港實施問題的解釋，以及基本法第二十四條，對香港特別行政區居民的國籍問題和永久性居民的身份問題已經作了明確規定。

會議回顧了預委會建議不採用為特區法律的香港原有條例及其附屬立法，認為其中反映英國在香港實行殖民統治的七條在"九七"後可以不予採用。這七條法例是：《英國法律適用條例》、《司法人員敘用委員會條例》、《英國以外婚姻條例》、《英國國籍（雜項規定）條例》、《華人引渡條例》、《香港徽幟（保護）條例》和《1981 年英國國籍法（相應修訂）條例》。會議討論了基本法第二十四條有關香港永久性居民規定的定義問題。委員們認為還有一些具體問題需要進一步研究解決，將在下月召開的會議中繼續討論。

6 月 26 日

◆ 江澤民主席在訪問西班牙期間接受《國家報》記者採訪時談到中英關係。江說，凡是涉及跨越 1997 年香港過渡期的問題，都需要中英雙方磋商，達成一致。在中英沒有達成一致的情況下，單方面對香港現行政治體制作重大改變，這就違反了中英聯合聲明與基本法銜接的原則以及中英雙方已經達成的有關協議和諒解。江澤民希望英方採取現實和建設性的態度，加強同中方的合作。

6月27日－6月28日

◆籌委會推選委員會小組在北京舉行第四次會議。會議根據籌委會第三次全體會議通過的《關於推選委員會產生辦法的原則設想的決議》，並結合小組在港諮詢期間以及在此前後香港各界人士提出的有關意見，進一步討論了推選委員會的產生辦法涉及的有關具體問題。

6月28日

◆彭定康接受有綫電視訪問時，首次公開承認，自己在提出政改方案前，並沒有看過中英兩國外長談判香港立法局選舉問題互通的七封函件。看過七封函件的，是他的顧問。

7月5日

◆保安司黎慶寧出席立法局資訊政策事務委員會會議時表示，由於要配合基本法第二十三條，港府需要在1997年前，另立法例取代《官方保密法》，修改現時的刑事罪行條例。黎慶寧透露，早於1995年7月，港府已透過聯絡小組，知會中方港府會在1997年7月前，自行立法處理顛覆及分裂國家罪行，直到1996年4月，港府更將有關修訂條文內容，提交中方研究。港府的態度是希望有關修訂草案，可於1997年7月1日前通過並實行。一旦中英雙方不能就草案達成共識，港府會將草案建議內容及雙方的爭論點公諸於世。他指出，由於人權法及適用於香港的國際人權公約賦予任何個人及組織享有政治及通訊權利，港府不會就基本法中禁止外國政治組織活動及本地政治組織與外國政治組織建立聯繫的規定而進行立法。並稱，基本法雖然規定禁止特區政治性組織或團體與外國的政治性組織或團體建立聯繫，但根據"人權法案"，社團條例已刪除了這方面的規定，沒有理由"改回來"。《明報》說，港府過去曾經透過聯絡小組知會中方，港府不準備1997年7月1日前在港立法處理顛覆及分裂國家罪行，一切將交由未來特區政府再作研究。但最近在港督彭定康主催下，已經改變初衷，希望在"九七"前完成有關立法。消息人士承認，港英此舉將有助英方爭取對顛覆及分裂國家具體定義的發言權，並且為這兩個概念立下先例，避免"九七"後中方作出太偏離香港法制的演繹。

10日，港澳辦發言人表示，基本法第二十三條規定，香港特別行政區應自行立法禁止任何叛國、分裂國家、煽動叛亂、顛覆中央人民政府及竊取國家機密的行為，這完全是中國主權範圍內的事務。中方願意就此問題與英方磋商，完全是出於中英合作以利香港平穩過渡的良好願望。就在《官方保密法》本地化，香港法律適應化問題的交換意見工作取得進展的時候，港英保安司發表了上述言論，再次證明了英方缺乏合作的誠意。尤為引人關注的是，保安司聲稱雖然基本法規定禁止香港的政治性組織或團體與外國的政治性組織或團體建立聯繫，但香港的社團條例已根據"人權法案"取得這方面的規定，沒有理由"改回來"，這種說法再次證明，英方賦予"人權法案"凌駕於香港現行法律之上地位是不容抵賴的。"人權法案"的這種地位架空了基本法，從而抵觸了基本法。而且明知根據"人權法案"修改的法律抵觸基本法，還決心一意孤行，這是對香港前途極不負責任的態度。他表示，港府高級官員的說法，是對中方進行

要挾，是對中英聯合聯絡小組工作的干擾。對於英方這種干擾聯合聯絡小組正常工作的行為，中方表示嚴重關注。我們再次要求，為了香港的平穩過渡，英方應切實地負起他們對聯合聲明所承擔的責任，與中方加強合作。同時，中方再次強調，基本法的各項規定必須得到不折不扣的落實，任何在1997年前製造的妨礙特區落實基本法的干擾和障礙，都將被排除。

7月5日-7月6日

◆ 籌委會臨時立法會小組在北京舉行第二次會議。會議討論了香港特別行政區臨時立法會的產生辦法。委員們建議，臨時立法會議員由推委會委員提名後選舉產生，有關提名的選舉由籌委會主持。委員們認為，臨時立法會議員候選人必須符合五項條件：（1）年滿18周歲；（2）根據基本法第二十四條的規定，具有香港永久性居民身份；（3）擁護中華人民共和國香港特別行政區基本法；（4）願意效忠中華人民共和國香港特別行政區；（5）願意履行臨時立法會的職責。凡符合這些條件、願意參選者經提名並由籌委會確認其資格後均可成為候選人。

7月10日－7月11日

◆籌委會慶祝活動小組舉行第三次會議。小組建議在特別行政區政府就區旗、區徽的使用立法前，先由籌委會發出一個使用區旗、區徽的指引性文件，市民在尊重和保護區旗、區徽的前提下，按照有關規則使用區旗、區徽。

香港委員在會議上介紹了籌組"慶委會"的情況和香港社會各界提交的慶祝活動計劃。慶祝活動小組的主要任務是支持並協調在香港舉行的民間慶祝活動及其他有關事宜；"慶委會"則是按照籌委會的部署由籌委會慶祝活動小組中的香港委員發起成立並由香港人組成的民間團體，負責組織和統籌全香港民間的、群眾性的慶祝活動。委員們認為，"慶委會"籌備委員會做了大量的工作，委員們對其提出的擬於1997年6月30日晚開始舉行的"'九七'回歸大匯演"、7月1日及2日舉行的"花車巡遊"、"煙花匯演"和文娛晚會等四項活動以及香港社會各界提交的有關慶祝活動計劃表示支持。

7月12日－7月13日

◆籌委會推選委員會小組在北京舉行第五次會議。會議提出了關於香港特別行政區第一屆政府推選委員會具體產生辦法的建議方案，委員會就該建議方案的各項內容進行了充分的討論，並達成了共識。

根據全國人民代表大會有關決定的規定，推選委員會全部由香港永久性居民組成，共400人。由工商、金融界、專業界、勞工、基層、宗教等界，原政界人士、香港地區全國人民代表大會代表、香港地區全國政協委員的代表共四部分人士組成，各100人。委員們建議，前三部分人士即工商、金融界、專業界、勞工、基層、宗教等界的委員，由籌委會全體委員以差額選舉的方式選舉產生，差額比例為20%。關於提名辦法和候選人名單的提出辦法，委員們建議，凡有意從前三部分參選的人士，可先向其所屬團體（政治團體除外）或所屬界別、專業、行業內的團體報名，由有關團體證明其身份後向籌委會提名。籌委會秘書處在報名日期截止後將所有提名名單編制成冊，印發籌委會全體委員徵求意見，籌委會委員可以各自從中提出推選委員會委員的人選建議名單。然後由籌委會主任委員會議在充分考慮委員們提出的意見的基礎上，分別提出各部分委員的候選人名單。關於選舉辦法，委員們建議，由籌委會全體委員分別就各部分候選人名單，投票選出各部分的推選委員會委員。選舉以無記名投票的方式進行，得票多者當選。

小組建議，在第四部分的 100 名人士中，香港地區全國人民代表大會代表中具有香港永久性居民身份的 26 人全部是推選委員會委員。原政界人士和香港地區全國政協委員的代表的名額分別為 40 名和 34 名。委員們建議，有意以原政界人士身份參加推選委員會的人士，可向本界別內的團體或其他界別內的團體報名，由有關團體在證明其身份後向籌委會提名，也可由五名籌委會委員聯署提名，但每位籌委會委員參與提名的人選總數不得超過 3 人。候選人名單的提出和選舉採取與前三部分人士相同的辦法。

委員們認為，具有多種界別背景和身份的人士只能選擇從某一個界別參選或參與協商。任何一位候選人只有一次被選舉權。在前三部分中落選的候選人，包括有全國政協委員身份的候選人，不能再參加第四部分的選舉或協商。小組決定向 8 月上旬舉行的籌委會第四次全體會議提交關於推選委員會產生辦法的具體方案，以便在全體會議審議通過後，按照這一辦法進行籌組推選委員會的工作。

7月14日 - 7月15日

◆ 籌委會法律小組在北京舉行第四次會議，討論並提出了實施基本法第二十四條第二款的意見。委員們認為，在實施基本法第二十四條第二款時應以下述三點為指導：第一，處理 1997 年 7 月 1 日後香港永久性居民身份的問題，應以中國國籍法和全國人大常委會有關國籍法在香港實施問題的解釋以及基本法的有關規定為法律依據；第二，本着有利於香港平穩過渡和穩定繁榮的原則，對 1997 年 6 月 30 日前已享有香港居留權並繼續在香港定居、生活和工作的人，應儘量保持他們已享有的權利不因政權交接和法律變化而受影響。第三，要有利於保持香港特別行政區出入境管制的正常秩序，除現行法律和行政規定中與基本法抵觸的外，儘量不改變香港現有行之有效的出入境管制的法律和規定。

根據上述原則，小組提出了以下初步意見：

（1）基本法第二十四條第二款第一項規定的在香港出生的中國公民，是指父母雙方或一方合法定居在香港期間所生的子女，不包括非法入境、逾期居留或在香港臨時居留的人在香港期間所生的子女。

（2）下述情況不被視為基本法第二十四條第二款第二項和第四項規定的在香港"通常居住"：1. 非法入境或於非法

入境後獲入境處處長准許留在香港；2.在違反逗留期限或其他條件的情況下留在香港；3.以難民身份留在香港；4.在香港被依法羈留或被法院判處監禁；5.根據政府的專項政策獲准留在香港。

（3）基本法第二十四條第二款第二項規定的中國公民在香港通常居住"連續七年"的計算方法，應為任何時間的連續七年；基本法第二十四條第二款第四項規定的非中國籍人在香港通常居住"連續七年"的計算方法，應為緊接其申請成為香港特別行政區永久性居民之前的連續七年。

（4）基本法第二十四條第二款第三項規定的在香港以外出生的中國籍子女，在本人出生時，其父母雙方或一方須是根據基本法第二十四條第二款第一項或第二項取得香港永久性居民身份的人。

（5）基本法第二十四條第二款第四項規定的非中國籍人以香港為永久居住地的具體要求為：

1.該人須在申請成為香港特別行政區永久性居民時依法簽署一份聲明，表示願意以香港為永久居住地；

2.該人在作上述聲明時須如實申報以下個人情況，供香港特別行政區政府審批其永久性居民身份時參考：（a）在香港有無住所（慣常居所）；（b）家庭主要成員（配偶及未成年子女）是否通常在香港居住；（c）在香港有無正當職業或穩定的生活來源；（d）在香港是否依法納稅。

3.該人須對聲明中申報上述情況的真實性承擔法律責任。香港特別行政區政府有權在需要時要求申報人提供必要的證明文件和資料，如發現申報人所作的申報與事實不符，可依法作出處理包括註銷其永久性居民身份證。

4.已取得香港永久性居民身份的非中國籍人，除特殊原因外，如在通常規定的時間限度內（時間限度由特別行政區規定）連續不在香港居住，即喪失以香港為永久居住地的條件，可依法註銷其永久性居民身份證，不再享有香港居留權；但可依法進入香港和不受條件限制在香港居留，在符合基本法第二十四條第二款有關規定的條件時可成為香港特別行政區永久性居民。

（6）基本法第二十四條第二款第五項規定的非中國籍人在香港所生的未滿 21 周歲子女，在本人出生時或出生後，其父母雙方或一方須是根據基本法第二十四條第二款第四項取得香港永久性居民身份的人。上述具有香港永久性居民身份的子女在年滿 21 周歲後，在符合基本法第二十四條第二款的其他有關規定條件時享有香港永久性居民身份。

（7）依據基本法第二十四條第二款第六項取得香港永久性居民身份的人，須聲明本人在緊接 1997 年 7 月 1 日以前只在香港享有居留權；並在需要時證明自己只在香港有居留權。

（8）對在香港特別行政區成立以前持有香港永久性居民身份證並享有香港居留權的人，作如下過渡性安排：

1. 上述人中的中國公民，其所持有的香港永久性居民身份證在 1997 年 7 月 1 日後繼續有效，享有香港特別行政區居留權。

2. 上述人中的非中國籍人，如緊接在 1997 年 7 月 1 日前定居香港，其所持有的香港永久性居民身份證在 1997 年 7 月 1 日後繼續有效，享有香港特別行政區居留權。

3. 上述人中的非中國籍人，如其連續不在香港居住的時間已超過規定的時間限度，而在 1997 年 7 月 1 日後返回香港定居，其所持有的香港永久性居民身份證應依法註銷，不再享有香港居留權；但可依法進入香港和不受條件限制在香港居留，在符合基本法第二十四條第二款有關規定的條件時可成為香港特別行政區永久

性居民。

小組的上述意見，將提交於 8 月召開的籌委會全體會議審議。

對香港社會關注的非婚生子女的地位問題，委員們認為，香港現行法律的有關規定可以保留，凡不符合有關規定條件的不享有香港居留權。

小組還討論了需要由臨時立法會進行立法的事項。委員們認為，有一些法律，例如有關實施基本法第二十四條第二款、對香港終審法院條例進行修改使之完全符合基本法的問題必須由臨時立法會立法解決，這是保證香港特別行政區從成立之日起就能正常運作所必不可少的。

◆ 籌委會經濟小組在北京舉行第四次會議，會議就港英政府的資產和債務所涉及的範圍及移交方法、香港的西北鐵路計劃和預委會經濟專題小組提出的若干項建議進行了討論。

預委會經濟專題小組屬下的金融財政研究小組曾提出，政府資產的交接方式應是由英國政府向中國政府移交，再由中央政府移交給香港特別行政區政府；在固定資產與流動資產中，重點應是流動資產；在固定資產中，重點應是海外資產；在流動資產中，重點應是外匯基金、財政儲備。今次會議對預委會所提意見的原則

表示贊同。籌委會經濟小組認為，政府資產和債務交接是政權交接的主要組成部分，英方應完整、準確地將港英政府的資產經由中國政府移交給特區政府。小組敦促英方響應中方在中英聯合聯絡小組內提出的正當要求，採取切實措施，保證資產的順利交接。

會議對預委會經濟專題小組提出的七項建議：《關於土地基金在 1997 年後的移交和管理問題的建議》；《關於香港特別行政區政府批出土地契約的年期問題的建議》；《對維持香港聯繫匯率制的意見》；《對香港房地產市場有關問題的意見》；《對香港退休保障和老人福利問題的意見》；《對香港維多利亞港填海問題的意見》；《對 1997 年前後香港基建的銜接問題的意見》進行了討論並提出了處理辦法。委員們決定將上述建議連同早前通過的五項建議一併提交 8 月份籌委會全會通過。

會議期間，港府運輸司蕭炯柱、九鐵公司主席夏啟宏應邀出席向會議講解西北鐵路的詳細情況，委員們對此表示歡迎。小組對興建"西鐵"持積極態度，希望英方應切實加強與中方的溝通和磋商，以便早日在中英聯合聯絡小組確定一個真正符合成本效益的"西鐵"建設方案。

◆ 應駐港英軍三軍司令鄧守仁少將的邀請，解放軍駐港部隊司令員劉鎮武少將首次訪港。在港期間，劉鎮武與英方就香港防務交接問題進行了會談，並參觀了英軍設施和演習。此外，劉鎮武還拜訪了新華社香港分社。18 日，劉鎮武在結束訪問時表示，訪問取得了圓滿的成功。中國人民解放軍駐港部隊與駐港英軍進行了非常友好的交流。雙方就防務問題及其他問題交換了意見，特別是就防務問題達成了一致意見。而港府官員透露，鄧守仁曾向劉鎮武詳細介紹英軍 1997 年 7 月撤離香港的計劃。

◆ 籌委會第一任行政長官小組在北京舉行第二次會議。會議進一步討論了第一任行政長官的具體產生辦法涉及的有關問題。關於香港特別行政區政府第一任行政長官人選的資格和條件，小組認為應包括：年滿 40 周歲；在香港通常居住連續滿 20 年；是香港永久性居民中的中國公民；在外國無居留權；擁護中華人民共和國香港特別行政區基本法；願意效忠中華人民共和國香港特別行政區。小組還提出，現職公務員可被提名為行政長官人

1996年

1996 年 7 月 16 日，中國人民解放軍駐香
港部隊司令員劉鎮武少將應英國駐香港三
軍司令鄧守仁少將邀請訪問香港。

1996 年 8 月 14 日，新華社香港分社社長
周南親切會見訪港的解放軍駐港部隊司令
員劉鎮武少將。

選，但在接受提名時，必須辭去公務員的職位。小組多數成員認為，行政長官人選也不能以政黨或政治團體的代表身份接受提名，在接受提名時應退出政黨或政治團體。關於第一任行政長官的具體產生辦法，按照全國人大有關決定的規定，應由推選委員會在香港當地以協商方式或協商後提名選舉方式推舉產生。小組對這兩種產生辦法進行了初步討論，提出了一些具體設想，涉及協商的具體辦法，提名、確定候選人名單和選舉的辦法，報請中央人民政府任命的辦法和程序等。小組指出，根據全國人大有關決定的規定，籌委會負責籌組香港特別行政區第一屆政府推選委員會，並負責籌備成立香港特別行政區的有關事宜，在推選委員會組成後，第一任行政長官人選的產生工作應在籌委會的主持下進行，由籌委會主任委員會議負責有關的組織工作。在推選委員會產生出第一任行政長官人選後，由籌委會報請中央人民政府任命。

7月19日

◆ 錢其琛副總理與西薩摩亞總理托菲勞簽署了兩國政府關於西薩摩亞在中國香港特別行政區保留總領事館的協定以及中國香港特別行政區與西薩摩亞互免簽證的協定。

◆ 聯合國經濟及社會理事會決定，香港在 1997 年 7 月 1 日回歸後，將改稱為中國香港。這個稱號將在 1997 年 7 月 1 日起生效。

8月5日

◆ 新華社報道，在 1997 年 7 月 1 日中國對香港恢復行使主權之際，國務院將公佈一幅準確反映香港地區所轄範圍的地圖——《香港特別行政區區域圖》。目前，區域圖的編繪工作已由中國國家測繪局完成，可望於 1997 年 3 月正式定稿。

8月7日

◆ 中國外交部發言人表示，現時與台灣有邦交的國家或地區的駐港領事機構，應於 1997 年前儘快與中方磋商，否則 1997 年後雖然可以在港繼續存在，但要全部降格為民間機構，不可以有任何官方職能。

19 日，中國外交部否認日本《產經新聞》18 日有關北京在"九七"後關閉 13 個與台灣有外交關係的國家的駐港領事館的報道。中國外交部發言人表示，根據基本法第一百五十七條的規定，香港回歸後與台灣有邦交的 13 個國家的駐港總領事館不會關閉，並表示可根據情況，容許這些國家的駐港機構保留或以半官方形式逗留在本港。13 個與台灣有邦交而在港設有總領事館的國家包括：南非、中非、利比里亞、塞內加爾、多明尼加共和國、多米尼加聯邦、格林納達、洪都拉斯、巴拿馬、巴拉圭、玻利維亞、聖盧西亞及東加王國。

8月9日－8月10日

◆ 籌委會在北京舉行第四次會議。籌委會主任錢其琛致開幕詞和閉幕詞。他在閉幕詞中指出，組建香港特別行政區第一屆政府推選委員會是香港的一件歷史性大事。它標誌着廣大港人從此登上了當家做主的政治舞台，以一種主人翁的姿態來組建特別行政區。這是香港歷史上港人第一次如此大規模的真正的民主參政。他說，在推選委員會的組建方面，應當體現以愛國愛港的港人為主體的"港人治港"原則和為實現"港人治港"作準備的精神。首先，要講愛國愛港的標準，推選委員會必然是一個以愛國愛港人士為主的聯合體。其次，推選委員會的成員理所當然地要擁護中國對香港恢復行使主權，擁護"一國兩制"方針和基本法，願意履行全國人大和籌委會有關決定規定的推選委員會的

兩項職責。最後，推選委員會的成員應當儘可能廣泛，包容各個方面、各個階層、各個行業的代表人物。香港社會的一個突出特色就是它容納了來自"五湖四海"的人，這是香港成為國際貿易、金融等中心地位的一個重要的成功因素，也是在香港落實"一國兩制"的一個基本環境。因此，在組成推選委員會時，應當體現出香港作為國際性商業都市的特色，對那些為香港作出了貢獻的非中國籍永久性居民表示歡迎。在香港還有一些人，他們贊成香港回歸祖國，但在香港發展民主的道路和速度問題上有不同的意見。只要擁護祖國對香港恢復行使主權，希望香港平穩過渡和繁榮穩定，有這樣一個共同的基礎，大家就應該而且可以坐在一起，共商港事，把香港的事情辦好。這就要求我們兼容並蓄"求大同，存小異"。總之，大家都把基本法作為規範自己行為的準則，"一國兩制"的事業就有了基本保證。他還說，在籌組推選委員會的過程中，有些事項還需要港英政府提供協助。我們希望英方在這方面能夠信守諾言，以具體行動來表現他們合作的誠意。

會議結束時發表了新聞公報。公報稱：會議聽取並審議了推選委員會小組、經濟小組、法律小組和慶祝活動小組的工

作報告，審議並通過了《中華人民共和國香港特別行政區第一屆政府推選委員會的具體產生辦法》、《全國人民代表大會香港特別行政區籌備委員會關於實施〈中華人民共和國香港特別行政區基本法〉第二十四條第二款的意見》和《中華人民共和國香港特別行政區區旗、區徽使用暫行辦法》。

8月11日–8月12日

◆籌委會經濟小組在北京舉行第五次會議，小組主要聽取了港府規劃環境地政司梁寶榮，規劃署署長潘國城介紹"全港發展策略檢討諮詢文件"，深圳市政府常務副市長李德成介紹關於深港西部通道的計劃，小組並討論了在香港設立按揭證券公司，"西鐵"計劃等問題。經濟小組港方召集人方黃吉雯表示，目前最迫切要解決的是西北鐵路計劃的問題，由於"西鐵"是由特區政府出資興建，她希望港府及九鐵公司在批出一些合約前，先交中英聯合聯絡小組商討，不要造成無謂的浪費。小組委員認為，全港發展策略對未來香港的發展影響重大，應在廣泛聽取香港各方面意見的基礎上制訂出一項有利於香港長遠發展的整體規劃。

8月13日

◆周南社長在香港同胞慶祝中華人民共和國成立四十七周年籌備委員會成立大會上講話時表示，當前的中心任務就是要盡一切力量保證香港的平穩過渡和長期穩定繁榮。目前，香港社會在總體上對未來充滿了信心，並呈現出迎接平穩過渡的祥和氣氛。最近，香港各地區、各界別的人士紛紛自發地組織起來，籌備熱烈慶祝香港回歸的活動，充分體現了香港廣大市民愛國愛港的高尚情操。他表示，香港社會的主流是要穩定不要動亂，要合作不要對抗，要平穩過渡不要製造震蕩，保持香港的穩定繁榮是大家的共同願望。周南指出，在當前香港回歸祖國大局已定的形勢下，也有一些過去曾經在錯誤道路上走了一段的人，認識到繼續製造那種非理性的對抗是不得人心的，也是沒有前途的，表示願意回到正確的道路上來，這無疑是明智的抉擇。只要他們能夠在實際行動上而不是在口頭上真正改弦更張，不再堅持錯誤，我們都將持熱誠的歡迎態度。希望所有的香港同胞，不論持何種觀點，都能以中華民族的整體利益為重，為香港回歸這個重大歷史性事件做出自己的積極貢獻。周南還表示，在香港過渡期進入政權交接的最後階段，希望英方能夠站得高些，看得遠些,真正履行在中英聯合聲明中的承諾,在涉及香港政權交接和平穩過渡的一系列問題上,減少麻煩,增加合作,多做實事。這不但符合中國和香港居民的利益,歸根到底也是真正符合英國的長遠利益的。

◆ 彭定康向英國國務大臣呈交的英國國籍甄選計劃第五份年報説,截至 5 月底,居英權計劃第一及第二期共有 48921 名主要申請人登記成為英國公民。當局已經發信通知所有獲得居英權的主要申請人,其配偶及其未成年的子女必須在 1996 年年底前提出申請。上述兩類人士分別有 36020 和 45712 人。

◆ 港府發表公務員加入推選委員會的指引,訂明四類公務員不得加入推選委員會,即所有首長級人員、政務主任、警務人員及新聞主任,涉及人數近三萬人。但不屬上列四類的公務員可自行決定是否報名作為推委會的候選人,或是否接受公務員工會、職工會或其所屬的專業團體提名加入推委會,他們將純以個人身份加入推委會,而他們須確保其行為不會與其公職構成實際或潛在的利益衝突,並須遵守所有有關的《公務員事務規例》及公務員事務科通告。副公務員事務司史端仁表示,這份指引與 1990 年港府發出關於公務員參與政治活動的規定一樣,而港府制訂該指引時,已經平衡了公務員參與公共事務的權利,以及要維持政治中立。對於港府已表明反對臨時立法會,但又容許公務員加入推委會,並選出臨時立法會的議員,會否使參與的公務員陷於進退兩難的問題,史端仁指出,港府容許公務員參與是希望推委會有更廣泛的代表性,但當局未有硬性規定,參與推委會的公務員對臨時立法會應投什麼票,只是希望他們採取低調,不要在公開場合評論該問題,以及在投票時要考慮與公職是否有利益衝突。史端仁強調,倘若有公務員違反這指引,有可能會遭受到紀律處分。

就港府公佈指引限制公務員加入推選委員會一事,新華社香港分社發言人 14 日發表談話指出,"推選委員會'成員應當儘可能廣泛',是錢副總理在籌委會第四次全體大會上闡釋的有關推委會組成的三項原則之一。""組建推委會是籌組特區的重要工作之一,只能按籌委會的決定辦,任何人無權剝奪有資格參與人士的權利。"

8 月 15 日

◆ 籌委會秘書處香港辦事處開始接受香港社會各界團體和人士領取並提交報

名表格，參加特區第一屆政府推選委員會的工作。到 9 月 14 日結束報名為止，籌委會秘書處共收到 5838 份報名名單，除重複的外，實際報名人數為 5791 人。名單於 25 日公佈，其中參選金融、工商界1282 人；專業界 1216 人；勞工、基層及宗教界 3106 人，原政界 108 人；政協40 人。此外，在報名名單中，有 87 人未有選擇界別。

8 月 22 日

◆ 中國和澳大利亞在北京草簽了1997 年後保留澳大利亞駐香港總領事館的協議。協議規定，中華人民共和國同意澳大利亞政府保留在中華人民共和國香港特別行政區的總領事館，並將為總領事館執行領事職務提供必要的協助和便利。

8 月 23 日

◆ 解放軍駐港部隊司令員劉鎮武少將結束在港的八天訪問。訪問期間，劉鎮武與中英聯合聯絡小組英方首席代表戴維斯、保安司黎慶寧、駐港英軍總司令鄧守仁少將討論了防務交接問題，又訪問警隊、律政署和運輸署等港府部門。但臨時取消了會見署理港督陳方安生。

8 月 28 日

◆ 港澳辦主任魯平在會見新界鄉議局訪京團時談了以下問題：

（1）關於新界原居民的合法傳統權益，在基本法中就有明確規定，這些傳統權益會受到香港特別行政區的保護，這是不能動搖，不會改動的。他説，新界原居民傳統權益是由原居民通過與英國的艱苦鬥爭而取得的成果，這是原居民的戰果，是需要保護的，我們不能夠因為在香港恢復行使主權，就把原居民與英國鬥爭的成果取消了。

（2）關於原居民在海外出生子女"九七"後能否受基本法第四十條保障的問題，魯平表示，基本法第二十四條第三項規定，香港永久性居民在海外出生的中國籍子女，就是香港永久性居民，根據全國人大常委會關於中國國籍法在香港特別行政區實施的解釋，這些從海外回來的原居民子女，只要不申報自己擁有外國國籍，那麼還是把他們當做中國籍，繼續享有原居民一切合法傳統權益。

（3）目前各方的政治勢力都在滲入香港，我們大家要注意。我們應該要保持香港國際金融中心、航運中心、貿易中心的地位，而不是搞成政治角逐的中心。

8月29日

◆英國駐港三軍司令鄧守仁少將公佈英軍撤出香港的四期計劃，並指出在1997年政權移交前六周，駐港英軍的總數將由現時的3200多人，大幅下降至1500人。期間，駐港英軍在港的主要海陸空軍事基地也會相繼關閉。除威爾斯親王軍營總部是由英軍在1997年7月1日凌晨直接交給解放軍，餘下交還的軍事設施，先逐步交給港府，然後轉交解放軍，現時駐港英軍只集中駐守於四幅主要軍事用地，包括威爾斯親王軍營、昂船洲、石崗軍營及九龍塘軍營。這四幅用地與另外十幅用地，將根據中英聯合聯絡小組在1994年中達成的軍事用地協議，於香港政權移交予中國時，一併交予解放軍部隊。鄧守仁表示，在最後過渡期，駐港英軍會低調執行任務，最後留守的1500人，會參與政權移交儀式。

9月1日

◆應外交部的邀請，英國外交部次官韓俊明抵北京訪問四天，與外交部副部長王英凡就包括香港問題在內的雙邊關係和共同關心的國際問題進行了會談。兩國還就相互增設領事館進行了換文。

9月2日

◆《明報》引述港府消息説，隨着"九七"政權回歸中國，港府研究香港應怎樣處理中國與外國之間制裁行動。港府基本上決定三個大原則：聯合國制裁行動，香港繼續會盡國際義務去跟從；涉及中國國防及外交方面引起的制裁，香港要跟從中國；涉及商業及貿易糾紛引起的制裁，香港有自主權決定是否跟從。港府預計有關法案要待1997年初才能提交立法局審議。而有關制裁行動的問題現已提交到中英聯合聯絡小組討論，中英雙方迄今尚未達成任何協議。

9月3日

◆江澤民主席在接受法國《費加羅報》社論委員會主席佩雷菲特採訪時説，現任港英立法局的任期只能於1997年6月30日隨英國結束對香港的管治而終止。香港特別行政區籌委會根據全國人大的有關決定將設立臨時立法會。"九七"之後，香港特別行政區第一屆立法會將根據全國人大的有關決定和基本法的有關規定予以組建。採取上述措施非但不會損害香港的繁榮和穩定，正是為了香港的平穩過渡和特別行政區政府的有效運作。香港"九七"後保持長期的繁榮穩定是有充分

保證的。中國對香港恢復行使主權後，將
按中英聯合聲明和基本法的規定，在香港
實行"港人治港"、高度自治。按照"一
國兩制"的方針，香港的資本主義社會經
濟制度不變，生活方式不變，原有的法律
基本不變，香港特別行政區享有獨立的司
法權和終審權，而在英國的管治下香港是
沒有終審權的。

談到新聞自由時，江澤民指出，
世界上任何新聞自由，都要受到法律約
束，不可能有超越法律規定的絕對自由。
"九七"以後，香港居民享有的各項權利
和自由，包括新聞自由，將得到充分的法
律保障。

江澤民強調指出，香港過去的繁
榮，並不像有人說的"歸功於獨立的司法
和自由的新聞體系"，而主要是香港人民
創造的，同時，也是與中國內地的支持及
改革開放和經濟發展分不開的。香港回歸
後，香港人民一定會以國家主人的新的精
神面貌，創造一個更加繁榮的香港。

◆籌委會臨時立法會小組第三次會議
結束。小組討論了臨時立法會產生辦法的
建議方案，在大原則方面達成共識，但對
提名辦法及選舉辦法沒有作出定論。有關
具體產生辦法須待 10 月第五次籌委會全
體大會審議通過。

◆台灣"大陸委員會"港澳處處長
厲威廉在台北提出"九七"後駐港機構
的留駐規劃。他表示，"九七"後，台灣
只重視駐港機構的實質功能，駐港機構的
名稱不會造成障礙。台灣方面將站在"經
濟面、交流面、旅遊面"的方向上務實推
動，也會遵守特區政府的法律和基本法，
絕無意挑戰"九七"後香港"港人治港、
一國兩制"的政策，並將盡力做好有利兩
岸三地並充分尊重港人意願的服務聯繫。
只要台港關係能朝正面發展，並互補互
利，對於兩岸關係不但具有正面效應，也
將形成指標作用。他重申，台港航運問題
的協商，仍應透過海峽交流基金會及大陸
海峽兩岸關係協會既有管道商談，但在
"九七"前如果兩岸無法恢復商談，台灣
方面也有"權宜辦法"。

◆籌委會第一任行政長官小組第三
次會議討論了行政長官的具體產生辦法，
對行政長官候選人資格和產生步驟達成共
識。小組會將有關的辦法提交 10 月舉行
的籌委會第五次全體大會審議通過。

1996年

323

9月17日－9月19日

◆ 中英聯合聯絡小組在北京舉行第37 次會議。會後發表的新聞公報稱：

"聯合聯絡小組討論了香港政權交接問題，包括過渡時期的財政預算編製及有關問題，檔案交接、政府資產、政權交接儀式等；與香港有關的國際權利與義務；香港民航協定；公務員問題；香港防務與治安；跨越 1997 年的專營權、合約及有關問題，包括鐵路發展策略和集裝箱碼頭；香港與有關國家之間的投資保護協定；香港與有關國家之間的移交逃犯協定；香港與外國對等承認及執行民商事判決問題；法律本地化；法律適應化；終審法院問題；聯合聲明有關 1997 年後在香港居留權條款實施問題；免辦簽證問題；滯港越南船民和難民問題。"

為期三天的會議取得進展，正式確認已達成的共識或協議共有十項：（1）雙方簽署了關於九號貨櫃碼頭問題共識的會議紀要。（2）簽署關於星河公司獲得衛星電視牌照專營權的紀要。（3）正式確認雙方專家就涉及人權、勞工，以及兒童、婦女等各方面範圍廣泛的 58 項國際條約，在 1997 年 7 月 1 日起繼續適用於香港特別行政區。（4）正式確認雙方專家就 1997 年以後香港特別行政區繼續參加國際民航組織的活動，所達成的協議。（5）確認就香港駐美國各個經濟貿易辦事處有關特權和豁免方面內容所達成的共識。（6）雙方就移交逃犯和空運法這兩項法律本地化問題達成共識。（7）雙方就香港與美國的移交逃犯協定達成共識。趙稷華說這個問題雙方交換意見的時間相當長，有兩天的時間，最後達成協議。（8）就香港與其他國家簽定航空及過境協定的範本與有關問題達成協議。趙稷華指出，待經過國內必要法律程序後，香港就可以獲得授權與眾多的國家開始談判。（9）雙方就香港與泰國、緬甸的民航協定達成共識。（10）雙方在香港其他旅遊證件問題上達成原則共識。

中方首席代表趙稷華表示，除香港未來特區護照外，其他旅遊證件問題，中方提出，將來由特區政府研究決定其他旅遊證件種類、設計、簽發等事宜，在此之前，香港特區政府可繼續簽發目前香港使用的有關旅遊證件，直至被其他新的特區旅遊證件取代為止。英方對中方提出這個設想表示歡迎，中英雙方在這個問題上取得原則共識，還有許多細節和具體問題還要由雙方專家繼續研究解決。

趙稷華還談了以下問題：（1）中方要求在香港政府的資產和檔案移交問題上

必須馬上舉行專家層面直接的會晤，繼續溝通情況，深入交換意見，以提高工作效率。但他指英方仍然對這一種工作方式堅持不同意，令人難以理解。（2）中方認為，香港未來"西部鐵路"是一個十分巨大的計劃，1997年以後才動工的工程，中方要求把全個過程和設計等，都在聯絡小組中正式討論，所以中方要求趕快成立正式專家組討論，但很遺憾的是還未得到英方的回應。

英方首席代表戴維斯否認拖延有關檔案移交的工作，表示中英雙方在1990年達成有關協議，英國政府會努力地向中國政府提供進一步的資料。至於中方要求在聯絡小組中成立專家組研究西鐵計劃問題，戴維斯認為港府仍在就該項計劃進行研究，所以需要給予他們時間。

◆ 錢其琛副總理兼外長訪問加拿大與加外長簽署備忘錄，同意加"九七"後在港設立總領事館和1999年後在澳門設立領事館。加外長阿克斯沃表示，加原則上同意給予香港特區護照免簽證。預料兩國將在兩三個星期內完成該項協議。

9月19日 – 9月20日

◆ 籌委會法律小組在北京舉行第五次會議，繼續討論預委會法律小組有關香港原有法律處理問題的建議，並對香港《國際組織及外交特權條例》、《領事關係條例》、《國防部大臣（產業承繼）條例》、《皇家香港軍團條例》、《強制服役條例》和《陸軍及皇家空軍法律服務處條例》進行了深入的討論。

委員們認為，中華人民共和國對香港恢復行使主權後，香港特別行政區有關國防和外交事務由中央人民政府負責管理，所以，上述法律與香港特別行政區基本法相抵觸，建議不採用為香港特別行政區法律。1997年後，香港特別行政區有關外交和領事特權與豁免將根據基本法的規定由適用於香港特別行政區的全國性法律予以保護。

委員們還討論了香港《刑事罪行條例》，同意預委會法律小組的意見，建議採用為香港特別行政區法律。

9月26日

◆ 中國副總理兼外長錢其琛在聯合國總部會晤英國外交大臣里夫金德。錢其琛外長向記者透露此次會面達致三項成果：中英雙方就1997年香港政權交接儀式的有關文件達成了共識；香港回歸之後，英國將在香港設立總領事館；中國副總理李嵐清將於年底以前訪問英國。

◆錢其琛外長與澳大利亞外長唐納簽署了關於澳大利亞保留其駐中國香港特別行政區總領事館的協定。

◆《星島日報》報道，美國參議院外交事務委員會通過一項法案，給予香港駐美三個經貿辦事處，在 1997 年後，以中國以外個體形式，享受美國有限度外交豁免權利。包括官式活動、保證辦事處不受侵犯、職員免交入息稅、容許與香港通訊等等。但港方人員不會享受其他國家一般外交使節同等待遇，例如港方人員可被控訴觸犯刑事罪行。而香港駐美辦事處也不可以提供政治庇護。美國國務院官員說，總統克林頓會在法案實施時，決定給予多少外交豁免權利。總統可按國際組織豁免法為香港駐美辦事處訂出權利上限。總統也可按其意願，撤回給予的外交豁免權利。

9 月 27 日

◆中英聯合聯絡小組雙方首席代表在香港簽署了關於香港政權交接儀式會議紀要。會議紀要說，兩國政府將在 1997 年 6 月 30 日午夜前後在香港共同舉行一個莊嚴、得體的儀式。儀式將包括防務責任的交接。

9 月 30 日

◆新華社香港分社舉行盛大國慶招待會，各界知名人士三千多人參加。彭定康也應邀出席。周南社長在會上致詞，呼籲香港同胞進一步團結起來，排除一切障礙，積極熱情地參與籌建香港特別行政區的工作。他還指出，我們注意到，某些過去曾經走過一段彎路的人開始有所轉變。我們殷切地希望全體香港同胞，無論持何種觀點，也無論過去的表現如何，都能以國家和民族的利益大局為重，為實現香港順利回歸和祖國統一大業做出積極的貢獻。

10 月 2 日

◆彭定康發表他在任的最後一份施政報告《過渡中的香港》，主要有以下內容：（1）聲稱英國管治香港一個半世紀以來的所謂"治港之道"在於香港建立了一個"忠於英國的政治價值觀的管治制度"，重申英國"未來 50 年繼續對香港履行道義和政治責任"。（2）為"三違反"的政改方案以及英國的對抗政策辯護，還說，香港某些人"暗中上告北京"或"進行閉門游說"是一點一滴地斷送香港的自主權。（3）繼續談論"成功過渡"。聲稱順利過渡不是英方的唯一目的，英方需要

香港香島中學向學生進行基本法教育

在 1996 年國慶聯歡會上,新華社香港分
社副社長張浚生及土地基金受託人同秘書
處獲長期服務獎的職員合影留念。

的是"成功過渡"，只有"成功過渡"，才能到達目的地。（4）宣傳候任行政長官是他的"接班人"，他會"全力協助"候任行政長官，又聲稱，英方反對臨時立法會的立場"一直堅定不移"，英方"會劃清界綫，既不協助臨時立法會的成立及運作，也不會匡助這個組織應付法律的質疑"。（5）宣稱"九七"後要進行所謂"第二個過渡"，使香港"成為亞洲的紐約"，他甚至説，特區行政長官制訂的任何計劃都必須遵從他提出的在經濟和社會政策方面的十個"必須"要項，包括維持本港的自由市場、維持公平競爭的營商環境，打擊貪污，維持社會和諧團結等。（6）公開鼓動國際社會"九七"後"監督""一國兩制"在香港的實施，並為"監督"提出了 16 個基準，甚至提出"九七"後要繼續有紀念"六四"活動和"支持民主的政界人士"繼續活躍於政壇，作為香港落實"一國兩制"的標誌。（7）對港英最後二百多天的施政措施提出五個工作重點：1. 為過渡做好準備工作；2. 繼續致力建立一個更公開和公平的社會；3. 改善香港的工商業基礎設施；4. 改善對市民的服務；5. 為香港市民創造更理想的居住和工作環境。彭強調，公民自由是促使香港經濟成功的一個因素。因此，港英務必

完成有關法律的修訂工作，使本港的法律能與人權法案和兩項關乎人權的國際公約趨於一致。與施政報告同時發表的"立法議程"，則列出了港英計劃在新立法年度提交立法局審議的 44 條主要條例草案，並且明確指出，立法議程要確保香港整套法例與《人權法案條例》及適用於本港的國際公約貫徹一致。

◆ 新華社香港分社發言人談話説：彭定康的最後一份施政報告，同英國政府最近一再作出希望恢復和發展中英合作關係的表示大相徑庭，有意挑起新的爭論，並對一些關心和維護香港繁榮穩定和平穩過渡的港人進行無理的攻擊和指責。對此，我們深感遺憾，我們希望在過渡期的最後幾個月裡，中英雙方都能按照中英聯合聲明的要求，在保證香港平穩過渡和政權順利交接方面有更好的合作，而不要再出現新的麻煩。

10月4日－10月5日

◆ 籌委會第五次全體大會在北京舉行。國務院副總理、籌委會主任錢其琛致開幕詞和閉幕詞。會議結束時發表的新聞公報稱：

會議聽取並審議了第一任行政長官小組和臨時立法會小組的工作報告，審

議並通過了《中華人民共和國香港特別行政區第一任行政長官人選的產生辦法》和《中華人民共和國香港特別行政區臨時立法會的產生辦法》。會議期間舉行的主任委員會議還通過了《關於1997年下半年香港勞工有薪假日安排的建議》。籌委會副主任委員兼秘書長魯平就8月15日至9月14日在香港進行的推選委員會報名工作的情況向全體會議作了報告。范徐麗泰委員在會上匯報了籌組香港各界慶祝回歸委員會的有關情況。

會議期間，委員們各自提出推選委員會委員的建議人選。籌委會主任委員會議將在此基礎上提出具有廣泛代表性的不少於20%差額的候選人名單，並在適當的時候予以公佈。在下次全體會議上將選舉產生推選委員會。

錢其琛在閉幕詞中指出，無論是第一任行政長官人選，還是推委會委員人選或者臨時立法會議員人選，都將按照基本法的有關規定和籌委會確定的具體辦法，按程序產生。推委會委員的推舉權和選舉權將是實實在在的，有充分保障的。為了保證推委會選舉工作的公正，建立適當的迴避制度也是必要的。我們在香港所要搞的民主，所採取的選舉制度，既不同於內地的，也不同於西方的。第一任行政長官

的推舉過程，應當是一個民主的、文明的過程，應當體現出我們民族的美德，體現出廣大港人以香港的整體利益為重，齊心協力把香港的事情辦好的精神。

10月6日–10月7日

◆籌委會經濟小組在北京舉行第六次會議，主要聽取了港府經濟司葉樹堃和機場管理局主席黃保欣及其他負責人關於新機場工程進度、財務支出及索賠方面的情況介紹。委員希望港府有關部門加強監管，並充分發揮香港新機場諮詢委員會的作用，以保證新機場工程的開支在原定預算內，並如期在1998年4月完成。

10月10日

◆中國政府官員與香港高級公務員第二輪共11次的首次非正式聚會，下午在跑馬地馬場遴選會員廂房舉行。第二輪非正式聚會共11次，在12月19日結束。

港府出席公務員全數180名，均為副司級、副首長級或以上的公務員，以及未有參與第一輪共12次聚會的部門首長。

◆中英雙方就大嶼山及新機場公共巴士服務專營權達成協議，兩組共25條巴士綫，分別批予城巴及由九巴全資擁有的

龍運集團，為期六年，專營權在 1997 年 6 月 30 日後繼續有效，並將得到特區政府的承諾和保證。中英聯合聯絡小組中方首席代表趙稷華及英方首席代表戴維斯分別代表兩國政府簽署會議紀要。

◆ 庫務司鄺其志在立法局財經事務委員會會議上表示，港府在 1996 年一月，已經將一份香港政府物業資產清單交給中國政府，他說原本資產移交應該十分簡單，只是將資產由港府移交到特區政府手中，由於中方就港府資產移交問題有意見分歧，故此中英兩國外長同意成立專家小組，向中方解釋疑問，目前雙方正就開會具體安排進行接觸。

10 月 11 日

◆ 籌委會秘書處發佈公告，首任行政長官參選由 10 月 14 日至 10 月 28 日期間接受報名。有意參選人士必須以致籌委會主任會議信函方式表明參選意願並親筆簽名，以及填寫《中華人民共和國香港特別行政區第一任行政長官參選人簡歷表》，由本人送交籌委會秘書處香港辦事處。28 日，報名結束時，籌委會秘書處香港辦事處共發出 32 份表格，最後收回 31 份，有關報名表格將會提交給籌委會主任會議，由主任會議成員審核報名人士

資格，符合資格者便成為正式參選人，楊鐵樑、董建華、吳光正、李福善等報了名參選。

10 月 15 日

◆ 錢其琛副總理接受《亞洲華爾街日報》記者訪問，談及“九七”後內地與香港關係等問題。內容摘要如下：

問：1997 年以後，你認為可以在香港容許多大程度不同政見，用抗議的形式，在傳媒上或口頭上批評政府的政策呢？

答：香港現有的一些法律會保留下來，只要它們在法律的框架之內。若一些不同政見人士想離去，他們可以這樣做。若他們想留下，他們可以這樣做，只要他們不違法。

問：每年香港都有示威，紀念“六四”事件。這些事會允許嗎？

答：香港會實行“一國兩制”的模式。香港實行資本主義制度，而中國大陸實行社會主義制度。將來，香港不應舉行那些直接干涉中國大陸事務的政治活動。

問：那確實的意思是什麼？干涉的是什麼事呢？

答：就是你剛才所說的那類事。

問：那會包括傳媒批評中國的政治

及領導人嗎？

答：它們可以提出批評，但不能傳
謠及報道失實。它們亦不能對中國領導人
作人身攻擊。因為那樣不符合職業操守，
那與個人的品德亦不相容。

問：我想你剛才説基本法作出了這
些規定。基本法規定不能作出批評，不能
對中國領導人作人身攻擊嗎？

答：基本法內有明確的規定，但沒
有明確規定是否可以攻擊，或不可以攻
擊。我認為法律不會作這樣的規定。

問：若人們參加"六四"事件的紀念
活動，或對中國領導人作人身攻擊的話，
他們會被監禁嗎？

答：你應記住，許多人牽涉進"天安
門事件"內。他們不可能都入獄，因為監
獄不夠大。

10 月 16 日 - 10 月 17 日

◆ 立法局辯論施政報告。在兩天的辯
論中，民建聯、工聯會、自由黨及部分獨
立議員就施政報告中提出的謬論和對抗政
策提出猛烈批評，並表明了反對向施政報
告"致謝"的立場。

10 月 17 日

◆ 中英聯合聯絡小組關於香港過渡期

財政預算案編制及有關問題的第 13 次專
家會議就香港 1997/1998 年度財政預算
案開支部分達成共識，雙方同意預留足夠
款項支付政權交接儀式等過渡事務所需的
開支。英方代表鄺其志表示，未來八個月
雙方將討論 1997/1998 年度預算的收入
部分。

10 月 18 日

◆ 香港特別行政區土地基金公佈，
截至 1996 年 3 月 31 日，土地基金的資
產淨值為 1112 億港元，較上一年度增加
263 億元，增長率為 31%。

◆ 中英土地委員會中方代表辦事處暨
香港特別行政區政府土地基金信託舉行酒
會，慶祝土地基金成立十周年。周南社長
出席酒會致詞時表示，在過去的十年裡，
中央政府授權的受託人殫心竭慮地精心管
理和經營巨額的土地基金，從未從基金得
到一分錢的報酬，這充分説明我國政府在
香港問題上沒有謀求任何私利，而是全心
全意為香港市民着想，誠心誠意維護未來
特區政府的經濟權益。周南希望土地基金
受託人和秘書處全體員工繼續發揚愛國愛
港的精神，以對 600 多萬香港市民高度
負責的態度，善始善終地管理好土地基
金，並做好移交前的各項準備工作，以便

在 1997 年後安全、穩妥地把基金的全部資產移交給特區政府，使這筆龐大的資產為香港經濟與各項社會事業的持續發展發揮應有的作用。

10 月 21 日

◆ 中國和哥倫比亞兩國政府在北京舉行關於哥倫比亞保留在香港特別行政區總領事館的換文儀式。

10 月 22 日

◆ 印尼外交部發表聲明說，印尼與中國政府同意，印尼駐港總領事館在 1997 年 7 月香港回歸中國後繼續運作。

10 月 23 日

◆ 籌委會推選委員會小組在北京舉行第六次會議。根據籌委會第五次全體會議期間委員們提出的建議，這次小組會議討論了香港特別行政區第一屆政府推選委員會委員守則。

◆ 就英國外相里夫金德寫信給中國副總理兼外長錢其琛，要求錢其琛澄清有關未來香港特區言論自由的談話一事，中國外交部發言人表示，"九七"後中國政府對香港的政策不會有任何改變，英方在一些問題上的憂慮是不必要的。對中方

的指責也是中方所不能接受的。他重申，1997 年 7 月 1 日開始，香港將實行"一國兩制"、"港人治港"，基本法及其他一些文件已充分保證了港人 1997 年後的言論自由以及其他方面的各種基本的權利，中國對香港的政策不會有任何改變。

◆ 港府宣佈，《消除對婦女一切形式歧視公約》已於 14 日引入香港，中國政府亦已同意"九七"後繼續適用於香港，香港無須作任何法律修訂。根據這項公約，簽約國須尊重及推廣公約內訂明的婦女權利，例如要確保婦女得以充分及平等地在國家、地區及國際層面上參與政治、公民、經濟、社會、文化活動，以及確保消除一切形式的性別歧視。在引入公約時，英國就香港的情況提出數項保留條文，其中一項是維持對《聯合聲明》附件三內有關租金優惠的規定和丁屋政策的立場，其他保留條文尚有用以確保香港維持現有風俗、政策和慣例的條文，例如允許根據《性別歧視條例》向婦女提供較男性更佳待遇的慣例延續；使香港宗教派別和宗教組織的事務不受影響，並使香港政府有權繼續實施入境法例。

10 月 24 日

◆ 英國政府向國會提交一項草案，建

議把港府駐倫敦辦事處升格，給予 1997 年後轉為特區政府駐倫敦經貿辦事處有限度的外交特權及豁免權，接近完全領事館地位。

◆ 英國工黨影子外相庫克在英國國會周年辯論來年外交政策時，大力抨擊保守黨政府處理香港問題不當，抨擊保守黨所委派的港督彭定康，無法在中英政改談判取得協議，他揚言就香港政權移交與中方的談判，保守黨已決定了一切，工黨完全無從參與，所以 1997 年後香港湧現任何難題，這是保守黨的責任，與工黨無關。

11月1日－11月2日

◆ 籌委會在北京舉行第六次全體會議。籌委會主任錢其琛致開幕詞和閉幕詞。會議通過了《中華人民共和國香港特別行政區第一屆政府推選委員會委員守則》，籌委會秘書長魯平作了《關於推選委員會 11、12 月有關選舉工作安排的報告》。

會議以無記名和差額選舉的方式選舉產生了 340 名香港特別行政區第一屆政府推選委員會的委員。其中，工商、金融界 100 人，專業界 100 人，勞工、基層、宗教等界 100 人，原政界 40 人。同時，香港地區全國政協委員以協商方式產生了 34 名推選委員會委員。根據全國人民代表大會的有關決定，26 名具有香港永久性居民身份的香港地區全國人大代表，都是推選委員會委員。至此，香港特別行政區第一屆政府推選委員會的 400 名委員已全部產生。會議期間召開的主任委員會議通過了《關於設立香港特別行政區第一屆立法會產生辦法小組的決定》、《香港特別行政區第一任行政長官參選人名單》及《關於香港特別行政區第一任行政長官候選人人選的提名辦法及有關事宜的決定》，並決定了小組的組成人員。第一任行政長官八名參選人是：杜森、李福善、吳光正、余漢彪、區玉麟、董建華、楊鐵樑和蔡正矩。

錢其琛致閉幕詞指出，推選委員會的誕生是籌備成立香港特別行政區過程中的一件大事。我們曾經把推選委員會比作籌組特區的整個工作的龍頭。從現在開始，在不到兩個月的時間內，香港特別行政區第一任行政長官和臨時立法會組成人員將在年內由推委會選舉產生。400 名推委會委員肩負着重大的歷史使命，希望他們不辜負國家的重託，不辜負 600 萬港人的期望，選出一位能夠堅定地貫徹"一國兩制"的方針，對香港的平穩過渡和長期穩定繁榮富有承擔精神的第一任行政長

1996 年 11 月 2 日，出席香港特別行政區
籌備委員會第六次全體會議的委員在北京
人民大會堂無記名投票，選舉香港特別行
政區第一屆政府推選委員會。圖為大會投
票現場。

香港特別行政區政府由當地人組成。圖為
香港特別行政區籌委會推選委員會小組在
港開展諮詢活動。

官，選出一個能夠在香港特別行政區成立之初發揮重要作用的臨時立法機關。

11月2日

◆《新報》報道，英國國會下議院二讀通過《香港經濟貿易辦事處條例草案》，現已呈交上議院審議立法。該草案內容是將現時香港駐倫敦辦事處，於"九七"後改為香港經濟及貿易辦事處，在一定程度上享有外交特權。

11月3日

◆ 籌委會經濟小組在北京舉行第七次會議，主要討論了香港經濟長遠發展方向的問題。

應籌委會秘書處邀請，港英政府工商司俞宗怡等出席當天的會議，介紹了香港經濟未來發展的基本政策和將要採取的措施。委員們對港英政府官員前來介紹有關情況表示歡迎。委員們認為，面對二十一世紀，要以發展的目光來規劃未來的香港經濟，立足於長遠發展，以保持香港國際金融、貿易、航運中心的地位；既要積極推動香港服務業的發展，也要致力於提高香港製造業的生產水平；要繼續保持香港經濟的國際性，吸引各國資本來港投資。同時，要充分發揮內地經濟因素對香港經濟的推動作用，進一步加強兩地經濟合作，促進兩地經濟的共同發展。會議還對香港 1997/1998 年度財政預算案收入的原則提出了一些設想和建議。

◆ 中國和瑞典簽署了關於瑞典保留在中國香港特別行政區總領事館的協定。

11月5日

◆ 由 1500 人組成的香港各界慶祝回歸委員會在中區大會堂音樂廳舉行了成立典禮，新華社香港分社社長周南在致詞中呼籲香港各界攜起手來，共同迎接香港回歸祖國這一偉大日子的到來。慶祝回歸委員會主席團共 130 人，其中 83 人任執行委員會委員。主席團主席安子介、副主席范徐麗泰和鄔維庸。鄔維庸兼任執行委員會主席。

11月9日

◆ 李鵬總理與巴西總統卡多佐簽署《中國和巴西政府關於巴西在香港特別行政區保留總領事館的協定》。

11月13日

◆ 中英聯合聯絡小組雙方首席代表就香港外匯基金交接安排簽署會議紀要，規定迄今資產總值 4850 億元的外匯基金，於香港回歸後交由特區政府按有關法律自主管理。會議紀要主要內容有五點：（1）根據中英聯合聲明有關規定和香港特別行政區基本法關於"香港特別行政區的外匯基金，由香港特別行政區政府管理和支配，主要用於調節港元匯價"的規定，中國政府決定，香港外匯基金將於1997年7月1日開始即全部交由香港特別行政區政府根據香港特別行政區有關法律自主地進行管理。（2）香港外匯基金資產和負債的核查日期為1997年3月31日。1997年4月1日至6月30日的經審核賬目由香港特別行政區政府審議。（3）中英雙方將共同委託在港的一家國際知名會計師事務所，負責截止1997年6月30日香港外匯基金賬目的審核事宜。（4）1997年6月30日前，中英雙方將會就外匯基金交接的有關問題繼續加強磋商與合作。（5）香港金融管理局截至1997年6月30日所簽發的所有文件、合約和協議，在1997年6月30日以後均繼續有效，並受到香港特別行政區法律的保護。

11月15日

◆籌委會香港特區第一屆政府推選委員會在香港舉行第一次全體會議。籌委會主任錢其琛在會上講話時表示，組建推委會是港人第一次真正民主參政，籌組特區的過程是香港真正民主的開始，而不是什麼"香港民主的終結"。錢其琛說，當天是香港歷史上值得紀念的一天，由400名委員組成的推選委員會正式宣告成立。錢其琛表示，由香港人自己選舉產生香港的最高行政長官，這在香港的歷史上是前所未有的事，只有在香港即將回歸祖國之際，港人才獲得了這種在殖民統治下不可想像的民主權利。大家可以看到，從基本法起草委員會到預委會、籌委會，在這些機構中港人所佔的比例逐步增加，越來越高，現在的推委會則完全由香港永久性居民來組成。這正說明"港人治港"、高度自治的工作正在一步步地深化，最終將由一個完全由港人組成的香港特別行政區第一屆政府擔負起管理香港的責任。他強調，只要回顧一下中國政府在香港進入過渡期尤其是過渡期後半段所做的一切，人們就有充分的理由相信，中國政府在香港堅定不移地貫徹"一國兩制"方針的決心和誠意是不容置疑的。

秘書長魯平就行政長官人選的產生辦法、臨時立法會的產生辦法、推委會委員守則等三個文件以及推委會的工作安排作了說明。全體會議以不記名提名方式選舉了特區首任行政長官候選人。在四名熱門候選人中，董建華以 206 票、楊鐵樑 82 票、吳光正 54 票獲得提名。李福善只取得 43 票未獲得提名。另外四名候選人也未獲得提名。

11 月 18 日

◆ 籌委會秘書處香港辦事處開始接受特區臨時立法會議員候選人提名表格。至 12 月 9 日提名結束時，共收到 134 份提名表格。

11 月 20 日

◆ 中國外交部發言人在記者會上回應美國國務卿克里斯托弗表示關注香港 1997 年後的人權自由問題時表示，中國不能容許外國以人權為藉口干預中國的內政，反對外國在人權問題搞對抗。中國的人權狀況是歷史上最好的，對真正關心中國人權的人來說，應會為香港回歸而感到高興。他指出，1997 年後，才是港人享受到民主的開始，到時香港再沒有港督，再沒有外國的旗幟飄揚。他警告稱，香港 1997 年後的事務，是中國的內部事務，無須外國指手畫腳。

11 月 22 日

◆ 全國人大常委會法制工作委員會

會同中央軍委法制局、國務院法制局、國務院港澳辦及新華社香港分社等部門的有關負責人，一連三天在深圳就駐軍法（草案），先後與香港特區籌委會法律小組港方委員、香港地區全國人大代表、香港地區全國政協委員、港事顧問及區事顧問中的法律界人士、大律師公會、香港律師會的代表舉行座談會，與會的香港人士普遍認為，駐軍法（草案）體現了"一國兩制"的基本方針，完全符合基本法的規定，它將確保駐軍在香港依法履行職責。

11 月 25 日

◆ 中英土地委員會舉行第 33 次會議，雙方就調整本年度的批地計劃及開發土地平均成本達成協議。雙方同意調整 1996/1997 年度的批地計劃。在特殊需求類別中，增批 153.5 公頃土地，其中包括九號貨櫃碼頭項目用地 70.19 公頃，機場鐵路軌道和有關設施用地 76.4 公頃；在正常需求類別中，增批 3.66 公頃土地，包括機鐵香港站擴充用地 1.66 公頃和住宅用地 2 公頃。雙方商定，1996/1997 年度開發土地平均成本為每平方米 5480 港元。

◆ 出席亞太經濟合作組織領袖會議的財政司曾蔭權表示，江澤民主席向他保證

1996年

香港回歸後將會高度自治。他引述江澤民的話説，中國會遵守一國兩制，香港經濟的管理"完全是香港的事"。江澤民又保證，在過渡期會增加邊防，保證不會有大陸居民湧入香港。而曾蔭權向江澤民贈送了紙鎮，紙鎮上刻着"繁榮穩定"四個大字，四邊刻着四句話："法治精神，廉潔政府，公平競爭，通訊自由"。此外，曾蔭權又與錢其琛副總理會晤，討論香港公務員士氣及過渡問題。

◆ 來自北京、深圳和香港的一批著名經濟學家和部分政府官員在北京舉行深圳與香港銜接研討會，與會者強調指出，加強港深經濟銜接是以"一國兩制"為前提的。香港主權回歸以後，兩地還有明確的界限；社會制度不能混淆，香港是資本主義，深圳是社會主義；區域界綫不能混淆，邊界仍要嚴格區分，嚴格管理；兩地人員不能混淆，去港人員政策不會變化，深圳人不能自由進入香港。但是，"一國兩制"並不排除兩地經濟的緊密銜接。在會上，學者們就兩地城市功能、基礎設施建設、產業結構、經濟運行機制、金融證券等方方面面的銜接進行了深入的探討，並提出了很多建設性意見。

11 月 26 日

◆ 港府在中英雙方未達成共識之前，突然單方面宣佈，就基本法第二十三條中提到顛覆和分裂國家行為，進行立法。保安司黎慶寧在記者會上表示，港府的做法是修訂現行《刑事罪行條例》，加上顛覆和分裂國家行為的條文。《1996 年刑事罪行（修訂）（第二號）條例草案》，在 29 日刊登憲報，並於 12 月 4 日提交立法局審議。他説，根據草案，有關行為必須涉及武力，並導致公共安全受威脅才能入罪，任何人的言論或行為並沒有意圖導致武力或暴行發生，不能構成罪行。

◆ 新華社香港分社發言人就港府單方面公佈修訂《刑事罪行條例》發表談話稱：中方反對"九七"前對現行法律作重大修改。英方違背自己就有關過渡後期重大問題必須與中方磋商的承諾，並無視中方通過正式途徑表明的立場，單方面對該條例作出修改，所引起的一切後果，應由英方承擔。

◆ 錢其琛副總理兼外交部長與菲律賓外交部長西亞松簽署了《中華人民共和國政府與菲律賓共和國政府關於菲律賓保留在中華人民共和國香港特別行政區總領事館的協定》。

11月27日－12月29日

◆ 香港特區第一屆政府推選委員會第二次全體會議在港舉行，董建華、楊鐵樑和吳光正三位行政長官候選人向推委會全體大會報告其本人情況及施政設想，並分別接受推委會四個界別委員的提問。

11月28日

◆ 港澳辦就英方單方面修訂香港《刑事罪行條例》發表聲明。聲明說：香港基本法第二十三條明確規定："香港特別行政區應自行立法禁止任何叛國、分裂國家、煽動叛亂、顛覆中央人民政府及竊取國家機密的行為"，因此，制定有關的法律完全是香港特別行政區自治範圍內的事，港英政府在 1997 年前強行修改現行的《刑事罪行條例》，並聲稱是為基本法第二十三條具體實施進行立法，這實質上是侵犯了特別行政區的立法權，違反基本法的規定，對英方這種越俎代庖的行為，中方絕對不能接受。中方再次聲明，基本法的各項規定必須得到不折不扣地貫徹和實施。

◆ 中英聯合聯絡小組中方代表發言人就英方要在近期將《刑事罪行條例》修訂草案提交立法局一事發表談話說，中方經過認真研究後，早就向英方表明中方的

原則立場，並指出，將香港原有法律採用為香港特別行政區法律與香港特別行政區根據基本法第二十三條自行制定法律是兩件性質完全不同的事，應分開處理。基本法第二十三條明確規定由香港特別行政區自行制定這方面的法律，這屬於特別行政區自治範圍內的事，無需英方協助，否則就限制、侵犯了特區的立法權，這是違反基本法的。他強調："英方最近的行動，不僅再次違背了聯合聲明關於香港原有法律基本不變的原則，而且有悖於英方涉及過渡期的重大問題加強與中方磋商的承諾。"他說，在香港過渡期的最後階段，中方希望英方言行一致，慎重行事，不要製造新的麻煩。對香港重大法律修改，在中英雙方磋商一致以前，不要一意孤行，強行單方面採取行動，否則將對雙方的合作產生嚴重不利影響，其產生的一切後果只能由英方承擔。

11月29日

◆ 江澤民主席和印度高達總理簽署了《關於印度在香港特別行政區保留總領事館的協定》。

11月30日

◆ 中國外交部發言人強調，在香港設

339

有總領事館的國家，如果"九七"前不和中國政府簽訂保留在香港特區總領事館的協議，可能會影響到該國家在香港開展正常的領事業務。如果是一些和我國無外交關係的國家，其在香港設立的總領館原則上都會降格為民間機構。

12月1日

◆ 中國和巴基斯坦簽署巴基斯坦保留在香港特區總領事館的協議。

12月4日

◆ 英國外交部就在香港的英國籍公民於 1997 年 7 月 1 日後的領事保護權問題發表聲明。聲明指出，無論是透過英國國籍甄選計劃或其他途徑取得英國國籍的人士，英國政府都會給予相同對待，現時只有一種英國公民身份，所有英國公民護照都是獲得承認的。而英國政府和未來的英國駐港總領事都會向在香港的英國的公民提供領事保護，情況一如在世界其他地區。所以在香港的英國公民，亦會得到未來英國駐港總領事給予英國公民所應獲得的領事保護，除非是有人擁有雙重國籍。聲明又説，根據國際法，英國不能向那些持有雙重國籍的人士在另一國籍所屬國或地區，向該名人士提供領事保護；不過，

就個別個案提供什麼保護是由英國政府決定，英國政府不接受一名英國公民會因獲得其護照而被視為有雙重國籍的證據。

對於英國外交部就領事保護權發出的聲明，中國外交部發言人 5 日重申，領事保護問題，已由 1996 年中國全國人大常委會通過的《關於中華人民共和國國籍法在香港特別行政區實施的幾個問題的解釋》作出明確規定。《解釋》中第二條規定，所有香港中國同胞，不論是否持有英國屬土公民護照或英國國民海外護照，都是中國公民，自 1997 年 7 月 1 日起，上述中國公民可繼續使用英國政府簽發的有效旅行證件去其他國家或地區旅行，但是在香港特別行政區和中華人民共和國其他地區，不得因持有上述英國旅行證件而享有英國的領事保護權利。崔天凱指出，《解釋》中第三條還規定，任何在香港的中國公民，因英國政府的居英權計劃而獲得的英國公民身份，根據中華人民共和國國籍法，不予承認。這類人在香港特別行政區和中華人民共和國其他地區不得享有英國領事保護權利。

12月4日 - 12月6日

◆ 中英聯合聯絡小組在香港舉行第 38 次會議，雙方討論了香港政權交接問

題，包括過渡時期的財政預算編制及有關問題、檔案交接、政府資產、政權交接儀式等；與香港有關的國際權利與義務；香港民航協定；公務員問題；香港防務與治安；跨越 1997 年的專營權、合約和重要基建工程；香港與有關國家之間的投資保護協定；香港與有關國家之間的移交逃犯協定；香港與外國對等承認及執行民商事判決問題；移交被判刑人協定；香港與外國刑事司法協助協定；法律本地化；法律適應化；終審法院問題；聯合聲明有關 1997 年後在香港居留權條款實施問題；免辦簽證問題；滯港越南船民和難民問題。

在這次會議上，雙方取得的具體成果包括：專營權合約方面，雙方就新大嶼山巴士專營權的續約問題簽署了會議紀要；雙方就新機場三項專營合約（青馬管理區管理、營運和維修；飛機加油服務；地勤支援設備維修）簽署了會議紀要；法律本地化方面，雙方就英國的官方保密法的本地化達成了一致。在與香港政權交接有關的一些問題，如香港的檔案、政府資產等問題上，雙方在會議前已經開始了專家層面的會晤，雙方專家將繼續進行深入的討論。由於這些問題尚未取得突破，中方真誠地希望，英方採取更加積極、合作的態度，使這些問題及時得到解決。

中方首席代表趙稷華在會議結束後舉行的記者招待會上說，英方在沒有與中方磋商的情況下，單方面將《刑事罪行條例》修訂草案提交港英立法局討論，違反了中英聯合聲明和基本法。中方嚴正表示，不能接受英方的行動，也決不會承認這種做法，由此造成的一切後果完全由英方承擔。

這次會議期間，中英雙方就英國《官方保密法》的本地化問題達成了共識，趙稷華指出，這和《刑事罪行條例》修訂問題有本質的不同。《官方保密法》是英國的法律，香港原來沒有這方面的本地法律，所以實行英國法律；中英雙方現在討論的是這一法律本地化問題。而《刑事罪行條例》是香港原有的法律，籌委會預委會對此有一個初步意見，認為這個法律只需作一些適應化的工作就可以了，不需要作大的修改。現在英方提出對條例作重大修改，並且拒絕就這個重大修改與中方進行磋商，這是單方面的錯誤行動。

12 月 6 日

◆ 港府憲報刊登《個人資料（私隱）條例》，該條例將於 20 日生效。條例附表制訂有六項維護個人權益的保障資料原則，列出資料使用者應盡的責任。條例實施後，資料當事人（市民）有權要求資料使用者（私人公司及政府部門）提供或更改其持有當事人個人資料。資料使用者除非引用條例豁免項目（例如持有個人資料目的為防止罪行等），否則必須遵從法例要求。港府同意押後實施條例第三十條（特定管制自動化核對個人資料）以及第三十三條（將個人資料轉移至香港以外地方）。私隱專員劉嘉敏表示，各機構應遵照私隱條例的六項原則，儘速制訂內部守則、指引等準備條例實施後的連串影響。

12 月 10 日

◆特區籌委會法律小組第六次會議在深圳舉行。會議討論了基本法第二十三條的立法問題，委員們認為，根據基本法第二十三條的規定，制定基本法第二十三條所規定的有關法律是特區自行立法的事務，應由特區負責制定。在香港特區自行立法前，可採用原有的《刑事罪行條例》為特區法律，但在適用和解釋前，必須令該條例符合中華人民共和國對香港恢復行使主權後香港的地位和基本法的有關規定。針對日前港英政府單方面宣佈修改《刑事罪行條例》第一和第二部，企圖干預特區立法的行為，委員們指出，這嚴

重侵犯了特區的立法權，違反了基本法的規定。委員們提出，建議籌委會對此作出一項決定，如果港英政府強行通過上述修訂，建議全國人民代表大會常務委員會在適當時候根據基本法第一百六十條的規定，宣佈上述修訂自 1997 年 7 月 1 日起一律無效。

12 月 11 日

◆特區第一屆政府推選委員會舉行第三次會議，選舉特區首任行政長官，董建華以 320 票當選。

籌委會主任錢其琛在會上表示，由港人自己來選擇最高行政首長，在香港的歷史上，這是第一次。這是一個令人振奮的時刻，它標誌着香港回歸後即將開始一個全新的時代。他強調，推舉第一任行政長官人選的整個過程，體現了"三公"——公正、公平、公開。有人可能會問，對這次選舉中央有什麼態度，"我認為，要實行'港人治港'，就要尊重港人的意願。這就是中央的態度。"

◆英國首相梅傑和外相里夫金德祝賀董建華當選特區首任行政長官，並邀請董建華訪問倫敦。彭定康發表聲明，期望董建華"運用強有力的領導才能，以遠大的目光、正直忠誠的態度和堅定不移的決心

1996 年 12 月 11 日，董建華當選特區首任行政長官後回答記者提問。

1996 年 12 月 11 日特區第一屆政府推選委員會在香港舉行第三次會議，選舉特區首任行政長官。圖為四位參選人（從右到左）：董建華、楊鐵樑、李福善、吳光正。

管治香港，保障港人根據中英聯合聲明和基本法所享有的各種高度自治"。其後，彭定康發表談話表示會為董建華提供一切所需協助，隨時樂意與董建華商討作出妥善安排。彭定康重申，董建華清楚港府及英國政府對臨時立法會的立場，他希望雙方在這個問題上的分歧能縮小，不要擴大。布政司陳方安生表示，她和她的同事都非常希望在 1997 年 7 月 1 日之後能夠與董建華共事，為特區政府效力。

◆ 立法局以 31 票贊成、26 票反對，通過了鄭明訓的修訂動議，祝賀由具代表性的 400 人推選委員會選出的行政長官，希望他按基本法的規定，致力維護特區高度自治，促進香港繁榮穩定。而劉慧卿提出對行政長官不信任的原動議被否決。民主黨提出的指行政長官欠缺代表性的修訂動議，則以 31 票反對、21 票贊成被否決。

12 月 12 日

◆ 籌委會第七次全體會議在深圳舉行。籌委會主任錢其琛在會上講了話。會後發表新聞公報稱：會議聽取了籌委會副主任委員兼秘書長魯平受籌委會主任委員會議委託所作的關於香港特別行政區第一任行政長官人選產生過程的報告。會議認

為第一任行政長官人選的產生過程體現了公開、公平、公正的原則。推選委員會選舉產生的第一任行政長官人選得到了香港社會的普遍歡迎。會議通過了《全國人民代表大會香港特別行政區籌備委員會關於報請國務院任命香港特別行政區第一任行政長官的報告》。

會議認為，香港特別行政區第一任行政長官人選的產生是香港歷史上的一件大事，標誌着"港人治港"、高度自治的開端。會議指出，隨着第一任行政長官人選的產生，籌建香港特別行政區的工作進入了一個新階段。

會議期間召開的主任委員會議對報名參選香港特別行政區臨時立法會的人進行了資格審查，確認其中 130 人符合臨時立法會議員候選人的資格，成為香港特別行政區臨時立法會議員候選人。

會議還討論通過了《全國人民代表大會香港特別行政區籌備委員會關於基本法第二十三條立法問題的決定》。會議認為，基本法第二十三條規定的有關法律應由香港特別行政區負責制定。前不久港英當局單方面宣佈修改現行《刑事罪行條例》的第一部和第二部。會議指出，港英當局這種干預香港特別行政區立法的行為，明顯違反基本法的規定，嚴重侵犯了

香港特別行政區的立法權。該決定指出，如果港英當局強行通過上述修訂，建議全國人民代表大會常務委員會在適當時候根據基本法第一百六十條的規定，宣佈港英當局對《刑事罪行條例》第一部和第二部的修訂與基本法第二十三條的規定相抵觸，自 1997 年 7 月 1 日起無效，不採用為香港特別行政區法律。

12 月 16 日

◆ 李鵬總理簽署國務院令第 207 號，任命董建華為香港特別行政區第一任行政長官。第 207 號令全文如下：

"依照《中華人民共和國香港特別行政區基本法》和《全國人民代表大會關於香港特別行政區第一屆政府和立法會產生辦法的決定》的有關規定，根據中華人民共和國香港特別行政區第一屆政府推選委員會選舉產生的人選，任命董建華為中華人民共和國香港特別行政區第一任行政長官，於 1997 年 7 月 1 日就職。"

李鵬總理說，這項任命是一項特殊而重要的任命。它充分體現了中央人民政府按照"一國兩制"的方針，在香港實行"港人治港"，高度自治的決心和誠意。

◆ 美國傳統基金會及華爾街日報聯合公佈了"1997 年度經濟自由指數報告"，在被評級的 150 個國家和地區中，香港連續第三年被評為全球經濟體系最自由的地區，排第二的是新加坡，瑞士和美國並列第五。

12 月 18 日

◆ 江澤民主席會見了董建華及其夫人趙洪娉。江澤民稱董建華肩負的任務十分艱巨，希望董建華不要辜負包括 600 萬香港同胞在內的全國人民的期望。他請董建華放心，表示中央今後在處理香港問題時，會嚴格按照基本法辦事，決不會干預屬於特別行政區自治權範圍的事情。他說，按照基本法的規定，行政長官要向中央人民政府和香港特別行政區負責。如果行政長官遇到什麼問題需要中央幫助，中央一定會全力支持。同一天，李鵬總理向董建華頒發了任命他為中華人民共和國香港特別行政區第一任行政長官的國務院令。

董建華在會見後表示，通過和國家領導人的會見和交談，他對香港前途更加充滿信心，希望全體港人群策群力，為香港平穩過渡作出更大貢獻。他表示，他的責任有三：一是確保香港平穩過渡；二是要成功實踐"一國兩制"；三是帶領港人迎接二十一世紀挑戰。

1996 年 12 月 17 日，國務院總理李鵬在
北京釣魚台國賓館向董建華頒發任命他為
中華人民共和國香港特別行政區第一任行
政長官的國務院令。

1996 年 12 月 18 日，江澤民主席在北京
人民大會堂會見香港特別行政區第一任
行政長官董建華，並和他進行了親切的交
談。

◆ 港府發表國際貨幣基金會代表團月初訪港評估香港經濟表現後發表的報告。報告對 1996 年香港的經濟表現及 1997 年的展望給予高度評價。代表團認為香港的經濟已從谷底回升，與 1995 年相比，過渡"九七"的不明朗因素已大為減少，經濟增長會升至 5%，通脹為 7%，香港前景整體上而言，令人充滿信心。代表團表示，香港目前的宏觀經濟狀況良好，為政治順利過渡提供有利環境，而香港經濟正逐漸復甦，1996 年本地生產總值的實質增長率達到 4.5% 至 4.75%，這趨勢會持續擴展至每一經濟環節，並更趨強勁；預計 1997 年本地生產總值的實質增長率會達到 5% 至 5.25% 左右。代表團表示，中國重申香港的經濟和法律制度保持不變，亦有利鞏固信心。因為中國承諾維持兩個獨立的貨幣制度和兩種獨立的貨幣，以及兩個互不從屬的金融監管當局。代表團又指出法治、政府官員保持中立、公正的司法制度和信息自由都是有利於香港的經濟發展的重要因素。此外，代表團明確肯定香港應繼續實施現行政策架構，亦即審慎的財政政策、聯繫匯率制度和明確的金融監管制度。代表團亦呼籲香港促進服務行業的競爭。

12月19日

◆ 總部設在巴黎的經濟合作與發展組織（簡稱經合組織）發表報告認為，中國在 1997 年恢復對香港行使主權將有利這個地區的經濟繁榮和發展。

◆ 中越雙方在河內就 1997 年 7 月 1 日後，越南在香港特別行政區保留總領事館一事舉行換文儀式。

12月21日

◆ 特區第一屆政府推選委員會在深圳舉行第四次全體會議，會議以不記名方式選出了臨時立法會的 60 名議員。60 名議員中，非中國籍或在外國有居留權的 11 人；33 人為現任立法局議員，8 人為前任立法局議員。籌委會主任錢其琛在會上講話指出，臨立會是一個在特殊的歷史時期，起着重要作用的立法機關，對特區成立後的正常運作起保證作用。臨立會工作至香港特區第一屆立法會產生為止，時間不超過 1998 年 6 月 30 日。

錢其琛在講話中，回應英國外相里夫金德指責臨立會成立，公開打"國際牌"的聲明。他指出，英方缺乏面對現實的勇氣，英方和港英的聲明老調重彈，反映了"無可奈何花落去"的心情。他強調，香港問題在回歸以前是中英兩國政府

1996年

之間的事，在回歸以後是中國的內政。再玩弄什麼“國際牌”，對英國來說是徒勞無益的。臨立會是 1997 年 7 月 1 日成立的香港特別行政區的臨時立法機構，根本不存在對 1997 年 6 月 30 日終止的港英立法局有何影響的問題。英方應該注意，在它管治香港的最後幾個月裡，不該通過立法局對香港特別行政區的事務，越俎代庖。

◆ 候任行政長官董建華說，臨立會議員有廣泛的代表性，他們都是社會精英。他希望所有的香港人都支持臨立會及未來候任班子的工作。他對英外相發表聲明表示失望，認為對平穩過渡沒有幫助。他希望英方能考慮到香港的整體利益及臨立會已經成立的事實。

12 月 23 日

◆ 候任行政長官董建華會晤彭定康。雙方形容會晤有建設性及有用，同意在有需要時經常會面。彭定康強調港府會按合理的原則盡力向董提供協助，而董建華承認未有成功說服彭定康與臨立會合作。

12 月 24 日

◆ 中新社報道，新華社香港分社周南社長日前接受該社記者訪問，回顧了

1996 年香港各方面平穩過渡的情況，展望了 1997 年最後半年過渡期和特區成立後的局勢。他說，過去一年，國際和國內形勢的發展，越來越有利於香港的平穩過渡和順利回歸。香港的政治空氣、政治生活已發生了顯而易見的重大變化。現在如果再去搞對抗，就沒有多大市場了。可以說，無論是大氣候、中氣候、小氣候，都愈來愈有利於平穩過渡。現在有把握地講，在香港回歸祖國的道路上沒有了不起的困難和障礙。他希望英方在未來六個月裡，不要製造新的麻煩，不要再搞小動作。他又重申，1997 年後，任何外國都不能對香港的內部事務進行干涉。

◆ 針對英國外相發出聲明稱英國政府將從 1997 年 1 月至 2000 年 1 月每 6 個月向國會提交有關香港情況的報告並要將所有報告提交在日內瓦的聯合國條約監察組織，中國外交部發言人指出，英國政府向國會提交有關香港問題的報告是對中國內政的干涉，不僅不利於香港的繁榮穩定，而且有損中英兩國的關係。至於英方想玩弄什麼“國際牌”，更是徒勞無益。他警告說，如果英方一意孤行，在香港問題上製造新的麻煩，不同中方密切合作，中英雙方的關係將會受到損害。他說，香港問題在 1997 年 7 月 1 日前是中英兩國

之間的事情，到 7 月 1 日以後完全是中國內政。香港回歸以後，中國政府將堅定不移地執行中英聯合聲明和基本法，貫徹"一國兩制"和"港人治港"的高度自治的方針政策。中國政府希望英方能夠在香港問題上同中方保持密切的合作，如果是在香港回歸還不到二百天的時間，英方同中方合作，這對英方是有利的，相反，對英方是不利的。他表示，如果英方採取一種不合作的態度，中方還是會根據基本法的規定，來順利完成香港的平穩過渡。

12 月 28 日

◆候任行政長官董建華和布政司陳方安生首次正式會晤，討論了港府如何協助籌組特區政府以及公務員問題。陳方安生接受董建華的邀請，"九七"後留任，並將安排 24 名司級官員與董建華單獨會面。她向董建華表示應該保持公務員正直不阿、政治中立和穩定士氣及公務員的信心，希望董建華在會見完所有司級官員後，能儘快對他的班底作一個決定，如果董建華能同意全部主要官員留任，繼續為香港市民在"九七"後服務，對公務員穩定士氣及穩定他們信心是大有幫助的。而董建華則表示，在臨立會問題上，他不會要求公務員做一些任何他們覺得難做的

事，會尊重公務員政治中立。

12 月 30 日

◆八屆全國人大常委會第二十三次會議閉幕。會議通過了香港駐軍法以及關於召開八屆全國人大五次會議的決定等一系列重要決定。國家主席江澤民簽發主席令，公佈香港駐軍法。

《駐軍法》包含總則、香港駐軍的職責、香港駐軍與香港特區行政區政府的關係、香港駐軍人員的義務與紀律、香港駐軍人員的司法管轄和附則共六章、三十條款，《駐軍法》將自 1997 年 7 月 1 日起施行。會議通過決定：八屆全國人大五次會議於 1997 年 3 月 1 日在北京召開。會議將審議《中華人民共和國香港特別行政區選舉第九屆全國人民代表大會代表的辦法（草案）》。

1997年

1月1日

◆ 江澤民主席在全國政協新年茶話會上發表講話時説：1997 年，我國政府將恢復對香港行使主權，邁出完成祖國統一的重要一步。他説：香港回歸祖國是一件彪炳史冊的大事。每一位中華兒女都為此感到自豪。我們將堅定不移地貫徹 "一國兩制" 的方針，實行 "港人治港"、高度自治。有中央政府和全國人民的支持，600 萬香港同胞一定能把香港建設得更加繁榮穩定。

1月2日

◆ 董建華會見了中英聯合聯絡小組中方首席代表趙稷華，主要談及聯絡小組所有正在討論中的問題。趙稷華較早時表示，有關移交工作要一步一步來。中英商討的事情中，可以移交給特區處理的就會移交，但有一些則仍要繼續由中英磋商。他説，聯絡小組屬下的研究過渡期財政預算案小組，在特區候任班子組成後，會以某種形式將特區有關官員吸納到小組，參與制訂 1997/1998 年度預算案。在檔案移交方面，將來要由英方移交給中方，再由中方交給特區政府，但這只是形式上的做法，實際上無須將有關檔案文件搬來搬去。

1月4日

◆ 候任行政長官董建華到北京與港澳辦主任魯平舉行超過六小時的工作會議，5 日上午又同錢其琛副總理和魯平主任共進工作早餐，討論過渡期有關問題，並聽取了籌委會經濟小組和法律小組的詳細工作報告。會後，董對記者談了以下問題：（1）中央政府表明全力支持特區班子和臨立會在1997年7月1日前所需的全部經費，他將儘快制訂出1997年前六個月的整套經費預算，需中央政府墊支的部分將在特區成立後歸還；（2）中央會積極考慮由全國人大進一步鞏固臨立會法律地位的意見和建議，相信在一兩個月內就會開展這方面的工作；（3）他希望在與24名現任司級官員會面後，將整個候任班子名單呈報中央，他原則上希望現任高官儘量留任；（4）特區候任班子將要接受籌委會有關工作小組提出的建議，分步驟去暸解、參與並逐步接手工作；（5）特區成立後，他有需要在北京設立辦公室與中央政府溝通；（6）港台今後在經濟、文化上的交流要加強，但台灣問題是有關國家統一的大事，要中央作決定，不在"港人治港"的範圍內。

1月9日

◆江澤民主席會見以曾憲梓為團長的香港中華總商會訪京團時強調說，在香港實行"一國兩制"、"港人治港"、高度自治是國家的一項長期國策。這些方針政策既有利於600萬香港同胞，也是國家總體利益之所在。他說，香港是一個繁榮的國際貿易、金融、航運和旅遊中心，我們非常重視香港的獨特作用。"九七"之後，我們絕不會去干預香港特別行政區根據基本法自行管理的事務。江澤民表示，"一國兩制"這一偉大構想的成功實踐，離不開香港各界同胞的共同努力。香港同胞為香港的繁榮穩定和平穩過渡作出了貢獻，在實現"一國兩制"、保持香港長期穩定繁榮這一宏偉目標的過程中，我們對香港同胞寄予厚望，希望香港各界同胞繼續作出應有的貢獻。我們對"九七"之後香港的繁榮穩定充滿信心。

◆中國外交部發言人就香港與有關國家關於1997年7月1日以後的移交逃犯問題正在作出的安排提出三項基本原則：（1）1997年7月1日前，香港事務應由港府負責處理。（2）基本法第十九條規定，香港特別行政區享有獨立的司法權和終審權。（3）香港特別行政區司法獨立，有關案件的審理將由特區根據有關法律獨立進行。發言人說，目前香港與有關國家就1997年7月1日以後的移交逃犯問題正在作出安排，中方對此持積極態度。

1月10日

◆ 中英聯合聯絡小組關於香港過渡時期財政預算案編制及有關問題的第16次專家會議結束。會後中英雙方代表表示已就1997/1998年度財政預算案收入部分達成共識。至此，中英雙方已就1997/1998年度財政預算案所有重要的開支、收入部分取得共識。中方專家組組長陳佐洱透露，中方已向第一任行政長官董建華通報了1997/1998年度財政預算案編制問題的有關情況；董建華表示支持這份財政預算案。

◆ 董建華會晤了到訪的美國國會眾議院代表團一行22人，向代表團介紹了香港的民主及人權狀況，指出成立臨立會是必要的，並保證香港在政權移交後，將會繼續推進香港的民主發展，1998年的選舉定會更加公平及開放。代表團對董建華高度評價，認為臨立會已是既成事實，港人應把眼光放遠，關注首屆立法會如何產生。

1月13日

◆ 警務處處長許淇安表示，政權移交大典的保安工作由香港警方負責。在政權移交大典舉行期間，警方會繼續容許市民擁有請願、示威的權利。但這些行動一定要在香港法律所容許的範圍內進行。警方會根據香港法律執法。至於對違法的示威者會否被檢控，則由律政司決定。

1月14日

◆ 中國外交部發言人就4000名滯港越南船民上訴香港高等法院要求頒發人身保護令一事回應說，中國政府對此表示“嚴重關注”。他指出，滯港船民都是非法入境者，按照國際慣例，他們應該被儘快遣返來源國。他呼籲英方從香港的長期繁榮穩定和港人的利益出發，採取切實有效的措施，阻止越南船民流入香港社會，並在1997年中國政府恢復對香港行使主權之前，“必須全面地、徹底地解決滯港船民問題，不要給未來的特區政府留下任何包袱。”

◆ 立法局行政管理委員會以4票贊成、3票反對，通過批准包括6名高級職員在內的15名立法局秘書處職員辭職協助臨時立法會工作。他們辭職除獲得豁免三個月的辭職通知外，還獲發放按比例計算的約滿酬金。此事事前已獲董建華同意。委員會主席黃宏發解釋，根據《立法局行政管理委員會條例》第十條第二款，“管理委員會有酌情權在它認為合適的個案中作出例外的安排”，所以這個決定是

1997 年香港婦女界迎回歸電車巡遊

連接九龍和大嶼山赤鱲角新機場的青馬大橋

有法理依據的。

1月15日

◆英國樞密院常務官宣佈訂定香港遞交上訴的指引期限為 3 月 1 日，但強調在此期限前遞交的上訴案，不保證能在移交日前完成審理。根據《香港終審法院條例》，在 1997 年 6 月 30 日或之前仍未獲樞密院審結的上訴，將轉至終審法院進行。

1月16日

◆為期三個多月的中英對香港新機場十項核心工程的全面檢討完成，中英聯合聯絡小組機場委員會舉行全體會議進行總結。中方首席代表趙稷華大使表示，希望英方進一步加強監管，按計劃完成有關工程。會議還討論了香港機場管理局擬與香港美孚石油有限公司簽訂香港新機場禁區汽油及柴油加油服務專營權合約的問題，雙方審議了上述合約文本，取得了一致意見，並簽署了會議紀要。紀要說，中方確認，根據《關於香港新機場建設及有關問題的諒解備忘錄》的有關規定，該合約在 1997 年 6 月 30 日後繼續有效，並將得到香港特別行政區政府的承認和保護。

1月17日

◆籌委會經濟小組第八次會議結束。會議主要聽取了港英官員及九廣鐵路公司、地鐵公司負責人關於香港西北鐵路最新方案、地下鐵路將軍澳支線計劃的情況介紹，並進行討論。

◆中央和香港部分新聞單位的 70 多名記者訪問駐港部隊。港駐部隊政委熊自仁少將表示，駐港部隊與特區政府雖互不隸屬，互不干涉，但要互相尊重，互相合作。而副司令員周伯榮表示，部隊一定會按照駐軍法，按照部隊紀律，不以任何形式從事營利性經營活動。

◆第 13 輪粵港邊界管理範圍會談在深圳召開，雙方草簽了《粵港邊界管理範圍綫諒解備忘錄》。《諒解備忘錄》清楚界定邊界管理範圍綫每一段的確切位置：新界北部與深圳之間的陸地界綫；後海灣及大鵬灣的邊界；以及香港西面、南面和東面海域的界綫。草簽《諒解備忘錄》後，雙方將儘快派出專家進行聯測，以確定上述管理綫的準確地理位置。雙方專家還將討論由商定管理範圍綫而產生的任何其他實際問題。

◆新任香港美國商會主席韓德立表示，美國商會從未對彭定康的政改方案及臨立會的問題有任何立場。至於臨立會將成事實，他們會在 7 月 1 日以後跟“任何政權及立法機關”接觸。他希望董建華能夠到美國訪問，向美國人發表“香港將會更好”的言論。他又表示不贊成把香港人權問題與給予中國最惠國待遇問題掛鈎。

1 月 19 日

◆ 籌委會法律小組結束第七次會議，小組認為，絕大多數香港原有法律可採用為特區法律，但在適用時，應根據中國對香港恢復行使主權後香港的地位和基本法的規定作出解釋，並對任何不適當的名詞或詞句進行替換。小組建議 16 條現行法例完全不採用為特區法律，其中包括《1992 年社團（修訂）條例》、《1995 年公安（修訂）條例》、《選舉規定條例》、《立法局選舉規定條例》和《選區分界及選舉事務委員會條例》，另外九條現行法例部分不採用為特區法例，其中包括《人權法案條例》、《個人資料（私隱）條例》、《市政局條例（選舉條文）》、《區議會條例（選舉條文）》和《區域市政局條例（選舉條文）》。小組的建議將提交 1 月底舉行的籌委會大會通過後，再提交 2 月下旬舉行的全國人大常委會會議。

◆ 董建華辦公室發言人表示，董建華為避免與海外組織有千絲萬縷的關係，已辭去在外國組織內的所有職位，現時只保留慈善組織的公職，包括香港公益金的副贊助人和香港救助兒童會之香港區贊助人。辭去的職務包括：附設於美國喬治大學的“美國國際策略研究中心”之駐外幹事，美史丹福大學國際事務研究中心之監察委員會委員、香港美國經濟合作委員會主席、港日經濟合作委員會會員。

1 月 20 日

◆ 彭定康就籌委會法律小組宣佈廢止或修訂 25 條香港法例的建議發表聲明說：這些建議都是壞消息，打擊了香港公民自由的精粹。我們將要求中國撤回接納籌委會法律小組現正提出的誤導及損害性的建議。我們現已有候任行政長官，而他正籌組其班底。故此，若然香港有什麼法例或政策需要修改，應是讓行政長官及其工作人員去考慮。現時應是中國官員及籌委會停止試圖斷絕特區政府的選擇，以及停止製造問題讓政府於主權移交後處理的時候。

英國外交部發言人表示，英方過去已一再向中方表明，人權法案等條例與中英聯合聲明和基本法是一致的，中方毋須修訂，但法律小組的建議，並沒有出人意表，英方會繼續向中方表達此立場。

針對彭定康的聲明，中國外交部發言人表示"不能接受"。他說，彭定康的所謂聲明，無法阻礙籌委會法律小組對現行法律進行審議並提出意見。凡是與基本法相抵觸的法律，我們必須要根據基本法的規定、原則和精神，進行必要的修改，甚至是廢除，這完全是中國內政。他強調，"現在的中國政府不是 1949 年以前的中國政府，我們不能接受任何強加於我們頭上的那一套。"他希望港英政府不要混淆視聽，擾亂人心。

1月21日

◆ 江澤民主席會見菲華商聯總會中國訪問團時說，他親自告訴董建華放手工作，中央絕不干預。他說，香港繁榮有利於內地的繁榮，內地支持香港的繁榮。他又重申香港的社會制度五十年不變，強調中國政府只會希望和致力於使香港變得更好。

1月22日

◆ 董建華宣佈香港特別行政區行政長官辦公室成員：包括羅范椒芬出任行政長官辦公室主任，路祥安和沈志澄任行政長官特別助理以及港府借調的 29 位公務員。

◆ 英國外交部次官韓俊明召見中國駐英大使姜恩柱，就籌委會法律小組建議修訂或廢除現行 25 條香港法例的建議，提出"嚴重關注"及"強烈抗議"。

23 日，中國駐英大使館發表聲明，強調籌委會法律小組對香港現行法律的審議工作是"有條理、必須、正當和合理的"，所進行廢除或修訂的，只是那些極少數違背聯合聲明和基本法的條例。同一天，中國外交部發言人指出，英國政府就籌委會法律小組對香港現行法律進行審議並提出建議而向中國駐英大使提出的抗議是中方不能接受的，所謂的抗議是"毫無道理的，也是不明智的"。他指出，籌委會法律小組完全是從維護聯合聲明和基本法、保證香港平穩過渡的立場出發，提出了有關建議，這是實事求是的，也是合情合理的。不能把違反中英聯合聲明看成是一件民主的事。籌委會法律小組正在做的事，正是在維護聯合聲明和基本法的嚴肅性。英方想把自己的意願強加於人是行不通的。他說，香港問題在 1997 年 7 月 1 日前是中英兩國政府的事，在此之後完全是中國內政，任何其他國家都沒有權力進行干預，更不應不尊重事實地對此說三道四。

◆ 美國國務院發言人批評籌委會法

律小組建議還原公安條例和社團條例，對促進本港穩定和港人信心毫無幫助，任何削弱香港人權及基本自由的企圖，美國都會極度關注。美國會在北京向中國政府提出對事件的強烈關注，而美國駐港總領事館亦會密切跟進，並且與港府保持密切聯繫。

<u>1月24日</u>

◆董建華公佈第一屆行政會議成員名單。行政會議成員共有 15 名，除董建華，其中三位當然官守成員為政務司長、財政司長和律政司長。另外 11 名非官守成員分別是鍾士元、王葛鳴、錢果豐、梁振英、方黃吉雯、譚耀宗、唐英年、梁錦松、李業廣、鍾瑞明和楊鐵樑。鍾士元擔任召集人。鍾士元的任期至 1999 年 6 月 30 日，為期兩年。另外，董建華又委任身兼籌委的運科集團主席、香港政策研究所主席葉國華為他的特別顧問。

25 日，董建華提出委任 15 名行政會議成員標準：第一，希望行政會議能廣泛代表各階層、各界別；第二，希望行政會議中對民生方面包括房屋、教育、老人福利、工業去向、經濟發展等他較為關心的問題，都有特別的專業人才；第三，一定要是社會精英，他們應品德好，愛香港，一直為香港整體利益考慮，要有使命感；第四，希望能與現在的行政局有一定連續性；第五，無外國居留權的永久居民；第六，能推動特區作出的政策，儘量向市民解釋；第七，與臨時立法會和將來的立法會要有較好的溝通。他指出，日後可能會再委任一至兩名特別顧問，而特別顧問非行政會議成員，故不需遵守集體負責制和保密制。

<u>1月25日</u>

◆臨時立法會在深圳舉行第一次全體會議。會議由籌委會副主任魯平、周南、董建華主持，副主任周南在會上就臨時立法會問題發表重要講話。周南指出，臨立會的法律依據和權力來源是全國人大和籌委會的有關決定，與現在的港英立法局處於兩個不同的法統之下，不存在繼承關係。籌委會的有關決定明確規定，臨立會在 1997 年 6 月 30 日之前可以進行立法程序方面的工作，審議、通過有關法案。到 1997 年 7 月 1 日香港特區成立之日，臨立會議員宣誓就職後，對那些已完成的法案作進一步的確認，然後送請行政長官簽署、公佈，從而完成全部立法程序，屆時這些有關的法律隨即開始實施。會議討論並一致通過了《中華人民共和國香港特

別行政區臨時立法會主席產生辦法》，60名議員隨即無記名投票，范徐麗泰以33票當選為臨立會主席。其後，范徐麗泰與59名議員非正式商討將來臨立會的工作安排。議員建議設兩個工作小組，其一負責草擬議事規則，其二負責處理有關臨立會行政架構及其他問題。

1月26日

◆ 全國人大常委會辦公廳、法制工作委員會會同國務院港澳辦、新華社香港分社在深圳分別與香港地區全國人大代表、全國政協委員舉行座談，聽取他們對《中華人民共和國香港特別行政區選舉第九屆全國人民代表大會的辦法（草案）》的意見。全國人大常委會法制工作委員會副主任喬曉陽指出，第九屆香港地區全國人大代表將採取間接選舉的方式，並由特區第一屆政府推選委員會中的中國公民組成選舉委員會，但絕不等同於推委會。選舉第九屆香港地區全國人大代表，不屬於推委會的職權範圍。

1月29日

◆ 港澳辦新聞發言人趙秉欣，及香港特區籌委會新聞發言人徐澤舉行新聞發佈會，就籌委會法律小組關於香港原有法律

處理建議中的幾個問題作出解釋。

◆ 美國總統克林頓在宣誓就職後首次記者會上表示，關注香港7月1日主權移交中國後的人權狀況，及憂慮港人享有的自由可能會受到壓制，呼籲北京除要維持香港現有經濟體系不變外，亦要堅持不要插手干預香港社會的運作，更應該繼續給予港人享有最大人身自由。

中國外交部發言人反駁克林頓言論是毫無根據的，他強調，香港1997年後會施行"一國兩制"、"港人治港"、高度自治，而在基本法範圍內港人將享有充分自由、民主權利，所以外國對此抱有懷疑、憂慮是毫無道理也是不必要的。

◆ 中國與烏拉圭簽署協議，烏拉圭1997年後繼續保留其駐港領事館。

1月30日

◆ 籌委會秘書長工作會議和主任委員會議對法律小組先前的建議作出調整，將現行《社團條例》和《公安條例》由整部不採用調整為部分條文不採用，即凡是港英於1992年和1995年以來對兩條條例作出重大修改的條文不予採用，由此產生的空缺由特區自行解決。根據調整，目前建議全部不採用的原有法律由16條減為14條，包括11條體現英國對香港殖民統

治的法律和三條港英依據"三違反"政改方案制訂的選舉條例;部分條文不採用的法律由 9 條增為 11 條。

1月31日

◆ 中新社報道,李鵬總理日前接受《中華英才》記者專訪時說,香港回歸祖國是本世紀的重大事件,有五大意義。首先,香港的回歸標誌着中國一百多年受盡屈辱的歷史、中國人民的百年遺恨一朝終得雪洗。第二,香港回歸説明中國人民在中國共產黨的領導之下,經過幾十年的艱苦奮鬥,特別是改革開放十幾年在現代化建設上所取得的巨大成功,新中國日益發展、壯大、繁榮,顯示出了新中國的地位、威望的提高和國力的強盛,由此而形成的巨大的民族凝聚力。第三,香港的回歸,也是鄧小平"一國兩制"偉大戰略構想的成功,它為最終實現祖國統一,結束祖國分裂狀態提供了一個可行的途徑。第四,香港回歸,反映了全民族愛國主義思想的發揚和光大。第五,香港回歸,對中國的現代化建設也是一個有力的促進,為鼓舞全體中國人民實現下一個世紀的宏偉發展藍圖,注入了新的精神動力。

◆ 中國與阿根廷簽署協議,阿根廷1997 年後繼續保留其駐港領事館。

◆ 籌委會第八次全體會議在北京舉行。籌委會主任錢其琛致開幕詞和閉幕詞,會後發表了新聞公報。

會議討論通過了《關於香港特別行政區第一任行政長官、臨時立法會在 1997 年 6 月 30 日前開展工作的決定》,明確香港特別行政區第一任行政長官和臨時立法會在 1997 年 6 月 30 日前開展準備工作。會議討論通過了《關於設立香港特別行政區臨時性區域組織的決定》和籌建臨時性區域組織的有關建議。依照該建議,臨時性區域組織將由香港特別行政區政府負責籌組,其議員由香港特別行政區行政長官任命。會議討論通過了《關於處理香港原有法律問題的建議》。依照該建議,香港現行的 600 多項條例和 1000 多項附屬立法,除極少數條例和附屬立法外,絕大多數條例和附屬立法都將保留下來,採用為香港特別行政區的法律。不採用為特區法律的香港現行條例及附屬立法共有 14 條,其中包括:《選舉規定條例》、《立法局(選舉規定)條例》、《選區分界及選舉事務委員會條例》;部分條款不採用為特區法律的香港現行條例及附屬立法共有 11 條,其中包括:《市政局條例》有關選舉的規定、《區域市政局條例》有關選舉的規定、《區議會條例》有關選舉的規定、《舞弊及非法行為條例》附屬立法A和C、《香港人權法案條例》第二條第三款、第三條和第四條、《個人資料（私隱）條例》第三條第二款、1992年7月17日以來對《社團條例》的重大修改、1995年7月27日以來對《公安條例》的重大修改。有關建議將提交全國人大常委會審議。

錢其琛主任的講話着重談了特區行政長官和臨時立法會如何開展工作以及處理香港原有法律的問題。他說，隨着第一任行政長官和臨時立法會的產生，人們對行政長官和臨時立法會如何開展工作的問題比較關心。對於他們在1997年6月30日之前可以做哪些工作，尤其是臨時立法會能不能審議、通過一些法案的問題存在着種種說法。對此，有必要加以明確。就第一任行政長官來說，1990年4月4日七屆全國人大第三次會議通過的《全國人民代表大會關於香港特別行政區第一屆政府和立法會產生辦法的決定》已明確規定："第一屆香港特別行政區政府由香港特別行政區行政長官按香港特別行政區基本法規定負責籌組。"也就是說，在1997年6月30日之前，凡是屬於籌組香港特別行政區第一屆政府範圍內的工作，都將由行政長官負責進行，包括提名主要官員，報請中央人民政府任命；任命行政會議成員等等。同時，基本法賦予行政長官的其他職權，凡是需要在1997年6月30日之前履行的，就應當去做，如：草擬政府的政策；提出財政預算、法案，提交臨時立法會審議；任命司法人員推薦委員會並根據該委員會的推薦任命法官；與臨時立法會主席、終審法院首席法官聯合提名基本法委員會委員，報請全國人大常委會任命等。我們籌委會將給董建華先生以全力的支持，同時不干預特區行政長官在其職權範圍以內進行的各項工作。

就臨時立法會而言，它之所以要設立，正是因為在"直通車"安排被破壞的情況下，有一些立法是香港特別行政區成立伊始就必不可少的，必須在1997年6月30日之前就做好有關的立法準備工作。為此，籌委會關於成立臨時立法會的決定中規定，臨時立法會在1997年7月1日之前審議通過的有關法律從香港特別行政區成立之日起實施。這裡應當明確的是，臨時立法會作為香港特別行政區的立法機關，與現在的港英立法局分別屬於兩個不同的法統。臨時立法會何時開始工作及其工作的範圍，要以全國人大和籌委會的有關決定為依據。為了進一步明確第一任行政長官、臨時立法會及其他公職人員在 1997 年 6 月 30 日前的工作範圍，以便於具體工作的順利開展，籌委會主任委員會議決定採納香港一些人士的建議，在這次全體會議上討論香港特別行政區第一任行政長官、臨時立法會等在 1997 年 6 月 30 日前開展工作的問題，並就此作一決定。

錢其琛強調指出，關於香港原有法律的處理問題，我國政府的政策是保持香港原有法律基本不變，這已載入中英聯合聲明。在 1990 年公佈的基本法第八條中明文規定，香港原有法律"除同基本法相抵觸或經香港特別行政區的立法機關作出修改者外，予以保留。"保持香港原有法律基本不變，是保證香港長期穩定繁榮所必需的。要做到這一點，必須由中英雙方共同承擔義務。多年來中國始終貫徹遵守這一承諾。但是單靠中方的努力是不夠的，還需要英方也同時這樣做。遺憾的是從過渡時期的後半段開始，英方背棄了有關香港原有法律基本不變的承諾，單方面地、大幅度地修改香港法律。中方當時就多次指出，如果確有需要對某些法律作出重大的修改，由於涉及今後香港特別行政區的權力，而且將對 1997 年後產生影響，應當經過中英雙方磋商達成一致後再辦。但英方充耳不聞，一意孤行。英方在對香港一百多年的殖民統治行將結束的時候，這樣做的用心，明眼人一看就會明白。造成目前的局面，始作俑者正是英方自己。儘管如此，這次籌委會通過的處理辦法還是非常合情合理，非常寬鬆大度的。

錢其琛指出，在提出關於處理香港原有法律問題的建議時，我們總的指導原則是要體現基本法關於香港原有法律基本不變的規定，儘量少變；同時，對於現行法律中存在的與基本法相抵觸的各種問題，又要區別不同情況，實事求是地提出處理的辦法。最近幾天西方媒介大肆渲染，似乎我們突然提出要大量修改香港法律，甚至說要把內地的法律搬到香港來。實際情況恰恰相反。這不是一個新提出的問題。從成立預委會開始，研究香港的原有法律已經有好幾年了。討論的結果是，在大約六百多項香港的條例和一千多項附屬立法中，除了有十來個條例和附屬立法以及另有十來個條例和附屬立法中的部分條款外，絕大多數的條例和附屬立法都將保留下來，都將採用為特別行政區的法律。大家關注的《香港人權法案條例》也將予以保留，只是刪除了有關凌駕於其法律之上的條款。總之，在法律問題上，香港特別行政區只實行香港特別行政區基本法並保留原來的香港法律基本不變。將在香港特別行政區實施的全國性法律為數很少，只限於有關國防、外交和其他不屬於香港特別行政區自治範圍的法律。而且必須是列入基本法附件三的那些全國性法律。這樣做是完全符合"一國兩制"原則的。

2月4日

◆ 特區第一屆行政會議舉行非正式會議，就行政會議的會議常規、保密制度、集體負責制和一些重要的社會問題初步進行了討論。

◆ 英國內政大臣夏偉明在國會下議院發表聲明表示，英國政府將修訂移民條例，賦予 8000 名香港少數族裔人士登記入籍取得英國公民權。但擁有雙重國籍及在其他國家有居留權的這類人士，不會獲得優惠。14 日，英國內政部公佈香港少數族裔人士申請居英權的資格建議：（1）申請人必須在 2 月 4 日英國公佈此計劃時只擁有英國國籍；（2）申請人必須是本港居民；（3）計劃以個人而非家庭為申請單位，少數族裔人士其配偶及子女，必須個別申請。建議中的英國公民資格將由 7

月 1 日起生效。有關建議須經國會立法後才可接受申請。

2月5日

◆ 最高法院批准四個船民家庭的人身保護令申請，共 11 名船民即時獲准遷離萬宜船民營。大法官祁彥輝宣讀判詞時指該四個家庭獲釋有各自不同原因，相信不會誤導其餘 4000 多名等候司法覆核的船民。

13 日，中國外交部發言人說，去年11 月，約 4000 名滯港的越南船民上訴香港高等法院要求頒發"人身保護令"。中方已明確表達了對此問題的立場。但英方置中國政府的立場和廣大港人的利益於不顧。未採取切實有效措施，導致釋放船民這一嚴重事件的再次發生。對此，中國政府表示非常遺憾。中國政府強烈要求英方從香港的長期繁榮穩定和數百萬港人的切身利益出發，採取有效措施，避免此類事件的再次發生，在 1997 年 7 月 1 日中國恢復對香港行使主權前全面徹底解決滯港越南船民、難民問題。

2月7日

◆ 董建華發表新春賀詞。他說，"我最希望 1997 年 7 月 1 日回歸後，我們可以淡化近年來過分政治化的社會文化，多關心民生方面的問題，例如房屋、教育和老人福利等，我希望大家一起努力，創造一個友愛和諧、同心同德的社會。""我希望能夠盡我所能，在未來五年內，為特區奠定良好的基礎，建立一個安定、公平、民主、有愛心、方向明確和目標一致的社會，並帶領香港進入更美好的二十一世紀。"

2月13日

◆董建華不點名批評李柱銘在海外發表言論"唱衰"香港。他説，最近有一些香港的知名人士，包括民主黨的人，到國外許多地方大講香港的壞話，把香港説成好像就要崩潰，這樣做會影響到外國人對香港的信心，也會影響到金融界對香港的信心。這種做法對香港的 600 萬人的長遠和整體利益並不是一件好事。當天，民主黨召開記者會，楊森稱董建華是"言論警察"，是"中方傳聲筒"，壓制港人的言論自由。

2月14日

◆錢其琛副總理與英外相里夫金德在新加坡會晤，雙方就兩國關係，尤其是香港問題進行深入的討論。錢其琛説，

中英關係最重要的問題是香港問題，只有處理好這個問題，雙方才可增加信任、促進合作和建立起一種進入二十一世紀的持續穩定和互利的合作關係。他希望英方會採取向前看和合作的態度。里夫金德在會後表示，他向錢其琛正式要求把臨立會地位問題提交國際法庭仲裁，但遭到錢其琛拒絕。

2月15日

◆中國外交部發言人證實中英聯合聯絡小組正研究在香港政權移交後，中國向聯合國提交香港人權情況報告的問題，而中國亦加緊研究把兩條人權條約引入中國。他表示，如果中國要採納這兩條國際公約，簽署國際公約的話，必須要與中國法律一致，這個需要一些時間去進行研究。

2月19日

◆鄧小平因病於 19 日 21 時 08 分在北京逝世，享年 93 歲。鄧小平同志逝世消息傳來，香港社會深感悲痛。為表達對小平無比崇敬和深切悼念之情，新華社香港分社、港區全國人大代表、港區全國政協委員、特區行政長官董建華、特區臨時立法會主席范徐麗泰以及一些社團，向中

1997 年 2 月 13 日，董建華在他的行政長
官辦公室啟用時，會見新聞界朋友。

1997 年 2 月 17 日，新華社香港分社舉行
新春酒會。

共中央、國務院和鄧小平治喪委員會發了唁電；新華社分社降半旗致哀，並於20日至25日在分社大樓內設靈堂，供香港各界人士和在港外國友人弔唁。前來弔唁的香港各界人士和外國友人約45000人，送來的花圈、挽聯和鮮花約1000份，25日上午，新華社香港分社、駐港中資機構以及各工商團體、社會團體和政治團體、工會和學校集體收看北京追悼大會的實況轉播，並且召開座談會，緬懷鄧小平的豐功偉績。10時整，在港的輪船、火車和輕鐵列車鳴笛和響號，38個地鐵站同時播哀樂，八百多輛中巴巴士在車頭綴上白花黑絹向鄧小平致最後敬意。整個悼念活動充分反映了香港同胞對鄧小平的深厚感情和無比愛戴的心情。香港同胞提出建議，把鄧小平的部分骨灰撒在香港水域，以告慰鄧小平的英靈和未能在收回香港後親臨的遺願，周南社長表示，一定把香港同胞這個願望鄭重地報告中央，請中央加以考慮。還有人建議在香港豎立鄧小平的銅像。

港英政府對鄧小平逝世表示哀悼，港府所有機關在20日中午開始降半旗。彭定康發表聲明並向周南社長發來唁函。彭定康、陳方安生、曾蔭權等港英高級官員還到新華社分社靈堂，弔唁。

◆ 李鵬總理會見了香港特區行政長官董建華，聽取董建華關於提名香港特別行政區第一屆政府主要官員的情況報告，並和他就香港目前的形勢交換了意見。李鵬對董建華被任命為香港特別行政區行政長官以來，為籌組香港特別行政區第一屆政府所做的大量工作表示肯定。李鵬說，中央人民政府將會繼續對董建華的工作給予全力支持。

2月20日

◆ 根據香港特別行政區行政長官董建華的提名，國務院任命了香港特別行政區第一屆政府的23名主要官員。名單如下：政務司司長陳方安生、財政司司長曾蔭權、律政司司長梁愛詩、民政事務局局長孫明揚、文康廣播局局長周德熙、運輸局局長蕭炯柱、政制事務局局長吳榮奎、房屋局局長黃星華、衛生福利局局長霍羅兆貞、財經事務局局長許仕仁、教育統籌局局長王永平、保安局局長黎慶寧、規劃環境地政局局長梁寶榮、庫務局局長鄺其志、工商局局長俞宗怡、公務員事務局局長林煥光、經濟局局長葉澍堃、工務局局長鄺漢生、廉政專員任關佩英、警務處處長許淇安、入境事務處處長葉劉淑儀、海關關長李樹輝、審計署署長陳彥達。以上官員將於 1997 年 7 月 1 日就職。

2 月 22 日

◆ 臨時立法會舉行第二次全體會議，會議一致通過成立行政事宜和議事程序兩個工作小組，葉國謙和林貝聿嘉為行政事宜小組正、副召集人，周梁淑怡和譚惠珠為議事程序小組正、副召集人。會議又決定臨立會秘書處設在深圳，臨立會主席范徐麗泰在香港設立辦事處，作為秘書處與議員的聯絡點。會議又原則上接納兩個工作小組制訂的該小組的職權範圍。

2 月 23 日

◆ 全國人大常委會第二十四次會議以絕大多數票通過了關於根據基本法第一百六十條處理香港原有法律的決定。決定內含六條正文和三個附件。根據決定，香港原有法律，除同基本法抵觸者外，採用為特區法律，1997 年 7 月 1 日起繼續施行。決定在兩個附件中分別列舉了《英國原有法律應用條例》等 14 項香港原有法律中與基本法相抵觸的條例及附屬立法，以及 10 項與基本法相抵觸的條例及附屬立法中的部分條款。這些法律及條款在 7 月 1 日起將不再適用。

2 月 24 日

◆ 籌委會第一屆立法會產生辦法小組結束第一次會議，委員們在預委會政務小組提出的第一屆立法會產生辦法建議的基礎上，討論了制訂第一屆立法會產生辦法的指導原則、候選人資格；並就分區直選、功能團體選舉、選舉委員會的具體辦法、以及落實非中國籍和在外國有居留權的當選議員，所佔比例不超過 20% 的辦法等，初步交換了意見。

28 日，香港特別行政區籌備委員會秘書處發表公告説，籌委會第一屆立法會產生辦法小組決定就香港特別行政區第一屆立法會的具體產生辦法向香港各界廣泛諮詢意見，諮詢期由 3 月 1 日至 31 日。到 31 日諮詢期截止日為止，籌委會秘書處香港辦事處共收到 803 份關於特區第一屆立法會具體產生辦法的意見書。4 月 1 日一天，又收到近 150 份。累計數達到 961 份。

2 月 25 日

◆ 特區籌委會經濟小組在北京開會，審議小組提出關於香港服務業發展和解決香港人力資源建議報告，並就金融業發展和政府資金移交等問題進行了探討。有關報告將交由特區政府參考。

◆籌委會經濟小組會議聽取了港府規劃環境地政司梁寶榮介紹對香港全港發展策略諮詢的結果。全港發展策略是一項對香港未來十年的土地需求、交通運輸和環境進行規劃的大綱。

2 月 28 日

◆江澤民主席參加全國政協港澳小組會議並發表講話。他充分肯定了香港同胞為籌建特區、迎接回歸所做的大量工作，並代表中共中央、國務院和全國各族人民向港澳委員們表示衷心的感謝。他強調，一定要繼承小平同志的遺志，按照他為保持香港、澳門長期繁榮穩定所制定的各項方針政策，把香港、澳門的事情辦好。他指出，中國政府對香港恢復行使主權是完成祖國和平統一大業的一個重要步驟，後面還有澳門平穩過渡和解決台灣問題，做好香港回歸的工作，對 1997 年實現澳門回歸，對最終解決台灣問題、實現祖國的完全統一可以起到重要的促進作用。

3 月 1 日

◆李鵬總理向八屆五次人大會議作政府工作報告，他在講到香港問題時說：現在，離香港回歸祖國只有 122 天了，各項準備工作正在有條不紊地進行。我國對香港恢復行使主權以後，將堅持"一國兩制"的方針，認真執行基本法，保證香港特別行政區享有高度的自治權，實行"港人治港"，現行的社會經濟制度和生活方式不變，繼續保持自由港和國際金融、貿易、航運中心的地位。我們相信，有全國人民作後盾，在六百多萬香港人的共同努力下，"一國兩制"一定能夠成功，香港一定能夠長期保持繁榮穩定，香港的明天一定會更加美好。

◆中央軍委副主席劉華清在八屆五次人大會議解放軍代表團海軍組討論時說，目前中國人民解放軍進駐香港的各項準備工作正在按計劃有條不紊地進行。他要求解放軍進駐後，牢記祖國重任，尊重香港政府，熱愛香港同胞，遵守國家法律、軍隊條令條例和香港特別行政區法律，特別是要嚴格遵守《香港特別行政區基本法》和《駐軍法》。無論在什麼樣的複雜情況下，都要經得起考驗，為香港長期繁榮和穩定，作出貢獻。

3 月 3 日

◆中英土地委員會中方發言人批評近一個時期以來，有些港英政府的官員利用各種場合，對中方代表未來特區政府管理的土地基金移交問題說了一些不符合事實的話，蓄意歪曲中方的一貫立場，影響管理人員和秘書處員工的士氣。中方發言人嚴正聲明，根據《香港特別行政區政府土地基金信託聲明書》規定，在香港過渡時期，中英土地委員會中方三位代表，獲中華人民共和國政府授權，以受託方式為未來香港特區政府管理土地基金，這完全是中方內部的事；特區政府成立後，受託人將按照信託聲明書的規定，及時把土地基金的全部資產移交給特區政府；土地基金移交後，特區政府如何管理基金使之符合特區政府的整體和長遠利益，將完全由特區政府自行決定，中方不會干涉。

3月4日

◆ 中英聯合聯絡小組關於香港過渡期財政預算案編製及有關問題的第 19 次專家會議結束，中方組長陳佐洱、英方組長鄺其志會後宣佈，雙方共同編制 1997/1998 年度預算案的工作已圓滿結束。他們都認為，這份財政預算案是一份"完整、審慎、穩健，兼顧各方面利益的預算案"。

3月5日

◆ 江澤民主席出席八屆五次人大會

議廣東代表團討論時發表講話強調，香港回歸大局已定。目前的任務是，要繼續做好各方面的準備工作，確保香港的平穩過渡。他並指出，1999 年澳門也要回歸祖國，希望廣東繼續擴大對香港、澳門的開放，進一步在經濟、貿易、金融等方面加強與香港、澳門的往來與合作，促進共同發展，為保持香港、澳門的長期繁榮穩定作出更多的貢獻。

會後，江主席將他親手寫的"愛國熱忱，溢於詩賦；回歸盛事，共譜新篇"四句話交周南社長，再由周南轉交《香港香草詩集》。周南社長說，這四句話富有深意，就是慶祝回歸，共同譜寫新的篇章，這是具有深刻的內涵的，因為它的意思不單只是創繁榮，而且譜寫新篇章，這樣就充分概括了政治、經濟、文化等各個方面。《香港香草詩集》是由基本法起草委員會中的部分港區代表出版的，詩集已出了兩輯，第三輯還未出來，他們的主編人希望江澤民主席為他們寫一首詩，在第三輯內刊登。

◆ 中英聯合聯絡小組就香港政權交接儀式傳媒安排問題達成協議，並在會後發表通告，雙方商定委託香港政府受理各國各地區傳媒機構採訪交接儀式的申請。

3月6日

◆全國人大常委會秘書長曹志在人大會議上作“關於中華人民共和國香港特別行政區選舉第九屆全國人民代表大會代表的辦法（草案）”的說明。曹志介紹，香港特區應選第九屆全國人大代表的名額為 36 名。這是考慮到香港特區的特殊地位，並參照各省、自治區、直轄市應選全國人民代表大會代表的名額分配方案確定的。香港特區必須於 1998 年 1 月底以前選出第九屆全國人民代表大會代表。曹志說，將成立香港特別行政區第九屆全國人民代表大會代表選舉委員會，在全國人大常委會的主持下選舉第九屆全國人大代表。而選舉委員會由香港特區第一屆政府推選委員會委員中的中國公民，以及不是推委會委員的香港特別行政區臨時立法會議員中的中國公民組成。這個辦法只適用於香港特區選舉第九屆全國人大代表。

3月7日

◆錢其琛副總理在記者會上回答了出席人大、政協兩會記者的問題，其中有關香港問題內容如下：（1）英國對臨立會的成立表示反對，並做出了過分的反應，是沒有道理的，也是不必要的。英方反對臨立會，對香港的平穩過渡毫無影響。現在離香港回歸僅剩一百多天，英國還是多做一點有利於香港平穩過渡的事，這對英國有好處，對中國有好處，對香港也有好處；（2）香港是一個國際城市，許多國家在香港有它的利益，所以他們很關心在香港的發展，這是可以理解的。但是如果說，有些國家認為，他們有權來干涉香港的事務，那就太過分了，外國沒有權利來干涉香港的事務；（3）關於民主黨能否參加人大代表選舉，錢其琛表示，凡是承認中國憲法，符合第九屆全國人民代表大會香港地區產生辦法的人員都可以參選，沒有限制。

3月10日

◆籌委會主任錢其琛向人大會議提交《全國人民代表大會香港特別行政區籌備委員會工作報告》，提請大會審議。錢其琛在報告中指出，籌委會成立一年來，工作取得了順利進展。目前香港的回歸大局已定，形勢令人鼓舞。籌委會下一階段的重要工作是抓緊制定特區第一屆立法會的具體產生辦法，以便在 1998 年早些時候進行特區第一屆立法會的選舉。錢其琛指出，香港有一些輿論對籌委會決定設立臨時立法會的權力表示質疑，實際上全國人大有關決定已規定，籌委會“負責籌備成立香港特別行政區的有關事宜"，設立臨時立法會屬於這個範疇。作為全國人大設立的一個權力機構，籌委會已被授權就籌建特區的有關事項作出決定，設立臨時立法會的有關權力已包含在授權之內。

3月11日

◆ 美國眾議院表決通過《香港回歸法案》（眾議院第七五〇號法案）。法案攻擊中國官方的一些行動和中國一些高級官員的言論，"反映出一種要損害香港目前和未來的自治水平的企圖"，聲稱香港回歸中國對美國國家利益和香港人民的利益關係重大。美國政府有責任確保美國的利益在過渡期間和過渡之後得到保護，並對確保香港人民的基本人權也得到保護一事表示關心。法案重申《1992年美國－香港政策法》的規定，美國總統在斷定香港自治程度與美國特定的法律規定不符的情況下，有權修改美國有關的法律，要求美國國務卿根據《1992年美國－香港政策法》的規定，定期向國會提交有關香港問題的報告時，每一份報告應包括如下內容：評估香港政府或中國政府，或在某種情況下它們兩方是否在雙邊協議或條約方面同美國政府合作；對香港政府機構是否將繼續同美國政府機構合作作出估計；對

香港政府是否維持香港良好的管理方式和法治作出估計；對香港政府是否維持香港關稅區的自治作出估計。

13日，中國外交部發言人就此發表談話說："美國國會有些人根本不瞭解香港的情況，不瞭解中國的香港政策，也沒有作必要的深入研究，卻通過所謂法案無端質疑中國1997年7月1日後是否會遵守中英聯合聲明，煽動對中國執行有關政策的誠意和決心的懷疑，並威脅說1997年7月1日後如香港的高度自治權和美政治經濟利益受損時美將採取措施改變有關作法。這種粗暴干涉中國內政的錯誤做法是我們堅決反對和絕對不能接受的。"他說："香港問題在1997年7月1日之前是中英兩國政府間的事，其後則是中國內政，任何外國政府和組織都無權干涉香港的事務。"他指出，在香港回歸大局已定、人心所向的形勢下，美國應該為香港的平穩過渡和長期繁榮穩定發揮積極作用，這不僅符合中國的利益，也符合美國的根本利益。

3月12日

◆ 全國政協八屆五次會議閉幕，通過了一項政治決議，表示"堅決支持我國政府為實現香港和澳門的順利回歸、保

持港澳地區的長期穩定繁榮所作的一切努力”，政協要為做好對香港恢復行使主權和中共召開十五大這兩件大事做出應有的貢獻。

◆財政司曾蔭權發表題為《持恆處變，平穩發展》的 1997/1998 年度財政預算。在審慎理財和還富於民的原則下，預算案提出了包括將多項主要薪俸稅免稅額提高約一成等八項減稅以及三項加稅建議。預算案預測新年度政府總收入為 2347 億元，扣除 2030 億元開支總額後，整體財政預算盈餘為 317 億元。特區政府成立時，財政儲備（連同土地基金在內）會達到接近 3300 億元，到 1997/1998 年度底會接近 3600 億元。新華社香港分社發言人表示，這份預算案是中英雙方經過充分、審慎磋商之後確定的，是切實可行的。“這份預算案港英政府只執行三個月，還有九個月要由特區政府執行，當然將來還要交臨立會審議。”

3 月 14 日

◆第八屆全國人民代表大會通過關於《政府工作報告》的決議。決議在談到香港問題時說：“會議強調，要認真做好香港政權交接的各項工作。我國對香港恢復行使主權後，將堅持‘一國兩制’的方針，認真執行香港特別行政區基本法，保證香港特別行政區享有高度的自治權，實行‘港人治港’，現行的社會經濟制度和生活方式不變。我們相信，‘一國兩制’一定會成功，香港一定能夠長期保持繁榮穩定。”此外，會議還通過了《中華人民共和國香港特別行政區選舉第九屆全國人民代表大會代表的辦法》和《關於全國人民代表大會香港特別行政區籌備委員會工作報告的決議》。

◆李鵬總理在八屆人大五次會議後的記者會上說，“最近英方有人說，7 月 1 日之後英方還要監督中英聯合聲明執行情況，我想是不現實的。因為 7 月 1 日以後，香港主權已經回歸，香港問題純屬中國內政。”

3 月 18 日

◆台灣“立法院”三讀通過《香港澳門關係條例》，除保障“九七”及“九九”後港澳居民原有的權益外，規定台灣應對安全自由受緊急危害的港澳居民，提供必要的援助；同時規定一旦港澳情況發生變化致此條例之施行危害台灣地區安全時，台灣“行政院”應請求“總統”停止此條例一部分或全部之適用。

《香港澳門關係條例》共 6 章，62 條條文。條例規定，"行政院"得在港澳設立或指定機構或委託民間團體，處理台港澳往來有關事務，非經主管機關授權，上述機構不得與港澳政府或它授權的民間團體訂定任何協議。

港澳居民非在台灣地區設有戶籍滿十年，不得登記為公職候選人、擔任軍職及組織政黨；對在英國、葡萄牙結束港澳治理前取得華僑身份的港澳居民，這項限制縮短為一年。

在交通運輸方面，條例規定"中華民國"船舶、民用航空器得依法令規定航行港澳；港澳船舶、民用航空器也可依法規航行到台灣地區，但有危害台灣地區的安全等情形，"交通部"或有關機關得予以必要的限制或禁止。

經貿、金融部分，條例中明訂台港澳經貿採直接方式，但因情勢以致影響台灣重大利益時，得由"經濟部"會同有關機關予以限制。港澳發行幣券在台灣的管理，得在維持十足發行準備及自由兌換的條件下，准用管理外匯條例的有關規定，為了維持金融市場的規定，"中央銀行"等單位得訂定辦法管理、限制港澳資金進入台灣。

◆ 中英聯合聯絡小組在倫敦舉行第39次會議。會後發表新聞公報稱：聯合聯絡小組討論了香港政權交接問題，包括檔案交接、政府資產、政權交接儀式等；與香港有關的國際權利與義務；香港民航；公務員問題；香港防務與治安；跨越"九七"的專營權、合約和重要基建工程；香港與有關國家之間的投資保護協定；香港與有關國家之間的移交逃犯協定；香港與外國對等承認及執行民商事判決問題；移交被判刑人協定；香港與外國刑事司法協助協定；法律本地化；法律適應化；聯合聲明有關 1997 年後在香港居留權條款實施問題；免辦簽證問題；滯港越南船民和難民問題。

這次會議在邀請國際嘉賓參加香港政權交接儀式的名單上取得一致意見。中英雙方同意，嘉賓名單主要包括與香港有密切關係的國家政府和國際組織代表。台灣人士是否會被邀請出席交接儀式，中方首席代表趙稷華表示，這是一個由中方自己決定的事情，英方已表示尊重中方這一立場。會議達成與香港有關的國際權利與義務法律包括：（1）香港與印尼、美國的民航協定；（2）香港和法國及美國的刑事司法協助協議；（3）移交被判刑人通報和審查問題;（4）香港和英國的雙邊協定問題;（5）海事公約法、移交被判刑人士法和外層空間法;（6）香港參加亞太民航局長會議的方式問題;（7）國際海事組織兩項公約的 1992 年議訂書擴大使用到香港。此外，會議討論了解放軍先遣人員提前駐港問題，但未能達成協議；討論了居留權問題，但沒有取得共識。會議還接觸聯絡小組未來角色問題，英方首席代表戴維斯強調三個作用：諮詢、磋商和監督。趙稞華則指出，這個問題中英聯合聲明附件早已列明，指出聯絡小組是聯絡機構，既不參與行政管理，也不監督政府。

3 月 20 日

◆ 英國外相里夫金德向國會提交香港政權移交前最後一份香港年報。報告說，香港的前景是好壞參半，隱憂重重。說中國 1996 年採取既不明智也不必要的行動，例如臨立會的成立和削減香港人權保障的建議，都會打擊人們的信心。人們憂慮聯合聲明中的一些承諾未會完全按預期的方式履行，人們憂慮中國對鄧小平 "一國兩制" 構思的承擔到底有多深。為消除上述憂慮，中國必須把昔日擁護並與英國商定載於聯合聲明內的原則付諸實行。報告重申不會與臨立會合作，或做出

任何有損本屆立法局地位的事情。報告又重申，英國決心繼續參與香港事務，包括在商業、經濟、文化和政治範疇的參與，其中一項重要的措施是通過聯合聯絡小組協助監察中國履行在聯合聲明中向英國所作的承諾，聲稱英國對香港在政治和道義上的承擔，將遠遠超過 2000 年。事實上，這些承擔還將超逾聯合聲明所規定的 50 年。香港政權移交後，英國將每六個月向國會提交一份香港情況報告，起碼至 2000 年 1 月 1 日止，還會將報告提交聯合國條約監察組織。

◆ 加拿大政府宣佈，從 7 月 1 日起持特區護照的港人，可豁免簽證入境在加逗留六個月，如有需要，可申請延期六個月。加官員表示，加已獲北京書面保證，將遵守現行加與香港 1996 年 11 月簽訂的諒解備忘錄，其中包括有權遣返觸犯加國法律的港人等事項。中國外交部、特區行政長官董建華、彭定康等分別發表聲明，對加做法表示歡迎。

3 月 21 日

◆ 香港回歸祖國倒計時 100 天前夕，新華社香港分社社長周南對記者表示，1997 年 7 月 1 日香港回歸祖國不僅是香港一個新紀元的開始，也是朝着實現

香港特別行政區第一屆行政會議的 15 名成員：董建
華、陳方安生、曾蔭權、梁愛詩、鍾士元、錢果豐、
鍾瑞明、方黃吉雯、李業廣、梁錦松、梁振英、譚
耀宗、唐英年、王䓪鳴、楊鐵樑

香港特別行政區臨時立法會在深圳舉行會議

祖國完全統一大業邁出的重要一步，標誌着國家統一和民族振興進入了新的階段。它將是中國以至世界近代史上的一件大事，我們滿懷信心迎接香港回歸祖國這一天的到來。周南回顧了從中英聯合聲明簽署以來香港走過的回歸歷程，認為這13個年頭經歷了風風雨雨，但香港現在的形勢比許多人預期的都要好。他説，目前無論是國際還是中國內地以至香港的形勢，都越來越有利於香港的平穩過渡，國際社會和香港市民對香港前途的信心日益增強，國際資本投入和移民回流不斷增加，説明他們用自己的行動對"一國兩制"方針投下了充滿信心的一票。儘管還會有一些噪音和某些外來干擾，但都影響不了香港實現平穩過渡的大局。

◆ 特區行政長官董建華委任行政會議三名成員與港府有關官員協助他制訂民生長遠政策。其中梁振英負責房屋問題，譚耀宗負責老人福利問題，梁錦松負責教育問題。董建華強調，這個安排屬於非正式架構內的工作，絕非部制或半部長制。

◆ 非洲國家納米比亞與中國政府簽署協議，容許特區護照持有人免簽證入境。

3月22日

◆ 臨時立法會舉行第三次全體會議，通過了"行政事宜工作小組職權範圍"、"議事規則工作小組職權範圍"、"議員個人利益登記"和"臨時立法會議員提供其須登記的個人利益詳情"等四項議案。

臨時立法會議事規則工作小組召集人周梁淑怡在臨時立法會大會上匯報該小組的工作進度，工作小組一致同意以下原則：為避免在7月1日凌晨時分出現法律真空的情況，臨時立法會應在7月1日藉三讀或確認程序，通過為確保香港特別行政區成立時得以正常運作所必不可少的法案，而該等法案的效力應追溯至1997年7月1日零時零分。對於採用何種立法程序，小組在徵詢過其他臨時立法會議員後提出二種方案：(1) 在1997年7月1日前完成審議立法提案的程序，並在1997年7月1日或該日後就有關法案進行整個三讀過程；(2) 在1997年7月1日前完成三讀法案的整個過程，並在7月1日確認已獲臨時立法會通過的法案。小組建議由行政長官決定具體的立法方式，並需向臨時立法會解釋其理據。

3月24日

◆ 國務院新聞辦、港澳辦日前公佈了"慶祝香港回歸祖國"專用標誌圖案。標誌圖案已經國家工商局核准註冊，只在內地使用，主要用於舉行慶祝香港回歸活動的正式場合，如慶祝大會、展覽會、文藝晚會等，亦可用於經過國務院新聞辦和國務院港澳辦批准生產的香港回歸紀念品上。國務院新聞辦、國務院港澳辦已委託五洲傳播中心管理使用"慶祝香港回歸祖國"標誌圖案的有關事宜。

3月25日

◆ 李鵬總理與到訪的美國副總統戈爾會談。李鵬總理重申，中國政府對香港的基本方針是一貫的，明確的，那就是香港回歸以後，將實行"一國兩制"、"港人治港"、高度自治，這個方針是不會改變的。戈爾認為，保持香港的經濟活力和長期繁榮穩定對於整個國際社會都具有十分重要的意義。會談後，兩國領導人出席了中美之間三個協議的簽字儀式，其中一個是美國保留在香港特區總領事館的協定。

3月26日

◆ 由中國文化部、國務院港澳辦公室、國務院新聞辦公室共同舉辦的《香港的歷史與發展》大型圖片展覽在香港展覽中心隆重舉行開幕禮，並將由27日起至4月1日一連七天在該中心展出。展覽分為四大部分："香港問題的由來"、"香港

社會的變遷"、"香港與祖國內地的密切聯繫"、"香港問題的解決"。出席圖片展覽開幕禮的嘉賓有：新華社香港分社社長周南、副社長張浚生，特區臨時立法會主席范徐麗泰，中華總商會會長曾憲梓等。

◆ 菲律賓政府宣佈給予特區護照持有人免簽證入境七天的待遇。菲外長表示，這一行動"顯示我們在中國收回香港後對香港前途充滿信心"。

3月27日

◆ 港府建築署為解放軍駐港部隊四個軍事重建項目（昂船洲海軍基地、鎗會山軍營軍事醫院、石崗軍營軍需倉庫、赤鱲角機場軍事運輸中心）舉行竣工典禮。

3月27日－3月28日

◆ 美國眾議院議長金里奇率領美國國會代表團訪港，分別會見了特區行政長官董建華、彭定康以及立法局議員和民主黨、自由黨等多個政黨和團體。金在美國商會午餐會上發表演講，他認為，如何處理香港回歸將是對中國管治能力及其在國際社會的道德操守的一次考驗，對將來的台灣問題、中美關係及中國在國際社會地位均有極深遠的影響。他指出，如果香港政權回歸中國後，中國意圖削弱港人享

有的自由度，便要承受不單在經濟上，同時亦是在政治上的後果。結束訪港後，金里奇率領代表團到北京訪問。28日，江澤民主席、李鵬總理和朱鎔基副總理分別會見了金里奇一行。29日，錢其琛副總理向金里奇一行介紹了中國政府對香港的政策，並指出，中國希望美國國會議員增加對香港實際情況的瞭解和認識，多做些有利於香港平穩過渡的事情，而不要起消極、干擾的作用。

<u>**3月28日**</u>

◆ 李鵬總理會見了特區行政長官董建華和將於7月1日就職的特區政務司司長陳方安生。李鵬總理在會見時重申，中央政府全力支持特區行政長官按照基本法的規定組建香港特區第一屆政府的各項工作，並對香港的平穩過渡、政權順利交接和保持香港的長期繁榮穩定充滿信心。他希望有關方面為實現這一目標繼續共同努力。他對董建華和陳方安生說：你們兩位擔子很重，中央人民政府充分信任你們，祝願你們成功。李鵬強調，香港將來會繼續扮演大陸與海外交往的橋樑角色，繼續保持現時的國際貿易和金融中心地位。董陳兩人表示，他們深知自己肩負重任，願為此竭盡全力。對中央政府的信任和重託，他們表示衷心感謝。

<u>**4月1日**</u>

◆ 美國國務院向美國會提交1997年度《美國－香港政策法報告》。報告指出，美國在香港有實質利益，但中國過去12個月來，在香港成立臨時立法會和廢除公民權利等法例的動作，都是影響美國利益及美港關係發展的。

11日，中國外交部發言人就美國國務院向美國會提交1997年度《美國－香港政策法報告》一事發表談話說，該報告無視香港回歸的大好形勢，懷疑中國政府在香港實行"一國兩制"方針的決心和誠意，對中國政府為確保香港平穩過渡而採取的必要措施進行無理指責。這是美國企圖插手香港事務、干涉中國內政的又一例證。發言人說，香港順利回歸，既符合中國內地和香港的利益，也符合包括美國在內的世界各國的利益。希望美國方面從中美關係的大局出發、從香港的繁榮穩定以及美國自身的利益出發，多做一些有利於香港平穩過渡和長期繁榮穩定的事，不要再在香港問題上說三道四、指手畫腳。

<u>**4月2日**</u>

◆ 中國紅十字會第六屆理事會第四次

會議通過三項與香港紅十字會有關的特別決議案:《關於接納香港紅十字會為中國紅十字會分會的特別決議》;《關於增補鄭棟材先生、林胡秀霞、董趙洪娉女士為第六屆理事會理事的特別決議》以及《關於修改(中國紅十字會章程)的特別決議》。前兩項決議將於 1997 年 7 月 1 日起生效。香港紅十字會將成為中國紅十字會的一個享有高度自治的地方紅十字會,其名稱為"中國香港特別行政區紅十字會",簡稱為"香港紅十字會(中國紅十字會分會)"。

◆ 中泰兩國簽署關於泰國保留在香港特別行政區領事館的協定。

4月3日

◆ 北京舉行基本法頒佈七周年座談會。全國人大常委會副委員長王漢斌、國務院新聞辦公室主任曾建徽、新華社香港分社社長周南、港澳辦副主任陳滋英等出席了座談會,並在會上發了言。與會者一致認為,基本法是一部具有歷史意義和國際意義的法律。他們表示要努力依照基本法把香港的事情辦好,使鄧小平的"一國兩制"偉大構想在香港特別行政區成功變為現實。王漢斌在發言中説,實施基本法,就要嚴格按照基本法的規定辦事。

其中至關重要的是要保證"一國兩制"、"港人治港"、高度自治的實現,保證香港特別行政區享有行政管理權、立法權、獨立的司法權和終審權。屬於香港特別行政區自治範圍內的事務,都要由香港特別行政區自行管理,凡是應由香港人自己作主決定的事情,都要由香港人自己作主,中央都不干預。他説,要保證全面貫徹實施基本法,要保證基本法不能輕易修改。基本法已經規定:香港特別行政區不實行社會主義制度和政策,保持原有的資本主義制度和生活方式,50 年不變;而且規定,"本法的任何修改,均不得同中華人民共和國對香港既定的基本方針政策相抵觸。"這就表明,中英聯合聲明中關於中華人民共和國對香港的基本方針政策已載入基本法,在 50 年內是不能修改的。

4月4日

◆ 香港基本法推介聯席會議舉行"香港的未來 —— 紀念香港基本法頒佈七周年研討會",來自內地和香港的專家學者及各界人士 400 多人參加。董建華為研討會致開幕詞,他指出,基本法是日後特區的憲制性文件,是特區各項政策的依歸。基本法與香港每一個市民都是息息相關的。他希望隨着回歸日的即將來臨,每一位市民都能夠充分認識基本法。

4月7日

◆ 江澤民主席會見法國國防部長米永和法國駐華大使毛磊時表示，經過認真研究，中國首先準備在 1997 年年底以前，簽署聯合國《經濟、社會與文化權利國際公約》。目前，中國有關部門正在對該公約有關國內立法進行研究。

4月8日

◆ 特區行政長官辦公室公佈，籌組特區所需預算總開支為 1,078 億港元，其中 7140 萬元由中央人民政府免息墊支，1997 年 7 月 1 日後由特區政府撥還。這些開支包括行政長官辦公室、行政會議和臨時立法會的預算開支。特區行政長官辦公室發言人表示，"這個財政預算已把 1996 年 12 月 16 日至今的支出，以及由現在起至 1997 年 6 月 30 日的預算開支計算在內。"

4月9日

◆ 特區行政長官辦公室公佈《公民自由和社會秩序》諮詢文件，就修訂《公安條例》和《社團條例》廣泛諮詢各界團體和人士的意見。諮詢文件強調，特區政府

會致力保障本港居民的人權和人身自由，履行基本法和適用於香港的國際公約的規定；不過，特區政府必須在公民自由與社會安定、個人權利與社會責任、私人利益與公眾利益之間求取平衡。諮詢期為三周，至 4 月 30 日。

4月11日

◆ 錢其琛副總理兼籌委會主任在北京會見了臨時立法會主席范徐麗泰。范徐麗泰匯報了臨時立法會由成立至今的工作。她在會見後表示，錢其琛表明將全力支持臨立會的工作，中央政府支持實現"港人治港"、高度自治。香港特區的立法工作，是香港特區自治範圍內的事務。他希望臨立會抱着獨創性的態度，放膽去做，相信臨立會一定會做得到。他又希望臨立會與行政長官辦公室互相配合，從而達致平穩過渡。

◆ 特區行政長官辦公室宣佈司法人員推薦委員會成員名單。委員會由八名人士組成，其中律政司司長為當然委員，包括：大法官黎守律、大法官陳兆愷、李志喜（香港大律師公會代表）、吳斌（香港律師會代表）、馮國經（貿易發展局主席）、陳永祺（香港付貨人協會主席）、鄭維健（香港聯合交易所主席）。所有任

命為期兩年，由 1997 年 7 月 1 日起至 1999 年 6 月 30 日止。委員會的職能是就下列事項向行政長官提供意見：司法職位空缺的填補；司法人員就服務條件提出的申述，而該申述又經由行政長官轉介予委員會；由行政長官轉介而對司法人員有影響的任何事項。委員會的首要工作是推薦香港終審法院首席法官的人選。終審法院首席法官將會是香港司法機構的首長，也是司法人員推薦委員會的當然主席。司法機構政務長將是委員會的秘書。

4 月 12 日

◆ 臨時立法會舉行第四次大會，通過香港特別行政區臨時立法會議事規則，規定臨立會將於 1997 年 7 月 1 日香港特區成立前，三讀通過成立特區必不可少的法律，以確保特區政府的正常運作。議事規則第六十五條列明，於香港特區成立前經三讀並獲通過的法案，須在特區成立後臨立會首次會議上，由負責法案的官員動議一項未經預告的議案，進行確認一條（或多條）法案的程序。該議案不容修正或辯論而付諸表決。會議又通過葉國謙提出的動議，將上次會議審議並原則通過的《議員個人利益登記》議案中提及的議員"從外國政府、組織或人士所收受或代表外國

政府、組織或人士所接受的款項、實惠或實利"必須登記，修改為"香港以外的政府或組織，或非香港永久性居民的人士所收受或代表上述政府、組織或人士所收受的款項、實惠或實利"必須登記。特區律政司長梁愛詩向臨立會提交《假日（1997年及 1998 年）條例草案》，並進行首讀和二讀。最後，大會通過有關"財務委員會、內務委員會及議員個人利益監察委員會的運作"的議案。

◆ 臨立會舉行財務委員會和內務委員會會議，選舉正、副主席。夏佳里和胡經昌當選財委會正、副主席；梁智鴻和葉國謙當選內委會正、副主席。

4 月 13 日

◆ 港澳辦發言人在北京全面介紹了有關香港居民的國籍和居留權問題的政策，下列六類人士是香港特別行政區永久性居民，享有香港居留權：

（1）在香港特別行政區成立以前或以後在香港出生的中國公民，在出生時或出生後，其父親或母親是在香港定居，即享有香港居留權；如果父母當中只有父親在香港定居，則該人須是其父親的婚生子女或獲確立婚生地位的子女。一名被發現遺棄於香港的具有中國血統的初生嬰兒，

如沒有相反的證明，可視為由一名已在香港定居的中國公民所生的婚生子女，也享有香港居留權。

發言人指出，"定居"是指一個人通常在香港居住並不受任何居留期限的限制，包括享有居留權的人和不受任何居留條件限制的人。

（2）在香港特別行政區成立以前或以後在香港通常居住連續七年以上的中國公民。中國公民在香港通常居住連續七年的時間計算方法，是在香港特別行政區成立之前或之後的任何時間的連續七年。

所謂"通常居住"，發言人指出，一個香港居民，如在一個時期內去香港以外留學或被派往香港以外工作，這段在外地的時間，也應計算在"通常居住"的時間內。但某些情況下在港居住的人不屬通常居住，例如，非法入境者、被法庭判決在港監禁或拘留的人、外來勞工和外籍家庭傭工等。

（3）第一、二項所列居民在香港以外所生的中國籍子女。無論是在香港特別行政區成立之前或之後，在香港以外出生的中國籍子女，只要出生時其父親或母親是具有香港居留權的人，該子女即享有香港居留權；如果只有父親具有香港居留權，則該子女須是其父親的婚生子女或獲確立婚生地位的子女。

（4）在香港特別行政區成立以前或以後持有效旅行證件進入香港、在香港通常居住連續七年以上並以香港為永久居住地的非中國籍的人。非中國籍人在香港通常居住連續七年的時間計算方法，是緊接該人申請成為香港永久性居民的日期之前的連續七年。非中國籍人還須按法定方式作出以香港為永久居住地的聲明，並在該聲明表格中如實申報能證明自己以香港作為永久居住地的個人資料。如在香港有無住所（慣常居所）；家庭的直系成員（配偶及未成年子女）是否通常在香港居住；在香港有無正當職業或穩定的生活來源；是否在香港依法納稅；以及任何其他有關的資料。入境事務處處長在審核這些資料時將按照該人的具體情況來處理，並有權在需要時要求申報人提供必要的證明文件和資料，申報人須對提供資料的真實性負責。

（5）香港永久性居民中的非中國籍人在香港特別行政區成立以前或以後在香港所生的未滿 21 周歲的子女。在香港出生的非中國籍子女，在出生時或出生後，其父親和母親如已根據上述第四項具有香港居留權，該子女在未滿 21 周歲前也可享有香港居留權；如果只有父親是根據上述第四項具有香港居留權，則該子女必須是其父親的婚生子女或獲確立婚生地位的子女。一名被發現遺棄在香港的非中國血統的初生嬰兒，如無相反的證明，可視為符合上述條件。根據本項規定獲得香港永久性居民身份的人，當其年滿 21 周歲時，需按照上述第四項規定取得香港特別行政區永久性居民身份；否則不繼續具有香港特別行政區永久性居民身份。

（6）上述一至五項所列居民以外在香港特別行政區成立以前只在香港有居留權的人。這類人須按法定方式作出一項聲明，表明自己在香港特別行政區成立以前只在香港有居留權，並對該項聲明的真實性負責。如果有理由相信作出該項聲明的人享有另一個國家或地區的居留權，該人須承擔舉證的責任。

關於在何種情況下會喪失香港居留權的問題，發言人表示，根據基本法的規定，香港特別行政區的永久性居民中，既有中國公民，也有非中國籍人。中國公民在取得香港居留權後，如不發生國籍變更，是不會喪失香港居留權的；如發生國籍變更，就需按基本法第二十四條第二款第（四）項對非中國籍人的條件來衡量，如緊接其國籍變更之前在香港特別行政區連續居住不滿七年，將喪失香港居留權。

基本法賦予具有外國籍的人享有香港居留權，是以其在港通常居住連續七年以上並聲明將香港作為永久居住地為條件的。為此有必要規定，香港特別行政區永久性居民中的非中國籍人，如在任何時間內連續 36 個月不在香港特別行政區居住，將會喪失香港特別行政區永久性居民身份；除非該人是只在香港特別行政區有居留權的人，或者是有正當理由（如就讀或派往香港以外工作）暫居香港以外並同香港仍保持密切聯繫的人。但如果一個只在香港特別行政區有居留權的人，在取得香港永久性居民身份以後又取得了另一個國家或地區的居留權，該人在取得另一國家或地區的居留權之後的任何時間內連續 36 個月不在香港特別行政區居住，也將會喪失香港特別行政區永久性居民身份。

當問到對 1997 年 6 月 30 日前已持有香港永久性居民身份證的人如何作出過渡安排時，發言人介紹了有關過渡安排的設想：

（1）在香港特別行政區成立前具有香港永久性居民身份的中國公民，其中包括，曾移居海外，但在 1997 年 7 月 1 日以後返回香港定居，而本人並未申報有外國國籍者。

（2）在香港特別行政區成立前具有

香港永久性居民身份的非中國籍人,如果他們在緊接 1997 年 6 月 30 日以前已在香港定居或返回香港定居;或在自 1997 年 7 月 1 日起的 18 個月內返回香港定居;或在緊接其返回香港定居之日前連續不在香港居住不超過 36 個月,仍為香港特別行政區永久性居民。

對於上述過渡安排中提到的 1997 年 7 月 1 日在香港定居,發言人表示,一個人雖有責任使入境事務處相信他在 1997 年 7 月 1 日在香港定居,但他不須當日身在香港。

發言人還表示,為了不影響因上述規定和過渡安排而喪失永久性居民身份的非中國籍人在香港的生活和工作,將賦予其香港的入境權,他們可以自由進出香港,並可以不受居留條件限制地在港生活和工作。

4 月 14 日

◆ 港澳辦主任魯平與特區律政司長梁愛詩舉行工作會議,除討論了居留權問題外,還就內地與香港仲裁判決的執行、中港民事案件司法文書送達程序、公證文件的認證,以及全國人大常委會香港特別行政區基本法委員會的成立等一系列問題進行了討論。魯平表示,特區永久性居民身份的問題必須在 7 月 1 日之前立法落實,現在時間緊迫,臨時立法會需要儘快進行有關立法工作。他強調,界定香港特區永久性居民和中國公民的定義屬於中國國籍法的範疇,不需要由英國人來界定。我們從來沒有將這個項目列入中英聯合聯絡小組的議題內,我們只是在專家層面上聽取他們的意見。梁愛詩會後表示,特首辦公室將根據港澳辦公佈的香港永久性居民身份政策的原則草擬有關法案,經行政會議確認後,就會儘快交臨立會審議。

◆ 新華社香港分社發言人就解決香港居民的國籍和居留權問題發表談話說:在 1997 年 7 月 1 日之前,就落實《中華人民共和國國籍法》和基本法第二十四條有關規定,以及全國人大常委會有關解釋和籌委會有關建議,儘快制定具體的法例,妥善解決香港居民的國籍和居留權問題,對於實現香港的平穩過渡是十分必要的。制訂有關法例完全是中國的內政。在首屆特區立法會產生之前,有關法例的制訂工作只能由臨時立法會負責。

◆ 中國與毛里求斯在北京簽署了中毛兩國政府關於毛里求斯保留駐港名譽領事館以及關於特區與毛里求斯互免簽證等四個協定。

4月15日

◆ 中英聯合聯絡小組中方代表處收到英方代表處的説帖，英方表示，就駐港解放軍第一批先遣人員提前進港安排，接受中方的建議，中方對此表示歡迎。而英方則宣佈，解放軍第一批先遣人員 40 人於 21 日進港。港府發言人説，先遣人員將由駐港解放軍副司令員率領。先遣人員的職務是為解放軍將來接管防務工作作好實際的準備，先遣人員將不會攜帶武器，亦不會享有任何特殊法律地位或聯絡小組的特權及豁免權。他們必須嚴格遵守香港的法律。先遣人員在軍營內可以穿着制服，但當他們離開軍營不用執勤時，便需穿着便服。7 月 1 日前，他們不會展示中華人民共和國或解放軍旗幟。

4月16日

◆ 新華社香港分社社長周南接受《新聞天地》雜誌社長卜少夫專訪時指出，中英爭論不是彭定康個人問題，而是英方政策改變所致。英方短視錯估中國。他説，這些年中英之間的爭論並不是一個個人的問題，而是英國政府的政策變化的問題。彭定康是這個變化的一部分，也可能在推行政策的時候，加入了某些個人的成分，但從總體上講仍應看作是個國家政策的問題。問題出在那裡呢？1982 年到 1984 年中英談判期間，我們也曾有過激烈的爭論，但最後還是按照互諒互讓的精神達成了協議。過渡時期開始時，雙方也還是有分歧，但是也能夠得到比較圓滿的解決。但是到了九十年代以後，情況有了變化，不是由於我們的原因，而是由於英國的當政者對中國的形勢發展作出了完全錯誤的估計。當時出現了兩件事，一個是"六四"風波，一個是蘇聯的解體。在這種情況下，英國當政者就認為中國的政府也會垮台，甚至認為中國政府能否支持到 1997 年還是一個很大的問題，他們因此就認為是有機可乘了。這是有文字證據的，當年的英國議會外交委員會的一份報告中就寫下了這個想法。他們還説：有鑒於此，我們英國對於中國和香港的問題的政策"要有很大的靈活性"。他們説的"靈活性"指的是什麼？這個"靈活性"是外交語言，其含義就是想篡改甚至想推翻已達成的協議。遵守還是推翻中英之間已達成的協議，這是個重大的原則問題，中國政府向來説話是算數的，我們當然不能同意他們那樣幹。

他們的如意算盤是想把中英協議和基本法所規定的行政主導改成立法主導，並且通過他們單方面擬定的選舉方案來控制立法局。目的是在 1997 年之後，繼續保持他們的影響，操縱香港的政局。萬一天下有事，他們還可以把香港變成一個獨立或半獨立的政治實體。這個話也不是我說的。我認真地看過撒切爾夫人的回憶錄，她在談判之初就說：我們曾經打算把香港搞成一個另外的新加坡，但是她跟她的親近的助手們商量了以後，覺得此路不通。為什麼？因為中國有實力，講原則。他們還大幅度地修改了原有法律，目的也是要削弱未來特區政府的行政權力。

英國搞了這幾年，並沒有達到他們的目的。我們說你們早知今日何必當初呢！他們用很短視的方法去看問題，這些人不瞭解中國，也不想瞭解中國。其實英國不是沒有瞭解中國的人，有些中國通，有些人直接參加了中英談判，這些人曾勸告他們不要這樣搞，說這樣搞一定會碰釘子，但他們聽不進去，他們以為中國也像從前的弱小國家一樣，一壓就可以壓服了，因此接連不斷地打什麼國際牌、經濟牌、民意牌，但是中國就是不買這個賬。

他說，由香港的資本主義制度來“統一”全中國，對中國實行“和平演變”，那完全是某些西方勢力一廂情願的癡心妄想。中國人民決心建設有中國特色的社會主義，不會容許任何力量來改變我們自己選擇的制度。鄧小平先生也曾清楚地講過：我們講的不變不是一個方面的不變，而是兩個方面的不變。其中一個方面變了，都要影響其他方面。中國如果改變了社會主義制度，香港的繁榮穩定也會告吹的。我看如果還有人存在着以香港的制度來改變內地制度的打算，還是早些收拾起來為好。

◆ 中英土地委員會舉行第 34 次會議，批出 7 月 1 日政權交接前最後 98.76 公頃土地，其中 8.15 公頃作商業、住宅和工業用途。雙方商定的 1997 年 4 月 1 日至 1997 年 6 月 30 日的批地計劃中，私人機構參建居屋計劃、香港房屋協會和鄉村屋宇用地 4.45 公頃；公用事業、教育、福利、宗教、康樂和其他用途用地 1.42 公頃；特殊需求用地 84.74 公頃。中方代表陳榮春表示，土地委員會在過去 12 年來認真地履行了中英聯合聲明賦予的職責，將於 6 月 30 日解散，完成歷史使命後，會全數將中方代表依據中英聯合聲明受託管理、屬於特區政府部分土地收入的土地基金資產和人員移交特區政府，並會在 6 月 30 日土地基金結束後的三個月內提交一份結束賬目報告。

◆ 美國國務卿奧爾布賴特宣佈，她已決定接受中英兩國的邀請，代表美國出席

7月1日香港政權交接典禮。

4月18日

◆ 董建華舉行記者會，就《公民自由和社會秩序》諮詢文件、草擬居留權法案等問題回答了中外記者的提問。董建華強調，修訂《公安條例》和《社團條例》，首先是為了避免法律真空，第二，修改上述條例，有幾個基本的考慮：一要符合《基本法》、香港的《人權法》和《公民權利和政治權利國際公約》；二要保持香港現有的自由，包括遊行集會自由、言論自由，這是香港的成功因素之一。另外還有一個考慮是，希望社會能達到共識，香港的政治團體不要受到外國的影響，包括政治取向也不要受到外國的影響。這對香港的平穩是重要的一環。還有希望在個人權利和社會秩序之間獲得很好的平衡。還有，這些修訂絕對不是針對任何人或任何團體的。關於“國家安全”概念問題，董建華明確指出，“國家安全”的概念根據聯合國的有關國際公約，規定得很清楚，是指“領土完整、主權、國家獨立”，不是單指香港的，而是指整個中國的。香港在 1997 年 7 月 1 日就要成為中國的一部分，“國家安全”就是中國的一部分。這個定義很清楚是由聯合國界定的，也可以由香港的法庭作具體的解釋。他説，“國家安全”這四個字，在國際公約、在香港的《人權法》第十七、十八條都提到，事實上我們就是從這些法例中拿出來放進《公安條例》。“國家安全”是一個民主社會架構內的國家安全，而且依照普通法，以香港的法庭為主去處理的。提到居留權法案問題，董建華説，制定永久性居民的法例，是特區政府必須做的事情。中國公民的定義，應由中國政府給予清晰的界定。所以由臨時立法會處理是正確的。他希望港英政府在這方面儘量幫忙。他説，港府答應過會給我支持，希望他們履行這個諾言。他在談到港台關係時説，台灣同香港同內地的關係，在文化、經濟、財經及人員往來等方面，我們希望比以前做得更好。但如果涉及到國家獨立，如果台灣講獨立的事情，我認為香港人包括我在內，絕對不可以容忍和接受。

4月19日

◆ 英國《周日時報》報道，7 月 1 日香港政權移交之後，英國的情報人員不會疊起雙腿休息。部分特工仍將在重重掩護下工作，其餘則轉移到其他遠東地區的監聽站。報道指出，表面上，英國已在結束香港的間諜作業，政府的通訊網

GCHQ 拆除了設在赤柱的衛星站，事實上，GCHQ 的作業已轉移到澳大利亞西部的監聽站繼續積極進行。此外，GCHQ 和海外情報單位 MI6 已加強它們在馬來西亞、泰國和南韓的作業，MI6 並由倫敦總部增派人員到這些新工作站。一旦香港政權移交完成後，派往這些工作站的人員還會增加。這家報紙又說，英國也將與美國合作加強利用人造衛星，拍攝照片並截聽香港與中國大陸間的秘密通訊。為了確保繼續自香港取得情報，除了在新的英國領事館設立據點，GCHQ 和 MI6 也已在香港建立廣泛的情報網，其中包括特工人員和安裝在電腦和大廈中的竊聽器，繼續截取情報。

4 月 21 日

◆ 解放軍駐港部隊首批先遣人員 40 人，在副司令員周伯榮少將率領下進駐香港。他表示，先遣人員將充分利用未來的 70 天時間，為駐港部隊在 7 月 1 日正式接管香港防務做好一切必要的準備。他希望英方給予積極的配合和支持，共同為防務的交接作出努力。駐港英軍司令鄧守仁少將對解放軍駐港部隊先遣人員表示歡迎，他說，駐港英軍將竭盡所能為解放軍駐港部隊的準備工作提供協助，希望雙方

建立良好的關係。28 日，周伯榮與董建華會面，作禮節性拜訪。

4 月 24 日

◆《文匯報》引述中英聯合聯絡小組中方代表處消息：根據《關於香港外匯基金交接安排的會議紀要》，中英雙方通過招標的方式，共同選定羅兵咸會計師事務所負責審核香港外匯基金截止 1997 年 3 月 31 日及 6 月 30 日的資產和負債數目。

4 月 25 日

◆ 中國和緬甸兩國政府簽署了關於緬甸保留在香港特別行政區總領事館的協定。

◆ 美國駐港總領事包潤石表示，美國政府將來會為香港特區護照持有人簽發入境簽證，簽發手續與當局現時給予英國國民（海外）護照（BNO）及英國屬土公民護照（BDTC）持有人的做法一樣，申請一經批核，特區護照持有人同樣獲得為期十年的多次出入境美國簽證。人民入境事務處處長葉劉淑儀對美國國務院的決定表示歡迎，並表示美國公民在 7 月 1 日之後，仍可享有一個月免簽證入境本港的安排。

包潤石與葉劉淑儀會晤後表示，由

1997年4月21日,中國人民解放軍駐港部隊首批先遣人員進駐香港。這是英國駐香港三軍司令鄧守仁少將歡迎解放軍駐港部隊副司令員周伯榮少將。

香港婦女界祝賀梁愛詩榮任香港特區律政司司長

於香港市民申請美國入境簽證的被拒絕率平均達 7%，較美國政府訂出不多於 2% 的底綫為高，故此美國不考慮給予本港特區護照免簽證安排。他又表示，特區護照符合美國移民法中旅遊證件的定義，故此，本港市民不論目前持有的是英國國民（海外）護照或是英國屬土公民護照，都可以在獲發特區護照後申請美國入境簽證，至於現時持有香港身份證明書（CI）的香港人，申請美國簽證的辦法亦會維持不變。

被問及美籍港人在 7 月 1 日後進入香港，入境時又沒有填報美國國籍，有關人士是否仍可享有美國領事保護權時，包潤石並無正面回應，只強調有關人士亦要遵從已入境地方的法例，並且要視乎當地政府如何註釋有關人士的國籍，但他承諾，美國政府在有需要時會儘量為他們提供協助。

4 月 27 日

◆ 應廣東省省長盧瑞華的邀請，董建華與特區律政司司長梁愛詩、行政長官辦公室主任羅范椒芬等一行六人到廣州與廣東省委書記謝非和盧瑞華進行會晤。港澳辦副主任陳滋英也專程由北京到廣州出席了會晤。會晤中，雙方除討論了經濟、邊境管理等問題外，還深入探討了非法入境小童等問題。謝非等強調，1997 年 7 月 1 日之後會嚴格按照基本法來處理廣東與香港的關係。

4 月 28 日

◆ 正在美國訪問的錢其琛副總理同美國國務卿奧爾布賴特會談，錢其琛向奧爾布賴特介紹了中國政府對香港的"一國兩制、港人治港"的政策。他指出，確保香港的平穩過渡和長期繁榮穩定，不僅符合中國自身的利益，也符合包括美國在內的世界各國在香港的利益，希望各國理解中國政府的這一政策，不要在香港問題上製造困難。奧爾布賴特說，她將會很高興地出席 7 月 1 日在香港舉行的交接儀式，美方認識到香港回歸是中國歷史上非常重要的一件大事。美方相信中國關於"一國兩制"、"港人治港"政策不會有變化。在兩國外長會面後，美國國務院發言人向記者表示，中美兩國初步取得協議，讓美國軍艦於 7 月 1 日之後，繼續使用香港港口。

30 日，錢其琛會晤了美國總統克林頓。克林頓會後說，錢其琛這次訪問令他放心，即香港在 7 月 1 日回歸中國後，香港可保持自治。他說，"我對他所説感到相當滿意。我希望這反映了中國的政策。""他向我保證，中國將遵守 1984年他們與英國達成的協議條款，而這美國是支持的。"

4 月 30 日

◆ 特區行政長官辦公室發表《公民自由和社會秩序》諮詢文件為期三周的諮詢活動結束。到 30 日下午，一共收到意見書超過 4000 份，約 600 份來自團體，逾 2300 份來自個人，經互聯網的約有 200份。諮詢期內，董建華、特區律政司司長梁愛詩、行政長官辦公室統籌局局長孫明揚以及其他高級官員，共會見了約 70 個團體。行政長官辦公室發言人說，"行政長官辦公室將分析和考慮接獲的建議，然後才擬定條例草案。"

5 月 1 日

◆ 董建華接受美國有綫電視新聞網絡記者訪問時表示，學會與北京合作，對香港而言是十分重要的。從長遠來看，香港的利益與中國大陸的利益是一致的。當然，短期來看，香港的利益與中國的利益確有差異，作為行政長官，將會以照顧 650 萬香港市民的利益為己任。而在處理分歧時，我將會磋商解決問題，而不

會公開對抗。他說，受過良好教育，實事求是，有着清醒頭腦的中國新一代領導人，有能力引領中國邁向現代化的二十一世紀。他堅信中國領導人會落實"一國兩制"的方針。董建華還駁斥了"民主大倒退"論調。他說，在長達 155 年的英國殖民統治下，由英國派來的總督擁有最高決策權，香港人並沒有選舉權和事前諮詢的權利，而只有到了"九七"，才標誌着香港人第一次擁有選舉自己行政長官的權利。

5 月 2 日

◆ 英國工黨以壓倒性贏得大選，黨魁布萊爾出任首相。梅傑宣佈辭去保守黨黨魁職位。5 日，英國新任外相庫克就香港問題發表談話強調，工黨政府的其中一個優先項目是香港按照中英聯合聲明成功過渡；工黨政府會延續英國政府一貫對香港政策，港人可以相信，英國政府會繼續致力香港成功過渡；英國政府會致力維護香港的福祉，特別是港人現時享有的法治、人權和自由。

中國外交部發言人 6 日表示，中國注意到英國新政府包括新首相表示要同中方密切合作，保證香港的平穩過渡，中方對此表示歡迎。中方認為，中英雙方今後

應在香港問題上密切合作，其中主要是應
遵守中英聯合聲明的一些原則和精神。希
望英方能同中國進行很好的合作。

22 日，錢其琛副總理在籌委會第九
次全體會議上致開幕詞表示，中國歡迎英
國首相布萊爾所表示的"香港應成為英中
之間的橋樑而非障礙"的願望，並期待着
英國新政府在香港政權交接前的最後階
段，與中方切實加強合作，確保香港政權
的順利交接和平穩過渡，從而為建立中英
兩國的長期友好合作創造條件。

◆ 台灣"行政院""大陸委員會"港
澳處處長厲威廉宣佈，在 7 月 1 日香港
回歸之後，"大陸委員會"是港澳工作的
主管機關，"陸委會"將設置"香港事務
局"負責統籌所有駐港機構。"香港事務
局"分為聯絡、綜合、新聞、服務和商務
五個組，各個主管事務機關仍然對各有關
組別進行業務督導，但對於統合或者工作
協調，例如駐港的主管和相關政府機關涉
及港澳的預算，要經過"陸委會"的審
查。"香港事務局"的工作包括：加強對
港澳情勢研判的能力、促進台港交流與
合作及增強在香港當地的服務功能。22
日，台灣"行政院"通過"香港事務局"
組織規程。

◆ 臨時立法會舉行全體會議，行政長
官辦公室主任羅范椒芬提交《國旗及國徽
條例草案》和《區旗及區徽條例草案》，
進行首讀和二讀。羅范椒芬並提出動議：
"本會支持 1997 至 1998 年度過渡期預算
案"。她指出，這是中英雙方本着衷誠合
作的精神和積極務實的態度，合作編制的
預算案，是一份審慎、穩健、兼顧各方面
利益的預算案，對香港未來的經濟發展、
民生改善，發揮積極作用。此外，會議還
動議採納臨立會議事規則英文本。

◆ 前行政局議員鄧蓮如在倫敦接受
香港傳媒訪問時對保守黨政府不同特區行
政長官董建華合作，不肯協助草擬有關特
區居留權條例提出批評。她說，英國政府
到現在距離香港回歸只剩下不到兩個月的
時候仍不與特區政府合作，這對董建華不
公平。她說，英國政府應該接受臨時立法
會的事實，同董建華合作。她相信工黨上
台，中英關係將會修好。在 4 月下旬，
鄧蓮如在英國皇家國際事務學會發表演講
說，她對董建華領導的特區候任班子有絕
對的信心。她說，英國不可能阻止香港回
歸祖國，她相信，只要跟從鄧小平首先提
出的"一國兩制"原則，香港便會取得
成功。

1997年

5月4日

◆ 中國和馬爾代夫兩國政府簽署關於馬爾代夫和香港特區互免簽證的協定，雙方還就馬爾代夫保留在香港特區的名譽領事館一事換文。

5月6日

◆ 江澤民主席在中共中央舉辦的《"一國兩制"與香港基本法》法制講座發表重要講話。他說，保證香港的平穩過渡和香港回歸的長期繁榮穩定，關係到香港同胞的切身利益，關係到中華民族的根本利益，也關係到亞洲以至世界的和平與發展。我們一定要把這件事情辦好。關鍵是要堅定不移地貫徹執行鄧小平提出的"一國兩制"的偉大構想，堅定不移地貫徹執行"港人治港"、高度自治的方針，堅定不移地貫徹執行基本法。他強調，依法治港，是我們實施依法治國的重要組成部分。維護基本法的權威，就是維護國家法制的權威，是全國人民的共同責任。他指出，要貫徹落實好基本法，首先要學習和瞭解基本法。全國人民都需要認真學習基本法。他強調，基本法是一部全國性的法律，不僅香港要嚴格遵守，各省、自治區、直轄市都要嚴格遵守。他要求廣大幹部特別是中央各部門和各地的負責人，一定要認真學習鄧小平關於香港問題的重要論述和中央的有關指示，充分認識貫徹執行基本法的重大意義，為確保香港的順利回歸和長期繁榮穩定而積極努力。

◆ 董建華接受《亞洲華爾街日報》訪問時說，修訂公安及社團條例，是要防止香港日後成為國際勢力對抗中國的基地。他表明，在7月1日後，特區政府會禁止鼓吹台灣、香港、西藏獨立的抗議活動，因為這些活動是分裂國土，涉及國家主權的事。他指出，禁止香港政黨接受外國勢力的捐款，也是避免本港成為外國勢力對付中國的基地。

◆ 中國駐摩洛哥總領事覆函給摩洛哥國務大臣，中國同意摩洛哥保留在香港特區的名譽領事館。

5月7日

◆ 應錢其琛副總理的邀請，董建華到北京與錢其琛和港澳辦主任魯平會面，就特區第一屆立法會的組成、"九七"後各國領事館在香港的安排、外國人來港簽證以及草擬新的社團條例和公安條例等關乎過渡期的事務交換了意見。董建華當天晚上返回香港時表示，有關特區第一屆立法會的產生辦法，籌委會有權作出任何決定。但他個人傾向籌委會有較寬鬆的安排，可以讓特區政府和港人作最後決定。

5月9日

◆ 江澤民主席接受美國有綫新聞電視
網絡記者訪問時說，我們已經頒佈了基本
法，香港回歸後，香港居民享有的各種權
利和自由將會依法得到保障。如果沒有外
來勢力的干預，我們堅信"一國兩制"、
"港人治港"、高度自治，是一定會順利
進行的。

5月10日

◆ 臨時立法會舉行全體會議，首次三
讀通過《假日（1997年及1998年）條
例草案》。這是臨立會通過的第一條特
區法例。這一法例將於7月1日經臨立
會確認後，交行政長官簽署生效。《假日
（1997年及1998年）條例》規定，1997
年下半年的假期，撤消"8月最後一個星
期一之前的星期六"，及"重光紀念日，
即8月最後一個星期一"這兩天指定假
期，而以香港特區成立及翌日（7月1日
及2日），抗日戰爭勝利紀念日（8月18
日），國慶日及翌日（10月1日及2日）
等5天假日取代。至於1998年的假期，
除星期日外，維持全年公眾假期共17天
的安排，但撤消其中4天假日，即英女

皇壽辰、英女皇壽辰後第一個星期一、
8月最後一個星期一之前的星期六及重光
紀念日，而以特區成立紀念日、抗日戰爭
紀念日、國慶日及翌日取代。另外，法例
建議將《僱傭條例》所訂的法定假日，增
加特區成立及翌日、國慶日等三天為法定
假日。

5月14日

◆ 董建華就土地基金將來的管理安排
作出決定：在特區成立時，土地基金將成
為特區財政儲備的一部分，由特區財政司
司長曾蔭權負責管理土地基金。土地基金
初期會在財政司司長指導下，由香港金融
管理局管理，並獨立在外匯基金之外。土
地基金現行投資策略大致上維持不變。土
地基金現職人員將獲金融管理局聘用，確
保管理的延續性。

行政長官辦公室發言人表示，按照
香港特區土地基金信託聲明書的規定，
在特區成立時，行政長官將委任財政司
長曾蔭權為收存及持有土地基金的公職人
員。財政司司長將於1997年7月1日成
立諮詢委員會，就土地基金的投資策略和
管理向他提供意見。財政司司長是該委員
會的主席，副主席是金融管理局行政總裁
任志剛和土地基金秘書處行政總裁鍾瑞

明。鍾瑞明將在 7 月 1 日後辭任土地基金秘書處行政總裁。發言人説，"上述安排使特區政府能夠考慮決定有關包括土地基金在內的財政儲備的長遠投資策略。此外，這也不會對土地基金或外匯基金的財政儲備現行管理安排造成不必要的干擾。"財政司司長曾蔭權、金融管理局行政總裁任志剛、土地基金秘書處行政總裁鍾瑞明分別發表聲明，歡迎董建華的上述安排。

◆ 中英聯合聯絡小組就解放軍駐港部隊第二批和第三批先遣人員進駐香港的有關安排達成協議。第二批 66 人 5 月 19 日抵港，第三批也是最後一批 90 人 5 月 30 日抵港。港府發言人説，"和第一批先遣人員的情況一樣，未來兩批解放軍先遣人員將不會攜帶武器，亦不會享有任何特殊法律地位或中英聯合聯絡小組人員的特權及外交豁免權。"

◆ 中國和馬來西亞兩國政府就馬來西亞保留香港特區領事機構進行了換文。

5 月 15 日

◆ 經過廣泛諮詢後，行政長官辦公室正式公佈《公安條例》和《社團條例》修訂草案的最後版本。兩條條例將於 17 日提交臨立會審議。行政長官辦公室統籌局長孫明揚説，市民大多支持建議修訂所基於的三項原則，即：（1）公民自由和社會秩序之間必須取得恰當平衡；（2）任何法例修訂，必須符合基本法和《公民權利和政治權利國際公約》的規定；（3）避免外國政治力量干預本港的政治活動。修訂草案主要建議包括：法例將清楚訂明"國家安全"的定義，即"維護中華人民共和國的領土完整和獨立自主"；當局將向警務處處長發出行政指引，使在考慮引用"國家安全"為理由時，必須與"民主社會所需的"標準一致；法例將清楚界定"政治性組織"的定義；"外國政治性組織"定義中的"國際政治性組織"的概念被刪除；對外國捐款的限制中有關"外國人"和"外國組織"的提述被刪除；法例中有獨立條文訂明禁止台灣政治性組織的財政資助；警務處處長可在特殊情況下，酌情接納少於 7 天的公眾遊行通知期，原先建議的最少 48 小時前通知的規定被刪除等 11 項修訂。

◆ 中法兩國政府在北京舉行關於法國保留駐香港特區總領事館的換文簽字儀式。

◆ 日本政府宣佈承認香港特區護照，及給予特區護照持有人享有等同英國國民（海外）護照持有人的簽證優惠，即特區護照持有人可以獲一年有效期的多次出入境簽證。

◆ 中國外交部發表公告説：中國政府恢復對香港行使主權後，為便利香港特別行政區同世界各國和地區人員往來，從1997年7月1日起，目前可免辦簽證進入香港的國家和部分地區的人員進入香港特別行政區旅遊或從事短期經貿活動，原則上繼續給予免辦簽證待遇。給予免辦簽證待遇的國家和地區及具體辦法，將由香港特別行政區政府決定並予公佈。

5月17日

◆ 臨時立法會舉行全體會議，行政長官辦公室統籌局局長孫明揚向會議提交了《1997年公安（修訂）條例草案》、《1997年社團（修訂）條例草案》、《1997年市政局（修訂）條例草案》、《1997年區域市政局（修訂）條例草案》和《1997年區議會（修訂）條例草案》，並進行了首二讀。

5月19日

◆ 中國和巴基斯坦兩國政府簽署巴基斯坦保留在香港特區名譽領事館的協定。

5月20日

◆ 籌委會法律小組舉行會議，討論了基本法附件三中在香港實施的全國性法律的增減問題。小組同意基本法附件三應增加以下五條全國性法律：《中華人民共和國國旗法》、《中華人民共和國領事特權與豁免條例》、《中華人民共和國國徽法》、《中華人民共和國領海及毗連區法》和《中華人民共和國香港特別行政區駐軍法》。相應地，目前列於基本法附件三的《中央人民政府公佈中華人民共和國國徽的命令》（附：國徽圖案、説明、使用辦法）可以刪去。小組準備將上述意見提交籌委會，並建議全國人大常委會在香港特別行政區成立後，根據基本法第十八條規定，在徵詢其所屬的香港特區基本法委員會和香港特區政府的意見後，對基本法附件三作出增減決定。

◆ 特區行政長官辦公室宣佈，候任司法人員推薦委員會一致推薦李國能律師出任香港特別行政區終審法院首席法官。這項推薦已獲得行政長官董建華的接納。正式的推薦將於7月1日該委員會的任命根據基本法第八十八條正式生效時，正式向董建華提出。24日，臨時立法會全體大會一致通過由特區律政司司長梁愛詩提出的動議，支持委任李國能出任香港特別行政區終審法院首席法官。

5月21日

◆ 巴基斯坦政府宣佈承認香港特區護照，並可免簽證入境旅遊。

5月22日

◆ 錢其琛副總理宣佈，外交部駐港機構的籌組工作業已完成，機構名稱是"中華人民共和國外交部駐香港特別行政區特派員公署"。公署將於1997年7月1日特區成立時正式運作。同一天，外交部發言人說，公署的主要職責是：受中央政府的委託，處理中央政府授權的各項涉及外交問題的事項。6月5日，外交部發言人宣佈，中央人民政府任命國務院新聞辦公室副主任、前駐英大使馬毓真為特派員。

◆ 中國外交部發言人說，至今為止，絕大部分已經在香港設有領事機構的國家已經同中國政府就有關保留他們駐香港特別行政區的領事機構的問題達成協議。部分國家已經將他們1997年7月1日之前及之後連續在任的駐香港特別行政區的領事機構的館長人選及簡歷送到了中國外交部。為確保上述國家駐香港領事機構的館長從容、順利地執行職務，中國外交部從5月19日起陸續為一些國家駐香港領事機構的館長頒發了領事證書。

◆ 澳大利亞政府宣佈承認香港特區護照，給予特區護照持有人與英國國民（海外）護照持有人同等待遇，即合資格者可獲發一年的多次入境商務或旅遊短期逗留簽證。

5月22日－5月23日

◆ 籌委會在北京舉行第九次會議，錢其琛主任致開幕詞和閉幕詞。會議討論通過了《中華人民共和國香港特別行政區第一屆立法會的具體產生辦法》、《全國人民代表大會香港特別行政區籌備委員會關於對〈中華人民共和國香港特別行政區基本法〉附件三所列全國性法律作出增減的建議》和《全國人民代表大會香港特別行政區籌備委員會關於香港特別行政區有關人員就職宣誓事宜的決定》。會後發表的新聞公報稱："會議指出，籌備委員會成立一年多來，完成了與籌建特別行政區有關的一系列工作，至此籌備委員會的任務已基本完成，為香港特別行政區的成立奠定了基礎。"

5月23日

◆ 新華社報道，1997年6月30日午夜，中英兩國政府將在香港共同舉行香

香港特別行政區律政司司長梁愛詩（左）
和終審法院首席法官李國能（右）

中英土地委員會中方代表辦事處於 1986 年 8 月 13 日正式宣告：成立 "香港特別行政區政府土地基金信託"（簡
稱土地基金）。土地基金成立時僅有 7 億多港元，但經過十多年的運作之後，截至 1997 年 6 月 30 日，總計
超過 1700 億港元（其中累積盈餘超過 400 億港元）。這筆由國家監督的土地基金，在 1997 年 7 月 1 日已全
部交給特區政府。圖為 1997 年 5 月 16 日，特區第一任行政長官董建華和新華社香港分社副社長張浚生在陳
榮春（左三）、吳亮星（左五）和莊偉剛（右四）三位土地基金受託人的陪同下，看望香港特區政府土地基
金秘書處人員。

1997 年 5 月 23 日，中國航天工業總公司
總經理劉紀原在人民大會堂將經過太空遨
遊的一面中華人民共和國國旗和一面香港
特別行政區區旗贈予香港特別行政區第一
任行政長官董建華。

香港各界婦女聯合協進會組織座談會，向
廣大香港婦女推介基本法。圖為林貝聿嘉
女士（右二）在主持會議。

港政權交接儀式，中英兩國政府將派出代表團。在香港政權交接儀式的同時，解放軍駐港部隊將於 7 月 1 日零時起擔負起香港的防務任務。

◆中國和斯里蘭卡兩國政府簽署關於斯里蘭卡和香港特區互免簽證的協定。

5 月 24 日

◆香港船東會代表與台灣海基會代表在台北會晤，根據一個中國的原則，就 1997 年 7 月 1 日後香港和台灣之間的船舶互航及進入對方港口的有關技術性問題進行了商談，並簽署了《港台海運商談紀要》。雙方共同商定：（1）在香港註冊的商船，自進入台灣港口至出港期間，在船艉旗桿，只懸掛香港特別行政區區旗；在船舶主桅桿，暫不懸掛旗，待雙方協商確定後再行懸掛；（2）在台灣登記的商船自進入香港港口至出港期間，在船艉旗桿暫不懸掛旗，待雙方協商確定後再行懸掛；在船舶主桅桿也暫不懸掛旗；（3）在兩地註冊（登記）的商船自進入對方港口至出港期間，還可懸掛各自的公司旗和信號旗。此外，在兩地註冊（登記）的商船增懸掛任何旗幟或變更上述旗幟，應由雙方協商確定。6 月 16 日，海協會和海基會互相換文，確認《港台海運商談紀要》自

1997 年 7 月 1 日起正式生效。

◆泰國政府宣佈承認香港特區護照，給予特區護照持有人免簽證入境 30 天的待遇。

5 月 26 日

◆中央軍委副主席張震在深圳考察解放軍駐港部隊。他勉勵部隊官兵周密細緻地做好各項準備工作，確保駐港部隊準時、順利進駐香港履行防務，為維護國家主權和香港繁榮穩定貢獻力量。他要求駐港部隊嚴格遵守基本法和駐軍法。要堅決依法治軍，認真執行條令條例，強化監督機制，抓好各項規章制度，加強部隊正規化建設。

◆中國和尼日爾兩國政府簽署尼日爾和香港特區互免簽證的協定。

◆中國和尼泊爾兩國政府簽署關於尼泊爾和香港特區互免簽證的協定。

5 月 27 日

◆土耳其駐港總領事宣佈，香港特區護照持有人在"九七"後進出土耳其，將可享有與英國國民（海外）護照持有人同樣的待遇。即持上述護照的香港人前往土耳其，抵達時將會獲發一本多次入境簽證，每次最多可在土耳其境內逗留三個

1997 年 5 月 24 日晚，北京工人體育館舉
行 "迎回歸，愛祖國" 萬人歌詠大會（上
圖），江澤民、李瑞環、劉華清、胡錦濤
等黨和國家領導人出席大會同北京各界群
眾歡聚一堂（下圖）。

月，有關簽證無須任何先決條件。

5月28日

◆ 中國和馬達加斯加兩國政府簽署協定，馬達加斯加保留在香港特區名譽領事館。

◆ 英國首相布萊爾及外相庫克分別會見了民主黨主席李柱銘。庫克明確表示，工黨政府不會在臨時立法會的問題上挑戰北京，不會採取國際法律行動。雖然工黨政府承認臨立會與中英聯合聲明有抵觸，但難以改變臨立會經已成立的事實。至於港府會不會挑戰臨立會的合法性，則是港府的問題。庫克強調，工黨政府處理香港問題，與保守黨政府的政策是一致的。

5月28日 – 5月30日

◆ 中英聯合聯絡小組在香港舉行第40次會議，會後發表新聞公報稱：會議討論了香港政權交接問題，包括檔案交接、政府資產、政權交接儀式等；與香港有關的國際權利與義務；香港民航協定；香港防務與治安；香港排污計劃；香港與有關國家之間的移交逃犯協定；香港與外國對等承認及執行民商事判決問題；移交被判刑人協定；香港與外國刑事司法協助協定；滯港越南船民與難民問題。

會後中方首席代表趙稷華表示，雙方就香港政權交接的有關問題，特別是政權交接儀式的問題取得重要進展，雙方經過磋商後，就儀式的總體安排包括邀請國際嘉賓的範圍，儀式現場的佈局和安排，以至儀式的具體程序方面達致共識。中方有信心，香港將會有一個隆重得體、標誌着香港平穩過渡的交接儀式。趙稷華還就下列問題闡述了中方的立場：（1）香港政府資產和檔案移交問題仍未解決，在這次會議上也未有取得進展。中方認為這兩項問題是香港政權交接不可缺少的組成部分，有關的移交方式和解決方法必須能體現中國對香港恢復行使主權，中方對英方在這些問題上沒有採取積極合作的態度表示失望。（2）關於滯港越南難民和船民問題。中方認為，由於這個問題的根源是英國在香港實施第一收容港政策，所以中方要求英方嚴格履行和承擔這個不可推卸的責任，將所有船民遣返。同時，英方亦應在帶頭接收安置滯港越南難民上作出更大的承擔。此外，中方敦促英方在7月1日前，與聯合國難民專員公署就償還港府的欠債問題作出具體安排。（3）關於居留權問題，雙方在立法程序上的分歧並沒有縮小，問題得不到解決。（4）關於聯合聯絡小組未來的作用問題，趙稷華重申不同意英方用"監察"這個詞形容聯絡小組的職能。因為根據中英聯合聲明的有關規定,聯絡小組不僅在 1997 年後,甚至在其整個存在過程中,它都只是一個聯絡機構,並不是權力機構。

5月29日

◆ 董建華接受香港傳媒訪問,強調了幾個問題:(1)中央很有決心執行"一國兩制"、"港人治港"、高度自治。這是國策,這是符合國家利益和民族利益的。香港人在維護"兩制"的同時,一定要加強國家觀念。國家觀念越強,就越能成功維護"兩制"。(2)要體現"國家安全"對香港十分重要。我們應站在整個香港乃至 12 億人民的立場看這個問題。英國距離香港很遠,不存在"國家安全"的問題。但香港或會危害祖國,人們應看到這是一個問題。"世界上有沒有人不希望中國強大?有沒有人希望香港'一國兩制'不成功?我認為有。我們要警惕。如果中國被孤立,'一國兩制'不成功,對香港來說是一個重大的打擊。"(3)籌委會關於第一屆立法會具體產生辦法的決定,給予特區政府很大的空間,是一項很明智的決定。第一屆立法會的產生辦法有三個原則:1. 希望所有的政治團體或政黨包括民主黨,都參加第一屆立法會的選舉;2. 制訂選舉辦法的最大考慮是香港人的長遠利益;3. 希望維持一個行政主導的政府。

◆ 加納和中國兩國政府簽署協議,從 7 月 1 日起,加納和香港特區護照持有人,可免簽證在各自領土進出境及過境。在這之前,兩國亦通過交換外交照會,同意加納駐香港特區名譽領事辦公室繼續運作。

◆ 韓國政府宣佈,給予香港特區護照持有人訪問韓國不長於 15 天的免簽證待遇。至於持身份證明書和英國國民(海外)護照者則在 7 月 1 日後仍維持現時的做法,即同樣享有受訪期不長於 15 天的免簽證待遇。

6月2日

◆ 董建華舉行"邁進回歸月答問會",接受香港六家電子傳媒訪問。他在會上發表講話,認為各界人士對香港前景有信心基於四點原因:第一,大家相信國家經過 20 年來改革開放大收成效之後,國家是不會走回頭路的。這半年來,國家領導人一再強調執行"一國兩制"的決心;第二,大家相信回歸後香港基本上一切不變;第三,相信香港人的幹勁、自強不息及善於應變的精神;第四,相信香港會得到國家龐大的資源和市場作後盾。

他說，7月1日開始是香港的新紀元。香港將以更驕人的成就踏入新世紀。屆時香港會是：一個自由、法治和公平的民主社會，有明確的路向和一致的目標，建立於平等機會和公平競爭的基礎上；一個日益富裕和富有愛心的社會，市民都受過優良的教育，有一個既鼓勵大家自力更生，又保障老弱無依的社會福利制度，使市民大眾都能安居樂業；一個真正的國際大都會而不單是亞洲最重要的金融、貿易、運輸、通訊及旅遊中心。我們放眼世界，對前景充滿信心；一個特別行政區，市民都為自己新的身份，和身為中國人而感到自豪，香港不但對中國現代化有重大貢獻，對中國在國際間建立領導地位也發揮作用。

◆特區行政長官辦公室宣佈7月1日慶祝香港回歸祖國以及香港特別行政區成立的官方慶祝活動安排。中華人民共和國國務院會邀請約4400名國際及本港知名人士，參加7月1日凌晨1時30分在香港會議展覽中心新翼三號大廳舉行的香港特別行政區成立暨特區政府宣誓就職儀式。香港特別行政區行政長官、主要官員、行政會議成員、臨時立法會議員、終審法院常設法官和高等法院法官會宣誓就

職。整項儀式大約為時45分鐘。1日上午10時，香港特別行政區政府會在三號大廳舉行特區成立慶典，出席嘉賓大約會有4600名。會上擬請國家領導人致詞，隨後，行政長官會宣讀就職演詞。接着，大會會進行數項儀式，包括特區土地基金的移交，以及由內地31個省、自治區、直轄市向特區政府致送禮品。儀式完成後，文化匯演便會隨即展開。下午4時至5時，特區政府會在會展中心大會堂舉行酒會，款待約5000名嘉賓。晚上9時至10時，香港市民將會在維多利亞港欣賞到由香港明天更好基金主辦的"萬丈光芒慶回歸"匯演。

◆港府交接儀式統籌處處長林瑞麟舉行記者會，公佈6月30日晚交接儀式及有關活動的詳情。交接儀式將於晚上11時30分在會展新翼大禮堂前廳舉行，共有4000名嘉賓出席。儀式將包括升降旗幟：午夜前英國國旗及香港旗將一同降下，午夜後中國國旗及香港特別行政區區旗則一同升起。中國和英國的軍方儀仗隊及軍樂團亦會在場，而中英兩國高層代表將會發表致詞。交接儀式將歷時30至45分鐘。之後，英方高層代表會按禮儀離開會場。威爾斯親王及港督會在交接儀式後從添馬艦東面的碼頭登上皇家遊艇不列顛

尼亞號離開。

在交接儀式之前，6月30日下午4時半許，彭定康將最後一次離開港督府，之前將舉行一項簡單儀式，屆時港督府的旗幟會在港督府正門徐徐降下。6時15分至7時30分，中區海旁添馬艦東面將舉行告別儀式，標誌英國結束管治香港。節目包括文藝表演。整個匯演象徵傳統的軍方日落儀式，屆時英國國旗及香港旗亦會降下。告別儀式完成後，出席的外國嘉賓與其他數千名嘉賓，會乘專車前往香港會議及展覽中心新翼大廳，參加晚上7時45分舉行的酒會。晚上8時15分左右，維多利亞港將燃放煙花，歷時約22分鐘。交接儀式前的晚宴約於9時15分在會展中心新翼第二禮堂舉行。宴會由英方負責。

林瑞麟說，邀請國際嘉賓出席交接儀式的請柬已經發出，包括40多個國家的部長和40多個國際組織的代表，絕大多數已表示會前來出席。迄今已有來自約750個新聞機構逾8400名新聞工作人員提出申請採訪。

6月5日

◆ 國務院第五十八次常務會議通過《國務院關於在香港特別行政區同時升掛使用國旗區旗的規定》。規定說，自1997年7月1日起，在香港特別行政區同時升掛、使用國旗和區旗時，按照下列規定執行：（1）凡國旗和區旗同時升掛、使用時，應當將國旗置於中心、較高或者突出的位置；（2）凡國旗和區旗同時或者並列升掛、使用時，國旗應當大於區旗，國旗在右，區旗在左；（3）列隊舉持國旗和區旗行進時，國旗應當在區旗之前。

◆ 中國和意大利在北京舉行了1997年7月1日後在香港特別行政區保留意大利總領事館協議的照會換文儀式。

6月6日

◆ 中國常駐聯合國代理代表王學賢就中國從今年7月1日起適用於香港的國際多邊條約向聯合國秘書長安南遞交了一份外交照會和首批適用於香港的24項國際多邊條約的清單。照會說，根據中英聯合聲明，中國從1997年7月1日起恢復對香港行使主權。自當日起，香港將成為中國的一個特別行政區，除外交和國防事務屬中央政府管理外，它將享有高度自治權。根據中英聯合聲明和香港特別行政區基本法，凡中國已經參加的國際協定，將根據香港的情況和需要，在徵詢香港特區政府的意見後適用於香港。凡中國沒有參加但已適用於香港的國際協定，仍可繼續適用。王學賢在照會中要求作為這些條約保存人的聯合國秘書長將中國政府的這一決定通知有關條約的所有締約方。在上述 24 項國際多邊條約中，10 項是中國已經參加的，其餘 14 項是中國尚未參加但擬繼續適用於香港的。

中國已經加入並從 7 月 1 日起適用於香港的條約包括：《1961 年麻醉品單一公約》、《精神藥物公約》、《防止及懲治滅絕種族罪公約》、《關於防止及懲處侵害應受國際保護人員包括外交代表的罪行的公約》、《反對劫持人質國際公約》、《承認及執行外國仲裁裁決的公約》、《1972 年集裝箱關務公約》、《關於登記射入外層空間物體的公約》、《聯合國班輪公會行為守則公約》和《保護臭氧層維也納公約》及 1987 年 9 月 16 日《關於消耗臭氧層物質的蒙特利爾議定書》和 1990 年 6 月 29 日《關於消耗臭氧層物質的蒙特利爾議定書的修正案》。照會指出，由於這些公約適用於香港特別行政區所產生的國際權利和義務將由中國政府承擔。

照會所涉及的中國尚未參加但已適用於並將繼續適用於香港的國際公約包括：《簡化海關手續國際公約》和簽約議定書、《關於進口教科文用品協定》、

《關於便利進口商業樣品和廣告材料國際公約》、《關於便利旅遊海關公約》及《關於進口旅遊宣傳資料和材料附加議定書》、《關於臨時進口私人車輛海關公約》、《關於臨時私用飛機、遊艇海關公約》、《關於臨時進口商用車輛海關公約》、《關於國際運輸中使用貨盤海關處理措施的歐洲公約》、《關於過境自由的公約和規定》、《關於國際性通航水道制度國際公約和規約》、《承認無海岸國家懸掛船旗權利宣言》、《國際海港管理制度公約和規約》、《關於消耗臭氧層物質的蒙特利爾議定書的哥本哈根修正案》和《道路交通公約》。

6月7日

◆ 臨時立法會三讀通過《1997 年市政局（修訂）條例草案》、《1997 年區域市政局（修訂）條例草案》、《1997 年區議會（修訂）條例草案》、《1997 年立法局行政管理委員會（修訂）條例草案》等四條草案。三條區域組織條例的修訂草案定明，授權行政長官委任兩個市政局議員各不多於 50 人，區議會議員不多於 40 人。人數分別比目前的兩個市政局和區議會各多 25%。議員任期最遲在 1999 年 12 月 31 日屆滿。條例草案規定，每名獲

委任的議員須先作出接受席位宣誓，然後才可執行議員的職務。宣誓必須擁護基本法和效忠香港特別行政區。行政長官辦公室政策統籌局局長孫明揚在會上指出，三條區域組織法案最重要的精神是：（1）保障平穩過渡；（2）確保現行市政局、區域市政局及區議會工作有高度的延續性；（3）更多專業人士及對社區建設有貢獻的人士可以參加區域組織的工作；（4）委任的方式及程序須簡單、清晰，以配合既定的時限。

會議還通過了由特區行政長官辦公室提出的財政預算案動議："本會支持1997 至 1998 年度過渡期預算案。"

律政司司長梁愛詩提出《1997 年人民入境（修訂）（第三號）條例草案》、《1997 年香港終審法院（修訂）條例草案》和《1997 年司法人員敘用委員會（修訂）條例草案》，並進行首二讀。

《1997 年人民入境（修訂）（第三號）條例草案》，主要是因應基本法內所保證的居留權而作出修訂，條例亦新增了為喪失居留權的人士訂定在香港入境的權利。基本法第二十四條對於特區居民的居留權和永久性居民的定義作出規定，而修訂現行《人民入境條例》，就是為了符合這些規定。在居留權方面，草案修訂了有關香

港永久性居民的規定，草案參考了國務院港澳辦公室在 1997 年 4 月 13 日公佈的詳情，草案規定有六類居民屬於在特區享有居留權的永久性居民：（1）在香港特別行政區成立以前或以後在香港出生的中國公民，而在其出生時或其後任何時間，其父親或母親已在香港定居。（2）在香港特別行政區成立以前或以後通常居於香港連續 7 年或以上的中國公民。（3）屬於第（1）或第（2）的香港特別行政區永久性居民在香港以外所生的中國籍子女，而在該子女出生時，其父親或母親是香港永久性居民。（4）符合下列條件的非中國籍人士 —— 在香港特別行政區成立以前或以後持有效旅遊證件進入香港；在緊接申請居留權之前通常居於香港連續 7 年或以上；以香港為永久居住地。（5）上述第四項的香港特區永久性居民在香港所生的未滿 21 歲的子女，而在該子女出生時或年滿 21 歲前任何時間，其父親或母親是第（4）項的永久性居民。（6）第（1）至（5）項的永久性居民以外在特區成立前只在香港有居留權的人。草案對"中國公民"、"定居"、"通常居於香港"等定義作明確規定，並說明通常居於香港的概念不會因為暫時不在香港而受到影響。同時，草案亦指出，以輸入家庭傭工身份、

在政府輸入僱員計劃下以領事館人員身份或以香港駐軍成員身份留在香港工作期間，不可計算為通常居於香港的時間，以取得居留權。草案同時規定將證明某人為中國公民或證明某些其他事項的舉證責任落在該人身上，並列出在某些情況下會喪失居留權。草案規定，在香港特區成立以前或以後享有居留權的人，如在特區成立以後喪失居留權，仍享有香港入境權，並不能施加任何逗留在香港的條件，及不得對他發出遣送離境令。另外，若有遞解離境令針對某人發出，則在遞解令有效期內，該人會喪失上述條文規定而具有的香港入境權。草案亦規定，被遺棄的初生嬰兒（年齡在 12 個月以下的幼兒），在沒有相反證據的情況下，將視為在出生時香港特區永久性居民所生的婚生子女。梁愛詩在會上指出，香港立法局正在審議中的《1997 年人民入境（修訂）（第一號）條例草案》，旨在取消英國人享有的入境特權。假如這條條例未能在 7 月 1 日之前通過，《人民入境條例》便要由特區再度修訂。

關於《1997 年香港終審法院（修訂）條例草案》，梁愛詩表示，基本法制訂了有關終審法院法官的任命，但《香港終審法院條例》中並無基本法的規定，所以需要修訂，草案的其他內容都是屬於技術性的字眼修改，把一些 6 月 30 日後不適用的字句適應化。

關於《1997 年司法人員敘用委員會（修訂）條例草案》，梁愛詩說，這個草案是為了能順利任命特區的首批法官而提出的。修改的內容使原條例中加上過渡條文，以確保有關推薦法院法官任命的工作，不會因為成員在作出推薦時仍未宣誓就職而受到質疑。

6月10日

◆ 中國常駐聯合國代理代表王學賢向聯合國秘書長安南再次遞交外交照會和中國擬於 1997 年 7 月 1 日起適用於香港特別行政區的國際多邊條約清單，共 16 項條約。這是中國向聯合國遞交的第二批適用於香港地區的國際條約清單。這 16 項條約中，6 項是中國已經參加的，其餘 10 項中國尚未參加但擬繼續適用於香港地區。王學賢在外交照會中要求作為這些條約保存人的聯合國秘書長將中國政府的這一決定通知有關條約的所有締約方。在遞交的清單中，中國已經加入並從 7 月 1 日起適用於香港地區的條約包括：《消除一切形式種族歧視國際公約》，《消除對婦女一切形式歧視公約》，《禁止酷刑和其他殘忍、不人道或有辱人格的待遇及處罰公約》，《兒童權利公約》，《聯合國禁止非法販運麻醉品和精神藥物公約》，《控制危險廢物越境轉移及其處置的巴塞爾公約》。

清單所涉及的中國尚未加入，但已適用於並將繼續適用於香港地區的十項國際條約是：《制止販賣白奴國際協定》，《制止販賣白奴國際公約》及 1949 年修訂議定書，《廢止奴隸制、奴隸販賣及類似奴隸制的制度與習俗補充公約》，《婦女政治權利公約》，《禁奴公約》及 1953 年修訂議定書，《制止販賣婦女及兒童國際公約》，《關於婚姻同意、結婚最低年齡及婚姻登記公約》，《關於無國籍人地位公約》，《禁止流通淫褻性刊物協定》及 1949 年 5 月 4 日修訂議定書，《禁止流通和販賣淫褻性刊物國際公約》及 1947 年 11 月 12 日修訂議定書。

6 月 11 日

◆ 新西蘭政府宣佈承認香港特區護照，自 7 月 1 日起給予特區護照持有人與英國國民（海外）護照同等待遇。

6 月 12 日

◆ 剛結束訪華的南非外交部副部長帕哈德在香港舉行記者會宣佈，南非與中國通過友好及建設性磋商，已達成有關香港問題的四項協議，它們將在雙方建立全面外交關係前生效。這四項協議為：(1) 從 1997 年 7 月 1 日至 12 月 31 日，暫時保留南非在香港的總領事館。(2) 從 1997 年 7 月 1 日至 12 月 31 日，暫時保留南非與香港之間的航空服務。(3) 將作出繼續保持南非與香港互免旅行簽證的行政安排。(4) 中國同意認可南非航空公司取道飛經日本的航綫。帕哈德指出，南非與香港互免 30 日簽證的安排將繼續保留，這不僅適用於英國國民（海外）護照和身份證明書（CI）持有人，1997 年 7 月 1 日後將同樣適用於特區護照持有人。

6 月 13 日

◆ 全國人大常委會授權外事委員會就歐洲議會通過對華關係決議發表嚴正聲明。聲明説，6 月 12 日，歐洲議會通過了《關於歐盟委員會對華關係長期政策文件的決議》。該決議用大量篇幅對中國的司法制度、民族宗教政策、國內經濟政策和對外關係等進行無理指責和誣衊，並在人權、西藏、台灣、港澳等問題上粗暴干涉中國內政。歐洲議會的決議毒化了中歐關係的氣氛，干擾了中歐關係的正常發展。人大常委會對該決議的反華叫囂表示極大憤慨。聲明說，再過十多天，中國將對香港恢復行使主權。這是我們完成祖國統一大業邁出的重要一步。兩年之後，澳門將順利回歸，台灣也終將回到祖國懷抱。中國人民早已站起來了，並堅定地走上了建設有中國特色的社會主義的康莊大道。歐洲議會某些人試圖按照自己的意志，通過施壓的辦法來改變中國，完全是打錯了算盤。中國的統一和富強是誰也阻擋不了的。

◆ 英國外相庫克以《香港作為中英之間一座橋樑，而非一堵圍牆》為題，在《泰晤士報》發表評論，講述新工黨政府對華政策。他承認，英國在香港和中國得到實質經濟利益，希望英國和中國建立更具建設性關係。他強調，新政府將盡其所能，在未來日子裡去證明，英國對香港前途是如何嚴肅地履行諾言。這種對香港所作承諾的論證，不單持續至本世紀末，還要進入下一紀元。他強調，他將陪同布萊爾前往香港。到時，他會向中國外長錢其琛指出，隨着中英聯合聲明正全面履行之際，香港應該是中英之間的橋樑，而非障礙。

◆ 英國上議院辯論香港問題，前港督麥理浩認為，英國要面對臨立會這個現實。況且，臨立會並非像一些傳媒所形容那樣，事實上臨立會內有 33 名現任立法局議員。他認為，公務員的過渡比立法局過渡更具意義。前外相傑弗里·豪認為不需要為臨立會擔憂，因為它只是臨時的。他強調，香港居民的自由與權利，受到基本法第二十六條保障。前行政局首席議員鄧蓮如批評某些海外傳媒把香港回歸形容為末日來臨，這樣做對香港 600 萬人而言，是不負責任的。另外，前英國駐華大使柯利達接受美國有綫電視新聞網絡訪問時，批評彭定康不顧中國的警告，在香港推行錯誤的政策，破壞了中英在香港問題上的合作。

◆ 澳大利亞外長唐納發表聲明表示，澳大利亞在香港回歸中國的重要時刻表示支持香港特別行政區，並將為確保香港的平穩過渡作出自己的努力。他說，澳大利亞的外交政策不再依賴英美兩國。在香港問題上，澳大利亞會作出自己的決定。

◆《文匯報》報道，印度政府已決定承認香港特別行政區護照由 1997 年 7 月 1 日起為有效旅行證件。印度政府已決定，1997 年 7 月 1 日之後繼續適用於英國國民（海外）護照和香港居民目前使用的其他旅行證件的安排，同樣適用於香港特別行政區護照持有人。

1997年

6月14日

◆臨時立法會舉行全體會議，通過特區律政司司長梁愛詩提出的"本會支持委任列顯倫大法官、沈澄大法官和包致金大法官為香港特別行政區終審法院常任法官及陳兆愷大法官為香港特別行政區高等法院首席法官的建議"的動議案。梁愛詩表示，任命建議得到認同後，特區司法機關的全部五個主要職位（包括特區終審法院首席大法官），將會由最勝任的適當人選出任。司法部現正採取步驟保證現任法官和司法人員繼續得到聘用。她說，當終審法院成立後，現時的最高法院將易名為"高等法院"。新設的高等法院首席法官必須負起司法及行政職責。司法職責方面，他會負起法例所訂定的上訴法院庭長的職責；行政職責方面，作為高等法院的首長，他必須為上訴法院及原訟法庭的法官提供司法上的領導，統籌他們的工作，以及聽取和反映他們合理的意見。他亦須負責確保高等法院的有效運作，並向終審法院首席法官提供有關司法政策的意見，並負責推行政策中有關高等法院的運作和發展的部分。

會議三讀通過了《國旗及國徽條例草案》、《區旗及區徽條例草案》、《1997年社團（修訂）條例草案》、《1997年公安（修訂）條例草案》等四條條例草案。《國旗及國徽條例草案》訂明特區政府的主要建築物必須展示國旗、國徽或兩者並存，也授權行政長官規定必須展示國旗和國徽的具體地點，並在憲報公佈。條例草案訂明不得使用破損、污損、褪色或不合規格的國旗和國徽，國旗和國徽亦只可由指定的企業按照規格製造。為維護國旗和國徽的尊嚴，條例草案規定國旗和國徽不得用於商標、廣告或私人喪事活動。國徽更不得用於日常生活的陳設和佈置或私人慶弔活動。此外，行政長官也可以作出行政規定，禁止在某些並不適用的場合或場所使用或展示國旗和國徽。條例草案也訂明蓄意侮辱或違例使用國旗和國徽的罰則。違例使用國旗和國徽作商業或廣告用途的最高罰款額為五萬元，作其他非法用途的最高罰款額為五千元。蓄意侮辱國旗或國徽的刑罰較高，一經定罪，最高為罰款五萬元及監禁三年。條例草案亦規定了國旗的升降、優先地位及降半旗的情況。《區旗及區徽條例草案》的主要內容包括訂定條文以確保區旗區徽的尊嚴。主要目的是禁止使用破損或不合規格的區旗區徽，蓄意侮辱區旗區徽或把區旗區徽作為商標或廣告。同時訂定條文以確保所製及使用的區旗區徽是合乎規格的。條例清楚列出

1997 年 6 月 30 日午夜至 7 月 1 日凌晨，
中英兩國政府在這裡——香港會議展覽中
心大會堂，舉行香港政權交接儀式。

國旗區旗並用時應注意的事項。條例草案也賦權行政長官規定特區內哪些機構及場所必須懸掛區旗區徽。行政長官辦公室政策統籌局局長孫明揚在發言時指出，關於國旗及國徽在哪些政府建築物懸掛及注意的問題，行政長官辦公室會通過行政長官規定作出指引，有關規定內容短期內會公佈，並會在 7 月 1 日後在憲報刊登。關於公開及故意侮辱區旗及區徽的最高罰則，行政長官辦公室建議一個平衡方案，對公開及故意侮辱區旗、區徽情節較輕者採取簡易程序治罪方式，降低最高懲罰至第三級罰款（一萬元）及監禁一年，但仍保留在嚴重的個案中，最高懲罰與公開及故意侮辱國旗、國徽的一致。

在通過《1997 年社團（修訂）條例》和《1997 年公安（修訂）條例》前，有議員動議刪除草案中"國家安全"的解釋。對此，孫明揚説，"國家安全"的概念，曾引起廣泛的討論。條例草案把"國家安全"界定為保衛中華人民共和國的領土完整及獨立自主，使"國家安全"概念更加清晰。他説，在法案獲得通過後，行政長官辦公室會向警務處長發出行政指引，載明"國家安全"考慮因素的應用，必須與民主國家的要求一致。孫明揚強調，屆時一定會公開指引的內容。

行政長官辦公室政策統籌局局長孫明揚向會議提交《1997 年宣誓及聲明（修訂）條例草案》，並進行首二讀。孫明揚説，條例草案其中一個目的，是取締帶有殖民統治色彩的誓詞，並通過本地立法，實施基本法第一百零四條規定。而擬定的新誓詞是以特區籌委會 5 月所作出的決定為基礎的。根據基本法第一百零四條規定，特區行政長官、主要官員、行政會議成員、立法會議員、各級法院法官和其他司法人員，在就職時必須依法宣誓擁護基本法，效忠香港特別行政區。條例草案規定，行政會議成員要作出"盡職宣誓"，行政會議秘書及副秘書要作出"保密宣誓"。盡職誓言的目的，除確保行政會議成員對所獲得的文件或資料保密外，還對行政會議作出的決定，集體負責；而保密誓言的目的，是確保有關官員不會洩露因工作關係而獲得的任何文件或資料。

6 月 15 日

◆ 新華社報道，江澤民主席近日為剛竣工的人民大會堂香港廳題詞："執行一國兩制方針　保持香港繁榮穩定"。這個題詞已被鑲嵌在香港廳主廳內的巨大屏風中央。香港廳座落在人民大會堂西南方，總建築面積 1728 平方米，是人民大會堂內 32 個以行政區命名的廳堂中最大的一個。香港廳於 7 月 1 日後正式啟用。

6 月 16 日

◆ 董建華公佈臨時性區域組織議員名單。現時市政局、區域市政局和區議會的全部議員均獲留任，另新委任臨時市政局議員 9 人，使臨時市政局議員增至 41 人；新委任臨時區域市政局議員 11 人，使臨時區域市政局議員增至 50 人；新委任區議員 96 人，使區議會議員人數增至 436 人。每個區議會各有不超過 40 名議員。行政長官辦公室發言人説，新委任的人士來自不同的專業及社會界別，他們均是由於他們本身的優點而獲委任。

◆ 中英聯合聯絡小組機場委員會舉行最後一次會議。會後雙方一起舉行記者會，中方首席代表趙稷華表示，根據關於香港新機場建設及有關問題諒解備忘錄的有關規定，按目前實際情況，中英雙方共同認為諒解備忘錄賦予中英機場委員會的兩項任務已經基本完成，機場委員會於 6 月 30 日結束工作，到 7 月 1 日香港新機場的後續建設將屬於香港特別行政區自己範圍內事務。他們相信在香港特區成立後有關方面一定能夠在預算範圍內按時保質地完成新機場的建設。

◆ 台灣 "行政院大陸委員會" 公佈台灣當局 "對九七香港情勢的立場與政策説帖"。説帖聲稱，台灣當局對英國政府把香港 "交還予中華民族" 表示欣慰。台灣 "對港政策的目標是希望香港今後能持續自由、民主、繁榮地發展，並保持其在國際社會之地位"。説帖強調，台灣當局未來對香港工作的定位有三點：(1) 以建立台港關係長期穩定之架構為主，進而為兩岸關係創造和緩良好之環境；(2) 繼續增進雙方之交流、瞭解與合作，廣泛地服務香港地區人民；(3) 建立台灣在港人之良好形象，爭取港人對自由、民主及法治制度之認同。而具體作法則包括：(1) 完成《香港澳門關係條例》及其相關子法的立法，以建立法制基礎；(2) 成立 "香港事務局"，發揮統合力量；(3) 強化駐港機構功能，擴大對港人之服務；(4) 全方位開展與港人接觸，加強與香港特別行政區政府之聯繫；(5) 隨時願就台港交流相關問題，與中共方面進行磋商。説帖聲稱，"中共在港實施 '一國兩制' 的目標之一是企圖將 '一國兩制' 套用於我方"，" '一國兩制' 之中央對地方的架構絕對無法為我方所接受"，"我方絕不容中共將我矮化為地方政府"。"香港模式不僅在客觀上不能行之於台灣，同時也違背台灣 2150 萬人的願望。""我們希望中共能積極回應香港人民的期望,並以務實、誠心、善意的態度來處理今後的台港關係與兩岸關係,俾為兩岸三地共創三贏的新局面。"

6月17日

◆ 新華社公佈,江澤民主席將率領中國政府代表團赴香港出席香港回歸政權交接儀式。代表團成員由國家領導人、老同志、中共中央、全國人大、國務院、全國政協、中央軍委有關部門負責人、香港特別行政區第一任行政長官、各民主黨派、全國工商聯、無黨派人士和人民團體的代表組成,其中包括李鵬、錢其琛、王漢斌、張萬年、安子介、霍英東、馬萬祺、姬鵬飛、卓琳、魯平、周南、趙稷華、馬毓真、董建華、鄧楠等共 72 人。羅幹任秘書長。

另外,經中共中央、國務院批准,將赴香港出席香港回歸政權交接儀式、出席香港特別行政區成立暨特別行政區政府宣誓就職儀式及在香港舉行的有關慶祝活動的觀禮團已經組成,觀禮團由各省、自治區、直轄市政府代表,與香港事務有關部門負責人,軍隊和人民團體的代表,長期從事香港工作老同志的代表組成。陳

滋英任團長,鄭國雄、唐家璇任副團長,姜恩柱任秘書長,秦文俊、劉名啟任副秘書長。

◆ 中英聯合聯絡小組宣佈,雙方已就二百多條多邊條約於 1997 年 6 月 30 日以後繼續適用於香港的適用方式,達成協議。有關方式涉及中華人民共和國政府和聯合王國政府向個別條約的保存機關遞交照會,兩國政府並將同時向聯合國秘書長遞交外交照會。中華人民共和國政府及聯合王國政府有關使團或大使館已開始向條約保存機關遞交照會。

同一天,中國外交部發言人透露,中國政府最近除向有關條約的保存機關遞交照會外,還將於近期通過聯合國秘書長向國際社會全面闡述有關國際條約適用於香港特別行政區的原則和做法。他說,在達成協議的二百多項多邊條約中,其中八十多項中國目前尚未參加。他強調,上述行動是為了落實"一國兩制"的方針和基本法有關規定所採取的,對於實現香港的平穩過渡和保持其長期繁榮穩定有重大意義。

6月18日

◆ 錢其琛副總理在人民大會堂香港廳舉行的"鄧小平'和平統一、一國兩

制’理論與實踐座談會”上發表講話説，回顧、討論、研究和學習鄧小平“一國兩制”的思想，對於做好當前香港回歸的工作，特別是對香港回歸後，維護長期繁榮穩定有着重要的現實意義。香港回歸後，擺在我們面前的一個重要的課題是堅定不移地維護香港的長期繁榮穩定。這是我們一項重要的戰略任務，也是國際社會普遍關注的一個問題。關鍵的一點就是堅持“一國兩制”方針長期不變。他指出，江澤民主席不久前曾講過，香港回歸後要納入法制化的管理，成為我們國家依法治國的一個重要組成部分。在香港問題上堅持“一國兩制”方針政策，根本的一點是依法辦事。堅持“一國兩制”方針政策不變，是兩方面不變，不改變內地的社會主義制度，也不改變香港現行的資本主義制度，保留原來的兩種制度在一國內的並存。堅持“一國兩制”長期不變，還必須在香港實行“港人治港”，在香港特別行政區實行高度自治。

◆ 行政長官辦公室公佈《香港回歸法條例草案》，草案主要目的為確認臨時立法會在 7 月 1 日前通過的 13 條法例，以及同意終審法院法官及高等法院首席大法官的任命。草案內容包括：(1) 香港原有法律在 7 月 1 日及之後的詮釋、延續。目的是實施全國人大常委會有關法例適應化的決定，修訂那些不再沿用的名稱，如刪去“皇家”、以“行政長官”代替“香港總督”;(2) 設立高等法院、區域法院、裁判法院及其他法院、審裁處、委員會及仲裁處，先前適用於這些機構的法例將繼續保留;(3) 7 月 1 日前已展開的法律程序及其他司法事宜作出的規定，將轉交特區法院，例如以英女皇名義起訴的刑事案，將以特區政府名義繼續;(4) 公務人員體系及公職人員的權力及責任將得以延續;(5) 香港政府文件在 7 月 1 日之後的解釋及延續;(6) 香港政府的財產、權利與義務，全部轉予特區政府。

◆ 回歸獻禮巨著《香港》畫冊出版發行儀式暨《百花爭艷慶回歸》組畫原作獻贈儀式在金鐘太古廣場萬豪酒店舉行。董建華在致詞時指出，《香港》畫冊是一個很好的公民教育材料，讓香港公民瞭解和關心自己的香港，與香港特區政府一起，在即將來臨的歷史新紀元中，把握每一個機遇，接受每一項挑戰。全國政協副主席安子介、董建華、新華社香港分社社長周南等擔任了儀式的主禮嘉賓。《香港》畫冊由錢其琛副總理作序，董建華題寫書名，全畫冊收集了香港自鴉片戰爭前夕至香港回歸祖國期間的珍貴圖片，分為歷史滄桑、經濟騰飛、回歸歷程三部分，並附有香港大事記（1834 至 1997 年 2 月）與回歸大事記，圖文並茂地反映了香港歷史發展與經濟騰飛的全過程，是別具文獻價值和收藏價值的歷史性紀念品。

而《百花爭艷慶回歸》畫冊，則由聯合出版集團屬下的博雅藝術公司約請中國當代十位國畫大師：謝稚柳、關山月、黎雄才、楊善深、啟功、田世光、程十髮、宋文治、陳佩秋、劉旦宅等，各畫一幅花卉，並配詩詞，以賀香港回歸祖國盛事。該畫冊用宣紙印刷，由畫家親自簽名、鈐章，限量 500 套，全部為特區行政長官辦公室購買，用作禮品。在儀式上，聯合出版集團總裁李祖澤代表該集團把該組畫的原作獻贈給特別行政區，永遠紀存，董建華接受獻贈。

◆ 中英土地委員會中方代表處發言人表示，13 年來經土地委員會審議批出的新土地達 2972 公頃，每年平均 248 公頃，大大超過中英聯合聲明附件三規定的每年 50 公頃的限額。發言人説，土地基金成立時，其資產淨值只有 7.72 億港元；1997 年 7 月 1 日受託人把土地基金移交給特區政府時，其總資產淨值已超過了 1700 億港元。

◆ 最後一輪粵港邊界範圍會談在深圳舉行，雙方正式簽署了粵港邊界管理範圍綫諒解備忘錄。為了明確粵港邊界管理範圍，便於雙方相互配合，促進兩地的繁榮穩定，雙方於 1988 年 4 月 8 日舉行了第一輪會談。本着認真務實和互諒互讓的精神，經過 13 輪會談，雙方就粵港邊界管理範圍達成了原則共識，即：在深圳灣和大鵬灣，以海面的中綫來劃分管理範圍（個別地方作特殊處理，如平洲島）；在南面海域，以大嶼山西南部、索罟群島南部、蒲台群島南部沿岸一海里為基礎來劃分，個別地方水域狹窄，則取其中點；陸地上基本是以河流、山谷、溝渠、道路的中綫來劃分管理範圍。雙方團長於 1997 年 1 月 17 日在深圳草簽了粵港邊界管理範圍綫諒解備忘錄。隨後，粵港雙方專家組進行了聯合測量，以世界大地系統八四地理坐標表明粵港邊界管理範圍綫 35 個編號點，確定了諒解備忘錄所述管理綫的準確地理位置。

◆ 台灣 "行政院大陸委員會" 審查通過九項與《香港澳門關係條例》相關的許可辦法草案，以因應香港回歸後所衍生的一連串問題。這些辦法還必須經過 "行政院" 審查通過。這九項辦法包括："財政部" 提報的《台灣地區保險機構在香港澳門設立分支機構子公司許可辦法》、《台灣地區銀行在香港澳門設立分支機構子公司許可辦法》及《台灣地區證偽及期貨機構在香港澳門設立分支機構子公司許可辦法》；"內政部"提報的《香港澳門居民進入台灣地區及居留定居許可辦法》、《香港澳門居民強制出境處理辦法》及《香港澳門居民收容所設置及管理辦法》；"經濟部"與"財政部"提報的《對香港澳門投資或技術合作審查處理辦法》；"教育部"提報的《香港澳門地區學歷檢核及採認辦法》與《香港澳門居民來台就學辦法》。

6月19日

◆ 中國外交部發言人宣佈，根據《維也納領事關係公約》及中國有關規定，中國外交部已於19日覆照英駐華使館，同意鄺富劭為英國駐中國香港特別行政區總領事，並准其自1997年7月1日起在領區內執行領事職務。19日下午，中國外交部向英國駐華使館公使兼總領事頒發了中國政府准予鄺富劭在香港特別行政區執行領事職務的《領事證書》。

◆ 董建華和港府發言人歡迎基里巴斯政府宣佈給予香港特別行政區護照持有人三個月免簽證往基里巴斯的待遇。

◆《經濟日報》報道，歐盟總務議會

較早前制訂了一系列對香港政策的指引：（1）歐盟將視香港為重要經貿夥伴，繼續與香港直接進行經貿往來，保持正常和密切的接觸；（2）歐盟將視香港為一個經貿自主實體；（3）歐盟深切關注香港人的自由和權利，為此，歐盟會密切注視香港未來的經濟與政治狀況的演變；（4）歐盟將主動探索進一步開展與香港特區的貿易投資與合作關係；（5）歐盟將視香港為亞洲區經貿中心，促進相互間的合作。此外，歐洲委員會由1998年開始，將會撰寫香港政治與經濟關係演變年報。

6月20日

◆ 中央軍委在北京舉行迎接香港回歸祖國座談會。中央軍委副主席張震在講話中強調說，我軍將於7月1日零時擔負起香港防務。人民解放軍進駐香港，是中國政府恢復對香港行使主權的重要標誌。黨中央和中央軍委對駐香港部隊的建設高度重視，江澤民主席曾親臨駐香港部隊視察，並題詞勉勵駐香港部隊官兵"保持人民軍隊本色　維護香港繁榮穩定"。目前，駐香港部隊官兵已經做好了進駐香港的一切準備。

◆ 中國常駐聯合國代表秦華孫向聯合國秘書長安南遞交外交照會，全面闡述了中國政府關於香港特別行政區適用國際條約的原則立場。照會的兩個附件列明了自 1997 年 7 月 1 日起適用於香港特別行政區的 214 項國際條約。中國政府的這一行動，是為了落實中英聯合聲明和香港特別行政區基本法的有關規定，充分體現了"一國兩制"、"港人治港"和高度自治的精神，既維護了國家的主權統一，同時也考慮到了香港的特殊情況和需要，有利於確保香港的社會、經濟制度和生活方式 50 年不變及原有法律基本不變，也有利於維持和發展香港與外國業已建立起來的互利合作關係。這不僅有利於香港特別行政區的持續繁榮與發展，也符合世界各國、各地區的利益。照會特別提到，《公民權利和政治權利國際公約》和《經濟、社會與文化權利的國際公約》適用於香港的規定，1997 年 7 月 1 日後在香港特別行政區將繼續有效。照會說，未列入照會附件的、中國是當事方或將成為當事方的其他條約，如決定將繼續適用於香港特別行政區，中國政府將另行辦理有關手續。對屬於外交、國防類或根據條約的性質和規定必須適用於國家全部領土的條約，中國政府無須辦理有關手續。

◆ 中國外交部發言人就中國駐外使館受理外國人來港簽證申請問題通告如下：

（1）自 1997 年 6 月 23 日起，中華人民共和國駐外使領館將開始受理外國人 7 月 1 日起進入香港特別行政區的簽證申請。（2）自 1997 年 6 月 23 日起，中華人民共和國駐外使領館將開始受理香港特別行政區護照的申請。（3）對港英當局以及英國駐外使領館在 6 月 30 日前頒發的進入香港的簽證，作如下過渡安排：1. 6 月 30 日前由港英人民入境事務處頒發的簽證，原則上可使用到簽證期滿，但最長不得超過 1998 年 6 月 30 日。2. 6 月 30 日前由英國駐外使領館頒發的簽證，不論一次或多次有效入境，持證人在 6 月 30 日或之前入境且不出香港，經香港人民入境事務處批准入境後，原則上允許逗留至停留期滿為止；持證人在 7 月 1 日後入境香港，將不得繼續使用。香港特別行政區入境事務處將在持證人入境時改辦手續，提供入境方便。3. 中華人民共和國各駐外使領館將參照申請人所持原簽證的有效期限和種類，為申請人更換相同類型的簽證。有效期與停留期將與原持簽證相符。

6 月 21 日

◆ 臨時立法會在特區成立前舉行最後一次全體大會，大會三讀通過了《1997 年香港終審法院（修訂）條例草案》、

1997 年 6 月 30 日晚上 9 點，由 509 名官兵組成的中國人民解放軍駐港部隊先頭部隊進入香港，受到香港同胞的熱烈歡迎。

1997 年 6 月 30 日午夜，中國人民解放軍駐港部隊與駐港英軍在添馬艦軍營舉行防務事務交接儀式。

《1997年司法人員敍用委員會（修訂）條例草案》、《1997年人民入境（修訂）（第三號）條例草案》以及《1997年宣誓及聲明（修訂）條例草案》等四項法案。至此，臨時立法會已通過了13項條例以及3項行政長官辦公室提出的動議，保證了特區成立時所必不可少的法例得以實施。由臨立會通過的所有條例將在7月1日經過確認後，交行政長官簽署後正式生效。由於行政長官辦公室是採取在7月1日提交《回歸法》的方式確認臨立會7月1日前通過的各項法案，會議還由議員提出動議，修改臨立會議事規定有關確認法例的安排。議員通過的議事規則中，關於法案確認的部分修改為由在香港特別行政區成立後進行首讀的另一條法案進行確認，該議案不容修正或辯論而付諸表決。

特區律政司司長梁愛詩向議員簡介了《1997年香港回歸條例草案》。她強調，《回歸法》的處理方法，完全按香港現有法律規定進行，法例在7月1日刊憲，表示法例在當日零時零分起生效。如有人利用空隙故意挑戰的話，她有權作出檢控。問及《回歸法》的追溯力問題，梁愛詩強調，根據香港現行法律，任何法例刊登憲報的日子，其追溯力可追溯至當日的零時零分，所有的法例均如此，並非特

別針對《回歸法》，她只是依照現行法例處理該條例。基本法第39條規定，《公民權利和政治權利國際公約》、《經濟、社會與文化權利的國際公約》和國際勞工公約適用於香港的有關規定繼續有效，通過香港特別行政區的法律予以實施。梁愛詩否認香港法律第一章《釋意及通則條例》中規定法律的效力追溯至刊憲當日的零時零分，與基本法條文有抵觸。她強調，目前沒有證據顯示出香港法律第一章違反基本法。"我們不可以在立法時說什麼（事）可能出現，除非可能性極高，否則會依照普通程序立法。"有議員指人權法中規定有刑事成分的罪行沒有追溯力，梁愛詩指這要由律政司在行使檢控權時酌情考慮。她說："如果有人故意違犯法例，故意利用這數小時的法律真空的話，那麼他們不應投訴法律有追溯力。"她強調，故意犯法與無意犯法是兩回事。

6月23日

◆ 中英聯合聯絡小組就解放軍駐港部隊先頭部隊7月1日零時前進駐香港問題達成協議。據介紹，解放軍駐港部隊先頭部隊總共509名軍事人員和39台車輛，將於6月30日晚9時進入香港，分別進駐石崗軍營（146人）、昂船洲軍

營（183人）、威爾斯親王軍營（78人）和赤柱軍營（102人）。另外，進駐威爾斯親王軍營的人員將於6月30日午夜前後，參加一個簡單、得體的交接儀式。中英聯合聯絡小組中方代表處表示，此協議的目的是為了確保解放軍能夠自7月1日零時起，在香港履行防務責任。相信中英雙方駐軍能夠實現香港防務責任的順利交接。

◆中英土地委員會舉行最後一次會議，即第35次會議。雙方在回顧了12年來的工作後一致認為，土委會成立以來，認真履行《聯合聲明》附件三賦予的職責，為香港的平穩過渡、經濟持續發展和市民生活素質的改善作出了積極的貢獻，圓滿地完成了其歷史使命。中英土地委員會中方首席代表陳榮春在會後表示，中英土地委員會將於1997年6月30日解散。特區成立後，有關土地契約問題，將按照《基本法》的規定，由香港特別行政區自行制定法律和政策處理。

◆中國分別與巴哈馬政府簽署了關於巴哈馬保留在香港特區名譽領事館的協定；與秘魯政府就保留秘魯駐港總領事館舉行換文儀式；與伯利茲政府簽署關於將伯利茲駐港名譽領事館改為伯利茲貿易辦事處的協定。

◆中國外交部發言人在記者會上說，自1997年7月1日起，香港特別行政區將繼續參加有關國際組織的活動。香港目前以不同身份參加了30多個政府間國際組織的活動。根據中英聯合聲明和基本法的有關規定，自1997年7月1日起，香港特別行政區可以適當方式繼續參加有關國際組織的活動。為了實現香港的平穩過渡，自1985年起，中英雙方就香港與上述國際組織的關係問題進行了磋商，並就香港今後繼續參加34個政府間國際組織的活動問題達成了共識。自1997年7月1日起，香港特別行政區可以中國政府代表團成員身份參加國際民航組織、國際貨幣基金組織等19個政府間國際組織的活動和出席有關會議，香港特別行政區還可以成員、聯繫成員等身份以"中國香港"名義參加亞洲開發銀行、國際海事組織等15個政府間國際組織的活動。上述有關安排符合中英聯合聲明和香港特別行政區基本法的有關規定，符合有關國際組織的章程，也符合香港的地位和實際需要。中國外交部已先後向34個國際組織採取外交行動，遞交照會，說明今後香港特別行政區與這些國際組織的關係以及參加其有關活動的方式。香港特別行政區繼續以適

1997年

當方式參加有關政府間國際組織的活動，有利於香港的平穩過渡，並將有力地促進香港特別行政區對外經貿關係的發展和長期經濟繁榮。

◆中國外交部發言人對西方八國首腦會議發表的聲明中呼籲中國早日舉行香港的民主選舉一事發表評論時表示，中國對香港的政策早已公佈於世，對於香港的繁榮穩定，香港同胞的各項民主權利和自由是有充分保障的，在這方面表示懷疑是無任何事實根據的。再過七天，中國政府將對香港恢復行使主權，從 7 月 1 日開始，香港的事務完全是中國的內政。中國對香港的政策即"一國兩制"、"港人治港"、高度自治，已寫進了基本法。他表示，世界上有一些國家在香港有很多商業利益，他們對香港的關心，是可以理解的。香港回歸是一件舉世矚目的大事，如果對香港前途散佈沒有根據的懷疑論調是不合適的，如果外國人以為可以取代港人來治港就更不合適了。

◆港英立法局以 23 票對 20 票，三讀通過《1996 年刑事罪行（修訂）（第二號）條例草案》，刪除了新增的顛覆及分裂國家的罪行條文，亦刪除以言論或文字入罪的條文；但保留對叛逆和煽動叛亂的規定。

根據基本法第二十三條規定，香港特區應自行立法禁止任何叛國、分裂國家、煽動叛亂和顛覆中央人民政府的行為。但是，港府在多方面的反對下，仍向立法局提交了《1996 年刑事罪行（修訂）（第二號）條例草案》。港府稱條例草案的主要目的，是在《刑事罪行條例》中增訂顛覆及分裂國家的罪行，使該條例與基本法第二十三條一致，並修改該條例中與叛逆及煽動罪行有關的現行條文。

特區行政長官辦公室發言人表示，基本法第二十三條清楚訂明，香港特別行政區應自行立法禁止任何叛國、分裂國家、煽動叛亂、顛覆等行為。他説："我們曾指出，這些可能有深遠影響的法例最好是留待特別行政區第一屆立法會通過，且在制訂草案前應作廣泛諮詢。""因此，我們不會接受這些本身相當混淆的修訂，並會採取所需行動以作修正。"發言人還就最近兩星期來立法局處理 50 多項條例草案作出評論時表示，香港特別行政區政府會仔細研究這些修訂，因為大幅度的修訂對平穩過渡和順利交接可能有不良影響。他指出，很多法例修訂是在匆促下進行的，並沒有讓公眾甚至立法局詳細研究。特別行政區政府會評估這些修訂在社會、經濟及政治方面的影響。

特區律政司司長梁愛詩表示，立法局不應匆匆忙忙通過與基本法第二十三條有關的修訂。行政長官辦公室待收到最後通過的《1996年刑事罪行（修訂）（第二號）條例草案》版本後，就會提交行政會議討論，待行政會議確定，就可交由臨時立法會把法例還原。而臨時立法會主席范徐麗泰重申，中國全國人大常委會有權不採納違反基本法的條文。

6月25日

◆ 港澳辦發言人就港英立法局最近幾天突擊通過條例問題發表談話指出，1997年2月23日全國人民代表大會常務委員會通過了《關於根據〈中華人民共和國香港特別行政區基本法〉第一百六十條處理原有法律的決定》，在此之後，尤其是臨近7月1日的兩星期，港英單方面對已經被人大常委會宣佈採用為香港特別行政區法律的原有法律進行了一些重大的修改，對此，香港特別行政區行政長官辦公室已發表了聲明，表示將對這些法律修訂作出處理，我們贊同特區行政長官辦公室的立場，以維護基本法和全國人大常委會有關決定的嚴肅性。

◆ 巴拿馬外交部長阿里亞斯宣佈，巴拿馬將從7月1日起在香港設立經濟暨商務辦事處，以取代目前駐香港總領事館的功能。這個商務辦事處是繼巴拿馬與中國於6月20日在紐約達成一項六個月臨時協定之後設立的。該香港經濟暨商務辦事處將繼續提供目前駐香港總領事館的功能與服務。他說，這項臨時協定的效期僅六個月。巴拿馬和中國將在協定屆滿前就設立長久的巴拿馬辦事處問題展開會談。

6月26日

◆ 特區行政長官辦公室宣佈，行政長官董建華已原則上同意6月14日臨時立法會通過的《國旗及國徽條例草案》和《區旗及區徽條例草案》的規定。根據上述條例草案，行政長官已決定由7月1日起，國旗須於每日在下列地點展示：行政長官官邸、香港特別行政區的所有邊境管制及檢查站、香港國際機場、總督府。在每個工作日，國旗須於下列地點展示：行政長官辦公室，行政會議，終審法院，高等法院，臨時立法會，設於日本東京、比利時布魯塞爾、加拿大多倫多、英國倫敦、美國華盛頓、三藩市和紐約、新加坡、澳洲悉尼的香港經濟貿易辦事處。國徽須於行政長官辦公室展示。

區旗須於每日在下列地點展示：香港特別行政區的所有邊境管制及檢查站、

香港國際機場、行政長官官邸、總督府。在每個工作日，區旗須於下列地點展示：行政長官辦公室，中區政府合署，行政會議，臨時立法會，臨時市政局，臨時區域市政局，香港特別行政區各級法院，設於日本東京、比利時布魯塞爾、加拿大多倫多、英國倫敦、美國華盛頓、三藩市和紐約、新加坡、澳洲悉尼的香港經濟貿易辦事處；政府船隻。區徽須於下列地點展示：行政長官辦公室，行政會議，中區政府合署，臨時立法會，臨時市政局，臨時區域市政局，香港特別行政區各級法院，設於日本東京、比利時布魯塞爾、加拿大多倫多、英國倫敦、美國華盛頓、三藩市和紐約、新加坡、澳洲悉尼的香港經濟貿易辦事處，各區政務處，香港特別行政區所有邊境管制及檢查站，香港國際機場。

此外，行政長官將要求行政署長發出指引，關乎那些須在每年 1 月 1 日（元旦日）、7 月 1 日（香港特別行政區成立日）和 10 月 1 日（國慶日）這些特別日子，展示國旗的機構和地點。這些指引涉及：教育署、房屋署、警察總部大樓、海關總部大樓、人民入境事務處總部大樓、懲教處總部大樓、消防處總部、廉政公署總部大樓、政府飛行服務隊總部大樓、中區政府合署、金鐘政府合署、海港政府大樓、旺角政府合署、九龍政府合署、廣東道政府合署、荃灣政府合署、地下鐵路、九廣鐵路、機場管理局、房屋委員會、金融管理局、醫院管理局、臨時市政局、臨時區域市政局。

根據條例草案，行政長官所作的規定將要求，當同時懸掛國旗及區旗時：國旗與區旗同時升掛，須將國旗置於中心、較高或者突出的位置。國旗與區旗同時或並列升掛、使用時，區旗應較國旗小，國旗在右，區旗在左。於室內展示國旗及區旗時，在確定旗幟後方牆壁的 "左"、"右" 時，以人立於建築物前，面向該建築物的 "左"、"右" 為準。列隊舉持國旗及區旗行進時，國旗須在區旗之前。

同時，規定非經行政署長事先批准，任何人不得在任何行業、職業或專業中，或在任何非官方機構的標識、印章或徽章中，使用國旗、國徽、區旗、區徽或其圖案。

有關條例草案將於 7 月 1 日制定及生效。行政長官所作的規定，也將於同日正式通過和發出，並於憲報刊登。

◆ 特區行政長官辦公室發言人宣佈，台灣居民來港旅遊所需辦理的出入境手續和程序將維持不變。香港居民前往台灣旅遊所需辦的手續也和現時一樣。發言人表示，香港特別行政區政府將按現行審核程序和標準處理台灣居民的入境申請。他說，香港特別行政區政府將來會再研討這個問題，希望更方便台灣居民來港旅遊和香港居民到台灣旅行。

◆中國外交部發言人就香港回歸後台灣居民去香港使用護照問題答記者問時表示，台灣居民進出香港地區將在不違反一個中國原則的前提下，儘量維持現有方式。他說，中央政府將在適當時候，就台灣居民進出香港特區所持證件問題作出安排。有關辦法會在適當時候公佈。

◆專責香港事務的英國外交部次官范卓德說，工黨政府準備與中國建立長期的、有建設性的新關係。他表示，工黨政府在中英關係上與保守黨的分別，就是要尋求與中國建立新的雙邊關係，並且保證香港的成功。范卓德談及首相布萊爾與中國國家主席江澤民即將在香港的會面說，他相信布萊爾會向江澤民明確表示，工黨政府希望香港成為中英關係的橋樑，而非障礙。他說，"一國兩制"具有歷史意義，全球將關注這個制度在香港實施，如果成功，將具有廣泛的影響力；他並認為，"一國兩制"的成功會對中國的台灣問題產生影響。范卓德重申英國政府官員不會出席臨立會宣誓儀式的決定，但他同時間接地否認，英國政府在香港政權交接之後仍然拒絕與臨立會作任何聯繫，他說："將來在基於香港利益的情況下，相信官員方面不可避免會有接觸，英國政府的目標是爭取新的香港立法局儘早產生。"

◆特區行政長官董建華和港府發言人先後就巴基斯坦和坦桑尼亞政府宣佈給予香港特別行政區護照持有人免簽證前往該兩國的待遇，表示歡迎。

◆越南政府外交部發表聲明說，港英政府要對最後一批滯港越南船民未能遣返承擔責任。越南已同意在 6 月 30 日前收回所有滯港越南船民。發言人說："港英當局沒有按越南要求去解決問題。責任在他們那方面。"

6月27日

◆為期七天的八屆全國人大常委會第二十六次會議在北京開幕。會議以絕對多數通過批准設立由 12 人組成的香港特別行政區基本法委員會，作為常委會下設的工作委員會，並將於 7 月 1 日開始工作，任期為五年。委員會主任由全國人大常委會法制工作委員會副主任項淳一擔任，副主任為香港人士黃保欣。委員會其他十名成員分別由內地和香港人士各五名組成。內地人士包括王英凡、喬曉陽、劉政、吳建璠、陳滋英；香港人士為鄔維庸、吳康民、陳弘毅、梁定邦、譚惠珠，他們由特區行政長官、臨時立法會主席和候任終審法院首席法官聯合提名。譚惠珠被委任後，宣佈辭去港進聯副主席和臨時立法會議員之職，28日起生效。臨立會就此事通知了籌委會秘書處跟進有關補選事宜。

會議開始審議有關香港特別行政區基本法附件三所列全國性法律增減的決定草案的議案。全國人大常委會秘書長曹志受委員長會議的委託在大會上就決定草案作了說明。他說，1990年通過的基本法附件三中列有六項全國性法律，在這之後，全國人大及其常委會又陸續制定了一些涉及國防、外交和其他按照香港特別行政區基本法規定不屬於特別行政區自治範圍的法律，其中有些法律需要在香港特別行政區實施。他說，這次基本法附件三中將增加五項法律並刪去一項法律，使全國性法律增加到十項。所增加的五項法律是：《中華人民共和國國旗法》、《中華人民共和國領事特權與豁免條例》、《中華人民共和國國徽法》、《中華人民共和國領海及毗連區法》和《中華人民共和國香港特別行政區駐軍法》，刪去的一項法律

是《〈中央人民政府公佈中華人民共和國國徽的命令〉附：國徽圖案、說明、使用辦法》，這是因為國徽法已經包括了這個法律的內容。他說，決定草案把《中華人民共和國國旗法》列入附件三後，沒有把《中華人民共和國國都、紀年、國歌、國旗的決議》從附件三中刪去，是因為該決議還就國都、紀年、國歌作出了規定，其有關國旗的規定可與國旗法一併適用，以國旗法為準。他說，《中華人民共和國領海及毗連區法》是國家對領海行使主權及對毗連區行使管轄權的重要法律，需要列入基本法附件三。根據《中華人民共和國領海及毗連區法》第十五條關於中國的領海基綫由國務院公佈的規定，國務院於1996年5月15日公佈了《中華人民共和國政府關於中華人民共和國領海基綫的聲明》。這個聲明屬於領海及毗連區法的組成部分，香港特別行政區在公佈或立法實施該法時，應包括國務院公佈的關於領海基綫的聲明。他指出，《中華人民共和國領事特權與豁免條例》和《中華人民共和國香港特別行政區駐軍法》是中央人民政府負責管理香港特別行政區的外交和防務所必需的法律，從1997年7月1日起，中國就要對外國駐香港領事機構及人員提供領事特權與豁免，駐港部隊也將於

7月1日進駐香港，因此，需要列入香港基本法附件三。他說，全國人大常委會於1996年5月15日通過的《關於〈中華人民共和國國籍法〉在香港特別行政區實施的幾個問題的解釋》，屬於《中華人民共和國國籍法》的組成部分，香港特別行政區在公佈或立法實施《中華人民共和國國籍法》時，也應包括這一解釋。曹志指出，根據基本法第十八條的有關規定，全國人大常委會還將就決定草案徵詢香港特別行政區基本法委員會和香港特別行政區政府的意見，然後再作出決定。

會議還開始審議關於批准全國人民代表大會香港特別行政區籌備委員會結束工作的建議的決定草案。根據決定草案，特區籌委會自1996年1月成立以來，按照基本法和全國人民代表大會及其常務委員會的有關決定，圓滿地完成了籌備成立香港特別行政區的各項工作。全國人大常委會擬決定批准籌委會關於結束工作的建議。在此之前，5月22日籌委會第九次全體會議期間召開了籌委會主任委員會議。會議認為，籌委會負責籌備成立香港特別行政區的各項任務至此已基本完成。考慮到香港特別行政區7月1日即告成立，主任委員會議認為籌委會應在香港特別行政區成立後儘快結束工作。為此，籌委會建議全國人大常委會就籌委會結束工作作出決定。籌委會擬於7月11日召開最後一次全體會議，宣佈結束工作。

28日，會議開始分組審議關於基本法附件三所列全國性法律增減的決定草案、關於批准全國人民代表大會香港特別行政區籌備委員會結束工作的建議的決定草案。常委會委員在審議中一致同意將基本法附件三所列全國性法律增減的決定草案在徵求基本法委員會和香港特別行政區政府意見後，提交本次常委會表決。

◆中國紅十字會常務副會長顧英奇在日內瓦向紅十字會與紅新月會國際聯合會、紅十字國際委員會兩個國際組織正式提交了《中國紅十字會公告》。《公告》說，隨着1997年7月1日零時中華人民共和國政府恢復對香港行使主權，設立香港特別行政區，香港紅十字會也將自1997年6月30日24時起正式與英國紅十字會脫離隸屬關係。中國紅十字會第六屆理事會第四次會議已通過決議：依據《中華人民共和國香港特別行政區基本法》以及《國際紅十字與紅新月運動章程》、《紅十字會與紅新月會國際聯合會章程》，接納香港紅十字會為中國紅十字會的一個享有高度自治權的地方分會，其名稱為"香港特別行政區紅十字會"，簡稱為"香港紅十字會（中國紅十字會分會）"。現任香港紅十字會主席鄭棟材先生、總監董趙洪娉女士、林胡秀霞女士將自1997年7月1日起成為中國紅十字會第六屆理事會理事。香港紅十字會將使用中國紅十字會會徽。凡以國家紅十字會為單位參加的國際組織和會議，由總會代表中國紅十字會參加，必要時可吸收香港紅十字會適當人員作為代表成員。香港紅十字會將根據基本法和香港特別行政區的有關法律，自行制定或修改香港紅十字會的章程，負責處理會內一切事務，包括內設機構、行政決策、運作模式、人事任命、資產管理、服務內容與方式等。《中華人民共和國紅十字會法》和《中國紅十字會章程》不應用於香港紅十字會。香港紅十字會在遵守統一性的基本原則下，可與國際和各國、各地區紅十字組織保持和發展適當的業務往來和聯繫。

◆《文匯報》報道，香港特別行政區在7月1日正式成立，由新華社香港分社聘任的香港地區事務顧問的工作亦告結束，新華分社為表揚區事顧問們在籌建特區過程中作出的貢獻，特別安排在7月14、15、16日分別在港島、九龍、新界三區舉行"新華通訊社香港分社香港地區事務顧問任期屆滿儀式"。由新華分社聘

任的區顧共分三批，首批274人在1994年3月4日受聘，第二批263人在1995年1月9日受聘，第三批133人在1995年7月13日受聘，合共670人。報道說，出席儀式的新華分社負責人會向區事顧問們頒發紀念座。

◆《明報》報道，英國外相庫克接受該報和《南華早報》記者訪問時表示，"6月30日之後，英國將會確保不會終止與香港的關係，反而是進入了一個新關係。英方的目標是要確保聯合聲明賦予香港人的自由與民權得以保持。"談到英國與中方修好的同時，會否損害香港的利益時，庫克說，"不會。假若我們要與中國維持良好關係，香港正是個起步點。香港將會是我們通往中國的大門。"

◆中國政府與多米尼加政府簽署了關於將多米尼加駐香港領事機構改為貿易發展辦事處的協議。根據協議，多米尼加駐香港領事機構從1997年7月1日起改為貿易發展辦事處，其主要職能是促進雙方在貿易、文化和旅遊方面的合作與交流。多米尼加尚未與中國建立外交關係。

◆中國政府和牙買加政府簽署了《中華人民共和國政府和牙買加政府關於中華人民共和國香港特別行政區和牙買加互免簽證協定》。

6月28日

◆ 中英聯合聯絡小組就香港檔案、資產的移交安排達成共識，雙方首席代表簽署了《中英關於香港檔案移交的紀要》、《關於香港政府資產和負債交接安排問題的會議紀要》。此外，中英雙方也就未來香港特別行政區與英國之間的民航和投資保護兩份雙邊協定文本達成了一致意見。

《中英關於香港檔案移交的紀要》全文如下：

（1）根據1990年達成的《中英聯合聯絡小組關於香港檔案移交問題的討論的共同記錄》，自1996年11月以來，中英雙方就香港檔案移交的具體內容、形式及其他有關問題進行了多次討論。

（2）關於外交檔案，雙方通過中英聯合聯絡小組，就與香港有關的外交事務檔案的性質和範圍進行了磋商。中方確認已收到英方提交的外交事務檔案複製件。

（3）關於防務檔案，中方確認已收到英方根據第19次防務與治安專家會議雙方達成的共識所提交的，供中國人民解放軍駐香港部隊使用的軍營產業檔案資料。

（4）關於地方檔案，雙方同意，地方檔案移交無須移動檔案本身。英方承諾，為將來香港特別行政區正常行政管理的需要而必須移交的一切檔案都將移交。中國政府決定，所有地方檔案將於1997年7月1日開始時即全部移交給香港特別行政區政府。

（5）英方已將部分香港檔案的複製件運回倫敦，以供歷史研究之用，並承諾在複製工作結束後提供有關內容的清單。中方確認收到有關清單。

（6）由於部分複製並運回倫敦的檔案涉及中英兩國關係，雙方同意，英方在該等檔案公開前不少於三個月通過中國駐英國大使館通知中方，並在對建議公開的檔案作決定時，就中國政府對具體項目所表達的意見作出認真考慮。

（7）中英雙方通過共同努力，已結束香港檔案移交工作。今後如發現英方應移交而未移交的檔案，雙方將協商解決。

《關於香港政府資產和負債交接安排問題的會議紀要》主要內容包括：

（1）1996年11月13日，中英雙方已就香港外匯基金的交接作出安排。中英雙方現就香港政府其他資產和負債的交接安排達成一致意見。

（2）該等資產和負債包括財務及非財務資產和負債。

（3）根據中英雙方關於香港問題的聯合聲明有關"中華人民共和國政府決

1997年

（左）1997 年 6 月 30 日下午，在告別港督府儀式上，彭定康手捧降下的英國旗黯然無語。（右）1997 年 6 月 30 日下午，鄧小平先生的夫人卓琳，在女兒鄧楠和鄧榕陪同下，來港見證香港回歸。

1997 年 7 月 1 日凌晨，最後一批英軍撤離香港。

定於 1997 年 7 月 1 日對香港恢復行使主權"和"聯合王國政府於 1997 年 7 月 1 日將香港交還給中華人民共和國"的規定，並規定《中華人民共和國香港特別行政區基本法》關於香港特別行政區實行高度自治的規定，中國政府決定：香港政府的資產與負債，除外匯基金另有會議紀要規定外，將於 1997 年 7 月 1 日開始時即全部交由香港特別行政區政府根據香港特別行政區的有關法律自主地進行管理。

（4）香港特別行政區政府負責審核香港政府資產和負債。

聯絡小組中方首席代表趙稷華在簽署檔案移交紀要後說，移交方式恰當地體現中國對香港恢復行使主權，因此香港地方檔案是由英國政府移交給中國政府，再由中國政府授權香港特別行政區政府接收。

趙稷華說，關於香港特別行政區與英國的投資保護協定和民航協定，中方在磋商協定文本期間，徵詢了特區政府班子的意見。該兩項協定將由特區政府與英國簽署。

◆ 國務院第五十九次常務會議通過了《中華人民共和國國務院關於授權香港特別行政區政府接收原香港政府資產的決定》，全文如下：

國務院決定：授權中華人民共和國香港特別行政區政府自 1997 年 7 月 1 日起接收和負責審核原香港政府的全部資產和債務，並根據香港特別行政區有關法律自主地進行管理。

◆ 英國皇儲查爾斯王子率領的二百多人的代表團抵達香港，準備出席 6 月 30 日午夜的香港政權交接儀式。代表團成員包括英國外相庫克、前首相希思、前外相傑弗里·豪、赫德、前港督麥理浩、衛奕信。英國首相布萊爾將於 6 月 30 日抵港，而另一位英國前首相撒切爾夫人已於 27 日抵港。庫克抵港時重申，他與中國外長錢其琛會面時，將促請特區政府在成立後的一年內，儘快以民主選舉方式選出新一屆立法會。他說，英國是中英聯合聲明的簽署國，有法律責任、也有決心維護香港在未來五十年內，繼續保持繁榮及享有香港人一貫享有的言論及公民自由。他又表示，大批解放軍 7 月 1 日即進駐香港是"不必要及不恰當的"。庫克抵港後隨即與特區行政長官董建華會晤。

◆ 專程來港參加香港政權交接儀式的前英國首相撒切爾夫人接受傳媒訪問時，被問及 6 月 30 日晚看着英國國旗在香港落下有何感覺時表示，"我會非常傷心。"她說，"我希望我的前人從沒簽署這租借條約，永遠擁有這塊土地。若真的如此，相信香港早已經是一個自由獨立的國家了。"她回顧中英前途談判的歷史時説，談判十分艱難。她曾經要求鄧小平讓英國繼續租借新界 50 年，以保證香港可以繼續繁榮。但鄧小平馬上説"不可以"，還説可以在當日下午收回香港。她形容當時感到十分震驚。她又承認彭定康改變了對香港的政策。她説，聯合聲明是"我們可以達成的最好協議。如果這協議得以落實，對香港的將來是非常有利的。"

◆港英管治下立法局的最後一次會議終於在上午 8 時正式結束。連續超過 5 天的會議共舉行 72 小時，先後通過了 12 條政府條例草案和 12 條議員私人條例草案。最後一條議案是由立法局內務委員會主席梁智鴻動議的告別議案。他在發言時表示：由 6 月 30 日到 7 月 1 日，不但標誌舊時代的終結，最重要的，是屬於中國人的新時代的開始。他強調：絕大多數在港的炎黃子孫，終於可擺脱"殖民統治下的順民"的角色，自己當家作主，實在令人振奮；而特區行政長官董建華已報請中央允許所有華人司級官員留任，更體現"港人治港"的精神。所以他提出動議，正式向英國政府道別，並祝願香港特別行政區繼續安定繁榮。議員通過告別議案。

最後，立法局主席黃宏發正式宣佈會議結束，"續會無期"，各議員隨即起立以掌擊台，向黃宏發致意。而工人隨後即着手拆卸附有英皇室徽號的主席座椅，正式為立法局這港英政府諮詢架構的一百多年歷史劃上句號。

◆台灣當局在台"故宮博物院"舉辦名為"從南京條約到日本投降恥痛與奮發"的"外交史料特展"，展期三個月，展品中主要有《南京條約》的正本。台灣"中央社"説，台灣當局選擇在香港移交中國大陸前夕，讓外界一窺《南京條約》的真貌，除了説明香港淪為殖民地的史實，更深一層的意義，也包含希望國際媒體瞭解"中華民國"政府對香港擁有主權。

◆中央社消息：台"經濟部"根據新版《香港澳門關係條例》制定的《赴港澳投資與技術合作審查處理辦法》已獲"行政院"核定，"行政院"正式發函"經濟部"，明訂 7 月 1 日公告實施，未來台商前往港澳投資採報備及許可並行制，准予報備的投資金額上限採空白授權，至於金融保險業赴港澳投資非本業領域，不論金額多寡，一律須先申請。有關准予報備的投資上限部分，"經濟部"內部已有共識，傾向於比照《民間匯出款項結匯辦法》，個人 500 萬美元、公司 5000 萬美元以下得採自由匯出、事後報備方式進行。

6月29日

◆《大公報》報道，中英關於香港與內地跨境大型基建協調委員會中方組長張良棟和英方組長梁寶榮，近日以互換信件的方式確認，中英關於香港與內地跨境大型基建協調委員會的工作於1997年6月30日結束。中英雙方於1994年12月成立中英基建協調委員會，以研究和協調建議中跨越香港與內地的大型基建項目。自1994年以來，基建協調委員會舉行了五次全體大會，其下的四個專家組及一個工作小組曾進行了多次會議和實地考察，並多次交換資料和進行討論。四個專家組分別負責研究海上航道、公路橋樑、航空交通管制及鐵路事宜，工作小組負責討論落馬洲過境通道事宜。該委員會曾經研究的主要建議項目，包括銅鼓航道、珠海伶仃洋大橋、深港西部通道、西部走廊鐵路的落馬洲過境通道，以及香港新機場及其周圍地區的航空交通管制。基建協調委員會並就上述項目的協調取得多項共識。雙方組長認為自基建協調委員會成立以來，雙方進行了良好的合作，工作是有益和有成效的。為了結束基建協調委員會的工作，

以及把該委員會的工作成果記錄下來，中英雙方已交換一份備忘錄，總結委員會自1994年成立以來的工作。7月1日之後，有關跨越香港與內地的大型基建項目協調工作的安排，將由中央人民政府與香港特別行政區政府商定。

6月30日

◆英方展開了一系列的"告別"活動。下午4時10分，彭定康在總督府舉行簡單的"告別"儀式，約6時15分，英方在添馬艦東面會場露天舉行英國"告別"香港儀式，英國國旗及舊香港旗在"告別"儀式上降下。晚上英方舉行晚宴，錢其琛副總理應邀出席。

◆江澤民率領中國政府代表團和各省市領導組成的觀禮團，在下午5時30分左右，分乘兩架專機抵達香港。

江澤民晚上會見了英國查爾斯王子。江澤民說，香港問題的順利解決是鄧小平先生"一國兩制"偉大構想的成功實踐，是中英雙方共同努力的結果。它符合中英兩國的利益。他說，"一國兩制"的偉大構想決非權宜之計。"一國兩制"也是着眼於中國國家統一的長遠考慮，符合中華民族的根本利益。香港回歸後，中國政府對香港將堅定不移地貫徹執行"一國

兩制"、"港人治港"和高度自治的基本方針。我們對香港的長期繁榮穩定充滿信心。在中國的對外開放中,香港將進一步發揮獨特的窗口、橋樑和渠道作用。查爾斯王子表示,英國和中國、香港一直有特殊的關係,我們願意繼續保持並發展這種關係。

江澤民和李鵬還會見了英國首相布萊爾。江澤民説,發展中英兩國友好合作關係,增進相互瞭解和信任非常重要。我們一向認為,只要雙方遵循互相尊重、平等相待、求同存異、互不干涉內政等基本原則,就能夠建立和發展一種長期穩定的互利合作關係。在二十一世紀即將來臨之際,中英兩國領導人應該"登高望遠",從戰略高度、世界大局和面向二十一世紀的角度看待中英關係。隨着香港問題的解決,工黨政府在發展兩國關係方面應該説沒有什麼包袱。我相信,在雙方共同努力下,我們應該而且能夠揭開兩國關係的新篇章。

布萊爾説,今夜對於中國、英國和香港來説,是一個歷史性的時刻。隨着兩國關係中舊的一章的終結,我們可以掀開新的一頁,成為發展兩國關係的新的起點,今後的香港也應成為兩國關係中的橋樑。

◆ 錢其琛副總理分別會晤了英國外相、美國國務卿等七國外長。錢其琛與英國外相庫克一致認為,兩國應該向前看,繼續保持香港繁榮穩定,使香港政權交接成為中英關係的新起點。錢其琛説,我們在香港回歸的前夕進行會見,具有特殊意義。這是一個結束過去、開闢未來的歷史性時刻。我們相信,7月1日以後,香港一定會保持長期繁榮和穩定。庫克説,今晚是中國值得自豪的一夜,中國政府將收回香港,我們對此表示祝賀。英中兩國為這一回歸做出了明智、很好的安排。香港今後應成為雙方之間的橋樑。

美國國務卿奧爾布賴特在會見時説,對中國和整個世界來説,今天晚上是一個具有歷史意義的時刻,她説,美國支持香港回歸中國,而且希望今後在中英聯合聲明的基礎上,香港能夠繼續保持繁榮和穩定。

◆ 中華人民共和國中央軍事委員會主席江澤民發佈《中國人民解放軍駐香港部隊進駐香港特別行政區的命令》,號召駐港部隊"進駐香港後,要堅持人民解放軍全心全意為人民服務的宗旨,發揚優良傳統,忠實履行職責,遵紀守法,依法治軍,把部隊建設成'政治合格、軍事過硬、作風優良、紀律嚴明、保障有力'的

1997 年 6 月 30 日下午，中華人民共和國
主席江澤民率中國政府代表團抵達香港，
出席香港政權交接儀式。圖為香港特別行
政區行政長官董建華前往機場迎接。

1997 年 6 月 30 日下午，中華人民共和國
國務院總理李鵬抵達香港，出席香港政權
交接儀式。圖為他在向到機場熱烈歡迎的
香港同胞揮手致意。

1997 年 6 月 30 日晚上，中國國家主席
江澤民和國務院總理李鵬會見英國首相托
尼‧布萊爾。

威武之師和文明之師，為維護祖國的主權和領土完整，保持香港長期繁榮穩定作出積極的貢獻。"

◆ 解放軍駐港部隊先頭部隊的509人及39輛汽車，於下午9時從皇崗口岸進入香港，於7月1日零時前分別進駐威爾斯親王軍營、赤柱軍營、昂船洲軍營、石崗軍營，並於零時起履行防務。晚上23時58分，中英兩軍舉行了簡短的"威爾斯親王軍營"交接防務儀式，中英雙方各22名官兵參加儀式。7月1日零時零分零秒，解放軍駐港部隊在添馬艦營區——原駐港英軍司令部所在地隆重舉行莊嚴的升旗儀式，響起了中華人民共和國國歌，三名禮兵莊嚴地升起中華人民共和國國旗，正式宣告：人民解放軍駐香港部隊正式接管香港的防務。解放軍先遣部隊和先頭部隊的一百餘名陸海空官兵整齊列隊，向飄揚的五星紅旗敬禮。在添馬艦營區舉行升旗儀式的同時，昂船洲、槍會山、石崗、赤柱等14處解放軍駐香港部隊接管的軍事營地，也都舉行了升旗儀式。

第二批駐港部隊主力四千餘人以及10艘船艇、6架直升機、21輛裝甲車和400餘輛其他車輛於7月1日上午6時從陸、海、空同時進駐香港。

◆ 中英兩國政府共同主辦的香港政權交接儀式，晚上在香港會議展覽中心新翼第五層大會堂隆重舉行。由中共中央總書記、國家主席、中央軍委主席江澤民率領的中國政府代表團和由英國王儲查爾斯率領的英國政府代表團參加了這個儀式。來自世界各地的4000多名嘉賓應邀出席。他們包括：40多個國家和地區的政要、40多個國際組織的代表、中英兩國觀禮團和香港社會各界人士。

23時45分，中英兩國的禮賓司分別以中文、英文宣佈：中華人民共和國政府和大不列顛及北愛爾蘭聯合王國政府的香港政權交接儀式開始。兩國儀仗隊輪流奏響軍樂。在莊嚴的軍樂聲中，中國國家主席江澤民、國務院總理李鵬、副總理兼外交部長錢其琛、中央軍委副主席張萬年、香港特別行政區行政長官董建華，和英國王儲查爾斯、首相布萊爾、外相庫克、國防參謀長格思里、最後一任香港總督彭定康，分別從會場兩側步上主席台，在各自國旗下方的主禮台前就座。兩國儀仗隊分別向領導人行禮。

23時47分，查爾斯王子走上英方一側的講台致詞。他表示，按照中英聯合聲明，英國結束對香港的管治，將香港歸還給中國。他希望繼續保持同中國的友好關係。23 時 55 分，中英雙方的護旗手進場。中國護旗手手持國旗和香港特別行政區區旗，精神抖擻地正步走向中方旗桿。徒手的英方護旗手也同時進入既定位置。23 時 59 分 15 秒，英國軍樂隊奏響英國國歌，英國國旗和英國統治下的舊香港旗徐徐降下，兩面旗幟降至旗桿底下，英方護旗手將旗幟摘下，疊起，宣告了英國在香港的 150 多年殖民統治歷史終於揭去了最後的一頁。

◆ 台灣當局就香港回歸發表聲明說，香港能有今天的發展植基於一個自由、民主與法治的制度，我們希望中共能充分尊重香港賴以發展的制度與精神，落實「港人治港」和高度自治的承諾。聲明強調，台灣「對香港的安定、繁榮和香港同胞的自由、福祉，一向關切與支持，不因其地位的改變而有所更易，現已制訂《香港澳門關係條例》，作為持續發展與香港間經貿、金融、交通、旅遊、文教等各項關係的法制基礎，我所有駐港機構亦將繼續留駐，並加強對香港同胞的服務與促進台港實質關係的發展，期望未來台港關係能建立一個穩定而完整的新架構，並在互利互惠的原則上，擴大雙向交流」。台灣「行政院新聞局長」李大維聲稱，如果大陸同意，台灣「副總統」兼「行政院長」連戰願在「九七」之後，前往香港訪問，作為兩岸高層互訪的起步。

7月1日

◆ 6 月 30 日 23 時 59 分 58 秒，中國人民解放軍軍樂團的樂隊指揮舉起雙臂，指揮棒一揮，雄壯的中華人民共和國國歌就在 1997 年 7 月 1 日零時零分零秒這個偉大的歷史時刻高奏起來，五星紅旗冉冉升起！全場嘉賓肅立致敬。國旗之旁，中華人民共和國香港特別行政區區旗相隨升起，紫荊花開，鮮艷奪目。隨着五星紅旗和紫荊花旗在香港交接儀式上高高升起，中華人民共和國開始對香港恢復行使主權。

江澤民主席神采奕奕地健步登上中方一側的講台，以洪亮的聲音向全世界莊嚴宣告：中華人民共和國政府今天對香港恢復行使主權了！香港的新紀元開始了！他說：「我相信，有全國人民作堅強後盾，香港特別行政區政府和香港同胞一定能夠管理和建設好香港，保持香港長期繁榮穩定，創造香港美好的未來。」頓時，大會堂內響起暴風雨般的掌聲，經久不息。這時，在場的人們激動地互相擁抱，擊掌相賀！祝賀這中華民族的盛事，祝賀這世界當代史的盛事。

7月1日零時15分，香港政權交接儀式完畢，英國代表團離開會場。零時18分，錢其琛外長禮送查爾斯王子一行走出大廳主入口處。查爾斯、剛剛去職的"末代港督"彭定康一家及駐港三軍司令鄧守仁等人，乘坐皇家遊艇"不列顛尼亞號"離開香港，並由快速艦"漆咸號"及其他艦隻護送駛出維多利亞港。英國首相布萊爾則乘搭凌晨1時的飛機離港返英。約有1200名英軍亦隨同艦隊離開，而最後一批二百多名英軍則在凌晨3時半齊集啟德機場，乘坐飛機離港回英。

◆香港特別行政區成立暨特區政府宣誓就職儀式，凌晨1時30分在香港會議展覽中心新翼舉行。會議由錢其琛副總理主持。首先全場起立，奏中華人民共和國國歌。其後，國家主席江澤民宣佈：中華人民共和國香港特別行政區政府現在成立。此時，場內的掌聲響徹了整個大堂，經久不息，人們高興地站起來鼓掌，長達數分鐘。

其後，特區政府各官員分別開始宣誓就職。首先進行宣誓的是特區第一任行政長官董建華，國務院總理李鵬代表中央政府進行監督。董建華面向李鵬舉起右手宣讀誓詞："本人董建華，謹此宣誓：本人就任中華人民共和國香港特別行政區行政長官，定當擁護中華人民共和國香港特別行政區基本法，效忠中華人民共和國香港特別行政區，盡忠職守，遵守法律，廉潔奉公，為香港特別行政區服務，對中華人民共和國中央人民政府和香港特別行政區負責。"

其後，李鵬作為監誓人，接受23位特區主要官員宣誓就職，他們由政務司司長陳方安生領誓，表示就任後定當擁護中華人民共和國香港特別行政區基本法，效忠中華人民共和國香港特別行政區。

在主要官員宣誓就職後，行政會議召集人鍾士元帶領行政會議成員、臨時立法會主席范徐麗泰帶領所有議員，以及終審法院首席大法官李國能帶領終審法院常設法官、高等法院法官陸續宣誓就職。

當特區政府全體官員宣誓就職儀式結束後，標誌着特區政府的行政、立法及司法機關正式建立。

宣誓儀式結束後，李鵬總理致詞時表示，從今天起，中華人民共和國香港特別行政區基本法開始實施。香港特別行政區第一任行政長官、特別行政區政府主要官員、行政會議成員、臨時立法會議員、終審法院和高等法院法官，已經宣誓就職。歷史賦予你們重任，香港人民對你們寄予厚望。希望你們本着愛國愛港的精

1997 年 6 月 30 日晚上，中國國家主席江澤民在香港會展中心會見英國查爾斯王子。國務院總理李鵬也參加了會見。

1997 年 7 月 1 日零點開始，中國人民解放軍駐港部隊正式履行香港特別行政區防務職責。圖為他們進駐添馬艦基地。

1997 年 6 月 30 日午夜至 7 月 1 日凌晨，
舉世矚目的中英兩國政府香港政權交接儀
式在香港會議展覽中心新翼五樓大會堂隆
重舉行。圖為交接儀式會場。

1997 年 7 月 1 日凌晨，國家主席江澤民
向全世界鄭重宣告：中華人民共和國香港
特別行政區政府成立。

神，認真貫徹執行基本法，恪盡職守，不負眾望。中央人民政府將全力支持行政長官董建華和特別行政區政府的工作。

隨後董建華致詞。他說，中國恢復行使香港主權，實行"一個國家，兩種制度"，是超凡政治智慧的創舉。香港在世界各國的目光注視下，接受了一項開創歷史先河的殊榮。我們深信不疑，一定能夠克服歷史新事業帶來的一切挑戰。他說，香港人在歷史上第一次以明確的身份主宰自己的命運。香港特別行政區政府將竭盡全力，保持香港一貫的生活方式，維持香港的自由經濟體系，堅守法治精神，發展民主，建立富於愛心的社會，確保國際大都會的活力。

◆ 香港特別行政區臨時立法會凌晨2時45分舉行特區成立後的首次全體會議，為特區立法機關的歷史揭開了新的一頁。會上三讀通過了由特區律政司司長梁愛詩提交的《香港回歸條例草案》，從而對臨立會於7月1日零時前三讀通過的13項法例，以及較早前已同意的過渡期預算案和主要法官的任命作了確認。行政長官董建華稍後即簽署這條法案，令法案即時生效。臨立會通過的13條法例包括：(1)《假日（1997年及1998年）條例》；(2)《1997年市政局（修訂）條例》；

(3)《1997年區域市政局（修訂）條例》；(4)《1997年區議會（修訂）條例》；(5)《1997年立法局行政管理委員會（修訂）條例》；(6)《國旗及國徽條例》；(7)《區旗及區徽條例》；(8)《1997年公安（修訂）條例》；(9)《1997年社團（修訂）條例》；(10)《1997年香港終審法院（修訂）條例》；(11)《1997年司法人員敍用委員會（修訂）條例》；(12)《1997年人民入境（修訂）條例》；(13)《1997年宣誓及聲明（修訂）條例》。

臨立會主席范徐麗泰致詞時指出，在未來少於一年的時間內，我們會全力去制定有關第一屆立法會產生的法例，使香港特別行政區第一屆立法會的選舉能夠儘快進行。在第一屆立法會誕生前，我們仍須處理政府提交的法律草案和財務建議，辯論行政長官的施政報告，監察政府的工作，和接受市民的投訴。在"行政主導"的原則下，我們會保持必要和適當的配合和制衡。

◆ 上午10時，香港特別行政區政府在香港會議展覽中心新翼三號大廳舉行盛大隆重的慶祝特區政府成立典禮，出席的嘉賓共有4600多人。江澤民主席在致詞中熱烈祝賀香港特別行政區成立。江澤民指出，香港回歸祖國，是彪炳中華民族史冊的千秋功業。香港同胞從此成為香港的真正主人，香港歷史從此揭開了嶄新的篇章。他強調，中央政府對香港特別行政區政府充分信任和完全支持。"我在這裡重申，'一國兩制'、'港人治港'、高度自治，50年不變，這是一項長期的基本方針。"他指出，香港特別行政區基本法，不僅香港要遵守，中央各部門和各省、自治區、直轄市也都要遵守。中央各部門和任何地方，都不會也不允許干預香港特別行政區依據基本法規定自行管理的事務。香港回歸祖國後，將逐步完善適合香港實際情況的民主制度，這是香港社會政治穩定的重要保障。

特區首任行政長官董建華發表題為《追求卓越，共享繁榮》的就職演說。董建華表示，香港回歸祖國，是香港發展的一個契機。要使到"一國兩制"的事業成功實現，我們需要正確地認識國家，需要發展香港與內地的關係；我們亦需要建立我們的價值觀；維護法治制度；保障自由的空間；推動民主進步和確立長遠的奮鬥目標。他強調，今後我們的香港將會是：一個為其祖國和文化根源感到自豪的社會；一個安定、公平、自由、民主、有愛心、方向明確的社會；一個富足和生活質素優良的社會；一個廉潔、機會均等、公平競爭的法治地區；一個中外交流的窗口；一個蜚聲國際，舉足輕重的金融、貿易、運輸、資訊中心；一個國際性的文化、科研和教育中心。他指出，提高香港經濟活力，推動經濟持續增長是我們的首要任務。此外，董建華在教育、房屋及老人福利三個受關注的方面闡述了香港未來的施政方針。在教育方面，董建華說，我們政策的重點是建設優良的基礎教育，因此需要培養優秀及有使命感的校長和教師。將來中、小學新入職教師應全部都有大學學位和師資訓練，以及儘快實現所有小學全日制和取消中學流動班，鼓勵大專院校發展傑出學科，進一步檢討學制。房屋方面，董建華指出，香港有足夠的土地應付房屋需求，特區政府將擬訂十年房屋發展計劃，包括加速移山填海，開發土地。我們將大量興建居屋，積極落實出售公屋計劃，並照顧夾心階層的需要。特區將以每年不少於85000個單位為增加整體房屋供應目標，使到十年後全港70%的市民可擁有自置居所，我們也致力把輪候公屋時間減至平均三年。他說，會針對近期熾熱的樓宇炒賣活動準備多項相應措施，在必要時採取果斷行動。對於老人福利政策，董建華說，特區政府將以"老有所養，老有所屬，老有所為"為目標，制訂全面的安老服務政策。他説，特區將成立安老事務委員會，廣泛吸納社會各界人士參與，制訂安老政策及統籌有關服務。我們將加速推行強制性公積金計劃，深入研究檢討社會保障綜合援助金計劃。提到香港政制和法律制度問題，董建華強調，要維持和發展香港的法律制度和法治精神，保持行政、立法和司法機關獨立運作，大力推動肅貪倡廉，特區政府亦將堅定不移地按照基本法的規定發展民主。

慶典上舉行了香港土地基金移交儀式。錢其琛副總理代表中央人民政府向董建華移交有關土地基金的證書，把1700多億港元的土地基金移交給特區政府。

為了體現祖國對香港特區的一片深情，中央政府以及31個省、市、自治區都向特區贈送了禮品。司儀在慶典上宣讀了禮品清單。中央政府贈送的是一座用銅鑄造並包金的紫荊花座。其他地方贈送的都是具各地特色、質量上乘的大型工藝品。儀式完成後，進行了文藝表演。慶典的壓軸節目，是國家主席江澤民向特區行政長官董建華贈送《香港明天更好》書法卷軸，這份意味深長的禮物，將激勵回到祖國母親懷抱的香港同胞，奮發努力，創造更加美好的未來。

特區政府成立儀式後，江澤民率中央代表團中午離開香港返回北京。李鵬總理等代表團成員上午已先期返京。

◆ 香港特別行政區政府下午舉行了盛大的成立酒會，5000多名中外嘉賓歡聚一堂，共慶香港回歸。董建華首先發表祝酒詞。他説，香港回歸祖國，是香港歷史的新開端，也是統一祖國振興民族事業的一個新里程。我們有信心、有能力把香港建設得更加美好，為祖國繁榮富強作出更大的貢獻。錢其琛副總理在祝酒詞中向回到祖國懷抱的600多萬香港同胞表示熱烈的祝賀，並相信有着愛國愛港光榮傳統的香港同胞在振興中華的偉大事業中一定會做出新的更大的貢獻。

◆ 國務院在北京人民大會堂舉行了盛大的慶祝香港回歸祖國招待會。國務院總理李鵬、喬石、李瑞環、朱鎔基、劉華清、胡錦濤、榮毅仁等與各界人士4000多人出席了招待會。李鵬總理在會上講話説，中國對香港恢復行使主權，香港事務從此即屬中國內政。按照基本法的規定，中央人民政府負責管理香港的外交事務和防務。外交部駐香港特派員公署已經設立。駐港部隊已經進駐香港。凡是按照基本法應由港人作主的事，中央都不加干預。中央人民政府支持香港特別行政區政府依法行使職權。中央各部門與香港特別行政區政府相應的部門之間不存在行政隸屬關係，不干預香港依法自行管理的事務。他說，我們相信，認真貫徹這些方針政策，香港一定能夠保持繁榮穩定。

◆北京各界群眾十萬人晚上隆重集會，慶祝香港回歸祖國。中共中央總書記、國家主席江澤民代表中國共產黨、中央人民政府和全國各族人民，對香港回歸祖國和香港特別行政區成立，表示熱烈祝賀。江澤民在大會上發表講話說，可以堅信，有偉大祖國作堅強後盾，有全國人民的大力支持，有香港同胞的共同努力，充分運用香港自身的優勢，香港這座國際經濟大都市一定能夠放射出更加絢麗的光彩。他重申：我們將堅定不移地執行"一國兩制"、"港人治港"、高度自治的方針，保證香港原有的社會、經濟制度不變，生活方式不變，法律基本不變。我們將堅定不移地支持香港特別行政區行使基本法賦予的各項職權，支持特別行政區政府依法施政。他強調說，我們將堅定不移地保障香港居民依法享有的各種權利和自由。世界各國各地區在香港的經貿活動與投資利益都將受到法律保護。他說，按照"和平統一、一國兩制"的基本方針最終解決台灣問題，完成祖國統一大業，是一切華夏子孫的殷切願望。我們希望台灣當局以民族大義為重，真正回到一個中國的立場上來，為發展兩岸關係、實現祖國完全統一邁出切實的步伐。

黨和國家領導人李鵬、喬石、李瑞環、朱鎔基、胡錦濤、劉華清、榮毅仁等出席了慶祝大會。隨後舉行了有18000名群眾參加的大型文藝演出，江澤民主席為演出題名《歡慶香港回歸》。

◆李鵬總理簽發國務院第二百二十一號令，全文如下：

根據1990年4月4日第七屆全國人民代表大會第三次會議通過的《全國人民代表大會關於設立香港特別行政區的決定》，《中華人民共和國香港特別行政區行政區域圖》已經1997年5月7日國務院第五十六次常務會議通過，現予公佈。

◆八屆全國人大常委會第二十六次會議舉行全體會議，喬石委員長在會上宣佈，全國人大常委會香港特別行政區基本法委員會正式成立。他說，從今天起，香港特別行政區基本法開始實施，全國人大及其常委會將為不折不扣地實施香港基本法作出應有的努力。喬石說，香港特別行政區基本法委員會的組成人員已經全國人大常委會任命。他希望香港基本法委員會認真履行自己的職責，為香港基本法的實施，為香港的繁榮和穩定，努力作出貢

1997 年 7 月 1 日凌晨，中國國家主席江澤民與國務院總理李鵬在香港會議展覽中心會見前來出席香港政權交接儀式的各國貴賓。

1997 年 7 月 1 日凌晨，香港特別行政區首任行政長官董建華宣誓就職，國務院總理李鵬監誓。

1997 年 7 月 1 日，在香港特別行政區成立暨特區官員宣誓就職儀式上，政務司司長陳方安生等特區主要官員宣誓。

1997 年 7 月 1 日上午 10 時，中華人民
共和國香港特別行政區成立慶典在香港會
展中心舉行。在慶典儀式上，展示了國家
主席江澤民親手題寫的"香港明天更好"
書法卷軸。

1997 年 7 月 1 日上午，國務院副總理錢
其琛代表中央人民政府在香港特別行政區
成立慶典儀式上，向特區行政長官董建華
移交有關土地基金的文件。

獻。喬石講話後在熱烈的掌聲中向基本法委員會 12 名成員項淳一、黃保欣、王英凡、喬曉陽、劉政、吳建璠、陳滋英、鄔維庸、吳康民、陳弘毅、梁定邦和譚惠珠頒發了任命書。隨即，基本法委員會在人民大會堂香港廳召開會議，討論關於香港特別行政區基本法附件三所列全國性法律增減的決定草案，並一致同意這個草案。之後，常委會繼續舉行全體會議，通過了全國人民代表大會常務委員會《關於〈中華人民共和國香港特別行政區基本法〉附件三所列全國性法律增減的決定》。《決定》全文如下：一、在《中華人民共和國香港特別行政區基本法》附件三中增加下列全國性法律：（1）《中華人民共和國國旗法》；（2）《中華人民共和國領事特權與豁免條例》；（3）《中華人民共和國國徽法》；（4）《中華人民共和國領海及毗連區法》；（5）《中華人民共和國香港特別行政區駐軍法》。以上全國性法律，自 1997年 7 月 1 日起由香港特別行政區公佈或立法實施。二、在《中華人民共和國香港特別行政區基本法》附件三中刪去下列全國性法律：《中央人民政府公佈中華人民共和國國徽的命令》附：國徽圖案、說明、使用辦法。

3 日，會議通過了《全國人大常委會關於批准全國人大香港特別行政區籌委會結束工作的建議的決定》。11 日，籌委會在北京舉行第十次即最後一次全體會議，總結了籌委會所做的全部工作，並宣佈籌委會的工作結束。

◆ 中國外交部駐港特派員公署舉行開署儀式。錢其琛副總理致詞時希望公署全體工作人員，同香港特別行政區政府保持密切聯繫，通力協作，為維護國家主權利益，維護香港同胞的合法權益，增進香港的繁榮穩定，作出積極的貢獻。特派員公署特派員馬毓真致詞說，公署是代表中央政府，管理與香港特區有關的外交事務；同時也是特區政府就此類外交事務與中央政府聯繫的渠道。他強調：公署將堅定不移地貫徹中央人民政府“一國兩制”、“港人治港”、高度自治的方針，將嚴格地遵守特區基本法，並為維護國家主權和利益，保護香港同胞的合法權益，增進香港的繁榮穩定，不遺餘力地努力工作。董建華在講話中表示，特區政府會全力配合和支持公署的工作，也會依法為各國駐港外交官的工作提供最大便利。

◆ 特區財政司司長曾蔭權公佈土地基金諮詢委員會名單。曾蔭權出任委員會主席，兩名副主席是金融管理局總裁任志剛和土地基金行政總裁鍾瑞明，成員包括李

1997 年 7 月 1 日凌晨 2 時 45 分，臨時
立法會舉行香港回歸祖國後的首次會議。

董建華在簽署香港回歸條例草案

1997 年 7 月 1 日下午 3
時，中華人民共和國外
交部駐香港特別行政區
特派員公署在香港新落
成的特派員公署辦公大
樓大廳舉行開署儀式。
國務院副總理錢其琛主
持開署儀式（左二），
香港特別行政區行政長
官董建華（右二），國
務院港澳辦主任魯平（左
一），外交部駐香港特派
員公署特派員馬毓真（右
一）出席開署儀式。

1997 年 7 月 1 日晚上，首都各界慶祝香港回歸祖國大會在北京工人體育場舉行。圖為國家主席江澤民在慶祝大會上發表重要講話。

1997 年 7 月 2 日，香港特別行政區政府在原香港總督府舉行隆重儀式，特區行政長官董建華向安子介、霍英東等 12 位為香港回歸祖國作出卓越貢獻的香港知名人士，頒授香港特區政府最高榮譽獎章——大紫荊勳章。國務院副總理錢其琛出席頒授典禮，並同大家合影留念。

國寶、歐肇基、鄭海泉、梁錦松、華禮信和羊子林。該委員會負責向財政司司長提供有關土地基金投資策略和管理的意見。

7月2日

◆香港特別行政區政府上午在原總督府隆重舉行首次大紫荊勳章頒授儀式，錢其琛副總理等四百多人出席了儀式。特區行政長官董建華向安子介、杜葉錫恩、李福善、利國偉、查濟民、徐四民、黃克立、曾憲梓、莊世平、霍英東、鍾士元、羅德丞等12人頒授了勳章。

香港回歸祖國後，香港特別行政區通過設立新的勳章制度和訂定有關嘉許標準，以確立回歸後的社會價值觀，樹立社會新模範，並加強市民的凝聚力。大紫荊勳章是香港特別行政區勳銜制度中的最高榮譽獎章，受勳人士必須是香港永久性居民，並曾長期推動香港市民熱愛祖國，長期關懷、支持和認同祖國事業，以及長期對香港各方面作出卓越貢獻。授勳名單將於每年7月1日公佈。

◆由港澳辦和新華社香港分社共同聘請的香港事務顧問，任期於6月30日屆滿。港澳辦和新華社香港分社在會展中心舉行任期屆滿儀式。錢其琛副總理、港澳辦主任魯平、新華社香港分社社長周南、特區行政長官董建華等出席了儀式。錢其琛在講話中高度讚揚了港事顧問在過去幾年裡就香港後過渡期的各項重大問題建言獻策，是香港社會一支重要的愛國愛港力量。他說，港事顧問"所作出的歷史性貢獻將永遠載入史冊，感召後人。"港澳辦和新華社香港分社向港事顧問贈送了一個有二十個面的水晶透明體紀念品，紀念品基座上鑲刻着"回歸獻策　澤沛香港"的贈言。

◆特區行政長官董建華舉行就任後首次中外記者會。他呼籲港人多瞭解祖國，增強與內地互信關係。他重申，香港特區與國家的長期利益是一致的，香港越繁榮，對國家的貢獻就越大；國家越成功，香港就越好。雖然特區與中央之間將來可能會有一些矛盾，但我們會通過對話的方式去確保香港的利益。他強調，特區與中央政府之間最重要的是：雙方長期的利益是一致的。對於民主問題，董建華強調，管治香港特區，基本法是最重要依據，它是香港未來的法律基礎。而基本法已對香港的民主進程作了清晰的界定，即應該秉持循序漸進的原則。

後記

　　1997 年 7 月 1 日，一個令世界各國關注的日子，一個讓中國乃至全球炎黃子孫揚眉吐氣的日子。在這一天零時，中國統一大業邁出實實在在的第一大步：中華人民共和國對香港恢復行使主權，香港重新回到祖國母親的懷抱，從而進入了一個歷史新紀元。正如江澤民所指出的：“這是中華民族的一件盛事，也是舉世矚目的一件大事。實現香港回歸祖國，將使中華民族徹底洗雪這段百年恥辱，使我們向完成祖國統一的大業邁出重要一步。這將極大地增強我們民族的凝聚力，鼓舞全國人民奮發圖強，激發建設現代化國家的熱情。”

　　香港自古以來就是中國的領土。英國政府分別於 1842 年、1860 年和 1898 年通過侵略戰爭強迫清朝政府簽署了三個不平等條約，強佔了香港地區。對於這段“百年恥辱”的歷史，中國人民始終不會忘記，對香港恢復行使主權是包括廣大海外僑胞在內的每一個中國人的夙願。鄧小平創造性地提出“一個國家、兩種制度”的構想，並在此基礎上，於 1984 年 12 月 19 日中英兩國政府就香港問題簽訂了具有歷史性意義的聯合聲明，以和平的方式成功地解決了歷史上遺留下來的問題，為下一步解決澳門和台灣問題起着垂範作用。

　　從 1979 年香港回歸中國被提上議事日程至 1997 年 7 月 1 日中國對香港恢復行使主權，這十餘年的時間在歷史長河中只能算是“彈指一揮間”，但其中所出現的風風雨雨則令人回味無窮。這十餘年既是中英兩國之間環繞着香港主權這一根本問題進行反覆較量的曲折過程，也是絕大多數港人和海外投資者的心態從疑慮徘徊、猶豫觀望逐漸轉向擁護回歸、相信香港能夠平穩過渡的發展過程。回首往事，更堅定了我們貫徹“一國兩制”、“港人治港”、高度自治方針以及貫徹執行香港特別行政區基本法的決心和信心。

　　記錄下香港回歸祖國的歷史過程，如實地反映香港過渡期所走過的路程，是我們編寫《香港回歸大事記》一書的目的所在。歷史證明，祖國的強大和“一國兩制”的偉大構想是香港順利回歸的根本保證。本書記載了從 1979 年到 1997 年有關香港政權交接的主要大事。我們立足於客觀收集歷史資料，着眼於真實反映歷史事實，力求能全面完整地向廣大讀者介紹中國對香港恢復行使主權的過程。書中引用了很多報刊發表的資料和文件，可以為專門研究香港問題的專家和學者提供參考。

由於中國對香港恢復行使主權是一個曲折的過程，且香港的情況瞬息萬變，因此，儘管我們竭力在《香港回歸大事記》中反映較全面和完整的史料，但仍可能會掛一漏萬，錯漏之處在所難免。在此，敬祈專家、學者、讀者原諒並不吝指教。

編著者

1997 年 7 月 1 日

責任編輯	李玥展	
封面設計	陳德峰	
版式設計	鍾文君	

書　　名　香港回歸大事記 1979–1997

編　　著　袁求實

出　　版　三聯書店（香港）有限公司

香港北角英皇道 499 號北角工業大廈 20 樓

Joint Publishing (H.K.) Co., Ltd.

20/F., North Point Industrial Building,

499 King's Road, North Point, Hong Kong

香港發行　香港聯合書刊物流有限公司

香港新界大埔汀麗路 36 號 3 字樓

印　　刷　中華商務彩色印刷有限公司

香港新界大埔汀麗路 36 號 14 字樓

版　　次　1997 年 8 月香港第一版第一次印刷

2015 年 1 月香港第二版第一次印刷

規　　格　16 開（170 × 230 mm）460 面

國際書號　ISBN 978-962-04-3636-9

©1997, 2015 Joint Publishing (H.K.) Co., Ltd.

Published in Hong Kong